Volker Vogelbach

Auf Genitalien fixiert.

Warum das Gendern nicht funktioniert, unsinnig ist und den sozialen Frieden untergräbt

Ein satirisch-polemischer Essay als Fortsetzung der Logik mit anderen Mitteln

Bibliografische Information der Deutschen Nationalbibliothek: Die Deutsche Nationalbibliothek verzeichnet diese Publikation in der Deutschen Nationalbibliografie; detaillierte bibliografische Daten sind im Internet über dnb.dnb.de abrufbar.

Die automatisierte Analyse des Werkes, um daraus Informationen insbesondere über Muster, Trends und Korrelationen gemäß §44b UrhG („Text und Data Mining") zu gewinnen, ist untersagt.

Verlag: BoD · Books on Demand GmbH, Überseering 33, 22297 Hamburg, bod@bod.de

Druck: Libri Plureos GmbH, Friedensallee 273, 22763 Hamburg

ISBN: 978-3-8192-4536-7

Inhalt

Typografische Hervorhebungen (auch in den Fußnoten):

Methode	Verweis auf Kapitel in diesem Buch oder Stichwort im Text

Vorwort

Über den Unsinn der gegenderten Sprache ist praktisch fast alles gesagt und geschrieben worden. Nicht ganz zu Ende gedacht oder zumindest nicht laut genug artikuliert haben die vielen kritischen Geister die aberwitzigen Widersprüche, die das Gendern generiert. Diese kurze Zusammenfassung des Streits um die neue Sichtbarmachung intimer Peinlichkeiten rückt den Irrsinn der Sprachpanscher ins Rampenlicht des absurden Gendertheaters. Meine satirische Dekonstruktion postmodern-identitärer Theorien zeigt, wie sprachwissenschaftliche Objektivität auf eine verstockte woke Subjektivität trifft, die den akademischen Diskurs verweigert und sich hinter einer bockigen Emotionalität verschanzt, die auf moralische Erpressung setzt und sich dabei selbst der Moral entledigt.

Im Text gibt es einige thematische Wiederholungen. Das liegt in der Natur der Sache: Alle Wege führen nach Rom, wenn es um das Offensichtliche geht. Zur Phänomenologie des Offensichtlichen gehört, dass man zum gleichen Ergebnis kommt wie all die anderen, die sich mit der Materie bereits befasst haben – egal ob Germanisten oder Ingenieure, Professoren oder Krankenschwestern. Die Sprache geht uns alle was an.

Wissenschaftliche Erkenntnisse, Kommentare und Stellungnahmen fasse ich in dieser Abhandlung in vereinfachter Form zusammen, um es dem Durchschnittsleser nicht allzu schwer zu machen mit Grammatikkauderwelsch. Das eigentliche Ziel meines Kompendiums war, den philosophisch-ideologischen Hintergrund der Genderdebatte leicht verständlich zu skizzieren. In Foren und Online-Rezensionen bin ich oft auf Stellungnahmen gestoßen, die einfache, griffige und überzeugende Argumente gegen das Gendern vermissten. Mein Beitrag besteht vor allem darin, die vielen Absurditäten der Gendersprache mit haarsträubenden Beispielen auf die Schippe zu nehmen. Grammatik und Satire sind dabei leider nicht wesensverwandt, eher Zweckverbündete in einem Kampf mit bescheidenem Unterhaltungswert.

Alles andere als lustig findet die Journalistin Birgit Walter die Genderei. Mit folgenden Zeilen spricht sie der Bevölkerungsmehrheit aus der Seele: „Ich bin mit meiner Empörung kein Einzelfall, sondern Teil der übergroßen Mehrheit der Gesellschaft. Wir Gender-Gegner machen zwei Drittel bis drei Viertel der Gebührenzahler aus. Wir kommen für die außertariflichen Gehälter und gewaltigen Pensionen der Fernsehgesichter und Senderleitungen auf, selbst für ihre Millionen-Skandale. Aber der künstlich generierten Stolper-Sprache und ihrer Dauerbelehrung im Öffentlich-Rechtlichen können wir nicht entkommen“. („Gender-Terror: Die Erziehungsmaßnahmen der Sprachpolizisten nerven!“, s. **Quellen**)

Doch über die Abfallprodukte der gegenderten Sprache ist noch einiges anzumerken. Leider sind der genderistischen PR-Rhetorik viele kluge Köpfe auf den Leim gegangen und haben inhaltsleere Floskeln wie *diskriminierungsfreie* oder *gendergerechte* Sprache übernommen und brav verinnerlicht, ohne diese unsinnigen Begriffe kritisch zu reflektieren. Es geht um die Institutionalisierung des Halbwissens, um eine allgemeine Degeneration des Diskurses, um epistemische Verwahrlosung.

Eine verfahrene Situation. Ein Dialog findet praktisch nicht statt. Die Verteidiger des Genderns ignorieren die Sprachwissenschaft, die mittlerweile mit vernichtenden Argumenten praktisch alle Thesen der Genderer widerlegt hat. Ich unterstelle, und das ist meine Meinung anhand der Eindrücke, die ich bei der Recherche zu diesem Buch gewonnen habe, dass die Genderprofessoren, aber auch ihre Unterstützer in Institutionen und Medien nicht glauben, was sie predigen, dazu sind sie einfach zu intelligent. Sie verteidigen nicht ihre Theorien, sondern ihren Job. Und wenn sie doch auf die Gegenargumente der Linguisten eingehen, dann unter Berufung auf fragwürdige Studien, die sich auf behauptete, aber nie bewiesene Beweise berufen.

Während sich seit einem guten Jahrzehnt hierzulande „Untergangsstimmung“ breit macht[1] und die Wirtschaftszahlen und -prognosen ein düsteres Bild zeichnen, wetteifert die mediale Öffentlichkeit, vor allem der öffentlich-rechtliche Rundfunk, um den WM-Titel im Moralisieren. Weltmeister sind wir auch im untergangsseligen Lamentieren und schauen resigniert zu, wie wir auf den Abgrund zuschreiten, während die Politik beschwichtigt und verharmlost und verspricht, alles zu schaffen, was nicht mehr zu schaffen ist. Noch ein paar Apokalypse-Metaphern gefällig? Unsere schöne ungegenderte Sprache verfügt über ein unerschöpfliches Repertoire, das wir genüsslich plündern, um unseren Wehklagen herzzerreißende Wendungen zu geben, und das im bitteren Wissen, dass die Würfel schon gefallen sind. Bemühen wir dann auch das abgedroschene Bild vom sinkenden Schiff mit einem Kapitän, der Moralpredigten hält und Korrektheitsleitfäden verteilt statt Schwimmwesten, als hätten die Passagiere keine anderen Sorgen als die angemessene Visualisierung von Geschlechtsteilen im Angesicht des Untergangs.

Diese Abhandlung ist eine Gardinenpredigt, die jenen gilt, die aus meiner schönen Sprache einen Frankenstein erschaffen wollen. Genderbefürworter seien deshalb gewarnt: Die Lektüre könnte zu weitreichenden Konsequenzen für das seelische Wohlbefinden führen. Oder sich als wirksame Therapie erweisen: Dieses Buch versteht sich auch als Schutzimpfung gegen Genderitis, postmoderne Gehirnwäsche und genitalfixierte Hysterie. Besonders bedenklich für das psychische Gleichgewicht der Genderer dürfte die zweite Hälfte dieser Streitschrift sein. Das liegt am sarkastischen Ton und der kompromisslosen Sachlichkeit der Beweisführung anhand sprachwissenschaftlicher Argumente, die für Genderfundamentalisten eh nicht von Interesse sind. Der Nonsens wird zu Ende gedacht, ohne Rücksicht auf falsche Befindlichkeiten. Die Häme zwischen den Zeilen ist ein bescheidener Versuch, die genderidentitäre Geisteshaltung nachzuahmen und daher als kulturelle Aneignung zu betrachten. Ein Buch für kritische Geister und Neugierige, der Entwurf einer Phänomenologie der Lächerlichkeit.

Umfrage

In grauen Kästchen wie diesem finden Sie Vorschläge für Umfragen, die man durchführen könnte – in der Presse oder einfach nur im Kopf. Auflösung nach den Quellenangaben.

7

1. Kindergarten-Grammatik

Schon ein Fünfjähriger versteht seine Sprache und weiß, was er sagt und was er meint sowie was gemeint ist, wenn andere sprechen[2]. Ein Kind hat aber keine Ahnung von Grammatik, kann mit Begriffen wie Substantiv, Artikel, Singular, Plural, Maskulinum oder Femininum nichts anfangen. Die meisten Erwachsenen im Übrigen auch nicht[3]. Trotzdem kann ein Fünfjähriger unterscheiden, was Wörter in einem bestimmten Kontext bedeuten, beispielsweise zwischen der Einzahl- und Mehrzahl-Verwendung des Artikels *die*. Er versteht ganz genau, was das Substantiv *die Hand* bedeutet und was *die Hunde*: Einmal Einzahl, weiblich, einmal Mehrzahl, generisch, auch wenn er über die entsprechende theoretische Begrifflichkeit nicht verfügt.

Doch die selbsternannten Genderlinguisten wollen uns was anderes weismachen. Nicht nur die Kinder, auch die Erwachsenen dächten an abwegige Sachen, wenn weibliche oder männliche Substantive genannt werden. Und das soll was mit (fehlenden) Endungen zu tun haben. Nur: Endungen allein bedeuten erst einmal gar nichts. Weder die Endung *er* noch Endungen wie *ling*, *tum, nis* oder *mut*. Von der *in*-Endung wird natürlich noch reichlich die Rede sein.[4]

Vor allem Wörter mit *-er* im Auslaut (am Ende des Wortes) werden genderistisch als männlich interpretiert, zumal in der Pluralform von Personen- oder Gruppenbezeichnungen.

Doch *-er* im Auslaut ist nicht unbedingt ein Suffix (Nachsilbe, an einen Wortstamm angehängte Endung). Nehmen wir als Beispiel folgende Substantive: Mutter, Schalter, Lehrer, Kinder, Hunger, Schwester, Steuer, Leiter, Wörter und Zimmer.

Ein Kind erkennt beim Sprechen wie beim Zuhören, dass es sich hierbei in einigen Fällen um belebte Wesen handelt, in anderen um Mehrzahl-Markierungen oder um Wörter mit einem Auslaut-*er*, das zum Wortstamm gehört, sowie um *er*-Endungen, ein Wortbildungselement maskuliner Substantive mit der Bedeutung eines Gerätes bzw. einer Vorrichtung: Schalter (mit einer zweiten Bedeutung, ebenfalls maskulin); oder eines Berufs (*Nomina Agentis, Nomina instrumenti*). Die zehn Substantive sind männlich, weiblich oder sächlich, manche vertragen zwei

8

verschiedene Artikel und dementsprechend unterschiedliche Bedeutungen. Hier handelt es sich um Homonyme (gleichlautende Wörter mit unterschiedlicher Bedeutung). Und *Zimmer* kann auch, je nachdem, mit welchem Artikel verkuppelt, (genauso wie *Lehrer*) als Einzahl oder Mehrzahl verstanden werden.[5]

Um zu behaupten, dass ein Kind diese Unterschiede erkennt, bedarf es keiner Studie, man denke nur zurück an die eigene Kindheit.[6] Fehler werden im Vorschulalter durchaus gemacht, aber eher mit der Konjugation[7]. Die Genderverfechter behaupten aber gebieterisch das Gegenteil und verweisen vor allem auf Assoziationsstudien. Ein Wort kann in der Tat unterschiedliche Assoziationen auslösen, aber je nach Kontext, was die Genderlinguisten geflissentlich ausblenden[8]. Was ist eigentlich ein Aufsatz? Die Bedeutung des Wortes hängt vom Kontext ab (s. Kap. 4). Wo die grundlegenden Irrtümer des Genderns hinführen, u.a. mit Blick auf den *er*-Auslaut, zeigen abstruse Beispiele aus dem medialen Alltag wie *Krankenschwesterin* (s. Kap. 17).[9]

Warum solche Wortmonster entstehen? Weil die Sprecher verunsichert sind und überall das Gespenst der falschen Endungen wittern, die man vorauseilend korrigiert und ergänzt, koste es, was es wolle. Und dieses Beispiel zeigt, dass beim Sprechen kaum jemand an Grammatik denkt. Das tun eigentlich nur Germanisten, Philologen – und manchmal auch die Journalisten.

Wörter mit *-er* im Auslaut erweisen sich als heimtückische Falle. Sie werden oft mit der weiblichen Endung *-in* bzw. *-innen* geschmückt. Nach der Logik der Gendergrammatiker und vieler sprach*un*sensibler Hobby-Genderer wäre ein Wort wie Hammer von einem Erfinder aus Hamm abgeleitet. Und ein Zauderer, der Hm-hm macht, wenn er sich nicht entscheiden kann, ist ein Hummer. Dass es eine ganze Reihe von Begriffen gibt, die mit dem Substantivierungssuffix *er* gebildet werden, beispielsweise Werkzeuge, technische Vorrichtungen oder Maschinen, tut hier nichts zur Sache, zumal diese keine Geschlechtsteile haben und nicht gegendert werden müssen, etwa der Staubsauger, es sei denn, man ist der Meinung, dieses Wort bezeichne einen Mann, der Staub saugt, was zur Folge hätte, dass seine Frau beim Staubsaugen eine Staubsaugerin wäre.[10]

Wozu jetzt diese fiktiven Beispiele?

9

Erstens: Wörter mit einem -er im Auslaut werden im Umfeld des zwanghaften Genderns mittlerweile als Bezeichnungen männlicher Substantive bzw. männlicher Wesen interpretiert und deshalb gegendert, als wäre -er ein Suffix (Endung), z.B. *Steuerinnenzahler* (s. Kap. 17). Oder auch sächliche Substantive wie Mitglied, die im Plural gegendert werden.

Zweitens: Es gibt keine Korrelation zwischen Auslaut-*er*, Genus (grammatischem Geschlecht) und Genitalien. Ein Auslaut-*er* macht ein Substantiv nicht zum männlichen Etwas, weder grammatisch noch biologisch, denn nicht alles, was mit einem – *er* endet, hat einen Penis, schon gar nicht die weibliche Mauer. Nur denkt kein Mensch beim Sprechen an Endungen, jeder Muttersprachler – ob Kind oder Erwachsener – kann unterscheiden, ob ein –*er* im Auslaut zum Wortstamm gehört, ob –*er* die Mehrzahl markiert oder ein männliches Substantiv generiert z.B. aus einem Verb wie backen → Bäcker. (Aber: Wer kocht, ist ein Koch, und ein Koch ist kein Kocher. Eine Leiter leitet nichts bzw. niemanden, ein Leiter schon. Und ein Pflaumenwickler ist kein Mann, der Pflaumen wickelt. Aber Pflaumenwicklerinnen dürfte es schon geben, zumindest in der Gendersprache.) Doch die Anhänger des Genderns beharren auf dem Gegenteil, die Muttersprachler verstünden ihre eigene Sprache nicht und weigerten sich einzusehen, dass sie mit dem sogenannten generischen Maskulinum – der Begriff ist eine grammatische Kategorie und keine biologische – nur Männer bezeichnen und Frauen diskriminieren. Und das ist Quatsch.[11] Es gibt auch da keine Korrelation zwischen grammatischer Form (Genus) und biologischen Eigenschaften. *Eine* Vollwaise bin ich, wenn meine Eltern nicht mehr leben, egal ob ich biologisch männlich oder weiblich bin.

Drittens: Die Beispiele entlarven die grundlegenden Irrtümer der Gendereiferer. Ziel dieser Anatomisierung der Grammatik (oder der „linguistischen Gymnastik"[12]), ist die „Neukalibrierung" der Sprache (*recalibration*), um Sachverhalte zu verschleiern, soziale Phänomene in einen neuen Bezugsrahmen zu zwängen bzw. um die Realität neu zu erfinden. Wozu? Gleich. Hier nur so viel: Es geht um Deutungshoheit und Neudefinition sprachlicher Normen auf Kosten von Semantik, Grammatik,

Anstand und gesundem Menschenverstand. Ein typischer Fall von „Verdrängung kognitiver Dissonanzen"[13] (Habermas) im Kontext exklusiver Glaubenswahrheiten und Dogmen.

Werfen wir zunächst einen Blick auf die Identitätspolitik[14].

Die Identitären betrachten die Menschen nicht als autonome Individuen, sondern als Mitglieder einer Gruppe. Sie definieren sich über biologische Merkmale: Abstammung, Ethnie, Rasse, Geschlecht, Stammeszugehörigkeit. Diesem tribalistischen Selbstverständnis wird ein marxistisch verbrämter Klassenantagonismus in Form eines Rassenkrampfs übergestülpt. Über diese Merkmale grenzen sie sich ab und sortieren auch ihre Feinde nach rassisch-biologischen Kriterien. Im identitären Weltbild gibt es gute Gruppen und böse Gruppen. Die größte Gruppe der Bösen besteht aus weißen Männern. Diese Rasse ist ursächlich verantwortlich für Diskriminierung und schuld an allem Unglück dieser Welt. Und der böseste aller Bösen, der *alte* weiße Mann, kann sogar eine Frau sein![15] Die Guten sind die unterdrückten Minderheiten, sexuelle oder ethnische Gruppen, aber auch die Frauen. Die Rasse ist einerseits ein Konstrukt. Hautfarben gibt es hingegen jede Menge, in allen Schattierungen, und dazu eine ganze Hierarchie der Tönungen und somit der denkbaren Benachteiligungen. Das Lieblingsschimpfwort der Identitären ist im Übrigen *Rassist*. Schon komisch, dass man überall Rassisten sieht, wo es doch keine Rassen gibt. Andererseits: Zu behaupten, „es gibt keine Rassen, sondern nur Menschen", gilt beispielsweise an der University of California als „anstößig"[16] und ist unbedingt zu vermeiden.

Vor diesem ideologischen Hintergrund erweist sich die identitäre Selbstdefinition als Integrationshindernis (s. 30.2 Identität: selbstbestimmt oder fremdbestimmt?). Sie sperrt ihre Mitglieder in eine konstruierte Opferrolle ein und setzt auf Konfrontation, Ressentiments und Rachephantasien, auf die Abrechnung mit einem imaginären Feind, der als Sündenbock herhalten soll. Die identitäre Weltanschauung verkauft sich als progressiv und wird in manchen intellektuellen Kreisen auch als solche gefeiert. Unter Fortschrittlichkeit stelle ich mir aber was anderes vor.

Im Zusammenhang mit der Gendersprache ist nur die These von der Unterdrückung der Frau von Relevanz. Die Frau wird angeblich nur in den westlichen Ländern benachteiligt, obwohl in diesen die Gleichberechtigung sowie das Verbot der Diskriminierung gesetzlich beziehungsweise per Verfassung garantiert sind. Die Unterdrückung der Frau in anderen Kulturen und Ländern, zum Beispiel dass sie einen Vormund braucht oder ihre Aussage vor Gericht nicht gleichwertig ist mit der Aussage eines Mannes, interessiert die Identitätspolitik ebenso wenig wie die Frage der weiblichen Genitalverstümmelung[17]. Denn der feministisch-identitäre Aktivismus hat sich auf die Anprangerung und Bestrafung des Abendlandes verschossen. Hier liegt die Wurzel des Übels: im Westen.

Nun zum genderfeministischen Narrativ: Die Frauen seien Opfer der männlichen Unterdrückung. Und die deutsche Sprache sei diskriminierend, weil männlich geprägt. Was damit gemeint ist, erklärt uns die Journalistin Birgit Walter: Die Genderfeministen unterstellten der „organisch gewachsenen deutschen Sprache, Kollektive von Männern hätten sich über Jahrhunderte zusammengerottet, um Frauen mit dem generischen Maskulinum auch sprachlich zu unterdrücken".[18] Wenn wir die Sprache neu gestalten durch sichtbar machende weibliche Endungen und sonstige Korrektheiten, hört angeblich auch die Diskriminierung der Frauen in der patriarchalen Gesellschaft auf. Eine Schnapsidee. Denn die soziale Wirklichkeit unserer Tage beweist genau das Gegenteil (s. Kap. 23 und 30.3 Wettrüsten im Verunglimpfen). Mit dem Begriff *diskriminierungsfreie Sprache*[19] postuliert man Fakten, die keine sind, sondern bloß weltfremde Behauptungen, die eine eigene Realität herbeiphantasieren. Mit diesem Unsinn hatte der Feminismus der 80er Jahre in manchen Kreisen gepunktet, zunächst aber nur mit mäßigem Erfolg.

Das Geschlecht wurde also politisch – und ein soziales Konstrukt, d.h. *gender*[20]. Nun gilt es, die männlich-patriarchale Deutung der Welt zu *dekonstruieren*, sprich: zu entzaubern, zerlegen und schließlich zu vernichten. Wer diese Ansichten nicht teilt und sich durch Beschimpfungen oder Einschüchterungen nicht entmündigen oder entmutigen lässt, ist ein verabscheuungswürdiger Mensch und gehört gecancelt, d.h. aus der Gesellschaft ausgeschlossen. Verboten gehören im Übrigen eine ganze Reihe von unanständigen Wörtern, aber auch Bezeichnungen wie

„Genderismus" oder „Gender-Wahn", indem man sie zu unzulässigen Kampfbegriffen einer frauenfeindlichen Bewegung disqualifiziert: Es handele sich um „rechtspopulistischen Antigenderismus" (Birgit Schmid: „Frausein als Doktrin")[21].

Mit diesen abenteuerlichen Fehlannahmen befasst sich die vorliegende gallig-ironische Bestandsaufnahme. Berührt wird auch die Frage, auf wessen Mist das Genderunkraut gewachsen ist. Das Thema Gendersprache wird deshalb vor dem Hintergrund postmoderner Theorien beleuchtet, also Gender Studies, Feminismus, Identitätspolitik (Social Justice) und Kritische Theorie. Ins dunkle Labyrinth dieser aktivistisch-identitären Denkschulen und philosophischen Irrgärten werden wir uns nicht begeben. Angemerkt sei nur so viel: Das eigentliche Problem liegt nicht bei der Kritischen Theorie oder Foucault[22] & Co. und schon gar nicht Jürgen Habermas' *jüngerer* Kritischen Theorie, sondern daran, was die *progressiven* Ideologen aus dem postmodernen Relativismus und der „hemmungslosen Vernunftskepsis"[23] gemacht haben. (s. Kap. **29**)

Im Grunde geht es, vereinfacht zusammengefasst, um das Verhältnis von Macht und Wahrheit. In einem demokratischen Diskurs sorgen die Wissenschafts- und Meinungsfreiheit für eine Abhängigkeit der Macht von faktischen Wahrheiten. Totalitäre Ideologien hingegen wie die postmoderne Identitätsbewegung kehren dieses Verhältnis um: sie betrachten die Wahrheit als ein machtabhängiges Konstrukt und reißen die Deutungshoheit an sich, um den politischen Diskurs einer „Hierarchie des Wissens" zu unterwerfen und von einem aberwitzigen Sammelsurium aus subjektiven Wahrheiten und Dogmen abhängig zu machen.[24]

Wie sich die woke Bewegung Foucaults Werkzeuge *zunutze macht*, indem sie diese *entstellt*, erklärt die Philosophin Pauline Voss kurz und treffend in einem Satz: „Anstatt seine Untersuchung totalitärer Machtmechanismen als Analyse zu verstehen, verwenden [die woken Aktivisten diese] als Anleitung zu totalitärem Denken."[25]

Wir kommen also nicht umhin, einen kurzen Blick auf die postmodern-identitären Weltanschauungen zu werfen. Die Gendersprache ist lediglich ein Symptom für die pandemische Ausbreitung einer demokratiezersetzenden Ideologie, die unsere

Realität radikal umdeuten und komplett umdrehen will. Sie ist das Markenzeichen einer linkselitären Bewegung, die sich als modern bzw. *progressiv* geriert und in allen Bereichen des öffentlichen Diskurses neue politische Normen nach einer fundamental umgedrehten Ethik durchzusetzen versucht, d.h. ohne vorherige diskursive Meinungs- und Willensbildung.

Diese vermeintlich fortschrittliche Ideologie beruht auf falschen Annahmen, die zu falschen Schlussfolgerungen führen und schließlich zu falschen Maßnahmen, die den *richtigen* Weg aus der liberalen Demokratie zurück in den voraufklärerisch-tribalistischen Autoritarismus weisen. Jede Bewegung löst eine Gegenbewegung aus. Je heftiger der Ausschlag, umso massiver der Gegenschlag. Donald Trump hat die US-Präsidentschafts-wahl 2024 nicht *gewonnen*. Seine Wiederwahl verdankt er der linken Identitätspolitik. Die Mehrheit der Stimmen hat er bekommen, nicht *weil* er ist, wie er ist, sondern *obwohl* beziehungsweise *trotz allem*. Warnschüsse sollte man tunlichst ernst nehmen. Die Linksprogressiven sind mit ihrer postmodernen Agenda zu weit gegangen. Ihre surreale Dekonstruktion aller Gewissheiten und ihre diskursive Intoleranz haben der Demokratie enormen Schaden zugefügt. Auf ihre Rechnung geht vor allem die massive Verschiebung des politischen Gleichgewichts nach rechts. Mit dieser Thematik befasst sich die zweite Hälfte dieses Essays.

2. Wörter mit Genitalien: Grammatik und Semantik

Als eine der Erscheinungsformen der Hypermoral ist das Gendern ein klassisches Beispiel für „intellektuelle Vereinfachung"[26]. Das Gendern beruht auf dem falschen Grundsatz der Gleichsetzung von Genus und Sexus. Die Grundthese ist: das grammatische Geschlecht (Genus) sei mit dem biologischen Geschlecht (Sexus) gleichzusetzen. Das heißt:

- männliches Substantiv = Mann
- weibliches Substantiv = Frau

Dazu das Argument: Man müsse die Sprache der Biologie angleichen. Das würde bedeuten: für die Bezeichnung von Frauen

dürfe man nur weibliche Substantive verwenden. Das hätte weitreichende Folgen, und zwar (um nur einige Beispiele zu nennen):
→ weibliche Substantive gälten für Männer nicht (mehr); daher:
→ Gesetzestexte, in denen es beispielsweise um Rechtspersonen geht, gälten nur noch für Frauen, weil ein Mann keine Person sein kann (da nicht weiblich). Und auch keine Witzfigur. Die ist ja auch weiblich, grammatisch betrachtet.

Konsequenz: Personalabteilungen sind nach näherer (genderistischer) Betrachtung nur für Frauen zuständig, ebenso ist das Personenstandregister eine ausschließlich weibliche Angelegenheit. Und Penisbesitzern sollte man künftig keinen Personalausweis mehr ausstellen, sondern einen Männerausweis. Ein Mann kann auch nicht *persönlich* erscheinen, wenn vorgeladen. Und über ihn darf es auch keine *persönlichen* Daten geben.

Die Verwechslung bzw. Gleichsetzung von Genus und Sexus zeugt von Banausentum, Dilettantismus und Ahnungslosigkeit. Es handelt sich um einen *Kategorienfehler*, der ein Zeichen von „Halbbildung"[27] sei, so der Kommunikationswissenschaftler Rudolf Stöber. Dass dieser Unsinn mittweile auch in den Schulen angekommen ist, scheint kaum jemanden zu stören – außer Sprachwissenschaftler wie Martin Neef[28].

Die kontrafaktische Vermengung und (ich unterstelle:) *absichtliche* Verwechslung von grammatischem und biologischem Geschlecht dienen als langer Hebel der Sprachgendertheorie, nämlich als Verwirrungsvorrichtung (s. scrambling device, Kap. 23), die K.O.-Argumente liefert, um all jene in die kognitive Falle zu locken, die mit Grammatik nichts am Hut haben und Korrektheit als bedingungslose Befolgung von Regeln auffassen, da sie über die Kompetenz, zwischen Sprachwissenschaft und Identitätsideologie zu unterscheiden, einfach nicht verfügen. Aus dem so generierten Irrglauben, dass das grammatische Geschlecht mit dem biologischen Geschlecht gleichzusetzen sei, leitet die genderaktivistische Szene den Anspruch ab, jeder weiblichen Person stünde ein weibliches Substantiv zu – und das hat den Zwang zur Folge, alle deutschen Substantive zu gendern[29]. Es geht um die Verunstaltung Tausender von Wörtern, was einem Massaker am deutschen Wortschatz gleichkäme.

Hier liegt eine Verwechslung von grammatischer *Form* und semantischem *Inhalt* (Bedeutung) vor. (s. Kap. 4. „Nur mitgemeint?") Die sprachliche Form bestimmt nicht das Geschlecht. Das ist gerade bei Endungen der Fall: Substantive (Wortzusammensetzungen) mit der Endung „*tum*" können sowohl männlich wie sächlich sein. Oder Komposita mit *Mut*: der Mut ist zwar männlich, genauso wie Kleinmut, Übermut oder Edelmut, aber Langmut, Anmut und Demut sind weiblich. Dafür gibt es keine logische Erklärung. (s. auch Kap. 14.2) Merke: Die Männlichkeit ist weiblich, und der Feminismus ist männlich – grammatisch. Eine Frechheit. Das müsste man ändern. Wie wäre es mit „Männlichtum" (*der*, wie *der* Irrtum), und „Feministerei" (reimt sich auf Phantasterei)?

Die Fronten sind klar gezogen: Die Genderaktivisten haben dem generischen Maskulinum den Krieg erklärt, weil sie glauben (und predigen), dass im generischen Maskulinum die Frauen nicht abgebildet seien und deshalb in den Köpfen von Sprechern und Zuhörern oder Lesern überwiegend oder ausschließlich männliche Personen herumgeistern, wenn es um Menschengruppen, Berufsbezeichnungen oder Nationen geht, z.B. um Kunden, Lehrer oder Finnen. Der Begriff *generisch* bezieht sich auf die Gattung – im Gegensatz zur *spezifischen* Bedeutung.[30]

Die Frauen müsse man also in der Sprache *sichtbarer machen,* meinen die Genderbewegten, die an einer seltenen Form von sprachlicher Blindheit zu leiden scheinen. Um ihre abstrusen Theorien zu untermauern, berufen sie sich unverdrossen auf Studien, die angeblich Erstaunliches beweisen. Wie *aussagekräftig* diese Studien wirklich sind: s. Kap. 10. Studien – das Totschlagargument. Unbewiesen ist auch, dass die Frauen in der Sprache bisher nicht sichtbar (genug) waren. Diese These ist bloß eine Behauptung, die auf einem Gefühl beruht. Und eine gefühlte Wahrheit ist noch kein wissenschaftlicher Beweis. Eher Einbildung, ein Phantasma, eine herbeigeredete Wahrnehmung, die sich als vorgetäuschte Sinnestäuschung entpuppt. Studien hin oder her. Heutzutage kann man Studien samt Ergebnis bestellen, vor allem wenn man am Erfolg der Bemühungen zweifelt. Sonst wären sie nutzlos. Bestsellerautorin Birgit Kelle: „Es ist ein klassisches Phänomen vieler Geschlechterstudien, dass sie ihr

16

Ergebnis bereits am Anfang kennen".[31] Schön. Wie wäre es also mit einer Studie über unsichtbare Wesen wie Engel und Dämonen und deren Einfluss auf unser Alltagsdenken? Ach, Sie behaupten, es gibt keine Dämonen? Beweisen Sie es!

Offen ist noch die Frage, ob nun ausschließlich die Bezeichnungen von Menschen gegendert werden sollen oder auch von Tieren. Für die Unantastbarkeit der Hundewürde müssen die Tierschützer noch eine Weile knurren und auch überlegen, wie eine intersektionale Rangordnung der Tierwelt zu gestalten sei: Säugetiere, Vögel, Reptilien, Amphibien – wer kommt in den Genuss, den Schutz der Würde per Verfassung zu genießen, was bleibt außen vor? Bei den Würmern hört wohl der Spaß auf. Hier noch ein wichtiger Hinweis: Hünd*innen darf man auf keinen Fall sagen. In diesem Phantasiewort sind die Hunde nicht abgebildet, denn Hünde gibt es im Deutschen nicht. Und das wäre ein eklatanter Fall von Diskriminierung.

Im Öffentlich-Rechtlichen Rundfunk (ÖRR) gehört das Gendern der Tiere bereits zum guten Ton: die Plattform Funk (ein gemeinsames Online-Projekt von ARD und ZDF) informiert das Publikum, dass Bären zu 75 Prozent Veganer:innen seien.[32] Und da wir bereits tief in der biologischen Materie stecken: Der Baum ist ja männlich. Warum sind aber fast alle Baumbezeichnungen weiblich: die Eiche, die Buche, die Linde. Und dann diese unerträgliche Gender-Anomalie des Substantivs Kiefer: Als Konifere ist es weiblich, als anatomische Bezeichnung männlich.

Vergessen wir nicht die Schiffsnamen. Die sind ja weiblich: sie bekommen einen weiblichen Artikel, auch wenn Männer die Namensgeber sind. Das gilt auch für Flugzeuge. Steckt ein tieferer Sinn dahinter? Ich persönlich sehe darin einen Ausdruck höchster Bewunderung und Wertschätzung für die Frau. Vielleicht sogar Begeisterung und Ehrfurcht. Aus dem feministischen Lager glaube ich schon ein missmutiges Raunen zu vernehmen. Wertschätzung? Im Gegenteil: Die Frau ist ein beklagenswertes, unterdrücktes, ausgebeutetes und verachtetes, unsichtbares Wesen, das zu einer Maschine degradiert wird, die auch als Kriegswaffe missbraucht werden kann.

Ein erstes Fazit: Das Gendern ist eine Genitalisierung der Sprache. Was es sichtbar machen will, aber nicht kann, ist nicht

17

das Gender, d.h. die soziale Rolle, sondern die Geschlechtsteile (s. Kap. 17). Der Begriff ist ein Irrtum. Bei der geschlechtlichen Zuordnung der Substantive herrscht eine ziemlich inkorrekte Beliebigkeit, deren Sinn noch zu ergründen ist – die feministische Spielwiese der linguistischen Genderforschung ist grenzenlos. Zur Grenzenlosigkeit gehört noch folgendes Beispiel: Der Gender-Furor macht nicht einmal vor unbelebten männlichen Substantiven halt: An der Berliner Humboldt-Universität hat die Arbeitsgruppe für *Feministisch Sprachhandeln* sogar den Türöffner entmannt und daraus ein *Türöffna* gemacht.[33] Glauben darf man an alles, aber über das Verbot des Glaubens an die menschliche Vernunft sollte man vielleicht doch mal ernsthaft nachdenken.

3. Die Dekonstruktion der Logik: Grammatik und Biologie

Der Postmodernismus leugnet die Existenz objektiver, allgemeingültiger Wahrheiten und stellt die Wissenschaften insgesamt in Frage. Alles wird relativiert, alles ist eine Frage der Deutung, alles ein Konstrukt, auch das biologische Geschlecht.[34] Auf der ideologischen Ebene hingegen nimmt die Postmoderne „für ihre eigenen Aussagen eine absolute Gültigkeit in Anspruch" (Bernd Stegemann)[35]. Als absolut gesetzt betrachten die Gendertheoretiker die These, dass Frauen und alle anderen Geschlechter in der männlich geprägten Sprache unsichtbar seien. Da aber Gender laut Gendertheorie das soziale Geschlecht ist, d.h. eine Rolle, sollte die Frage erlaubt sein, ob das soziale Geschlecht in der Sprache wirklich sichtbar gemacht werden kann, wenn überhaupt.

Selbstkritische Reflexion ist in genderlinguistischen Kreisen offensichtlich keine Tugend. Dogmatische Rechthaberei schon. Dazu gehört die verstockte Weigerung, die sprachwissenschaftliche Tatsache zu akzeptieren, dass das grammatische Geschlecht kein biologisches Geschlecht abbildet. Und das führt zu einer Verwechslung von Kategorien, z.B. Genus und Sexus:

- das Genus, davon gibt es drei: männlich, weiblich, sächlich
- der Sexus hat nur zwei Varianten: männlich und weiblich
- das Suffix *-in* ist nur mit belebten Nomen zulässig

18

Was wird also aus sächlichen Substantiven wie Mädchen, Weib, Individuum, Luder?[36] Und sind Geiseln ausschließlich weibliche Personen? Kann auch ein Mann *eine* Geisel sein?

Antworten will die Trans-Ideologie bieten, die mit Dutzenden von Geschlechtern aufwartet. Mitunter Tausenden.

Weitere Verwirrung entsteht durch die Nennung von Institutionen nach dem Geschlecht des Bezugswortes: z.B. Kirche als Arbeitgeber*in*. Wollen die Genderer etwa die Genitalien der Kirche *sichtbar machen*?[37] Und was ist mit dem Finanzamt (sächlich) als Arbeitgeber – gehört es zu den Diversen?

Hinter diesem Verwirrspiel um das soziale Geschlecht steckt eine ideologische Agenda, so die Biologin und Publizistin Rieke Hümpel[38]: Die „Definition des Begriffs «Geschlecht» [wurde] erst vernebelt, dann entkernt und schließlich ersetzt. Wer auf die Bedeutungsverschiebung hinweist, wird als transphob und rechts gebrandmarkt. Die Methode der Bedeutungsverschiebung[39] und die Unterdrückung von Kritik sind typisch für totalitäre Ideologien". (s. 22. Biologie, Linguistik und Postmoderne)

Sprachwissenschaftlich und sprachgeschichtlich ist die Sache sonnenklar. „Für die Verteilung des grammatischen *Geschlechts* gibt es durchaus Regeln, aber die sind nicht semantischer Art", so Professor Helmut Weiß[40]. Zwar bestehe durchaus eine Beziehung zwischen Genus und Sexus – allerdings nur in die eine Richtung: „Sexus kann sich im Genus bemerkbar machen, der Umkehrschluss ist jedoch nicht zulässig". Ein Irrtum auch, das generische Maskulinum als eine sprachgeschichtlich sehr junge Erscheinung zu bezeichnen. Das Generische sei praktisch schon immer im Deutschen fest verankert. Ein weiterer Irrtum: dass Sprache *gerecht* oder *ungerecht* sein könne. (s. Kap. 17.)

Nun eine existenzielle Frage: Ist das Geschlecht wirklich das wichtigste Identitätsmerkmal?

4. Nur mitgemeint? Ein Missverständnis – und eine Verwechslung von Kategorien

Der Zusammenhang zwischen Wörtern und dem, was sie bedeuten, ist ein konventioneller[41]. Wir haben ein intuitives

Verständnis von Bedeutung, so wie wir auch ein „intuitives Verständnis des Wahrheitsbegriffs" haben[42]. Muttersprachler kennen diese Konventionen und Selbstverständlichkeiten ohne Gebrauchsanleitung. Der Gendersprache hingegen geht dieses Verständnis völlig ab. Im generischen Maskulinum seien die Frauen „nur mitgemeint", heißt es oft. Laienhafte Maskerade.

Um es in den Worten des Anglistikprofessors und Schriftstellers Dietrich Schwanitz zu sagen: „Wer seine Sprache unvollkommen beherrscht und sich nicht richtig ausdrücken kann, kann auch nicht richtig denken"[43]. Diesen Gedanken kann man auch auf das Gendern übertragen: Wer gendert, versteht die eigene Sprache nicht und drückt sich umständlich, mitunter unverständlich aus, und das nicht, weil er nicht denken kann, sondern weil sein Verstand in Panik geraten ist.

Die Behauptung, dass Wörter nicht das bedeuten, was wir denken und wie wir sie verstehen, sondern was anderes, beispielsweise dass Frauen in einem gewissen Wort nicht abgebildet seien, weil das Wort (das Substantiv) eine ungeeignete grammatische Form habe, stellt sprachliche Konventionen auf den Kopf und ist Unfug. Man tut, als würde man die Sprache eines Landsmannes plötzlich nicht mehr verstehen, und diese Geisteshaltung zerstört Sprache und Kommunikation: Die Genderisten kündigen die Zugehörigkeit zu einer Sprachgemeinschaft, erfinden ein neues Idiom und nötigen den Sprecher der Normsprache, sich anders auszudrücken. Dieses Verständnis von Sprache ist absurd. Doch diesen Unsinn stellt der Durchschnittsmensch nicht infrage, weil ihm die sprachtheoretische Kompetenz fehlt.

Das Gefühl des Mitgemeintseins wird den Frauen einfach nur eingeredet. Gestern noch bezogen Frauen wie Männer die üblichen Formulierungen der Normsprache auf alle, unabhängig vom biologischen oder grammatischen Geschlecht, und das war eine Frage des Verstandes und nicht des Gefühls. Heute fühlen sich (manche) Frauen plötzlich generisch diskriminiert! Ein Unsinn wird so lange wiederholt, bis man sich daran gewöhnt und ihn für bare Münze nimmt. Bei dieser subtilen Gehirnwäsche spielen einige Faktoren zusammen: Denkfehler, Suggestion, Unwissenheit und amateurhafte Psychologisierung. „Aber fühlen sich die Mitgemeinten im Erwachsenenalter tatsächlich

20

konsequent durch das generische Maskulinum angesprochen und denken wir sie überhaupt wirklich mit?" So lautet die zentrale Frage im Leitfaden der Uni Osnabrück *Sprache und Geschlecht. Für Eilige: Geschlechtergerechter Sprachgebrauch kurz und bündig.*[44] Diese als Fragesatz formulierte und unterstellte Faktizität enthält zwei Denkfehler: Erstens gibt es keinen empirischen Beweis für die Existenz von Mitgemeinten, d.h. dass manche sich beim Sprechen bzw. Zuhören nur mitgemeint fühlen und deshalb prompt nachhaken, ob die Aussage oder Mitteilung auch für sie gilt. Sprachlich gibt es keine Konventionen, die signalisieren, dass man zwischen *meinen* und *mitmeinen* unterscheiden sollte bzw. könnte. Und die Frage, ob wir die Mitgemeinten wirklich mitdenken, beruht auf einer Fehlannahme, die an der Semantik und an der Psycholinguistik vorbeigeht. Dieses *Mitgemeintsein* gibt es eigentlich gar nicht. Niemand ist mitgemeint. In seiner Kritik der Dudenbroschüre „Richtig Gendern" von Gabriele Diewald (s. 22.1 Behauptete, aber unbewiesene Thesen) und Anja Steinhauer weist Professor Peter Eisenberg auf die essentiellen Irrtümer und Fehlannahmen der Genderlinguistinnen hin: „Die von den Autorinnen gegebene semantische Charakterisierung des generischen Maskulinums »Frauen sind mitgemeint« ist inkorrekt. Frauen sind gar nicht gemeint, ebenso wenig wie Männer oder Geschlechtsidentitäten jenseits der binären Norm".[45]

Gehen wir einen Schritt weiter und knöpfen uns die *Bevölkerung* vor: Ist sie weiblich? Das Substantiv schon. Sind die Männer mitgemeint? Von wegen. Der Verstand interpretiert die Sprache kontextbezogen. Zwischen dem grammatischen Geschlecht des Substantivs *Bevölkerung* und dem bezeichneten Inhalt (Bewohner eines bestimmten Gebiets und deren Genitalien) gibt es keinen Zusammenhang. Das weibliche Geschlecht verdanken Wörter wie *Bevölkerung* nicht einem arkanen Zauber, sondern dem Suffix *-ung.* Wie soll man dann die Bevölkerung gendern? Diese Frage klären wir in Kap. 17.

Also: In der Normsprache geht es nicht ums *Mitgemeintsein,* sondern um Bedeutung. Das generische Maskulinum ist semantisch geschlechtsneutral. Im Wort „Steuerzahler" sind die Frauen nicht *mitgemeint.* Das Wort **bedeutet** „Frauen und Männer, die

Steuern zahlen". Die gegenderte Wiederholung des Substantivs hingegen (Steuerzahlerinnen und Steuerzahler) ist eine Doppelt-gemoppelt-Nennung und bedeutet: Frauen, die Steuern zahlen, sowie Frauen und Männer, die Steuern zahlen. Das heißt: die Frauen sind hier überflüssigerweise zweimal genannt; nicht, dass sie auf die Idee kommen, sie müssten weniger oder gar keine Steuern zahlen. Die Semantik ist eindeutig. Wer das Gegenteil behauptet, verwechselt die Bedeutung der Wörter mit einer will-kürlichen Interpretation von grammatischem Geschlecht als gleichgesetzt mit dem biologischen. Die Sprache unterschlägt niemanden. Das Wort *Studenten* bedeutet „Frauen und Männer, die studieren". Und Wörter wie Französ*innen, Bäuer*innen oder Kund*innen sind ausschließlich Bezeichnungen für Frauen (s. Kap. 5. Das Problem mit dem Genderstern: Der Genderstern erzeugt Wörter, die es nicht gibt). Ich kenne keinen Französ und bin weder Kolleg noch Fränk.

Apropos: Ist *Zimmer* ein Beruf? Laut Bundesarbeitsministe-rium schon. Im Kurznachrichtendienst Twitter (April 2022) thematisiert es das Handwerk der Zimmer*innen. Wie lautet eigentlich die weibliche Bezeichnung von Zimmerer? Und ist Zimmerin ein Beruf? Oder ein weibliches Zimmer?

Dass das generische Maskulinum Frauen (und nichtbinäre Identitäten) „ausschließe" oder nur „mitmeine", ist eine Behaup-tung, die auf einer Fehlinterpretation grammatischer Strukturen basiert (Hackstein 2021) s.linguistik-vs-gendern.de

Die Genderszene kapriziert sich auf eine lächerliche Pose: Die Frauen *fühlten sich* durch das generische Maskulinum angeblich nicht angesprochen. Einfach so, aus heiterem Himmel, jetzt, nach Jahrhunderten Erfahrung mit der deutschen *Mutter*sprache. Was schon immer selbstverständlich war, ist heute Makulatur. Doch wer sich generisch nicht angesprochen fühlen *will*, weigert sich, die eigene Muttersprache zu verstehen, und gibt vor, Wörter seien anders zu deuten, als es die Konsensmehrheit der deutsch-sprachigen Bevölkerung tut. Jetzt gelten andere Spielregeln – weil man es so will, ja, so, und nicht anders. Basta. Die Linguis-tin Gisela Zifonun spricht, was Studien zum Generischen Masku-linum anbelangt, von „methodischen Mängeln". Sie beklagt, dass sich die Linguistik „weitgehend in die Knechtschaft der experimentellen Psychologie oder der Kognitionswissenschaften begeben" habe und „Bedeutungen" nur noch als geistige, durch Wörter erzeugte Bilder begreife[46].

Das eigentliche Problem in diesem Streit ist das Wort *Maskulinum*. Es lenkt davon ab, dass es sich um die Grundform bzw. unmarkierte (kürzeste, einfachste) Form eines Substantivs handelt. Mein Vorschlag: den Begriff *generisches Maskulinum* zu ersetzen, nämlich durch die Begriffe generisches Substantiv/ Wort oder generischer Singular (*Fragen Sie Ihren Arzt*) und generischer Plural (*die Einwohner*) oder einfach nur *generisch*: der *Sparer* ist *generisch / ein generisches Substantiv*. Die Begriffe sind nicht neu. Darauf, dass ein Substantiv wie *Bürger* „eine sexusneutrale Grundbedeutung" hat, wies bereits vor fast hundert Jahren Roman Jakobson hin, einer der Begründer des Strukturalismus. Das Maskulinum bezeichnete er deshalb als *Nullgenus*, woran der Linguist Wolfgang Krischke[47] mit Blick auf die falschen feministischen Auslegungen grammatischer Kategorien hinweist. Was natürlich keinen Genderer beeindruckt, verfügt doch der Genderismus über höhere Wahrheiten als die Sprachwissenschaft. Und das sind (Aber)Glaubenswahrheiten. Inhaltlich relevant ist in diesem Begriff das Wort *generisch* und nicht das *Maskulinum*, das lediglich die Form der grammatischen Kategorie bezeichnet und semantisch kein Maskulinum ist, sondern eine generische Bezeichnung für alle Geschlechter. Allerdings müsste man das Substantiv *Sparer* gendern, wenn Frauen, benachteiligt wie immer, nicht die gleichen Zinsen bekämen wie ihre männlichen Ausbeuter.

Also noch einmal: Generische Substantive wie *Person* (grammatisch weiblich) oder *Tourist* (grammatisch männlich) sind *geschlechtsneutral*.

Hatschi! Verzeihung. Ich bin im Moment verschnupft, musste in die Apotheke. Dort empfing mich ein Aushang, der die Kund*innen über irgendetwas informierte, was mich wohl nichts anging, da ich weder Kundin noch Kund bin. So latschte ich zur nächsten Apotheke, wo ich zunächst Ausschau hielt nach diskriminierenden Aushängen. Etwa: Hunde und alte weiße Männer müssen draußen bleiben. Nix dergleichen. Eine freundliche Apothekerin beriet mich ausführlich, ohne mich über meine

Genitalien zu befragen, konnte mir aber gegen eine weitere Beschwerde, eine Genderallergie, kein Mittel empfehlen. Mein eher niedriger Blutdruck schießt nämlich beim Vernehmen gegenderter Sprache auf über 140. Vor einigen Monaten habe ich die Konfiguration meines neuen Audis, den ich zu kaufen beabsichtigte, gelöscht, weil ich dem Autokonzern zwar die Abgasaffäre nach langem Gewissenskonflikt verzeihen konnte, die Genderaffäre aber nicht[48].

Eine Frankfurter Apothekerin wollte mir letzten Sommer ein Mittel zur Verbesserung des Glottisschlags andrehen. Als ich den Kopf schüttelte, raunzte sie mich an, ich solle mir bloß nichts auf meinen Pimmel einbilden, nichts als Illusion und Selbsttäuschung, ich hätte nämlich hinter den Hoden auch eine Vulva, nur sei ich mir dessen *nicht bewusst*, weil sie erst im Dunkeln aus der Deckung komme, wenn man beispielsweise das Licht ausschaltet oder sich dunkle Unterwäsche anzieht. Was sich hinter den Hoden manchmal öffnet, im Dunkeln wie im Hellen, nennt man anders, widersprach ich. Ja, Genderstern, raunzte sie. Die anatomische Verwechslung habe wohl was mit genderistischer Dekonstruktion zu tun, entgegnete ich. Plötzlich hielt sie mir ein Klistier ins Gesicht und drohte: Diese Frage müssen wir mit alternativen Methoden klären. Ach du Schreck ... Ich riss die Augen auf – und seufzte erleichtert: Es war Gott sei Dank nur ein Alptraum. Aber irgendwie prophetisch. Vom Unbewussten als rhetorischer Allzweckwaffe der postmodernen Rabulistik wird hier noch reichlich die Rede sein (s. Kap. 23. Fazit).

Nun zum Schnupfen. *Meine Nase läuft.* Ist die Bedeutung dieses Satzes eindeutig? Oder vermutet jemand hinter den Worten einen verborgenen (okkulten) mitgemeinten Sinn? Und was für ein Bild erscheint Ihnen vor dem inneren Auge? Wenn Sie eine verstopfte rote Nase sehen und eventuell auch hören, wie jemand sich schnäuzt, dann sind Sie ein ganz normal denkender Zeitgenosse. Wenn Sie aber eine auf zwei Beinchen durch die Gegend herumlaufende Nase sehen (die als weibliches Substantiv auch mit einer Vagina ausgestattet sein müsste), dann leiden Sie vermutlich an Genderitis. Aber keine Bange, diese Krankheit ist heilbar. Merke: nach genderfundamentalistischer Logik reicht es nicht aus, den Rotz mitzumeinen, wenn man sagt, die Nase

24

läuft. Korrekt müsste es deshalb heißen: Aus der Nase fließt Rotz. Bitte auch die Farbe angeben, um möglichst genau zu sein. Denn die genderistische Sprache duldet keine Zweideutigkeiten, sie muss die Realität abbilden, so wie sie ist, Ambiguitäten darf es nicht geben. Ein für alle Mal: Die Nase läuft nirgends hin!

Die These des *Mitgemeintseins* ist eine kaffeehauslinguistische Luftnummer. „Die Bedeutung der Wörter liegt in ihrem *Gebrauch*", um es mit Professor Roland Kaehlbrandt noch einmal klarzustellen[49]. Das heißt *im Kontext*. Denn ein Wort führt kein Eigenleben im luftleeren Raum außerhalb der Aussagen, der Sätze. Seine Bedeutung schöpft das Wort nicht aus seiner Morphologie (Form, Zusammensetzung, Endungen). Sondern aus seiner „semantischen Rolle"[50] in einer grammatischen Struktur, so Donald Davidson in seiner Sprachphilosophie. Aussagen versteht man anhand ihrer Logik und Kohärenz. Relevant ist in einer Aussage nicht die Bedeutung einzelner Wörter, die kontextabhängig ist, sondern die Bedeutung des Satzes. Davidsons Wahrheitstheorie zeigt, wie „die Bedeutung jedes Satzes von der Bedeutung der Wörter abhängt"[51], ein Wort habe aber „nur im Zusammenhang eines Satzes" eine Bedeutung.[52] Und auch ein Satz steht nicht mutterseelenallein und autark in der Sprachlandschaft, sondern in Beziehung zu anderen Sätzen, und diese Beziehung wird durch seine Struktur bestimmt. Ebenso seine Bedeutung[53]. So sind einige Sätze „logische Konsequenzen anderer Sätze". Und: „Wenn wir die durch eine Wahrheitstheorie ans Licht gebrachte Struktur als Tiefengrammatik ansehen, müssen Grammatik und Logik Hand in Hand gehen". Eigentlich Selbstverständlichkeiten. Bereits Friedrich Schleiermacher wies in seiner *Dialektik* (1811) auf den essenziellen Unterschied zwischen der *logischen Form des Gedankens* und der *grammatischen Form der Sprache* hin und hob die *kontextspezifische Bedeutung* nicht nur einzelner Wörter, sondern auch ganzer Sätze hervor.[54] Von solchen sprachlogischen Selbstverständlichkeiten und semantischen Gemeinplätzen wird man aber durch die obsessive Beschäftigung mit der Visualisierung von Geschlechtsteilen unablässig abgelenkt. (s. Kap. 6. Sexualisierung durch Gendern)

Die Sprachwissenschaftlerin Gisela Zifonun legt den Fokus ebenfalls auf den Kontext: „Die Bedeutungen von Wörtern und

Sätzen bestehen vor allem in den Regeln ihres Gebrauchs und in der Fähigkeit, aus dem Gehörten und Gelesenen die angemessenen Schlüsse zu ziehen".[55]

Bemühen wir noch einmal das Substantiv *Person*. Stellen Sie sich folgende Situation vor: Sie sitzen in einem Wartezimmer, und ein Blinder, der die Tür öffnet, möchte wissen, wieviel Personen sich in diesem Raum befinden. Wenn Sie alle Menschen zählen, haben Sie ein gesundes Sprachgefühl: Bedeutung und Kontext sind eindeutig. Wenn Sie aber nur die Frauen zählen, denn das Namenwort *Person* ist ja weiblich, dann leiden Sie an Genderitis fanaticus.

Geistes- und geschichtsphilosophisch betrachtet gibt es in der Entwicklung menschlicher Sprachen eine klare evolutionäre Ordnung. Oswald Spengler: „Wir sprechen in Sätzen und nicht in Worten".[56] Der Satz ist „der sprachliche Ausdruck eines Gedankens". Das heißt: ein Wort ist noch kein Gedanke. Es wird zum Gedanken, wenn es als Teil einer Aussage etwas ausdrückt.

Unbeantwortet bleibt im Genderismus auch die Frage, ob es Konventionen[57] gibt, Aussagen mit einem Satzgegenstand (Subjekt) im generischen Maskulinum als Äußerung über Männer zu verstehen beziehungsweise gar ausschließlich über Männer, also alle Frauen grundsätzlich ausschließend. Für die explizite Hervorhebung von Geschlechtsmerkmalen gibt es weder eine semantische Notwendigkeit (weil in der Bedeutung enthalten) noch eine illokutionäre[58] Konvention, d.h. es gibt keine Aussagemodi, die die Frauen ausschließen, und keinen Grund, dies anzunehmen. Es sei denn, man erfindet einen. Ebenso gibt es keine sprachliche Konvention, die formal oder semantisch signalisiert, dass eine Behauptung nur vorgetäuscht sein soll; d.h. ein Witzbold täusche vor, Frauen mitzumeinen, in Wirklichkeit aber schließe er sie aus. Auch so betrachtet ist die These des Mitgemeintseins schlichtweg Unfug. Die Notwendigkeit dieser künstlich herbeigeredeten Konvention ist Bluff und irritiert, weil der mündige deutsche Muttersprachler erkennt, dass diese eigenmächtig aufoktroyierte und völlig überflüssige Sprechweise reine Erfindung und Schikane ist. Man pfuscht an der DNA der Sprache herum, wenn man einer Endung semantischen Vorrang einräumt vor der Gesamtbedeutung einer Aussage. Man macht aus einem Pferd eine Kuh, indem man ihm Hörner aufsetzt. Noch einmal auch für den Grundschulunterricht. Wörter wie Hund, Schwein oder Affe sind Bezeichnungen von Tieren. Sie diskriminieren und beleidigen niemanden. Sie sind weder *gerecht* noch *sensibel*. Auch ein blöder Hund ist ein blöder Hund, nicht mehr. In Bayern ein damischer. Auf Menschen bezogen, kann man diese drei Beispiele eindeutig als Beleidigung und Verletzung der Menschenwürde auslegen. Jemanden als Affen zu bezeichnen, ist keine Meinung, sondern eine grobe, mitunter auch rassistische Beleidigung.

Umfrage 1
Was bedeutet das Wort Sächs?
☐ A. Bezeichnung für altgermanische Sexpraktiken.
☐ B. Eine alternative Schreibweise für Sex.
☐ C. Das Wort Sächs gibt es im Deutschen nicht.

Ebenso heikel der leichtsinnige Umgang mit dem Kompositum *Nazischwein*.[59] Ausschlaggebend für die Bedeutung ist also der Bezug, der Kontext, in dem ein Wort verwendet wird, d.h. die Äußerung, der Satz.[60] Diesen Bezug dürfte auch ein Kind verstehen. Aber heutzutage nicht jeder Erwachsene, beispielsweise die Genderalarmisten, die schon aus verstockter Prinzipienreiterei etwas anderes verstehen wollen als jeder normal sprechende Mensch beziehungsweise die unzähligen Generationen von Deutschen schon seit Jahrhunderten[61].

Buchautorin Pauline Voss spricht von einer „Strategie des absichtlichen Missverstehens"[62]. Im Bayrischen ist im Übrigen ein Hundling ein gwiefter Kerl, ein Schlitzohr; anerkennend sagt man oft: *A Hundling bist scho*.[63] (Kontext: s. auch Kap. 11)

Als Lektüre empfehle ich an dieser Stelle „Die Nase" von Gogol. Mehr zum Thema, s.u. Kap. 11. und Kap. 17.

5. Das Problem mit dem Genderstern: Genderdeutsch ist nicht korrekt. Es ist sprachunsensibel, unhöflich und nervt

Doppeltnennungen oder magische Zeichen? Die Phantasie der sexfixierten Sprachpanscher kennt keine Grenzen. Und das führt zu unlösbaren Problemen. Erstens: Texte mit dem Stern-Schluckauf sind unverständlich. Zweitens: Der Genderstern generiert Wörter, die es nicht gibt. Drittens: Der Kehlkopfverschlusslaut verleiht der Endung „innen" eine Betonung und verwandelt sie in ein eigenständiges Wort, nämlich in ein Adverb (das Gegenteil von *außen*)[64]. All dies sorgt für Verwirrung und Irritationen. Das Beweismaterial für diese Behauptungen ist erdrückend.

Einige Beispiele: Was war mit folgendem Satz in der Visite-Sendung vom 3.5.22 NDR gemeint: *Listerien können Verbraucher innen nicht erkennen.* Folgt mit der Pause nach dem Wort „Verbraucher" das Adverb „innen"? Oder war die Pause ein Genderstern? Und nun einige Stern-Wörter, die es im Deutschen (so noch nicht) gibt: Schwäb, Jüd, der Kolleg (nicht das), Ärzt oder Pol (ein polnischer Mann ist kein Pol; weitere Beispiele: Kap. 4). Genauer: im Wort „Sächs*innen" sind die Männer semantisch nicht enthalten bzw. *mitgemeint*, ebenso die Juden in Jüd*innen, die es eh schon satthaben, mit einem Stern ausgezeichnet zu werden, und das ausdrücklich, genug ist genug.

Außerdem: Was passiert nun mit Wörtern, die ein männliches Substantiv enthalten? Etwa Bürger in „Ein*bürger*ung"? Die Genderbefürworter werden früher oder später als konsequente Alternative für die Einbürgerung möglicherweise die Ein*bürger*-*innen*ung einführen; d.h, eine Frau wird „einge*bürgerinnen*t". Anne Will hatte schon vor Jahren diesbezüglich keine Hemmungen und machte den Anfang mit Monsterwörtern wie „Kurzarbeiter*innenGeld" (wobei sich der Unbedarfte fragen dürfte, ob es auch ein „AußenGeld" gibt); mit ein bisschen Phantasie und Sprachgefühl hätte sie eigentlich das Wort „Kurzarbeitgeld" erfinden können: Geld für Kurzarbeit.).

Und was wird aus den steigenden *Verbraucher*preisen? Gelten sie nur für Männer – oder müssen auch die Frauen künftig tiefer in die Tasche greifen?

Aber das ist noch nicht das Ende vom Lied. Ein weiteres Problem ist der Klang der Sprache, die inflationäre Häufung von Silben, die aus Lauten (bzw. Buchstaben) wie *n* und *e* bestehen. Bei der Buchstabenhäufigkeit beziehungsweise der Lauthäufigkeit liegen im Deutschen e, i, n und t/d ganz vorne[65]. In einem klanglichen oder schriftlichen Umfeld, in dem diese Laute überproportional vorkommen, entsteht ein ungenießbarer Klangbrei, denn die weiblichen Markier*ungen*, die die G*en*d*ern*d*en* alle Naselang *ein*füg*en*, verw*an*d*eln* die Sprache in ein heilloses Durch*einan*der aus Wiederholu*ngen* von *innen* und sonstigen *Endungen*, die den S*inn* der Wörter *ent*stell*en*. So wird Sprache *un*verst*änd*lich. Und auch nicht erlernbar. Eine Besonderheit ist auch das häufige Vorkommen von *n*, mit oder ohne *d* oder *t*, in Vorsilben (z.B. *ent-, an-, ein-, unter-*) oder n-Endungen im Plural (Ent*en*), Infinitiv (n*enn*en) oder Partizip (gewonn*en*). Von den beg*innen*den und nicht *enden* woll*enden* Ab*enden* mit s*ingenden* F*inninnen* oder Adverbien wie h*in*, *ni*rg*en*ds, h*inten*, u*nten*, b*innen*, von d*annen* oder *innen* ganz zu schweigen. Das *n* scheint darüber hinaus die beiden Laute *d* und *t* magisch anzuziehen. So wäre auch das Phänomen zu erklären, dass manche Lehnwörter wie Tunnel oder Gelatine manchmal (vor allem im süddeutschen Sprachraum) als *Tundel* oder *Gelantine* ausgesprochen werden.

Noch schlimmer, wenn dieser Buchstabenbrei mitten im Wort blubbert, wo er nichts zu suchen hat. Nicht nur der Klang ist dissonant, sondern auch die Morphologie. Der Linguist Nikolaus Lohse: „Regelrecht falsch wird es, wenn auch das Abstraktum gegendert wird, also etwa eine Medizinerin, die ihre *Fachärztinnenausbildung* absolviert, die Chefsache zur „Chefinnensache" wird oder der RBB zum Weltfrauentag fordert, „mehr Frauen in Entscheiderinnenpositionen" zu bringen".[66]

Kein Wunder, dass bei dieser Buchstabenpampe die Zunge mitunter den Dienst verweigert, da sie nicht mehr weiß, was der Kopf denkt, und sich vom Verstand verabschiedet. In der Anmoderation zum Thema künstliches Hüftgelenk sagt Visite-Moderatorin Vera Cordes in der Sendung vom 5. September 2023: „Die Ärztinnen so etwas Luxation"[67]. Was meinte sie eigentlich? Hier ist vermutlich folgendes passiert, der Satz hätte wohl lauten müssen: „Die Ärzt'*innen nennen* so was Luxation". Doch die Aussprache hat beim Kehlkopfverschlusslaut versagt, und das Hirn verwechselte die weibliche Endung *innen* mit der Satzaussage *nennen*: Das Ergebnis: ein *Innen-Geninnel*. So heißt auf Neudeutsch das Gendergemampfe, an dem die *Krankenschwesterinnen* und *Elterinnen* zu ersticken drohen (s. Kap. 17 u. Kap.

29

8: die G*ewinnenden* und die gew*onnenen*). Die Moderatorin bemüht sich zwar seit einigen Jahren zu gendern, oft vergisst sie es, und wenn nicht, dann gendert sie verkehrt, nennt zuerst den generischen Plural, dann das generische Femininum: *Ärzte. Und Ärztinnen.* Offensichtlich spricht sie instinktiv die Normsprache, besinnt sich aber, wenn die Trillerpfeife der inneren Zensur schrillt: hier kommen sich das natürliche Sprachgefühl und die feministische Sprachpolizei in die Quere. Die Lehre aus der Geschichte: Reife Mädels gendern nicht.

Besonders erheiternd, wenn sich Gendernde verhaspeln, mitunter noch einmal Anlauf nehmen und schließlich den Faden verlieren, z.B. Phoebe Gaa im *heute journal*: sie spricht von „Iranerinnen und Iranerinnen"[68]. Bei Markus Lanz (10. April 2024 ZDF) sorgte die Kriminologin Nicole Bögelein mit ihrem Gender-Aufschluck für heftige Irritationen, auf das viele Zuschauer empört reagierten[69]: @hawaiitoast_ beschwerte sich: „Es ist so affig. Sorry, aber ich kann Leuten, die so reden beim besten Willen nicht zuhören und schalte ab.", @JoyMeckes: „Gendern klingt wie ein Systemfehler.", und @OliHeck rät: „Sie sollte ihren Sprachfehler mal behandeln lassen." Das klang so: Täter innen-Gruppen, Ausländer innen, Lehrer innen. Was wirklich nervte (die Diskussionsteilnehmer und wohl auch die Zuschauer) war, dass sie Fakten ständig verdrehte und die Realität anders interpretieren wollte, als sie offensichtlich war. Bei ihren Ausführungen (z.B. die Anzeigewahrscheinlichkeit sei höher, wenn der Täter ein Ausländer ist) berief sie sich, na, worauf denn sonst: auf Studien, die Wunschvorstellungen bedienen.

Fazit: Genderdeutsch ist nicht korrekt. Es ist unhöflich und geht auf die Nerven, weil es gegen Normen und Konventionen verstößt. Und zu allem Überdruss eine lächerliche, sinnentstellende Kakophonie erzeugt. Der Genderstern ist die Sichtbarmachung eines politischen Machtanspruchs, ein konfessionelles Symbol, ein magisches Zeichen (s. Kap. 11). Ausgesprochen mit einer Kehlkopfschluckaufpause ist der Genderstern ein Symptom für schlechten Geschmack.

Komposita (zusammengesetzte Wörter) wie *Bürgernähe* darf man nicht gendern, sagt die Sprachwissenschaft – und auch das Sprachgefühl, wenn man eins hat und auf korrekte Sprache Wert legt. Zum Beispiel *Bürgerinnennähe*. Unter diesem Determinativkompositum[70] kann ich mir beim besten Willen nichts vorstellen. Müssen dabei auch irgendwelche Bildchen im korrekt funktionierenden Kopf entstehen? Nähe etwa als nackte Haut? Oder liege ich mit meiner überforderten Intuition falsch?

Horst Haider Munske, Professor für Germanistische Sprachwissenschaft an der Universität Erlangen-Nürnberg, bezeichnet die Stern-Schreibweise, die der geltenden grammatischen Norm des Deutschen widerspricht, als „Versuch eines Sprachdiktats".[71] Manche dürfen eben mehr verlangen als das gemeine Fußvolk und sich noch mehr einbilden auf ihre verletzten Gefühle. Der Opferfetischismus[72] rechtfertigt alles und legitimiert die Anspruchshierarchien. Dieser Anspruch stellt die Genderthematik in den Mittelpunkt der Welt und forciert deren Anerkennung als neue soziale Realität. „Der Gender-Stern ist Ausdruck des identitätspolitischen Konzepts der »fluiden Geschlechtlichkeit«, das die tradierte Vorstellung überwinden soll, die Menschheit unterscheide sich grundsätzlich nach Männern und Frauen. Daher hat der Gender-Stern immer etwas Bekenntnishaftes an sich"[73], so Silvana und Andreas Rödder (Denkfabrik R21).

Der Identitäre denkt in Gruppenkategorien. Er kennt keine praktische Vernunft. Sein Urteil hängt nicht von der Analyse des Realen ab, sondern von der Bestimmung des Opferstatus nach starren Regeln. Manche Personengruppen sind immer Opfer, und andere können per Definition nie Opfer sein. Das Vorurteil bestimmt sein Denken und engt das Urteil auf vorgefertigte Sentenzen ein. Sein Dogmatismus ist standhaft, seine Moral blind.

6. Sexualisierung durch Gendern – Die Kopftuchfalle

Vor wenigen Jahren sorgte die Kopftuchdebatte für Entrüstung wegen der Sexualisierung Minderjähriger. „Einem jungen Mädchen ein Kopftuch überzustülpen ist keine Religionsausübung, sondern pure Perversion", so Serap Güler, damalige CDU-Staatssekretärin für Integration in NRW[74]. Heute geschieht das Gleiche durchs Gendern.

In einem Beitrag über fehlende Medikamente für Kinder spricht der BR24 am 29.4.23 über „Versorgungsmangel für junge Patientinnen und Patienten" – auweia, eine nicht nur unsinnige, sondern vor allem unanständige Sichtbarmachung von Geschlechtlichkeit, die in der Öffentlichkeit nichts zu suchen hat. Der Sprecher soll froh sein, dass wir in Deutschland keine Sittenpolizei haben zur Verfolgung verbaler Pornografie. Wer diese Art von Sexualisierung beanstandet, landet im großen Topf der christlich-fundamentalistischen Fanatiker. Aus der Kopftuchdebatte haben die Genderer offensichtlich nichts gelernt.

Das Gendern sexualisiert überdies auf eine weitere Art, nämlich durch die Pauschalisierung in Doppeltnennungen. Diese sortieren Gruppen nach dem Geschlecht, nicht aber nach dem Alter. Somit werden die Kinder als sexuelle Wesen dem einen oder dem anderen Geschlecht zugeordnet und mehr schlecht als recht sichtbar gemacht, wie das folgende Beispiel zeigt:

„Wenn ich an Schlittschuhläufer auf einem See denke, so stelle ich mir Frauen, Männer und Kinder in Winterkleidung vor, die über das Eis gleiten, auf den Popo fallen usw. Wenn künftig von Schlittschuhläufern und Schlittschuhläuferinnen die Rede ist, sehe ich keine Menschengruppe mehr. Die Kinder fehlen. Die Diversen übrigens auch. Ich sehe eine Gruppe von männlichen und eine Gruppe von weiblichen Schlittschuhläufern".[75] In diesem Beispiel von Rieke Hümpel – wie in ähnlichen Fällen z.B. „Engländerinnen und Engländer" – trennt man generische Gruppen, die eine Einheit bilden, in zwei Kategorien, die nicht mehr zusammengehören. Die Kinder werden hier sprachlich nicht abgebildet, die Diversen schon gar nicht.

Die Sexualisierung generischer Gruppen bzw. Begriffe ist bezeichnend für den Widersinn und die Widersprüchlichkeit der Gendersprache. Abstrakte Begriffe funktionieren über die Logik kategorialer Gemeinsamkeiten verschiedener Sachverhalte, Eigenschaften, Phänomene oder Zugehörigen von Personengruppen, die nicht einzeln *sichtbar* gemacht werden müssen (und können). Auch nicht die Frauen im weiblichen Substantiv *Menschheit*, die in der Bedeutung dieses Begriffs enthalten (und nicht *mitgemeint*) sind, aber nicht explizit hervorgehoben werden müssen. Nur: diese Art von Logik können (oder wollen) die

Gender-Eiferer offensichtlich nicht verstehen. Alexander Grau fragt zu Recht: *„Wozu Sachkenntnis, wenn man die richtige moralische Haltung hat?"*[76]

Die Sexualisierung der Sprache erfolgt über die ständige Markierung des Geschlechts. Das führe zu einem „Ausschlussverfahren, das den Denkraum verkleinert", moniert Ingo Meyer von der Berliner Zeitung. Er beanstandet u.a. Doppeltnennungen wie *Afrikanerinnen und Afrikaner.* (Diese sind nicht nur sprachlogisch überflüssig, sie heben zudem unnötigerweise das Geschlecht hervor.) „Alle anderen Eigenschaften, die diese Menschen sonst noch haben oder haben könnten, werden überdeckt durch diesen Fokus aufs Geschlechtliche. Die Sprache wird sexualisiert".[77]

Die Gendermoralapostel pfeifen auf Grammatik und Semantik. Gegen evidenzbasierte Argumente sind sie immun. Was für sie zählt, ist die Ideologie. Ihre sprachliche Inkompetenz wird nur durch ihre „epistemische Sturheit" übertroffen[78]. Dazu gehört eine in Stein gemeißelte Übereinstimmung von Genus und Sexus. Den Genderisten fehlt es an Ambiguitätstoleranz. Sie können nicht dulden, dass mit einem männlichen Substantiv auch Frauen bezeichnet werden können. Doch diese Eigenart lebender Sprachen gilt auch umgekehrt: es gibt etliche weibliche Substantive, mit denen Männer *mitgemeint* sind, wenn man schon vom Mitgemeintsein reden will.

Der Blick durch die Genderbrille (die Ambiguitäts*in*toleranz, die alles vereindeutigen und so die Menschen nach sichtbar gemachtem Geschlecht segregieren will) verzerrt die Realität und führt zu logischen Konflikten: „Die Türkei bombardiert Kurd:innen"[79] Diese sachliche Differenzierung nach Geschlechtern ist eine beachtliche journalistische Leistung. Preisverdächtig. Bei so einem Satz muss man zunächst in Deckung gehen, um von geistigen Blindgängern nicht erschlagen zu werden. Mal davon abgesehen, dass die Türken in ihrer Sprache kein Geschlecht kennen, dürfte der Befehl an die Truppen, kurdische Stellungen zu bombardieren, keine einschränkende Anweisung enthalten haben, bei dem Angriff ausschließlich Männer zu treffen. Genau auf diese Gemeinheit will der Redakteur uns möglicherweise aufmerksam machen. Oder gibt es eine (weitere) logische

Erklärung für die falsche Orthografie dieses generischen Femininums? Man könnte zum Beispiel annehmen, der Reporter wollte sicher gehen, dass wir die Sache nicht falsch verstehen, nämlich, dass die türkischen Soldaten zunächst die Kurden nach ihrem Geschlecht sortieren, die Frauen nach Hause schicken und dann auf die Männer losballern. Sorry, lustig ist das nicht.

BR24 am 10.6.22: „Verbraucherinnen und Verbraucher müssen künftig mehr Energie sparen", sagt der Sprecher. Sehr erhellend. Mit Verlaub: Hält man die Frauen für dumm? – Damit die Frauen ja nicht auf die Idee kommen, weniger Energie zu sparen als die Männer – oder gar das Gegenteil, dass sie am Ende denken, sie dürfen sogar mehr Energie verbrauchen als die Männer? Das hält ja kein Pferd aus: Jedes Mal, wenn ich so einen Satz höre, schalte ich das Gerät für gewöhnlich aus und denke, schlimmer kann es in der Klapsmühle nicht sein.

„Die Schüler bleiben am Montag wegen Corona zu Hause", sagt der Schuldirektor. Das ist grammatisch korrekt. Aber nicht ideologisch. Die Genderer verstehen diese Mitteilung absichtlich so: Die Jungen bleiben zu Hause, die Mädchen aber nicht.[80]

„Die Feuerwehr rettet Ukrainerinnen und Ukrainer aus brennenden Häusern". Hm. Was will man uns damit sagen? Die Hörfunkleute halten ihre Zuhörer anscheinend für derart blöd, dass man ihnen unterstellt, nicht zu wissen, was *die Ukrainer* generisch bedeutet, und deshalb verklickern muss, die Feuerwehr rettet nicht nur die Männer. Folgendes bitte unbedingt zur Kenntnis nehmen: die Ukrainer lassen ihre Frauen nicht in ihren Häusern verbrennen. Na Gott sei Dank. Was geschah aber mit den Kindern? Und den Diversen? Und den vielen ethnischen Minderheiten? Die hat jemand leider vergessen: entweder die Feuerwehr – oder die Gendererinnen.

Der Durchschnittsmensch kennt die Bedeutung des Substantivs *die Ukrainer*, nämlich alle Menschen, die die ukrainische Staatsbürgerschaft haben, Männer, Frauen, Jung und Alt, verschiedenen Ethnien zugehörig und divers. Und er geht im Übrigen auch davon aus, dass die Feuerwehr alle Menschen gerettet hat, die man retten konnte, ohne sie vorher nach ihrem Ausweis oder Pass zu fragen, um sicherzustellen, dass sie tatsächlich Ukrainer sind und nicht etwa außerirdische Spione.

Unter dem Aspekt von *Wahrheit und Interpretation*[81] gibt es keinen Grund anzunehmen, dass die Feuerwehr nur Männer rettet. Und deshalb gibt es auch keinen Grund, die Taschenlampe auf die Genitalien der Ukrainer zu richten. Der Empfänger der Information kann die Äußerung nur in diesem Sinne als wahr interpretieren, wenn im Satz von *Ukrainern* als generische Gruppe die Rede ist. Bei der Nennung beider Geschlechter könnte man hingegen annehmen, dass es in der Ukraine eher ungewöhnlich sei, auch Frauen zu retten. Und diese absurde Unterstellung verlangt nach einer erklärenden Ergänzung, sonst verstieße der Satz mit der Doppeltnennung gegen den gesunden Menschenverstand.

Die Unsitte, Nationen nach dem biologischen Geschlecht in zwei Hälften zu segregieren, ist in zweierlei Hinsicht aberwitzig. In der Berichterstattung über die recht häufigen Wahlen in Israel war immer wieder der Satz zu hören, *Jüdinnen und Juden haben gewählt*. Das ist sachlich falsch. Gewählt haben nicht nur die Juden, sondern auch die arabischen Israelis, die ca. ein Fünftel der Bevölkerung Israels ausmachen. Die sachliche Korrektheit spielt aber im modernen Journalismus anscheinend keine Rolle mehr, es zählt allein die Unterleibskorrektheit, die in der Genderbibel steht. Die Trennung von Völkern in zwei Geschlechter ist wohl das Dümmste, was das Gendern bisher hervorgebracht hat. Diese Genderdauerbelästigung wiederholt sich stündlich, mitunter viertelstündlich, Tag für Tag, Woche für Woche seit Jahren, auf etlichen Kanälen, das Sündenregister der Gendertyrannisierung steigert sich ins Astronomische.[82] Schwerwiegender als die kakophonische Verstotterung des Sprachflusses ist die chronische Kränkung, die man dem Zuhörer zufügt, wenn man ihm indirekt die Fähigkeit abspricht, Äußerungen, Mitteilungen oder sonstige Sprachhandlungen kontextabhängig interpretieren und verstehen zu können. Dieser belehrend-überdeutliche redundante Stil setzt voraus, dass die Bevölkerungsmehrheit schwachsinnig ist.[83]

Die Gefühlsreaktionen des ÖRR-Publikums auf diesen ärgerlichen Dauerzustand lassen sich am einfachsten anhand der linguistischen Phänomenologie des sittlichen Bewusstseins von P. F. Strawson[84] erklären. Aus der anfänglichen Gleichgültigkeit, vielleicht auch Ungläubigkeit wird durch das hartnäckige Beharren auf abstruse gendersprachliche Verrenkungen früher oder später Irritation, und auf die implizite Unterstellung, unterbelichtet zu sein, folgt die Kränkung[85], die sich zur Entrüstung auswächst, weil das Gendern als Unverschämtheit empfunden wird, zugleich auch als Unrecht, weil es dafür keine Berechtigung gibt, kein allgemeines Einverständnis und somit keine Legitimation. Diese Reaktion verstetigt sich „zum schwelenden Ressentiment. [...] Das Ressentiment ist der Ausdruck einer (eher ohnmächtigen) moralischen Verurteilung".[86]

Die Genderisten wollen eine bewährte sprachliche Norm ersetzen durch eine neue, die weder allgemein akzeptiert noch plausibel begründet ist. Die moralische Autorität versucht der Genderismus durch unlautere Methoden zu erlangen, die wir bereits kennengelernt haben, nämlich: Erpressung, Herabwürdigung des Gegners und Empörung. Diese Strategie beruht auf Bluff, weil sie sich auf keinen *kognitiven Gehalt* stützen kann[87]. Es fehlt die Einsicht, dass die Gender-Thesen nicht *wahrheitsfähig* sind. Ihre Anhänger sind nicht in der Lage, rational zu *begründen, warum* man sich diese absurde Zungenakrobatik antun soll. Die oft vorgebrachten Gründe sind Kindereien. Und wie die kleinen Kinder sind sie beleidigt, wenn wir nicht wollen, wie sie wollen.

Die Wissenschaft ist der Erzfeind von Moralisten und Ideologen. „Vom Moralismus, auch einem linken, gehen auf Dauer unrealistische und krampfige Wirkungen aus." (Sloterdijk[88])

Der präskriptive[89] Ansatz der genderistischen Moral, die keine ist und mit *Erlebnisbeteuerungen* und unverhandelbaren Imperativen schwadroniert, läuft ins Leere. Mit keinem ihrer Pseudoargumente „kann ein Wahrheitsanspruch oder überhaupt ein auf Argumentation angelegter Geltungsanspruch verknüpft werden"[90], wie Jürgen Habermas den Sinn des moralischen Vokabulars beschreibt, dessen sich die „emotivistischen und im engeren Sinne imperativistischen Lehren" bedienen.

Noch ein paar Rundfunk-O-Töne: Ein Nachrichtensprecher, der verkündet, *Rentnerinnen und Rentner* bekommen ab Juli mehr Geld, hält sein Publikum einfach für bekloppt: Er unterstellt ihm, nicht zu wissen, dass das Wort *Rentner* generisch

Personen beiderlei Geschlechts bedeutet. Er geht vermutlich auch davon aus, dass man dem begriffsstutzigen Publikum klarmachen muss, dass auch Frauen, die eine Rente bekommen, mit der gleichen Erhöhung rechnen können. Ärgerlich auch die korrekte Sichtbarmachung des Geschlechts, indem man den Rentnern die Hose runterzieht. Muss das wirklich sein? Kein schöner Anblick, wenn man krampfhaft versucht, Bildchen zu sehen, die durch Endungen angeblich getriggert werden, nicht wahr?

In einem Bericht über Kunstfälschungen (Deutschlandfunk 9.4.2024) ist von „unbekannten Künstlerinnen und Künstlern" die Rede. Da fasst man sich an den Kopf: Die Künstler sind zwar unbekannt, man ist sich aber absolut sicher, dass manche der unbekannten Künstler zweifelsohne Frauen waren.

Noch ein Beispiel vom 15.9.22, BR24: Nach der Zerstörung eines Damms in einer ukrainischen Stadt werden „Einwohnerinnen und Einwohner" aufgefordert, ihre Häuser zu verlassen. Zur sachlichen Schieflage (die Frauen sollen doch bitte nicht in ihren überfluteten Häusern ertrinken) kommt auch eine sprachliche Verdrehung des Aufrufs der ukrainischen Behörden: Gendern könnte man zwar auch auf Ukrainisch, den Ukrainern ist diese schräge Tugend aber derzeit noch völlig fremd, haben sie doch im Moment ganz andere Sorgen.

Ähnlich in der ZEIT: der Hausübersetzer englischer Texte gendert konsequent alle Texte durch Doppeltnennung, was in englischsprachigen Ländern unbekannt ist. Vielmehr wehren sich beispielsweise englischsprachige Schauspielerinnen dagegen, „actress" bezeichnet zu werden, korrekt sei „actor". Ausnahmen wären allerdings in identitären Kreisen vorstellbar. Wer also von „actors und actresses" schriebe, würde sich einen ordentlichen Shitstorm einhandeln. Die ZEIT ist keine Ausnahme. Auch im Hörfunk wütet diese Unsitte. Am 28. September 2022 lautete in der Meldung über den zu erwartenden Wirbelsturm über Florida, US-Präsident Biden traf Maßnahmen, um die Sicherheit der „citizens" zu gewährleisten, seine Stellungnahme war im Hintergrund als O-Ton zu hören. In der Übersetzung waren die „citizens" plötzlich „Bürgerinnen und Bürger" (BR24 um 9:00 Uhr). Nicht, dass der etwas minderbemittelte Zuhörer denkt, Biden sorge sich ausschließlich um das Schicksal der Männer.

Doppeltnennungen wie diese sind Zitatfälschungen, im ÖRR leider gang und gäbe. So auch, wenn Erdogan zitiert wird, er habe sich über die EU-Visa-Vergabe an „Türkinnen und Türken" beschwert (5. 10. 2023 BR24). Das kann er nicht gesagt haben, weil die türkische Sprache keine Geschlechter kennt. Auch der besonders woke Hessische Rundfunk frönt dieser Untugend, indem er beispielsweise ein Interview mit dem Ministerpräsidenten Boris Rhein gendergerecht frisiert. Das ist rechtlich verboten.[91] Und symptomatisch für die Zwanghaftigkeit des Genderns.

Mit einer originellen Art des Genderns fällt die durchaus sympathische Tagesschau-Nachrichtensprecherin Susanne Daubner auf. In der Doppeltnennung hebt sie die Konjunktion *und* besonders hervor, indem sie vor und nach dem Bindewort eine Pause einlegt und dabei den Zuschauer mit vielsagendem, geradezu herausforderndem Blick fixiert, in etwa so: Verbraucherinnen .... UND ... Verbraucher; das UND eine Quarte oder Quinte höher. Mit Verlaub: So spricht man nur mit Schwachsinnigen.

In einer BR24-Meldung am 11.8.22 über die Folgen eines Terroranschlags in Mali informiert der Reporter Marco Zambale den Zuhörer (vielleicht auch die Zuhörerin), „die Lage für die [dort stationierten deutschen] Soldatinnen[92] und Soldaten" werde immer schwieriger. Ein paar Takte später ist vom „Abzug der Soldaten" die Rede. Aha, die Soldatinnen lässt man also zurück, wenn man die Aussage konsequent interpretiert, und zwar nach den Fantasieregeln der Gendersprache. Dies gilt vor allem dann, wenn man nicht konsequent gendert (mal Doppeltnennung, mal nicht). Alles durchzugendern in einem Text wäre praktisch gar nicht möglich angesichts der inflationären Längen (gesprochen wie gedruckt), die dadurch entstünden.

Sehr geehrte Damen und Herren! Gibt es daran was auszusetzen? Nein, absolut nichts, im Gegenteil. Das ist eine bewährte Höflichkeitsformel und hat mit dem Gendern nichts zu tun. Warum? Darum: Hier gibt es keine Redundanz, nichts Überflüssiges, im Gegensatz zur Formulierung *liebe Zuschauerinnen und Zuschauer*. Das ist Genderquatsch. Man spricht weibliche Personen an, die zuschauen, sowie weibliche und männliche Personen, die zuschauen. Aber keine Diversen. Wer auch die berücksichtigen will, könnte zum Beispiel das Publikum so ansprechen: Sehr geehrte Damen, Herren und Alphabet. Im Alphabet wären dann alle Kombinationsmöglichkeiten enthalten, auch jene, die noch unbekannt sind und bald entdeckt werden könnten. Oder alternativ: Sehr geehrtes Alphabet! Das wäre doch die einfachste Lösung.

„Ich begrüße Sie, liebe Zuschauer, zu einer neuen Ausgabe von *artour*." Mit diesen Worten begann die Sängerin Evelyn Fischer die Moderation jeder Ausgabe der Kultursendung im MDR. Dass sie nicht gendert, fiel niemandem auf, weder meiner Frau noch im Bekannten- oder Verwandtenkreis. Eben: Wer seine eigene Muttersprache versteht, kann zwischen generischen und spezifischen Substantivformen blind unterscheiden – ohne lang nachzudenken.[93]

Übrigens: Die Ambiguitäts*intoleranz* ist ein wesentliches Merkmal von Fundamentalismus, Fanatismus und Diktatur (s. Nachwort). Das Gendern generischer Begriffe (Bezeichnungen von Gattung, Klasse, Mengen oder Abstrakta) ist ein krasses Beispiel für sprachliche Inkompetenz und ideologische Verstocktheit. Fabian Payr: „Der seit Jahrhunderten tief im Deutschen verwurzelte Sprachgebrauch lässt den Aspekt des Geschlechtlichen überall dort in den Hintergrund treten, wo er keine Rolle spielt: Das *Bürgergeld* steht allen Bürgern ungeachtet ihres Geschlechts zu, das *Einwohnermeldeamt* ist auch für Frauen zugänglich, *Wählerstimmen* berücksichtigen auch das Votum der weiblichen *Wählerschaft*".[94] Auf den Punkt gebracht: „Die Leute hassen Gendern", sagt Robin Alexander, stellvertretender Chefredakteur der *Welt* – und betont das Wort *hassen*. Eine Feststellung aus Erfahrung, bei der das „Hart aber fair"-Studio-Publikum frenetisch klatscht.[95]

7. Was kann man eigentlich sichtbar machen?

Mit dem Gendern generischer Bezeichnungen wolle man die Frauen sichtbar machen, wie wir bereits zur Kenntnis genommen haben. Denn die Sprache schaffe angeblich die Realität und präge das Denken. „Es liegt der Verdacht nahe", so der Buchautor Ralf Schuler, „dass die vorgefasste ideologische Weltsicht das Sprachverständnis bewusst zu einer Primitiv-Mechanik zurückschraubt, die der wortwörtlichen Bibel-Auslegung der Zeugen Jehovas entspricht, um Empörungspotenzial und immer neue Erziehungsaufträge ausfindig zu machen".[96]

Was sieht man also zum Beispiel, wenn man die Meldung hört, die Schwedinnen und Schweden haben gewählt? Was oder wen sollte man da, bitte schön, sehen? Hand aufs Herz: Sehen Sie Bilder? Von wem denn, von Kommissar Beck und Kommissarin Wern? Und was, wenn die beiden Darsteller dieser Figuren gar nicht wählen gehen? Ich auf jeden Fall sehe gar nichts, weder Männer noch Frauen, weder Schweden noch Japaner, wenn die Bürger eines Landes wählen gehen. Es handelt sich um einen abstrakten Begriff, um Menschen, die wählen. Nur unterstellen die Genderaktivisten, der Durchschnittsmensch sei unfähig, abstrakt zu denken. Und das ist übergriffig. Außerdem ist die Info, dass in Schweden auch die Frauen wählen dürfen, nicht besonders erhellend, es sei denn, man nimmt an, in Schweden regierten derweil die Taliban.

Nächster Punkt: Die Sichtbarmachung von Unterschieden, das programmatische Ziel der Genderlobby. Zwischen Mann und Frau gibt es in der Tat eine ganze Reihe von Unterschieden, nicht nur körperlichen. Die genetischen, hormonellen, physiologischen, die Unterschiede in Organen und Geweben sowie auf molekularer und zellulärer Ebene kann man durch Sprache, durch eine grammatische Form nicht sichtbar machen. Was die Gendersprache uns vor Augen führen will und ständig sichtbar macht, ist das anatomische Geschlecht, also die Genitalien, die in den meisten Fällen keine informative Relevanz haben. So zum Beispiel, wenn in einem TV-Beitrag über die EU-Konferenz der Länderchefs zum Ukrainekrieg und Sanktionen gegen Russland der Reporter von „Staatschefs und Staatschefinnen" spricht und damit darauf fokussiert, dass manche Staatschefs keinen Penis in der Hose tragen, sondern eine Vagina verhüllen, offensichtlich ein sehr erhellendes und relevantes Detail zum Thema Krieg und Frieden in der Welt, könnte man meinen. Die Sichtbarmachung von intimer Anatomie ist einfach obszön. Und das Gendern von Schulkindern, die man als Schülerinnen und Schüler bezeichnet und diese auf ihre Geschlechtsteile reduziert, ist schlichtweg

pervers, aber kein Wunder in einem Umfeld, in dem die Sexual-
kunde schon im Kindergarten anfängt (als „Sexualpädagogik der
Vielfalt", ab vier Jahren) und an der Gestaltung des Unterrichts-
materials die immer gleichen „Experten" beteiligt sind wie beispielsweise Helmut Kentler, der im Auftrag der Jugendsenatorin
in Berlin eine Expertise über „die Eignung Homosexueller als
Pflegeeltern" anfertigt und dabei „unverlangt auch eine Empfehlung für Sex mit Schutzbefohlenen" abgibt (Birgit Kelle[97]). Oder
Rüdiger Lautmann, der „maßgeblich an dem Antrag beteiligt
war, den Pädophilen-Paragraphen ersatzlos zu streichen" (Birgit
Kelle[98]).

Mit der Frage der Sichtbarmachung befasst sich auch Gabor
Paal vom NDR. Der Wissenschaftsjournalist greift Erkenntnisse
aus der Sprachforschung auf, die *vermuten lassen*, das grammatische Geschlecht habe *möglicherweise* einen Einfluss auf die
Bilder, die im Kopf (angeblich) entstehen. Paal räumt allerdings
ein, dass das Ausmaß dieser vermuteten Wirkung umstritten sei.
„So viel Forschung gibt es dazu noch gar nicht, um aus den Daten
eindeutige Schlüsse zu ziehen", sagt er. Vor allem spricht nichts
dafür, dass der Einsatz von Gendersternchen die Vorstellung von
Geschlecht in den Köpfen auf irgendeine Weise ausgleiche. Die
Geschlechtergerechtigkeit leide sogar darunter, dass Formulierungen mit Sternchen und Doppelnennung die Geschlechtsidentität überbetonen. Paal behauptet aber, inzwischen sei es
„recht gut belegt", dass wir bei Formulierungen wie „die Lehrer"
tatsächlich *eher* Männer vor Augen sehen als bei „Lehrerinnen
und Lehrer". Belegt wohl durch Studien, die alles beweisen
können, wenn man die *richtigen* Fragen stellt[99]. Und wer ist hier
eigentlich *wir*? Schon die Frage, was siehst du denn für Bilder,
wenn du x oder y hörst, setzt voraus, dass man Bilder sehen *muss*.
Die Frage ist praktisch eine Aufforderung, die den Befragten
unter Druck setzt: Bin ich denn ein Depp, wenn ich nichts sehe?
So erzählt man bereitwillig irgendetwas Beliebiges, um sich bloß
nicht zu blamieren. Genauso gut könnte man auch fragen, was
denn für Bilder im Kopf entstehen, wenn man Bachs Johannes-
Passion hört oder Beethovens Siebte Symphonie. Auch darauf
würde man phantasievolle Antworten bekommen, man müsste
die Probanden nur ordentlich vorsensibilisieren. Vorstellbar

wäre hingegen, dass die Klänge von „Stille Nacht" den Zauber der Weihnachtszeit mit Christbaum, Kerzen und Schneeflocken heraufbeschwören würden.

Aber ähnliche Bilder entstünden, wenn aufgefordert, welche zu sehen, auch, wenn man fragte, was siehst du, wenn du das Wort „Weihnachten" hörst? Die Frage ist de facto eine Aufforderung, etwas zu sehen. Ob man dann auch ohne Aufforderung etwas sehen würde, darf man bezweifeln. Was *möglich* ist, ist keine Notwendigkeit, sondern bloß eine Hypothese. Die gendersprachlichen Hypothesen sind nicht verallgemeinerungsfähig. Die Eindeutigkeit, die sie zu postulieren versuchen, gibt es nicht. Fehlerhaft ist auch die Methode, weil sie sich suggestiver Fragen bedient und sich nur solcher bedienen kann, da sie von vorne herein den Sexus in den Focus rückt und den Befragten nötigt, sich dazu zu äußern, möglichst im Sinne des Fragestellers. Die *richtige* Antwort kitzelt man sozusagen aus ihm heraus.

Verfolgt wird mit dieser Strategie eine vermeintliche Umprogrammierung des Denkens in der naiven Annahme, dass die Sprache Wirklichkeit schafft. Doch mit der penetranten Behauptung von Fiktionen schafft man keine gendergenehme Realität, sondern eine Realität der Ablehnung und des Rückzugs aus einer Wirklichkeit, die mittlerweile irreal, mitunter auch irre anmutet. Oliver Baer vom Verein Deutsche Sprache (VDS) bringt es auf den Punkt: „Sprache schafft keine Realität, sie spiegelt die Realität". Und die Realität ist eine andere: Sie ist nicht das, was uns der aktivistische Genderfeminismus mit der Strategie der Sichtbarkeit vorgaukeln will – auch wenn die penetrante Allgegenwart der Geschlechtlichkeit die öffentliche Wahrnehmung verzerrt und die gender*freie* Realität allmählich *unsichtbar* macht, was den Anschein erweckt, dass die „tatsächliche Normalität" zurückgedrängt wird[100].

Die Sichtbarkeit ist das Hauptalibi der psychologischen Studien, die zur Rechtfertigung des Genderns durchgeführt werden. Mit Assoziationstests soll bewiesen werden, dass generische Maskulina Frauen *unsichtbar* machen, „weil sie vornehmlich Bilder männlicher Personen im Kopf der Hörer und Leser erzeugen würden. Aber ist das tatsächlich so? Wer *man* sagt, verbindet damit noch nicht den Mann. Niemand unterstellt das in der alltäglichen Verständigung"[101]. Wenn man die Logik der Genderbewegten bemüht, kommt man nicht um folgende Schlussfolgerung herum: Die Anhänger des Genderns haben rund um die Uhr pornografische Bilder im Kopf. Beleg dafür ist die krankhafte Fixierung auf Genitalien, die in jedem Substantiv sichtbar gemacht werden will. So viel Interesse an der Anatomie hat man für gewöhnlich nur in der Vorpubertät.

Umfrage 2

Die Gendersprache will die Frauen sichtbar machen mit der Endung *innen*. Sollte man die Männer auch sichtbar machen mit der Endung *außen*, weil ihre Geschlechtsteile nicht *innen* sind, wie bei den Frauen, sondern *außen* – das heißt: Bürgerinnen und Bürgeraußen?

☐ A. Unbedingt. ☐ B. Auf keinen Fall.
☐ C. Das ist hirnverbrannt.

Und schließlich noch ein recht seltsames Phänomen, geradezu unerklärlich: Doppeltnennungen, um das sichtbar zu machen, was man eh schon sieht, es sei denn, man unterstellt, der Zuschauer schließt beim Anblick halbnackter Körper die Augen. In einer Visite-Sendung nach der Fußball-EM 2024 geht es nämlich ums Schwimmen[102]. Der Beitrag fängt mit einer Einstellung an, die eine weibliche Gestalt im Wasser zeigt. Die Reporterin geht auf Nummer sicher und hebt hervor, es gehe um „Schwimmerinnen und Schwimmer". Am Schwimmtraining beteiligen sich, wie die vielen Kameraeinstellungen zeigen, Männer und Frauen. Die Stimme aus dem Off informiert uns, das tue allen gut, also den „Teilnehmerinnen und Teilnehmern" und nicht nur einem Geschlecht, stellt euch das mal vor! Ob auch Diverse dabei sind, erfahren wir nicht. Frage: Was will man hier eigentlich sichtbar machen, was nicht bereits sichtbar ist? Etwas sehe ich durchaus, und zwar folgendes: Prinzipienreiterei, die alles niedertrampelt und einen morphologischen Trümmerhaufen hinterlässt, blinden Kahlschlag bar jeder sprachlichen Sensibilität.

Die Frage, was man denn sichtbar machen will, gilt auch für Gendersterne und sonstigen typographischen Hokuspokus. Sichtbar machen sie rein gar nichts. Und schon gar nichts denkbar. Was man sieht, wenn man etwas sieht und sich dabei was denkt, ist beim Gendern ein Rechtschreibfehler, ein Zeichen ohne Bedeutung. Die Aufforderung, dabei etwas zu sehen, weil es sich so gehört, ist an Infantilität kaum zu überbieten.

In den postmodernen Theorien bezieht sich die Visualisierung auf die Sichtbarmachung von Unterdrückungsphänomenen wie Rassismus und Sexismus.[103] Der identitäre Aktivismus setzt sich zum Ziel, die Kommunikation (die Diskurse) zu kontrollieren, indem man die Sprache *problematisiert,* ebenso die mentalen Bilder, die er für schädlich hält.[104]

Mit der gleichen Strategie versuchen die Genderisten, die durch das generische Maskulinum generierten *unangemessenen* oder *falschen* Bilder sowie die angebliche Unterdrückung der Frau, vor der man die Augen verschließe, zum Politikum zu machen. (s. Kap. 11 und 27: Bilder im Kopf). Die *Problematisierung* ist zugleich Skandalisierung und Schwarzmalerei – eine Realitätsverzerrung, die suggeriert, man müsse dringend handeln, das Böse sei immer und überall. Man macht also aus einer Mücke einen Elefanten. Oder aus einem Pups eine Atombombe. So wird alles hochgejazzt, was einem nicht passt.

Zusammengefasst: Die Sichtbarmachung ist eine fixe Idee der Genderlinguistik. Das hängt mit den angeblichen Bildern im Kopf zusammen, die grundsätzlich entstehen sollen beim Verstehen von Sprache. Diese These ist als Fakt nicht belegt. Leider ist diesbezüglich die Formulierung im Wikipedia-Artikel über das generische Maskulinum falsch: „Dies ist durch einige Studien belegt".[105] Diesen Satz muss man im Konjunktiv formulieren, weil es sich um Redewiedergabe (indirekte Rede) handelt. Belegt *ist* nichts. Sondern *sei* oder *soll sein*. Also lediglich eine Behauptung. Wenn man die Behauptung in Zweifel zieht, dann eben im Konjunktiv II: „*wäre* belegt". Dieser aus meiner Sicht *manipulierte* Satz[106] bezieht sich auf einen Text von Carolin Müller-Spitzer („Zum Stand der Forschung zu geschlechtergerechter Sprache")[107]. Daran ist einiges zu beanstanden, beispielsweise die typische *selektive* Vorgehensweise. Die Autorin schreibt: „Bisherige Untersuchungen sprechen allerdings dafür, dass das grammatische Geschlecht bei Personenbezeichnungen potenziell als Hinweis auf die Geschlechtsidentität interpretiert wird und daher die Geschlechtsidentität in der Kommunikation

44

(leider) schon immer aktiviert wurde". Ihr Text entstand 2021. Genau das Gegenteil hat die damals bereits neun Jahre alte Studie von Maarten De Backer und Ludovic De Cuypere bewiesen (s. Quellen). Was nicht zum Glaubensbekenntnis passt, wird einfach unter den Teppich gekehrt.

8. Partizip Präsens: Gendernde, Wählende und Gewinnende

Timo Frasch fragt in seiner FAZ-Glosse (17. Juni 2022): „Kann man ein Wählender sein, wenn man gar nicht wählt?" Er mokiert sich über einen ZEIT-Bericht zur NRW-Wahl, in dem es hieß: »Viele andere Wählende blieben dagegen diesmal zuhause.« Die Annahme sei wenig durchdacht, dass Wörter, die auf -er enden, rückschrittlich seien. Wer ‚Parlamentarier' als Partizip sehen möchte, stehe vor der Frage, wie das aussehen soll: „Sind es Vertretende? Sitzende? Masken Vermittelnde?"[108]

Ein Leser, Matthias G., widerspricht Frasch und argumentiert mit dem Beispiel „Vorsitzender": „Ein Vorstandsvorsitzender heißt ja nicht so, weil er an einer bestimmten Position sitzt. Es ist eine Funktion, und diesen Vorsitz hat er auch dann inne, wenn er gerade schläft. Es gibt keine Tätigkeit in dem Sinne". Eben: Das Vorsitzen ist, anders als das Studieren oder das Backen, keine Tätigkeit. Also nicht zu vergleichen mit den Wortverdrehungen „Studierender" oder „Kackender", pardon, „Backender". Ein Vorsitzender ist kein Vorsitzer, schon mal semantisch betrachtet. Die Morphologie des Wortes *Vorsitzender* hängt mit seiner Etymologie zusammen, der lateinischen Herkunft von *praesidens*, dem Partizip Präsens von *praesidere* (den Vorsitz haben), bestehend aus dem Präfix *prae* (vor) und dem Verb *sedere* (sitzen); und dies anders als das Substantiv *Vorsteher*, eine Ableitung des deutschen Verbs *vorstehen*. Man könnte natürlich auch *Vorstehender* sagen, was aber weder eine morphologische noch eine semantische Rechtfertigung hätte, und eine etymologische schon gar nicht.

„Autofahrende" müssen „auch neu dazugekommene Verkehrsschilder kennen", sagt Sören Heinze vom ACE Auto Club Europa in einem n-tv-podcast[109] zum Thema Verkehrsschilder.

Das heißt auf gut deutsch: als Autofahrer, der gerade nicht fährt, muss man das alles nicht wissen. Und dieses Wissen kann auch nicht abgefragt werden, solange man nicht am Steuer sitzt und fährt. Eine weitere Peinlichkeit im n-tv-Bericht über den Berlin-Marathon[110], den Umweltaktivisten zu stören versucht haben: „Kurz vor dem Start" vereiteln Ordnungskräfte die Aktion. Die Folge: „Die rund 48.000 Laufenden können ihr Rennen ungestört angehen". Aha, sie liefen also bereits *vor* dem Startsignal. Wenn nicht, dann waren sie eben keine *Laufenden*.

Und was machen wir aus dem Gewinner? Als *Gewinnender* wäre er eine Witzfigur, die alle naselang aufs Treppchen müsste und aus dem Jubeln nicht mehr herauskäme. Die gewo*nnenen* R*ennen* wären zudem ein Fall von *Innen-Gen*inne*l (s. Kap. 5. Das Problem mit dem Genderstern). Den Forschenden sollte man auch nicht vergessen. Denn der ist, nur weil er forscht, noch lange kein Forscher. Und wie nennt man ehemalige Arbeits-kollegen (entlassene, derzeit arbeitslose, verrentete oder verstor-bene): nicht mehr bei uns arbeitende bzw. beschäftigte Mit-arbeitende? Aber auch Personen, die zur Belegschaft gehören und gerade nichts zu tun haben, das kommt nun mal vor, sind keine Mitarbeitenden, sondern Herumsitzende, Däumchendre-hende oder Herumschwatzende, u.U. auch Streikende. Das Wort *Mitarbeitende* ist in diesem Kontext einfach falsch. Rudolf Stöber beschreibt solche Fälle als „Kuriosa der Entdifferen-zierung".[111] Sein Beispiel: „Studierende können nicht Party feiern, Studenten sehr wohl".

Das Partizip Präsens als Mittel zum Gendern ist sinnentstellend (semantisch falsch). Was den Journalisten Ralf Schuler insbe-sondere irritiert, ist, dass seinem Eindruck nach „weder der Begriff des Partizips noch dessen Semantik in irgendeiner Weise reflektiert", sondern nur „kritiklos" übernommen werden[112].

9. Was sagt die Sprachwissenschaft?

Sprachwissenschaftler und Linguistikprofessoren, die sich in der Presse regelmäßig zu einschlägigen Themen äußern (s. Quellen), lehnen die Gendersprache als „unhaltbar" ab – bis auf wenige Ausnahmen[113] wie Anatol Stefanowitsch, der sie aus Gründen der Höflichkeit befürwortet. Das ist allerdings Höflichkeit gegenüber einer Minderheit und Unhöflichkeit gegenüber der Mehrheit. Im Verwirrspiel ums Gendern scheint Anatol Stefanowitsch der größte Verwirrte zu sein. Er plädiert für politische Korrektheit gegenüber den Frauen und eine Sprache, in der die Frauen nicht nur „mitgedacht, sondern gleichwertig gedacht werden"[114]. Aber diese politische Korrektheit bezieht sich offensichtlich auf das biologische Geschlecht, nicht auf das Gender. Das „Mitdenken von Menschen mit anderen Geschlechtsidentitäten" bringt schließlich nicht nur ihn, sondern auch alle, die deutsch sprechen, in die Bredouille (mehr: s.u.). Zugleich wiederholt Stefanowitsch gebetsmühlenartig, Studien hätten belegt, dass maskuline Bezeichnungen spontan auf Männer bezogen werden. Was nicht stimmt, wie Sprachwissenschaftler immer wieder betonen und an den genderlinguistischen Studien erhebliche wissenschaftliche Mängel feststellen (s. Kap. 10).

Mit den unermüdlich wiederholten Thesen und umstrittenen Methoden von Anatol Stefanowitsch, Gabriele Diewald, Henning Lobin, Damaris Nübling und Anja Steinhauer sowie den „unbrauchbaren" Assoziationstests geht beispielsweise Peter Eisenberg hart ins Gericht.[115]

10. Studien – das Totschlagargument

Was die Sprachwissenschaftler über Grammatik und Gendern schreiben, liest … wohl kaum jemand – zu kompliziert. Das gilt andererseits auch für Studien, die die Gendertheoretiker in die Welt setzen und auf die sich Genderaktivisten unverdrossen berufen wie Gläubige auf die Heilige Schrift. Die Studien liest offensichtlich auch *niemand*. Mal davon abgesehen, dass diese vermeintlichen Studien rein gar nichts beweisen.[116] Und auch davon abgesehen, dass sie immer wieder als „äußerst dürftig", „methodisch anfechtbar" oder „kaum glaubwürdig" bloßgelegt werden, so auch in der Zusammenfassung von Marcus Lorenz: „Sprachlenkung: Argumente gegen das Gendern, die Sie anderswo nie lesen"[117]. Die Thesen der Genderforscher wurden und

47

werden immer wieder aufs Neue widerlegt. Es handelt sich um eine bescheidene und überschaubare Zahl von Genderlinguistik-Veröffentlichungen, die oft und gerne zitiert werden, wenn überhaupt. Die Studien über Genderstudien entlarven in erster Linie die ideologisch motivierten, manipulativen Methoden der Experimente und der suggestiven Befragung. Und selbst unter solchen unseriösen Bedingungen erweisen sich die genderlinguistischen Studien als nichtssagend und in der Auswertung irrelevant. Wenn die Studien nichts Nützliches zutage fördern, bedient man sich anderer Methoden: es wir „geschummelt".[118] Und Ergebnisse, die den Studienzielen nicht zuträglich sind, werden einfach unterschlagen.[119]

Die Psychologin Therese Söderlund hat anhand einer umfangreichen Untersuchung von rund 12000 Artikeln aus 36 führenden Genderforschung-Fachzeitschriften nachgewiesen: „Je stärker die Genderperspektive in der Forschung, desto geringer die wissenschaftliche Qualität."[120]

Gerade im Bereich der Sozialwissenschaften entpuppen sich manche Studien nicht nur als unseriös, sondern mitunter als Betrügereien, wie der Fall der Verhaltensforscherin und Harvard-Professorin Francesca Gino (Sommer 2023), die der Datenfälschung überführt wurde.[121] Was nicht bedeuten soll, dass alle Studien unseriös wären.[122] Leider sind auch andere Bereiche betroffen, beispielsweise Ernährungsstudien. Professorin Ingrid Mühlhauser von der Uni Hamburg hat ein vernichtendes Urteil: Die meisten Studien seien „Wissenschaftsmüll"[123].

In einer Glaubwürdigkeitskrise steckte in den vergangenen zehn Jahren auch die Sozialpsychologie, nachdem sich herausstellte, dass sich manche zu überprüfenden Experimente nicht replizieren (wiederholen) ließen: Oft kam „nicht dasselbe heraus – sondern gar nichts". Zur Skepsis trug auch die Enthüllung bei, der Sozialpsychologe Diederik Stapel habe „massenweise Studien" manipuliert und gefälscht. Brian Nosek, Psychologe an der Universität Virginia, stellte in seinem Reproducibility Project fest, dass 2015 „nur 39 Prozent der Replikationen" die Ergebnisse bestätigten, und 2018 waren es 62 Prozent von Studien, die in den Top-Zeitschriften *Nature* und *Science* erschienen sind. Der Psychologe Frank Renkewitz von der Universität

Erfurt fordert, um Tricksereien zu verhindern, eine „Festlegung auf eine Vorhersage vor dem Experiment", d.h. ein »theoretisches Commitment«.[124]

Besonders problematisch sind die *Umfragen*, wie der Sozialforscher Rainer Schnell moniert. Einige seien „nur Datenschrott". Er beanstandet u.a., „dass zwar die Fragen, nicht aber die Originalfragebogen" der Umfragen veröffentlich werden. „Denn der Fragekontext kann die Antwort verändern". Viele Methoden seien „unhaltbar" und produzierten „nichts als billige Schlagzeilen".[125]

Die Gegenargumente der Sprachwissenschaft gelten in genderaktivistischen Kreisen als Blasphemie und werden einfach nicht zur Kenntnis genommen (s. Kap. 25. Hypermoral). Diese bockigdestruktive Form der Kommunikationsverweigerung nennt man in der Psychologie passiv-aggressives Verhalten. Man klebt lieber an kontrafaktischen Wahrheiten. *Das Deutsche Schulportal* jubelt beispielsweise[126]: „Gendern in der Schule: Wir beobachten einen Sprachwandel im Zeitraffer". Die Verfasserin Alexandra Mankarios führt als Begründung für die Unerlässlichkeit des Genderns ins Feld, Psycholinguistische Studien belegten, „dass gedanklich ausgeblendet wird, wer nicht zur Sprache kommt". Das ist Unfug. *Studien beweisen* – das ist eine leere Floskel, Trallala zum Nachsingen.

Diese „Studien" werden in solchen Veröffentlichungen so gut wie nie konkret genannt. Sie dienen als Alibi, „um Veränderungen des Sprachgebrauchs zu legitimieren". (s. Aufruf: Wissenschaftler kritisieren Genderpraxis des ÖRR):

Diese Studien liefern keinen belastbaren Beleg dafür, dass generische Maskulina mental vorrangig „Bilder von Männern" erzeugen. Vielmehr zeigt sich, dass die Kontextbindung, die zur Unterscheidung eines generischen von einem spezifischen Maskulinum entscheidend ist, in solchen Studien in wissenschaftlich unzulässiger Weise ausgeblendet wird. Es kann mithin aufgrund fehlerhafter Studiendesigns nicht als empirisch gesichert gelten, dass generische Maskulina (Genus) vorrangig im Sinne von „männlich" (Sexus) gelesen werden (Zifonun 2018, Payr 2022, Kurfer 2022, Hirschberg 2022). Die pauschalisierende Bewertung des generischen Maskulinums als grundsätzlich diskriminierende

Sprachform ist auf wissenschaftlicher Basis nicht begründbar. linguistik-vs-gendern.de/

Tobias Kurfer stellt in der Berliner Zeitung eine neue Bestandsaufnahme vor, in der er die These bezweifelt und widerlegt, dass Personenbezeichnungen automatisch oder gar unweigerlich Bilder im Kopf erzeugen.[127]

Durch das aggressive Gendern in der Öffentlichkeit, vor allem in den Medien, ist derzeit das Umfeld für weitere Studien gründlich kontaminiert. Antworten zum Gendern dürften verfremdet ausfallen wegen der psycholinguistischen „Bias"-Situation: Jeder Teilnehmer wüsste, worum es bei der Fragerei gehe, und würde im Sinne der Fragestellung antworten. Gleichzeitig würde der Widerstand gegen das Gendern in der Mitte der Gesellschaft weiter zunehmen und als Reaktion ebenfalls aggressiver werden.

Nicht unerwähnt sollten die zahlreichen Studien an den Universitäten bleiben, die sich mit der Verschränkung aller möglichen Aspekte des Lebens mit dem Gender befassen. Eine „Waldstudie" befasst sich beispielsweise mit den „stereotypen Geschlechterrollen" im Nationalpark Eifel (epochale Erkenntnis: „Männer und Frauen erleben den Wald unterschiedlich"), andere Studien befassen sich mit dem Thema „Gender und Pferde" oder welches Geschlecht die Roboter brauchen. Heute wird praktisch alles mit Gender verbunden, beklagt die Buchautorin Birgit Kelle[128] und würde gerne wissen, wieviel Geld jährlich die „flächendeckende Gender-Grundversorgung" kostet. Dazu gibt es leider keine Studie. Dafür Zahlen: es gibt über 200 Lehrstühle im deutschsprachigen Raum, die sich mit Fragen wie „Soziologische Exploration zur (Neu)Kodierung der Geschlechterdifferenz am Beispiel Schönheitschirurgie" (Kostenpunkt: 232.000 Euro). Zu Recht stellt Kelle den Erkenntnisgewinn solcher Studien infrage, findet aber in der „ellenlangen Liste" der Forschungsvorhaben auch eine durchaus sinnvolle Studie, nämlich über »Sexuelle Moderne und Wahnsinn« und merkt an: „am Wahnsinn sind wir schon verdammt nah dran mit diesem Thema".[129] Zum Wahnsinn gehört in erster Linie die Leugnung der Gültigkeit objektiver experimenteller Wissenschaft. Stattdessen beruft sich der Genderismus auf subjektive

Selbstbeschreibungen, Gefühle und Dekonstruktionen – nichts weiter als „evidenzfreies Gerede", das nichts beweist. (Evolutionsbiologe Axel Meyer: *Die Geschlechterillusion*)

Der Wahnsinn lässt sich steigern: Die Universität Graz wollte beweisen, dass Gendern und Deutschlernen einander nicht ausschließen. Das Ergebnis war eindeutig: die Probanden lehnten alle Formen des Genderns ab. Trotzdem zogen die Forscher eine positive Bilanz und empfahlen den Genderstern für eine *maximale Verständlichkeit*. „Mit seriöser Wissenschaftlichkeit, die explizit in Anspruch genommen wird für die eigene Position, hat das alles jedenfalls in etwa so viel zu tun wie eben die Logik des generischen Maskulinums mit realer Exklusion", findet Welt-Autor Stefan Beher.[130] Frage: Hat diese Sinnesart vielleicht etwas mit Menschenverachtung zu tun?

Zur Unfehlbarkeit der Studien gehört auch folgendes Phänomen: Wenn eine Studie unverschämterweise Ergebnisse vorlegt, die den Gendertheorien eindeutig widersprechen, dann ist sie per se unwissenschaftlich oder pseudowissenschaftlich, auf jeden Fall eine Zumutung, wie das Beispiel «How to explain the Leaky Pipeline» der Professorinnen Margit Osterloh und Katja Rost von der Universität Zürich zeigt. Die Feststellung, „dass Frauen und Männer an den Universitäten im Durchschnitt hinsichtlich Karriere und Familie unterschiedliche Präferenzen haben, also das tradierte Rollenverständnis nicht so stark infrage stellen wie erwartet, und dass die Frauen an den untersuchten Universitäten nicht diskriminiert werden", löste einen Shitstorm aus und eine per Petition formulierte Forderung, die Uni Zürich solle sich doch von den Autorinnen „distanzieren" und die Inhalte der Studie *revidieren*. Also *fälschen*. Außerdem setzen die Initiatoren der Petition alles daran, die Wiederwahl von Rost zur Präsidentin der Gleichstellungskommission zu verhindern. Noch ein ruhmreiches Beispiel für Cancel Culture. Wer unangenehme Wahrheiten verbreitet, soll mundtot gemacht werden. Wahr ist nur, was uns passt. Die Wahrheit hängt nicht vom Wahrheitsgehalt einer Aussage ab, sondern von der Identität des Sprechers.[131]

Veröffentlichen kann man schließlich, wie die *Sokal Squared* Affäre gezeigt hat, jeden Unsinn, wenn Wortwahl, Haltung und Thema einer Studie *progressiven* Kriterien entsprechen.[132]

Kurz und gut: „Es gibt keine haltbaren Gründe für den Gebrauch der Gendersprache. Keine, die nicht widerlegt worden wären", so Birgit Walter in der Berliner Zeitung (s. Quellen). Und trotzdem: Nonsens erobert die Welt.

Fassen wir zusammen: Der zentrale Begriff der Genderlinguistik ist das generische Maskulinum. Sprachgeschichtlich sei es eine Bezeichnung für Männer[133]. Diese Behauptung ist kontrafaktisch und wurde widerlegt durch die Feststellung von Tatsachen anhand von Urkunden, Dokumenten und unverfälschten historischen Belegen.[134] (Weitere Anmerkungen über Studien, s. 27. Anatol Stefanowitsch; Martin Neef, Gisela Zifonun, Ewa Trutkowski/Helmut Weiß, De Backer/De Cuypere und 30.3)

11. Psychologie: Die Magie des Unsichtbaren

Die Gendersprachtheoretiker wollen uns weismachen, dass die Sprache ein teuflisches Machtinstrument[135] sei und das Denken beeinflusse, und zwar oft im negativen Sinne, dass die männlich geprägte Sprache die Frauen an den Rand dränge, unsichtbar mache und zur Bedeutungslosigkeit verdamme. Eine Verschwörung (s.u.), könnte man meinen, strukturelle Frauenverachtung und Diskriminierung. Oder nur Paranoia?

Mein Eindruck: Bei der Gendersprachpsychologie handelt es sich um ein interdisziplinäres Fach, in dem marxistisch verbrämte Esoterik auf Vulgärpsychologie trifft. Illusionismus pur.

Die These, dass die Sprache das Denken bestimmt oder semantisch einseitig prägt, ist Unsinn und mehrfach widerlegt (s.o.: Tobias Kurfer). Eine Formulierung ist kein Abbild der Realität. Und die Bilder im Kopf sind kein Horrorfilm. Natürlich gibt es bildhaftes Denken, vor allem in prozeduralen Belangen, wenn man Handlungszusammenhänge bildlich-abstrakt verknüpft. Zum Beispiel wenn man mit einem Schraubenzieher und einigen Schrauben etwas Praktisches vorhat. Das Wort Schraubenzieher wird mental ganz sicher nicht ausbuchstabiert. Und auch das nicht, was man damit tut. Die Genderpsychologie hingegen macht aus solchen Sachverhalten ein Drama von existenzieller Tragweite. Es geht um Macht und Unterwerfung. Der

Schraubenzieher, männliches Substantiv und die Bezeichnung eines Werkzeugs von phallischer Form, das Gewalt ausübt auf die wehrlose Schaube, weibliches Substantiv, die sich dem männlichen Instrument der Unterdrückung beugen muss. Und so was könnte sich verheerend auswirken auf die Psyche von Heranwachsenden – so in etwa eine durchaus vorstellbare psychologisch-esoterische Deutung dieses Werkzeugs. Die männlich strukturierte Sprache erzieht die Männchen zum Sadismus und konditioniert die Mädchen zum Masochismus. So was darf man in unserer postmodernen Scheinwelt nicht zulassen, nicht wahr?

Lassen die sprachlichen Darstellungen von Tätigkeiten oder Ereignissen wirklich Bilder im Kopf entstehen? Niemand (oder kaum jemand) glaubt, dass die Sonne auf- oder untergeht, wir wissen, dass die Erde um die Sonne kreist (es sei denn, man glaubt, sie sei eine Scheibe). Wenn man sagt, man koche oder mache einen Tee, weiß man, dass man den Tee weder kocht noch macht, sondern aufgießt. (Es sei denn, man ist kein Teetrinker und streut die Teeblätter ins kochende Wasser.) Und wenn man hört, der Chef geht schon wieder an die Decke, dürfte kaum jemand das Bild eines wie eine Spinne an der Decke klebenden oder schwebenden Chefs vor dem inneren Auge haben. Das gilt für unzählige Redewendungen ebenso wie für die Verwendung der Sprache im übertragenen Sinn (oder in einem anderen Sinn als wörtlich formuliert).

Da könnte man noch eine Schippe drauflegen. Wenn jemand schimpft und „Scheiße!" faucht, was entstehen da eigentlich für Bilder im Kopf: denkt man wirklich an ein dampfendes, übelriechendes Häuflein? Oder „Fuck!": triggert das Wort die innere Visualisierung kopulierender Geschlechtsteile? In manchen Köpfen entfalten sich vielleicht wilde Sexszenen. In meinem entfaltet sich … rein gar nichts. Schon gar nicht beim Wort „Mieter", das in den Medien mit inbrünstiger Beharrlichkeit gegendert wird. Wie sieht denn ein Mieter aus? Und wie ein Zeuge oder ein Mitwisser? Wer beim Hören dieser Worte irgendwelche Bilder sieht, leidet möglicherweise an Halluzinationen. Woran sollte man bitte schön denken, wenn von „Mieterinnen und Mietern" die Rede ist, sieht man in der Vorstellung wirklich was? Ich glaube nicht. Aber wirklich nichts, höchstens graue

Gestalten. Aber genderideologisch ist es zwingend vorgeschrieben, diese grauen Gestalten mit einem Pimmel und andere paritätisch mit einer Vulva auszustatten. Wahlweise mit einem *Bonusloch* (*bonus hole*[136]) oder einem Mädchenpenis (*girldick*), wenn man besonders korrekt sein will. Das Sichtbarmachen der Geschlechtsteile kommt einer Obsession gleich. Und das Gendern einer Zwangsneurose. Was haben die Genitalien von Menschengruppen für eine informative Relevanz? Mittlerweile spricht man im Übrigen von Mietenden und Anwohnenden.

Als Englischlehrer habe ich vor einigen Jahrzehnten *Kinder* unterrichtet. Die heutigen Lehrer unterrichten allem Anschein nach Minderjährige mit Genitalien und nötigen die lesende oder zuhörende Öffentlichkeit, Geschlechtsteile im Einklang mit der Genderideologie mitzudenken, wohl ohne vorher die Eltern zu fragen, ob sie das denn auch dürfen. Diese Art von Sprache finde ich höchst bedenklich, unsensibel und unanständig. Mir fallen auch drastischere Kommentare ein, aber da müssten sich Sprachpsychologen mit dem Thema befassen. Oliver Baer vom VDS vermutet, (und er ist offensichtlich nicht der einzige), die Gendersprache sei „Ausdruck einer deutschen Besessenheit von Genitalien".[137] Und das, damit die Sprache unser Denken in die richtige Richtung lenkt? Wie sieht denn diese einzig richtige Korrektheit ab – und wer definiert sie?

Hier fehlt die zwischenmenschliche Sensibilität, die innere Distanz, das Gespür für Anstand und soziale Angemessenheit. Es fehlt die kognitive Fähigkeit zur inneren Zensur: Obszönität, das Schwinden des Schamgefühls kann auch ein Zeichen für Demenz sein, heißt es. Oder von kultureller Degeneration. Es handelt sich um eine dramatische Entwicklung, die an Tabus rührt. Verbote gehörten ursprünglich zum Prozess der Menschwerdung. Die ältesten Tabus gelten der Sexualität und dem Tod, dem toten und dem nackten Körper.[138] Dieser Prozess der Zivilisierung wird durch die Enttabuisierung der Sexualität und des nackten Körpers rückgängig gemacht. Heute ist nichts mehr heilig. Das Private und Intime werden durch einen Mangel an Sensibilität entweiht, der als Enthemmung wütet.

Was hinter der Sexualisierung der Kinder steckt, ist kein Rätsel, kein Selbstläufer in Form eines aus dem Ruder gelaufenen Genderautomatismus, wie ich zunächst annahm, sondern eine durch und durch subtile Strategie der woken Ideologen. Das Gendern des generischen Plurals *Schüler* ist kein Zufall oder Nebenprodukt der wahllos durchgegenderten deutschen Scheinrealität, sondern ein Kernaspekt der Methode.

Die Buchautorin Pauline Voss bringt Licht ins Dunkel: Es handele sich um einen „institutionalisierten Übergriff" auf junge Menschen, der als „Teil eines sexuellen Befreiungskampfs verkauft [wird], als Widerstand gegen jene Unterdrückung, der die Sexualität über Jahrhunderte hinweg ausgesetzt gewesen sei." Und jetzt naht die progressive Rettung, bald sind die Schüler von ihrem unsäglichen Opferstatus erlöst, indem sie als therapeutische Maßnahme u.a. die Freiheit genießen, „vor der Schulklasse über ihr Masturbationsverhalten zu sprechen – im Namen ihrer eigenen »Befreiung«." Das erinnert mich sehr an die katholische Beichte. Im Beichtstuhl hört aber nur einer zu, nicht die halbe Welt. Es erinnert aber auch an die Hexenbulle[139]. Oder an den Exorzismus. Was soll aber ausgetrieben werden, das natürliche Schamgefühl, um sich der sexuellen Diskriminierung endlich bewusst zu werden? Oder der Teufel in Gestalt des unbewussten Schuldgefühls? Alternative Frage: Dient das Ganze der Befriedigung einer voyeuristischen Neugierde? Die stalinistischen Schauprozesse dürften ähnlich gewesen sein.

Konkreter: Die Strategie der diskursiven Monopolisierung der Sexualität im Geiste einer woken Ideologie zielt auf eine Delegitimierung elterlicher Autorität, um den Nachwuchs nach den Grundsätzen *progressiver* Ideen zu formen.[140] Die frühkindliche Konditionierung soll unter dem Deckmantel der Enttabuisierung der Sexualität die Eltern als Erziehungsberechtigte und kompetente Ansprechpartner delegitimieren, denn die Erwachsenen gelten in diesem Denkschema als Verkörperung der sexuellen Unterdrückung, von der die Kinder befreit werden müssen. Die ständige Öffentlichmachung sexueller Eigenarten, die pathologische Zurschaustellung der Sexualität, die auffällige Fixierung auf die Visualisierung der Intimteile, die Sexualisierung der Kinder und aller Aspekte des Alltags und Berufslebens sind Symptome einer Kultur der Schamlosigkeit. Zu diesem toxischen Mix gehört auch das Image des Mannes als Quelle sexueller Gewalt, was dazu führt, dass heutzutage laut einer Umfrage viele Frauen im Wald lieber einem Bären begegnen würden als einem Mann. Viele Radikalfeministinnen sehnen sogar eine Ausrottung der Männer herbei. In feministisch-literarischen Utopien ist dieses Szenario schon längst *Realität*.[141]

Die Bären-Umfrage soll den *Beweis* liefern für die ubiquitäre Gefahr, die von den Männern, wohlgemerkt von *allen*, ausgeht und dafür, dass man sich vor ihnen fürchten muss. Klare Sache: ein Fall von medial-woker Konditionierung.

Stricken wir um diesen Befund folgende Kurzgeschichte:

Ein Wanderer begegnet im Wald einer Frau. Er gerät in Panik und läuft davon. Sie könnte ihn ja wegen sexueller Belästigung anzeigen. Am nächsten Tag findet man die Frau tot auf. Die Forensik stellt fest, sie wurde von einem Bären überfallen. Keine schöne Geschichte. Wirklich schade, dass sie (die Frau) den Wanderer nicht überfallen hat.

Die allgegenwärtige Unterdrückung, vor allem die sexuelle, ist eine fixe Idee, eine manische Obsession der Woken. Dieser schrägen Vorstellung hatte Michel Foucault seinerzeit klar widersprochen, wie Pauline Voss in ihrem Buch ausführt.[142] Es handele sich dabei um die sogenannte „Repressionshypothese". Diese erfülle einen „strategischen Zweck", nämlich als Krücke in der Argumentation um die Notwendigkeit einer angeblichen „Befreiung". Befreit werden sollen alle Unverbesserlichen, die partout nicht befreit werden wollen (vom Joch des weißen Mannes) und gar nicht zugeben können, dass sie die Unterdrückung lustvoll über sich ergehen lassen, und das unbewusst, weil sie masochistisch veranlagt sein sollen. Zum Mitschreiben: Das Böse sitzt in der abendländischen Zivilisation. Alle anderen Kulturen sind human, lieb und diskriminierungsfrei.

Nun sind wir erneut bei der ungeheuerlichen Verkettung von Unterdrückung und Diskriminierung angelangt. Somit kommt ein weiterer Begriff ins Spiel, nämlich die „Diskriminierungshypothese". Der Kampf gegen diese beiden Übel (Repression und Benachteiligung) sollte möglichst lange dauern, denn ein Erfolg würde ja die selbstlosen woken Anstrengungen wie ein Kartenhaus zusammenfallen lassen. Noch einmal zur Chronologie der Beweisführung: zuerst gibt es eine Hypothese (ein

Dogma, das nicht infrage gestellt werden darf), und dann wird nach Beweisen gesucht, um diese zu belegen. Fündig werden die postmodernen Theoretiker immer. Die Gesellschaft kann folglich damit rechnen, dass die vielen Diskriminierungsbeauftragten und NGOs Jahr für Jahr immer wieder neue Studien aus dem Hut zaubern werden, die eine unausrottbare Diskriminierung von (immer neuen) Minderheiten durch den bornierten weißen Durchschnittsbürger beklagen und dabei auch *beweisen*, dass wir alle unverbesserliche Rassisten sind, damit der staatlich finanzierte Krampf zu einer unendlichen Geschichte (und unerschöpflichen Geldquelle) wird und erst enden darf, wenn die Gesellschaft sich dem woken Diktat bedingungslos unterworfen hat. Es geht also gar nicht um Kinder, Flüchtlinge oder sexuelle Minderheiten, die sind ja nur Mittel zum Zweck, auch nicht um die Sichtbarmachung von Frauen, sondern um skrupelloses Machtstreben – durch mentale und emotionale Manipulation, durch sprachliche Regelungen und das Züchten des schlechten Gewissens, durch lückenlose Kontrolle, Überwachung und Steuerung der Bürger[143]. Angeblich kämpft auch das sexuelle Subjekt um Sichtbarkeit, nämlich „im Namen der vermeintlichen Ermächtigung", so Pauline Voss. Und das „ohne zu merken, dass die Sichtbarkeit kein Zeichen von Selbstbestimmung, sondern von Fremdkontrolle ist."[144]

Kann eine streng kontrollierte und genderistisch normierte Sprache die Welt und die menschliche Natur wirklich verändern? FAZ-Redakteurin Susanne Kusicke bezeichnet die Annahme, das Denken könne durch die Sprache verändert werden, als ideologisch bedingten Fehlschluss. In Wirklichkeit verhalte es sich eher umgekehrt.[145] (s. Fazit. Visualisierung abstrakter Begriffe). Der These einer männlich geprägten Sprache widerspricht auch der Sprachphilosoph Philipp Hübl: „Ich glaube weder, dass die deutsche Grammatik männlich geprägt ist, noch gibt es bisher gute Belege für diese starke These". Im Gegenteil. Untersuchungen zeigten, dass politische und moralische Ansichten über die Zeit relativ stabil seien. Hübl kritisiert auch die „unseriösen" Methoden der Studien: Versuche, gendertheoretische Thesen zu belegen, seien „sprachphilosophisch naiv oder sogar grammatisch falsch".[146]

Muss sich die Grammatik dem Gebot des Genderns beugen?

Eine Steigerung der Magie ist durchaus möglich. Als neues Zaubermittel zeichnet sich ChatGPT ab. Man muss es lediglich mit den *passenden* Informationen füttern, und schon mutiert das KI-Wunderkind zur KD (Abkürzung für Künstliche Dummheit), einem woken Jasager, der alle korrekten und erwünschten Wahrheiten herausspuckt.[147] Eine schlaue Lösung: Einem übermenschähnlichen Roboter kann man ja nicht widersprechen.

Oliver Baer vom VDS beklagt, dass auch im Wissensreservoir der generativen künstlichen Intelligenz (GKI) „der Anteil des *bullshit content* (blödsinniger Inhalt) wächst", zwangsläufig[148]. Kein neues Phänomen. Bereits 2019 machte der Buchautor Douglas Murray auf die ideologische Manipulation durch Internet-Suchmaschinen aufmerksam, die auf *selection biases* programmiert sind[149], auf moralisch-identitäre Korrektheiten.

Können Genderzeichen und Doppeltnennungen wirklich *korrekte Bilder* im Kopf erzeugen? Was sagt die Wissenschaft, die Psychologie? Das menschliche Gehirn muss alle 200 bis 400 Millisekunden ein Wort verarbeiten und in einen Kontext, sprich Satz, integrieren. Die Rede ist also von Tausendstelsekunden.[150] In diesem Zeitfenster soll also der Mensch beim Knacklaut an alle Geschlechter denken, Männer, Frauen, Diverse und all die weiteren 4000 Geschlechter, die es mittlerweile angeblich gibt, und dabei auch Bildchen sehen von ebenso vielen Geschlechtsteilen, natürlich unbewusst oder zumindest mit einem schwarzen Zensurstreifen verdeckt.

Das Verstehen der Wörter spielt sich beim Lesen nicht auf der Ebene der Zeichen ab. Einen Stern kann man eigentlich gar nicht lesen, geschweige denn im genderistischen Sinn denken. Beim Lesen sehen wir „durch die Wörter hindurch und über sie ›hinaus‹ und bemerken tatsächlich kaum jemals die Wörter in ihrem Status als physikalische Objekte", so der Geschichtsphilosoph Arthur C. Danto[151]. Seiner Ansicht nach gibt es „drei Hauptklassen von Individuen, die *nur* Figuren sehen, wenn ihnen ein mit Schriftzeichen bedecktes Blatt Papier vorgelegt wird: Die Analphabeten, sodann Menschen, die literat in der einen Zeichensprache, aber illiterat in einer anderen sind, und schließlich jene, die unter gewissen Schädigungen des Gehirns leiden".

So betrachtet ist Genderdeutsch bestenfalls Illiteratendeutsch.

Aber diese Erkenntnis dürfte die Genderfixierten kaum beeindrucken. Denn der Glaube an die Kraft der Magie scheint in ihrer Phantasie keine Grenzen zu kennen. Und die Wissenschaft der gefühlten Wahrheiten keine rationalen Leitplanken.

Dieses Phänomen könnte man auch mit einer Zwangsneurose vergleichen, nämlich der Onomatomanie, einer Fixierung auf Wörter und Laute, Silben und Endungen, von denen man annimmt, dass sie eine magische Kraft entfalten, wenn man sie oft genug ausspricht.[152] Die Genderitis steht somit im Verdacht, eine Mischform von Monomanie und Massenpsychose zu sein.

Um den Unterschied zwischen Wortbedeutung und der kontextabhängigen Bedeutung einer Aussage zu veranschaulichen (!), kehren wir noch einmal zu unserem rabiaten Chef zurück, der prompt an die Decke geht, wenn er überfordert ist, und ergänzen die Situationsbeschreibung folgendermaßen: *Die Mitarbeiter lachen sich beim Anblick des cholerisch herumtobenden Vorgesetzten einen Bruch, und ein Witzbold gibt seinen Senf dazu, der Chef habe den Arsch offen.*

Wortbedeutung: *Arsch* ist ein Körperteil. *Offen* bedeutet: nicht zu; *Senf* ist ein Lebensmittel bzw. Gewürz. Und ein *Witzbold* ist eine Person, männlich oder weiblich, die u.a. gerne Witze reißt.

Kontextabhängige Äußerungsbedeutung: Hier ist kein *Senf* im Spiel, versuchen wir also erst gar nicht darüber zu rätseln, wieso ein Kollege plötzlich Senf im Büro verteilt – und schon gar nicht von welcher Farbe. Die *Mitarbeiter* sind Männer und Frauen, die zusammen arbeiten bzw. je nach Arbeitsaufteilung auch zusammenarbeiten, die Geschlechtsteile spielen hier überhaupt keine Rolle. Was hätte die Visualisierung von Genitalien und Intimfrisur in diesem Kontext für einen Erkenntnisgewinn? Wegen des *Bruchs*, den sich die Kollegen lachen, würde natürlich niemand den Notarzt alarmieren, höchstens ein verstockter Genitalienanbeter, der alles eins zu eins verstehen will, keine Ambiguität duldet und kein Gespür für Doppeldeutigkeiten hat.

Und vergessen wir nicht den Kommentar, der Chef habe den *Arsch offen.* Sehen Sie hier im Ernst etwas Anatomisches? Wenn ja, dann müssen Sie eine traumatische Kindheit gehabt haben.

Die deutsche Sprache scheint analfixiert zu sein:

Sie verfügt über einen unerschöpflichen Reichtum an Redewendungen, die unseren Allerwertesten bemühen. Das sagt etwas über unseren Nationalcharakter aus. Hier dürfte es einen Zusammenhang geben zwischen Sprache und schmutzkonnotierten Tabus. Dies erklärt unsere kulturgeschichtlich geprägte Vorliebe für Fäkalhumor – und Fäkalgeschimpfe („geh scheißen, du Arschgeige!"). Der anale Charakter, wie ihn die Psychoanalyse beschreibt, zeichnet sich u.a. durch Sparsamkeit und Ordnungsliebe aus. Und das widerspricht diametral der anarchischen Verschwendungssucht der gegenderten Sprache. Redewendungen mit Genitalien? Auf die Schnelle fällt mir keine ein. Die Psychoanalyse würde diesbezüglich wohl von Sublimierung sprechen. Ergo: Das genitalfixierte Gendern ist eine unstatthafte Sexualisierung der Sprache und dem Deutschen wesensfremd.

Als Therapie gegen die zwanghafte und traumatisierende Sichtbarmachung tabubehafteter Körperteile empfehle ich, mit geschlossenen Augen über folgende Beispiele nachzudenken und dabei alle akrobatischen Bilder, die sich ins Blickfeld schieben, zu unterdrücken, z.B. *jemandem in den Arsch kriechen* oder *jemandem mit dem Arsch ins Gesicht springen*.

Und keine Bange: Ein Bayer, der unflätig schimpft, lässt die Hose nicht runter.

12. Gästin im Deutschen Wörterbuch der Gebrüder Grimm

Eine sprachsensible und belesene Bekannte, die dem Gendern kritisch gegenübersteht, sagte einmal empört, sie wolle partout keine Gästin sein. Dies zählt hier allerdings nicht als Argument, da statistisch nicht messbar. Was man erwähnen muss: Das Wort Gästin gab es im Deutschen Wörterbuch der Gebrüder Grimm. Das Verschwinden des Wortes aus dem täglichen Gebrauch sei ein Beweis dafür, dass die deutsche Sprache in den letzten 200 Jahren vermännlicht sei, behaupten die Genderer. Wirklich? Von wegen. Das Wort wurde ja nie von Amts wegen verboten. Das Verbieten von Wörtern und das belehrende Vorschreiben vermeintlich korrekter Sprache sind bezeichnend für unsere identitäre Gegenwart, das Phänomen ist aber nicht neu, als Vorbild dienen wohl Sprachregelungen aus kommunistisch-faschistischen Zeiten. Das Verschwinden der Gästin beweist lediglich, dass das Wort ausgestorben ist – weil überflüssig und einfach nicht mehr gebräuchlich. Wer zu Gast ist, ist ein Gast. Und ein weiblicher Gast ist … zu Gästin?

Die literarische Elite der vergangenen Jahrhunderte hat sich mitunter Gedanken gemacht über den Zusammenhang zwischen biologischem und grammatischem Geschlecht, aber ihre „Bekanntinnen und Verwandtinnen"[153] sind ebenso ausgestorben wie die Originale ihrer Werke, die in einer Sprache verfasst wurden, die heute – außer Philologen – kaum jemand lesen kann.

13. Frankenstein und die DNA der Sprache

Was viele Beteiligten am Genderstreit übersehen: der Plural bildet sich mit dem weiblichen Artikel „die". Die Mehrzahl von „Bürger" entsteht also mit einem weiblichen Artikel und ist grammatisch eine Art Zwitterwesen: „die Bürger". Auch diese Anmerkung ist, wie die ganze Genderei, nichts weiter als Haarspalterei: beim Sprechen käme niemand auf die Idee, dass man hier weibliche und männliche Wörter miteinander kombiniert. Es handelt sich eigentlich um Homonyme mit verschiedener Bedeutung und grammatischer Funktion.

Wenn wir einen weiteren Blick in die Geschichte unserer Muttersprache (oder Vatersprache?) werfen: warum verwenden wir eigentlich nicht – wie vor nicht allzu vielen Jahrhunderten – das männliche Pronomen bei der höflichen Anrede. Man sollte doch die Männer mit *Er* ansprechen und nicht mit *Sie*, denn *Sie* ist nicht gendergerecht. *Sie* ist weiblich. Oder in der zweiten Person Plural wie in den romanischen Sprachen: ihr – oder Ihr.

Und warum sollte man das männliche Pronomen *er* im Plural durch ein weibliches Fürwort ersetzen? Sind die Männer *sie*? Oder eher *Er+x*, also irgendetwas mit männlicher Endung (bzw. grammatischem Wurmfortsatz)? Die Männer sollten sich doch endlich besinnen und ihr Gegenüber sofort über die korrekte Ansprache belehren, wenn man sie mit dem weiblichen Pronomen *Sie* in Transgenderpersonen verwandelt. Denn das wäre visuell und gendertheoretisch betrachtet unstatthafte geschlechtliche Aneignung.

Im Ernst? Unsinn. Solche Eingriffe in die DNA der Sprache, wie es die Genderer mit selbstgerechtem Starrsinn vorantreiben, werden einen Frankenstein gebären. Wir täten gut daran, aus der Sprache kein Monster zu erschaffen.

14. Konsequenzen:

14.1 Grammatische Ordnung und genderfundamentalistische Anarchie

Die Grundthesen der Genderaktivisten werfen eine Reihe von analytischen Fragen auf, und jetzt wird es heikel: Haben Frauen außer ihren weiblichen auch männliche Körperteile? Einen Kopf, einen Fuß (oder zwei), einen Ober- und einen Unterschenkel und auch einen Hintern bzw. Po? Oder muss man konsequenterweise all diese Körperteile auch gendern? Außerdem rege ich an, eine Studie der Frage zu widmen, warum der Busen männlich ist und die grammatische Zuordnung eine Zumutung. Man sollte sich also gefälligst hüten, Körperfunktionen und die unansehnlichen Inhalte von Organen und Innereien sich bildhaft vorzustellen. Übrigens: In manchen Sprachen ist das Substantiv Penis weiblich[154]. Im Russischen ist sogar das Wort *Mann* weiblich![155] Und im Französischen ist das Vaterland weiblich: *la patrie*. Das Wort leitet sich von *Pater* ab, lateinisch für Vater. Na, erkennt hier jemand einen Zusammenhang zwischen Morphologie, Semantik und Logik? Was die Genderbewegten nicht verstehen (wollen oder können?): die Sprache hat eine Form (Signifikant) und eine Bedeutung (Signifikat). Letztere hat mit der Form nichts zu tun. Das generische Maskulinum ist eine grammatische Form. „Die Schlittschuhläufer" (s.o.) hat die Bedeutung „Männer, Frauen, Kinder" – also alle Menschen – die sich auf einer Eisfläche befinden und Schlittschuh laufen (es sei denn, es gibt auch Hunde oder Affen, die es können); diese Menschen bilden eine Einheit, hier wird nicht nach 60 oder 4000 Geschlechtern segregiert, weil ihr Sexus keine Relevanz hat. Und die These von den Berufen, die Frauen nicht wählen, weil deren Bezeichnungen mit Männlichkeit assoziiert sind, ist weit hergeholt, s.o.: Tobias

Kurfer in „Streit ums Gendern".[156] Ob die Berufswahl biologisch oder kulturell bedingt ist? „Natürlich beides", aber die Diskrepanz sei nicht so groß, so die Psychologin Doris Bischof-Köhler. „Frauen haben wohl wirklich seltener eine besondere Vorliebe für technische Berufe. Wählen sie einen solchen aus, dann durchaus auch deshalb, weil sie sich ein gutes Einkommen oder Prestige versprechen".[157] Und es gibt keine Belege dafür, dass diese Vorliebe vom sprachlichen Gendern abhängen soll.

Wie die Reichsbürger leben die Genderverfechter in ihrer eigenen Welt und außerhalb der bundesdeutschen Normen und Gesetze. Die Reichsbürger in ihrem Phantasieland mit einer eigenen Vorstellung von Recht und Gesetz, die Genderer in einer Phantasiesprache ohne jeglichen Sinn und Verstand für grammatische Ordnung. Beide Gruppen wollen die liberalen Regeln des Zusammenlebens und der demokratischen Kompromissfindung abschaffen. Gegen rationale Argumente sind beide Gruppen immun. Was sie aber unterscheidet: Die Genderisten haben die Gesellschaft gekapert, die Behörden, die Universitäten, Schulen und die Medien infiltriert und die Macht an sich gerissen, ohne Gegenwehr – und ohne demokratische Legitimation. Nun gelten in vielen Amtsstuben sprachliche Verordnungen, die die Gesetze der Normsprache missachten. An Schulen Sexualunterricht, der neue Geschlechter züchtet und alte dekonstruiert. Und viele Normalbürger kommen sich mittlerweile vor wie im Irrenhaus. Das kann man Putsch nennen. Es erinnert ein wenig auch an die *Nullifikationen* in den USA, wo in manchen Bundesstaaten oder Städten Bundesgesetze systematisch missachtet und außer Kraft gesetzt werden, was zur Entstehung von Inseln der Eigengesetzlichkeit führt. Der Anfang von Anarchie.[158]

14.2 Das neue grammatische Geschlechter-Chaos –
Weltsprachen und Fallstricke der deutschen Sprache

Englisch, eine der schönsten Literatursprachen der Menschheit, ist de facto Weltsprache. Schön oder schönste – das ist natürlich Geschmackssache. Die schönste Sprache der Literaturgeschichte ist für die Perser die Dichtung von Hafes, Saadi oder Ferdousi. Für viele Europäer vielleicht Italienisch[159]. Petrarca zum Beispiel klingt herrlich, auch wenn man kein Wort versteht.

Meine Schwäche für die französische Sprache und Kultur möchte ich hier nicht verschweigen. Ansonsten ist Englisch mein Favorit. Englisch hat neben den Vorteilen der syntaktischen Einfachheit und der stilistischen Eleganz eine ganze Reihe von Nachteilen. Vor allem die Rechtschreibung steckt voller Absurditäten und ist antiquiert, wohl auch nicht (mehr) reformierbar wegen der vielen Homonyme (gleichklingender Wörter). Außerdem zerfällt Englisch heutzutage in unverständliche Pidgin-Versionen: Jeder spricht es mit der Aussprache seiner Muttersprache. Englische Vorträge von Nicht-Muttersprachlern habe ich oft nicht verstanden, mitunter habe ich gar nicht erkannt, dass Englisch gesprochen wurde.

Die schönste Sprache ist aber natürlich die eigene. Doch Deutsch hat als Weltsprache leider keine Chance: zu sperrig, zu kompliziert, holprig und geschichtlich desavouiert. Und das Gendern gibt ihm den Rest: Gendern ist Gewalt und Willkür. Es beruht auf einem falschen Verständnis für Sprache, Kommunikation und Sprachevolution.

Bemühen wir noch einmal den Kontext (s. Kap. 4 Davidsons *Wahrheitstheorie* und Friedrich Schleiermacher *Dialektik*). Die sprachliche Form ist kein Spiegelbild der bedeuteten Inhalte. Die Grammatik bildet keine gegenständliche Realität ab, Worte sind lediglich Instrumente der Kommunikation und können je nach Kontext unterschiedliche Bedeutungen haben. Das sind nun mal die Gesetze der Sprache. Doch manche glauben, diese Gesetze eigenmächtig außer Kraft setzen zu können. Oder zu dürfen, ohne es wirklich zu können, es sei denn mit diktatorischen Mitteln. Eine seltsame und recht dreiste Form von Selbstermächtigung.

Macht, ein zentraler Begriff der postmodernen Theorien, muss man sich heutzutage nicht mehr erkämpfen. Man kann sie sich auch erschleichen oder, genauer gesagt, *erbluffen*. In früheren Zeiten verfügten jene über soziale Macht, die u.a. die Wirtschaft beherrschten (Adel und Geistlichkeit lassen wir hier mal außen vor). Das waren die Kapitalbesitzer, die auch die immateriellen Reichtümer verwalteten, indem sie sich „auf intransparente Weise" in die „Bildungsmächte der gesellschaftlichen und kulturellen Lebensformen" einnisteten. Doch „eine in Gesellschaft und Kultur verschleierte soziale Macht [übt] eine nichtöffentliche Herrschaft aus, indem sie das freie Flottieren guter Gründe einschränkt und die politisch handelnden Subjekte am Gebrauch ihrer vernünftigen Freiheit hemmt", so Habermas.[160]

Die Gefahr, die von dieser verschleierten Macht ausgeht, hat unsere moderne Gesellschaft noch nicht richtig erkannt. Der Genderbewegung ist ein von der Gesellschaft fast unbemerkter Geniestreich gelungen. Die politische Macht, die immer öffentlich ist, haben sie mittlerweile erobert, zumindest zum Teil, indem sie sich Schritt für Schritt das Moralmonopol unter den Nagel gerissen haben. Die zur religiösen Episteme pervertierte Moral ist das Betäubungsmittel (nicht anders als das „Opium für das Volk"), das verabreicht wird, um die Sprache zweckzuentfremden und als Machtinstrument zu missbrauchen.

Dieser Kampf ist aber noch lange nicht entschieden.

Abschließend über die Gesetze der Sprache (Kontext, Bedeutung, Grammatik) noch ein paar dumme Fragen. Woran denken Sie, wenn Sie das Wort *Dichtung* hören? An Lyrik? Oder an etwas Technisches, an etwas zum Abdichten? Und *Star*? Denken Sie an einen Vogel? Oder an Hollywood-Stars? Und dabei vielleicht auch an Filmstarinnnen? Wie wäre es, das Wort Busen (männlich) durch Büsin zu ersetzen?

Anbei eine Auswahl der Fallstricke der deutschen Sprache, eine Ergänzung der Beispiele aus Kapitel 2 (z.B. Komposita mit *Mut*, die entweder männlich oder weiblich sind). Anders als Italienisch ist unser schönes Deutsch für fremde Ohren *unmelodisch und uneinheitlich*[161], z.B. das Geschlecht von Wörtern mit gleicher Endung:

- das Wachstum – der Irrtum: Substantive (Wortzusammensetzungen) mit der Endung „tum" können entweder männlich oder sächlich sein.
- die Erkenntnis – das Bekenntnis; der Firnis, die Erlaubnis, die Finsternis, das Erlebnis.

Es gibt eine ganze Reihe ähnlich- oder gleichlautender Substantive mit unterschiedlichem Geschlecht (hier geht es also lediglich um klangliche Ähnlichkeiten, nicht um Morphologie):

- Insel, Pinsel, Gerinnsel
- der Mantel, die Hantel

65

- der Husten, das Niesen
- die Feder, das Leder, der Katheter, das Katheder (oder
  österr.: der)
- die Trübsal, aber das Scheusal und das Rinnsal; das Labsal
  ist in süddeutschen Sprachraum weiblich
- die Scheu – der Abscheu (selten auch die; die weibliche
  Form wird sich vermutlich durchsetzen)
- der Salbei, die Sauerei und das Osterei
- der Gefallen und das Gefallen
- die Wand – der Vorwand, der Einwand
- das Wehr – die (Ab-)Wehr

Deutsch ist für Nichtmuttersprachler wohl nicht oder kaum
erlernbar. Gegendert schon gar nicht. Das können nicht einmal
die Muttersprachler, wie die vielen Beispiele in diesem Buch
belegen. Der richtige Artikel stellt für Deutschsprachige noch
das geringere Problem dar. Als Buch mit sieben Siegeln erweist
sich die Grammatik, so z.B. die Genitiv-Dativ-Problematik (s.
Bastian Sick). Warum ist die Konjunktion *trotzdem* eine Dativ-
konstruktion, steht (heute) aber die Präposition *trotz* mit dem Genitiv, den viele verweigern, vor allem im süddeutschen Sprachraum: trotz *dem* schlechten Wetter – oder trotz *des*? Wegen *dem*
oder *des* Klimawandels? Wie *wegen* wird auch *während* mit dem
Genitiv verbunden, außer bei einem stark gebeugten Substantiv
in der Mehrzahl, wenn der Genitiv formal nicht ersichtlich ist.
Alles klar? Wohl kaum. Auf weitere Ausnahmen (wie *wegen
Umbau gesperrt,* ohne s) will ich hier erst gar nicht eingehen.

Den Gebrauch des Konjunktivs kennen mittlerweile die wenigsten, auch viele Journalisten nicht, schon gar nicht den Unterschied zwischen Konjunktiv I und II, er verschwindet praktisch
aus der Alltagssprache. Und die Rechtschreibung ist mitunter
eine unüberwindliche Herausforderung.

Diese Feinheiten zählen heute allerdings nicht mehr, wichtiger
sind andere *Korrektheiten.* Kommunikationswissenschaftler
Rudolf Stöbe beklagt zu Recht den „allgemeine[n] Sprach,
Bildungs- und Kenntnisverfall". Das trifft nicht nur auf die
Studienanfänger zu. „Leider findet die Sprachverarmung schon
Eingang in die Nachrichtensendungen der öffentlich-rechtlichen
Sender, insbesondere von ZDF und 3Sat"[162].

Professor Michael Wolffsohn, Historiker und VDS-Mitglied, leidet darunter, „dass so oft zu viele die deutsche Sprache regelrecht verhunzen oder nicht nur den Genitiv nicht kennen, sondern die deutsche Grammatik nicht beherrschen. Allen voran Journalisten und Politiker [...]"[163] In der Tat: viele, aber nicht alle. In meinem Berufsleben habe ich viele Sprachkünstler und Stilperfektionisten gekannt und schätzen gelernt, die junge Generation kann sich aber für solche Tugenden allem Anschein nach nicht erwärmen.

Umfrage 3

Darf eine Frau sagen, „das geht mir auf den Sack!"?

☐ A. Nein, das ist eine genderinkorrekte anatomische Aneignung.

☐ B. Ja. Der Spruch hat mit Anatomie nichts zu tun.

---

15. Nichtraucher und Syllogismen:
Hitler, Mussolini und rassistische Säuglinge

Hitler war Nichtraucher. Mussolini auch. Ergo: Wer nicht raucht, ist ein Nazi. Oder aus dem gleichen Holz geschnitzt wie Saddam Hussein oder Ayatollah Khomeini, ebenfalls Nichtraucher. Der AfD-Politiker Müller[164] isst für sein Leben gern Schokolade. Sie auch? Dann sind Sie ein Rassist. Und Ihr Kind? Versuchen Sie erst gar nicht, sich herauszureden. Mittlerweile kann das Bildungsministerium von Arizona anhand eines „equity toolkit" zuverlässig feststellen, ob ein Kind bereits im zarten Alter von drei Monaten rassistisch veranlagt ist[165].

Nach dem gleichen verqueren syllogistischen Muster pöbelt man all jene als Nazis an, die den Schwanz nicht einziehen, wenn man versucht, sie mit verqueren genderfeministischen Theorien in die Enge zu treiben. (Ups, *den* Schwanz bitte nicht sexistisch interpretieren.) Diese Art von Verunglimpfung ist einfallslos und dumm. Leider auch reflexhaft. Beispiele: Als eine Mutter in der Zeitschrift Emma einen offenen Brief an den Staatssekretär im Familienministerium und Queer-Beauftragten Sven Lehmann veröffentlichte, in dem sie ihre Sorgen über das

Selbstbestimmungsgesetz äußerte, teilte der Adressat als Reaktion auf Twitter einen Beitrag, in dem die Frau mit *Faschos* verglichen wird.[166]

Oder folgender Fall: Eine für Mitte Juni 2023 geplante Drag-Lesung für Kinder zum Thema Rollenwechsel, Verkleidung und Diversität in der Münchner Stadtbibliothek sorgte bereits im Mai für harsche Kritik aus den Reihen von CSU, Freien Wählern, AfD und Teilen der SPD. Sie beanstandeten, dass Dragqueen-Darstellerinnen wie Eric BigClit (Eric Große Klitoris) vor Kindern ab vier Jahren auftreten und in lasziven Posen tanzen sollten, um die queere Vielfalt zu veranschaulichen. Auf den Einspruch reagierten die befürwortenden Grünen nach dem üblichen Pawlowschen Reflex und beschimpften die Kritiker als *rechtsextrem*. Wer also im Interesse der frühkindlichen Erziehung und des Kindeswohls eine queeridentitäre Leseveranstaltung für Kinder ab vier Jahren für bedenklich und unangemessen hält, ist ein Nazi, der Menschenrechte und Freiheiten einschränken oder gar abschaffen will. Wem es nicht passe, solle doch zu Hause bleiben. Aha. Wenn also die woke Selbstdarstellung wichtiger ist als die Kinder, könnte man doch die Bibliothek in ein Dragqueen-Lokal umwandeln oder gleich an einen Puffbetreiber vermieten. Über den Streit berichtete auch der ÖRR[167]. Der Bayrische Rundfunk beispielsweise sehr queerfreundlich, die Einwände der Gegner hingegen standen in einem abfälligen, negativen *Framing*.[168] Das dichotome Narrativ: Alles, was mit Gender und Gendern zu tun hat, ist anständig – und fortschrittlich! Wer nicht gendert oder bei der Fixierung auf Genitalien nicht mitmacht, kommt aus dem feindlichen, rückständigen Lager, ist reaktionär, frauenverachtend, ewiggestrig und rassistisch. Genau diese Lesart wird in den Mainstream-Medien mit zynischer Überheblichkeit und Penetranz *suggeriert*, wenn es um den Streit ums Gendern geht. Die implizierte Syllogistik solcher Gegenüberstellungen ist auf den Kopf gestellt und erinnert an die sowjetische Propaganda. Als Beispiel: „Krieg der Sternchen", ein genderpropagandistischer Filmbeitrag im ZDF.[169]

Gegen Dragqueen-Lesungen spricht sich im Übrigen auch eine Homosexuellenorganisation auf der Webseite *Gays against Groomers* (GAG) aus. Sie warnen vor Indoktrinierung „unter dem Deckmantel von LGBTQIA+" und wenden sich gegen „die Vermittlung von Gender-Theorie im Klassenzimmer".[170]

Die versteckte Syllogistik der Berichterstattung über den Genderstreit unterstellt, dass nur reaktionäre und widerwärtige Zeitgenossen das Gendern ablehnen und die Gesellschaft gespalten sei in Braunhemden und (Schein-)Heilige. Nach dieser Logik haben die Bösen alle Parteien unterwandert. Schlimmer noch: nicht nur der „rechte" politische Flügel und alte weiße Männer sind gegen das Gendern, wie die Genderbefürworter unterstellen, sondern weite Teile der demokratischen Bürgergesellschaft.

Die Fakten: „Bei den Frauen, die die »geschlechtergerechte« Sprache insgesamt positiver bewerten als die Männer, stieg die Ablehnung von 52 auf 59 Prozent", so eine Erhebung von 2021. „Selbst bei den Anhängern der Grünen, die sich besonders für politische Korrektheit starkmachen, stellt sich eine knappe Mehrheit (48 Prozent) gegen die Gendersprache; 47 Prozent sind dafür. Bei den Anhängern aller anderen Parteien überwiegt die Kritik: Die SPD-Geneigten sind zu 57 Prozent dagegen, die Anhänger der Union zu 68 Prozent; danach folgen die Linke mit 72 Prozent, die FDP mit 77 und die AfD mit 83 Prozent Ablehnung".[171]

Besonders in den neuen Bundesländern ist die Einstellung der Frauen zum Gendern dezidierter: „Sie finden es erniedrigend, sich in sprachlichen Anhängseln wie Ingenieur:innen wiederzufinden. Und kränkend, dass Männer pauschal »in eine Verbrechertüte« gesteckt werden".[172] Ähnlich die Ergebnisse einer Infas-Umfrage 2024: Mehr Frauen als Männer weigern sich zu gendern, was auch für die Grünen-Anhänger gilt.[173]

Also: Die Gleichung Gendergegner = AfD geht nicht auf. Die diskursive Strategie, Menschen, die dem Gendern kritisch gegenüberstehen, pauschal rechte Gesinnung zu unterstellen, könnte man folgerichtig als linksfaschistisch bezeichnen.

Der Streit ums Gendern ist nicht abgeflaut, im Gegenteil. Der Trend ist klar: Immer mehr Menschen lehnen das Gendern ab, so das Ergebnis einer Umfrage von Infratest Dimap im Auftrag des WDR, in der Zahlen von 2020 mit neuen Erhebungen 2022 verglichen wurden.[174] Als Krönung dieses Abschnitts ein Beispiel für kontrafaktischen Pseudo-Syllogismus. Die Absurditäten lassen sich eskalieren, wenn auch das Gegenteil dessen gilt, was gestern noch nicht stimmte. Konkret: Wer nicht gendern will und die Sprachpolizei abschafft, ist selber ein Sprachpolizist. Es geht um Berlins Regierenden Bürgermeisters Kai Wegner (CDU). Nach seinem Amtsantritt 2023 sprach er sich gegen die Gendersprache in der Verwaltung aus. Zugleich betonte er, ein Verbot des Genderns werde es *nicht* geben. Auch die bisherigen Leitfäden zum Gendern blieben erhalten. Das heißt: was unter Rot-Rot-Grün ein strikt zu befolgendes Gebot war, sei jetzt freiwillig.

Grünen-Fraktionschefin Bettina Jarasch quittierte diese Äußerung mit dem wütenden Vorwurf, Wegner spiele *Sprachpolizei*. Aha. Die Sprachpolizisten von gestern werfen der neuen, gemäßigten Regierung vor, das zu spielen, was die Grünen eigentlich schon immer mit inbrünstiger Leidenschaft gespielt haben. Ach, pardon. Was die Grünen *spielen*, nennt man nicht so. Sondern ... Wie soll man dieses Spiel denn nennen: Genderdiktatur, Sprachdiktatur – oder Gedankenzensur?

16. Kultur der Anbiederung an den Zeitgeist: Warum viele Leute gendern – wissen sie wirklich, was sie tun?

Die meisten, die gendern, tun es vermutlich aus Höflichkeit oder aus Angst vor Stigmatisierung – d.h. als reaktionär (Nazi, s.o.) oder als misogyn (frauenfeindlich) abgestempelt zu werden. Viele werden einfach nur überrumpelt und sind mental wie moralisch überfordert. Fest steht: nur wenige gendern aus Überzeugung (die Umfragen ergeben ein eindeutiges Bild: die große Mehrheit – 60 bis über 90 Prozent der Bevölkerung, je nach Erhebung – lehnt das Gendern ab. In Österreich 80 Prozent, wie eine Umfrage der Wiener Tageszeitung Kurier 2023 ergab.[175])

Die Autorin Birgit Kelle bezeichnet die netten Angsthasen in einem Fragesatz als „nützliche Idioten, die mit ihrer vermeintlichen »Gendergerechtigkeit« in der Sprache am Ast ihrer eigenen Freiheit sägen", und fragt, ob man diese „auslachen oder beweinen" soll. Sie wissen also nicht, was sie tun, weil sie keine Ahnung haben, worum es geht – im Gegensatz zu jenen, die „unsere Sprache durch gendersensible Schreibweisen ruinieren,

… Worte verbieten und selbst die Grammatik missachten unter dem Vorwand, »Gerechtigkeit« zu schaffen". Diese wissen, so Kelle, „ganz genau, was sie tun".[176]

Das *freiwillige* Gendern ist wohl auch ein Ergebnis von „soziokultureller Dressur" (Sloterdijk), von Anpassung an normative Vorgaben in einschlägigen linkselitären Milieus wie Unis oder Redaktionen (s. 30.1). In einem repressiven Umfeld hat der Selbsterhaltungstrieb nun mal ein Wörtchen mitzureden: Gruppenkonformität geht mit irrationalem Verhalten einher. Am allerschlimmsten findet Birgit Kelle das „Heer der naiven Gutmeinenden, die sich dem Sprachdiktat freiwillig unterwerfen".[177]

Ein vielfach repliziertes psychologisches Experiment hat im Übrigen gezeigt, dass sich viele Menschen „erschreckend bereitwillig" und wider besseres Wissen „falsche, extreme oder sogar gefährliche Ideen zu eigen machen können"[178], wenn sie unter Druck gesetzt werden oder sich bedrängt fühlen.

Andere Motive fürs Gendern sind auch vorstellbar: „Wichtigtuerei von Leuten, die von Sprache keine Ahnung haben", meint Wolf Schneider, ehemaliger Verlagsleiter des Stern, Chef-redakteur der Welt, Moderator der „NDR-Talk-Show" und 16 Jahre lang Leiter der Hamburger Journalistenschule.

Ähnlich sieht es Michaela Blaha von der Agentur Idema: „Man kann sich mit Gendersprache offenbar wunderbar profilieren. Und es gibt auch Gelder für Studien und Leitfäden zu Genderfragen, etwa nach dem Gleichbehandlungsgesetz".[179] Die sprachliche Gleichberechtigung sei ein wichtiges Thema, meint sie, aber in der Durchführung oft sinnlos. Der Buchautor Max Haberich spricht in diesem Zusammenhang von „verunsicherten, uninformierten Mitläufern".[180] Die Mitläufer tun es vor allem, wenn ein Mikrofon hingehalten wird oder eine Kamera auf sie gerichtet ist. Manche einfach, weil das heute so üblich ist, ein Trend, etwas Modisches, das nicht hinterfragt wird – das Ergebnis einer erfolgreichen gesellschaftlichen Konditionierung durch die penetrant-mahnende Wiederholung einer vermeintlichen Korrektheit, der man sich nicht verweigern will.

Der Sprachwissenschaftler Nikolaus Lohse beklagt eine „manipulative Überrumpelung der Sprachgemeinschaft". Das Phänomen erinnert mich an die Inszenierung eines Staatsstreichs in einer übermütigen Komödie. Wie das funktioniert? Lohse: „Eine kleine, gut vernetzte und organisierte Schar von Aktivisten gibt die Tonlage vor (der leider auch manche Hochschullehrer den akademischen Segen erteilen), übermotivierte Medienvertreter, notorisch überforderte Politiker und eine verunsicherte Öffentlichkeit bilden das Echo, den Rest erledigt der Zeitgeist".[181] Und wer sich totlacht, ist selber schuld. Denn die Sache ist todernst.

Das Nichthinterfragen ist bezeichnend für unsere datenverseuchte Zeit: mit der allgemeinen Informationsflut ist man schlichtweg überfordert, man erwartet einfache Erklärungen für komplexe Sachverhalte und nimmt alles für bare Münze, was einigermaßen plausibel klingt. Dies ist die beste Voraussetzung für den Siegeszug des postmodernen Bullshits. Bauernfängerei mit kryptischen Deutungsmustern. Die Überforderung führt zu einer „Komplexitätsmüdigkeit",[182] wodurch „auch die Öffentlichkeit in ein dysfunktionales Verhalten [gerät], bei dem komplexe Probleme durch eine einseitige Perspektive falsch reduziert werden" (B. Stegemann). So auch die Grammatik. Von ihrer Autorität ist nicht mehr viel übrig.

Der Diskurs werde „von einer akademischen und medialen Blase geprägt", sagt der Berliner-Zeitung-Redakteur Ingo Meyer. „Viele Menschen außerhalb dieser Blase spüren, dass das Gendern nichts mit ihrem Alltag zu tun hat". (s. **Quellen**)

Die CSU-Politikerin Dorothee Bär findet Gender-Sternchen „total gaga" und meint, Sprache würde so „verhunzt und vergewaltigt" – und trotzdem gendert sie, wohl aus politischem Kalkül oder Verunsicherung[183]. Und gendern können mitunter auch die eifrigsten Befürworter nicht richtig. Annalena Baerbock fordert gegenderte Gesetzestexte, gerät aber selber mit dem Gendern ins Schleudern. Ihre kurioseste Wortschöpfung: „Steuer*innen*zahler" (bei Anne Will, 24.5.2020). Typisch: viele gendern sich aus lauter Panik vor Korrektheitssprengfallen um Kopf und Kragen und hinterlassen eine Schneise verbaler Verwüstung.

Stefan Ayan in seinem Buch „Was man noch sagen darf": Das Moralisieren des Mitmeinens (‚Wer nicht gendert, hat etwas gegen Gleichberechtigung') fördere die Zersplitterung der Gesellschaft. Die sprachpolizeiliche Schere im Kopf nötige die Menschen in getrennte Nischen mit je eigenen Sprechblasen hinein. Das Problem sei die Doppelbödigkeit des nur scheinbar harmlosen Wunsches nach Gerechtigkeit, denn das Gendern setze viele Menschen unter Druck, es dränge sie an den Rand. Dabei haben die identitären Erpresser leichtes Spiel. Sie missbrauchen auf unverschämte Weise die Gutmütigkeit und den Anstand der zivilisierten Bevölkerung, die einfach nur nett sein will, so wie es sich für eine Kulturnation gehört. Jedes Korrektheitsgebot geht aber mit der unbedingten Erwartung einher, die praktische Vernunft auszuschalten, wenn es um identitäre Dogmen geht, was auf die Abschaffung der Autonomie der Vernunft und somit die Institutionalisierung der Dummheit hinausläuft. Freiwillig lässt sich aber kaum jemand für dumm verkaufen, außer man ist masochistisch veranlagt oder derart eingeschüchtert, dass der Verstand die Waffen streckt.

Beim Sprechen denkt kein Mensch (d.h. kein Muttersprachler) an Grammatik, also praktisch nie in grammatischen Kategorien wie Substantiv, Maskulinum oder Femininum, Dativ oder Genitiv u.s.w. Das dürfte mit ein Grund dafür sein, dass sich einige Wörter reflexhaft als verdopplungspflichtig eingebürgert haben, die Schüler, die Lehrer, die Politiker und (vor allem) die Bürgrnbürgr. In Österreich wie überall in allen deutschsprachigen Ländern studieren die Studenten schon seit Jahrzehnten in jeder Lebenslage, 24 Stunden am Tag (s.o.: Partizip Präsens).

In Hörfunk und Fernsehen gendern Gäste oder Interviewte unterschiedslos nach dem Prinzip alles oder nichts, und so bekommt jedes Substantiv, egal ob männlich oder weiblich, eine *in*-Endung als Penis-Ersatz. Die Unterscheidung zwischen geschlechtsneutralen (z.B. Mitglied) und geschlechtsspezifischen Personenbezeichnungen (die in der Gendersprache als „paarig" bezeichnet werden, s. Gabriele Diewald, 22.1 Behauptete, aber unbewiesene Thesen) macht praktisch niemand. Der Durchschnittsmensch gendert zwanghaft und beliebig – ohne Sinn und grammatischen Verstand, aus Höflichkeit oder *Anpassung*.

Das Gendern ähnelt einer Epidemie. Das Virus (oder *der*) breitet sich schnell aus, anfällig sind vor allem Denkfaule, leicht Beeinflussbare, Gefallsüchtige und Opportunisten, die sich um jeden Preis profilieren wollen. Ein Phänomen der sozialen Ansteckung und *Selbstprogrammierung* (Sloterdijk).

Wer unter moralischem Zwang steht, gendert unüberlegt und impulsiv. Die *Mitglieder* werden regelmäßig gegendert. So zum Beispiel im Kulturkalender der Kultursendung *Artour* im MDR am 21. Oktober 2021. (Und eine Theologin sagt, sie habe viele „Vorbilderinnen"[184].) Das Gendern der *Mitglieder* wird sich wahrscheinlich durchsetzen. Die vorauseilende Genderkorrektheit setzt mitunter das Sprachgefühl schachmatt und verwandelt Abstrakta in transzendentale Wesen mit Geschlechtsteilen. Der ARD-Vorsitzende Kai Gniffke, ausgerechnet ein Journalist, gendert auch die Länder! Über die Reform des ÖRR sagte er u.a., „Die Länder sind die Gesetzgeberinnen, und die können unseren Auftrag verändern."[185] Nanu, wer noch zweifelte, wurde eines Besseren belehrt: der ÖRR bietet Erkenntnisgewinn auf hohem Niveau. Dabei versagen aber sowohl die praktische wie auch die grammatische Logik. Was, bitte schön, soll an den Ländern weiblich sein? *Das Land* ist sächlich und hat keine Genitalien. Und in der Mehrzahl wird es auch nicht weiblich! Es sei denn, durch wundersame Trans-Formation. Diese Unart ist auch nicht neu. Das Gendern von Institutionen nimmt mittlerweile surreale Ausmaße an.

Was wird aber aus den Deutschen? *Die Deutschen* – das klingt wie *die Schweden*. Die grammatischen Unterschiede sind zwar erheblich, aber wen interessiert das? So, wie man *die Schweden* gendert, wird man eines Tages womöglich auch die deutschen Frauen als Deutschinnen bezeichnen. Unrealistisch? Von wegen, es geht noch viel schlimmer.

Hohe Wellen schlug das Gendern der *Eltern* im SRF: „Elterinnen". Darüber schrieb der VDS[186]: *Thomas Renggli bezeichnet diesen Fehltritt in der WELTWOCHE als „verzweifelte Bemühung um politische Überkorrektheit". Renggli erinnert daran, dass beim Gendersprechen die deutsche Sprache auf der Strecke bleibe. Wortneuschöpfungen wie „Elterinnen" [...] höre man nun vermehrt im staatlichen Rundfunk. Renggli warnt davor „wer die Sprache Goethes und Schillers zur politischen Kampfmaßnahme degradiert, begeht einen schweren Fehler und zerstört eines unserer wertvollsten Kulturgüter".*

Dazu der Kommentar von Oliver Baer: „Sprache wird nicht durch Zwang und Nötigung entwickelt, Veränderung geschieht langsam, mühsam. Allenfalls ließe sich etwas durch Vorbilder lenken. Fernsehmoderatoren, die das Volk mit dem Glottisschlag belehren, sind keine Vorbilder, sondern Gouvernanten".

In der *Markt*-Ausgabe vom 20.06.2022 (20.15 NDR) war von „Herstellerinnen und Herstellern von Kartoffelchips" die Rede. Nun haben also nicht nur die Länder, sondern auch Industrieanlagen biologische Geschlechtsteile oder zumindest eine gefühlte Genderzugehörigkeit, die nicht verletzt werden darf. Alles wird sexualisiert, auch die Produzenten als Einzelperson am Fließband. Anschließend sprach die Interviewte von „Verbrauchern", zwei Sätze später besann sie sich und doppelte schuldbewusst das zuvor *unsensibel* verwendete Substantiv.

Noch schlimmer im WDR. In einem Bericht über eine Feuerwehrfrau (12.8.22) erwähnte der Moderator Stefan Fuckert den Hauptberuf der Frau: Sie sei „Intensivkrankenschwesterin". Ein harmloser Versprecher? Mitnichten (s. Kap. 1. Kindergarten-Grammatik, *-er* im Auslaut). Das Wort wiederholte er in seinem Beitrag, und das tat auch seine WDR-Kollegin Catherine Vogel in einer anderen Sendung.[187] Dieses Wort benutzte schließlich auch unser damaliger Bürgernbürger-Kanzler Olaf Scholz.[188]

Krankenschwesterin kann man sogar toppen, wie Bernd Fischer, Frankfurter Regionalleiter des VDS, in der Bildzeitung berichtet: Es gibt mittlerweile allem Anschein nach sogar Samenspender*innen und Fachkräftinnenmangel. Und in Wien gab es 2019 nicht nur Prostatapatienten, sondern auch „Prostatapatientinnen".[189] Auf die Existenz von Samenspender*innen wäre ich, ehrlich gesagt, nie gekommen, dafür fehlt mir schlicht und einfach die Phantasie.[190]

In einem Bericht über einen Webcam-Test schrieb ntv (24.01.2023)[191]: „Testsiegerin ... ist die Logitech Brio 500 ... Die Brio 500 ist eine von vier Testkandidatinnen mit Autoframing". Frage: Was für Bilder und Vorstellungen sollten hier eigentlich erzeugt werden? Zur Anatomie der Kamera: Die Webcam hat möglicherweise ein Auge, aber keine Muschi.[192]

Man kann beim kopflosen Gendern mittlerweile von Obrigkeitshörigkeit einerseits, aber auch von einer charakterlichen Schwäche im Umgang mit moralischer Erpressung andererseits ausgehen (s.o. Angst, als was auch immer verunglimpft zu werden). Es ist nun mal so (frei nach Guillaume Paoli): *erpressbar ist, wer sich erpressen lässt.*[193] Wie dem auch sei: Gendern verletzt das Sprachgefühl – und geht furchtbar auf die Nerven. Die Gefühle der Bevölkerungsmehrheit genießen in der identitären Welt allerdings keine privilegierte Stellung.

Das Gendern kann man als Zeichen für sprachliche Inkompetenz oder Indifferenz, für Indoktrination, aber auch für Impertinenz oder ideologische Verblendung interpretieren. Eigentlich handelt es sich um ein sozialpsychologisches Phänomen. Das Gendern ist neben den verschiedenen postmodernen Theorien eines der großen Streitthemen unserer Zeit. Das eigentliche Problem ist nicht die Postmoderne mit ihrer eigenwilligen Sicht auf die soziale Realität, sondern die vielen identitären Interessengruppen, die mit dogmatischen Thesen die Gesellschaft drangsalieren. Der Philosophieprofessor und Buchautor Michael Pauen befasst sich in seinem Buch „Macht und soziale Intelligenz – Warum moderne Gesellschaften zu scheitern drohen"[194] mit den Ursachen der Spaltungen westlicher Gesellschaften und der Dynamik der Konflikte, die dabei entstehen. Bei der Analyse der Gräben, die sich mittlerweile zwischen den unterschiedlichen Teilen der Gesellschaft auftun, spricht Pauen von Echokammern (den Begriff entlehnt er von Jay van Bavel). Gemeint ist damit ein Phänomen des Angleichens an die Gruppe, zu der man sich zählt. Das Fatale daran: die Zugehörigkeit hat „einen tiefgreifenden Einfluss auf unsere Meinungen und Wahrnehmungen", so der Autor. Eine dominante Gruppe beeinflusst „nicht nur das Urteil, sondern auch die unmittelbare Wahrnehmung". Wir nehmen die Dinge „offenbar so wahr, wie es die Meinung in unserer Gruppe vorgibt". Fakten und Logik zählen dabei nicht. Sogar das Offensichtliche wird geleugnet. Unser Gehirn wird zum Opfer einer „Selbstmanipulation". Es geht hier nicht mehr um rationales Denken, sondern um Emotionen, die zu Trotzreaktionen führen, die die faktische Realität leugnen. Dieses Leugnen kann man auch als kognitive Verweigerung bezeichnen, eine typische Begleiterscheinung aller Konfliktthemen der Gegenwart, nicht nur im Genderstreit.

Die Dekonstruktion ist der programmatische Grundsatz postmoderner Theorien. Dekonstruiert wird praktisch alles: die allgemeine Logik und sogar die Mathematik. 2+2=4? Die Zeiten sind vorbei. Heutzutage muss man auch *andere Formen der Erkenntnis* gelten lassen. Alles andere wäre *Diskriminierung*. Die klassische Mathematik soll ein *Machtinstrument* des Abendlandes sein und somit *rassistisch*. Sie sei Ausdruck des Vorherrschaftsanspruchs der Weißen (white supremacy[195]), von Imperialismus und Kolonialismus.[196] Ebenso sind Grammatik und Rechtschreibregeln „ein kolonialrassistisches tool von white supremacy, um BIPoCs zu unterdrücken", so eine aktivistische Journalistin, die u.a. bei *taz* veröffentlicht.[197]

Diese Dekonstruktion ist eigentlich eine Obsession und bedeutet eigentlich was anderes, nämlich Zerstörung.[198] So wird auch die grammatisch-semantische Logik dekonstruiert. Wörter bedeuten nicht mehr, was sie schon immer bedeutet haben, sondern was anderes, und was sie wirklich bedeuten, entscheiden jetzt die Genderillusionisten. Das Ergebnis der Addition zwei plus zwei ist eine Frage des Gefühls – und nicht zuletzt des Unbewussten. (s. Bedeutung, Kap. 4)

Das Gendern spaltet die Gesellschaft ebenso wie all die postmodernen Aktivismen, die unsere Welt aus den Angeln zu heben drohen. Viele Menschen sind anscheinend nicht mehr in der Lage, klar zu denken. Die „Beeinflussung der eigenen Wahrnehmung durch die Parteizugehörigkeit trägt bei zu einem sich selbst verstärkenden Prozess, der die Kluft zwischen den Gruppen zunehmend vertieft", so Pauen in seiner allgemeinen Beschreibung sozialer Antagonismen.[199] Unüberbrückbar scheint auch die Kluft zwischen den Genderfreunden und der Bevölkerungsmehrheit, die *normal* sprechen will. Wie in jedem gesellschaftlichen Dissens führt diese Unversöhnlichkeit „zu einer weiteren Polarisierung der Meinungen, was wiederum die Wahrnehmungen noch weiter auseinandertreiben lässt". In der Folge bewegen sich immer mehr Menschen nur noch in der eigenen Blase, in der *Echokammer*, in der sich „die Diskussionsteilnehmer in ihrer eigenen Position gestärkt [fühlen], wenn ihnen jemand widerspricht". Die Konfrontation mit abweichenden Meinungen und widersprechenden Argumenten erstickt jegliche Gesprächsbereitschaft[200]. Die Fronten sind verhärtet. Die einzige Strategie in solchen verfahrenen Pattsituationen bestünde in „ausgewogenen, nicht konfrontativen Argumenten, in denen das Für und Wider zur Sprache kommt". Das brauchen wird dringend auch im Genderstreit. Doch da wird im aktivistischen Lager keine Ausgewogenheit angestrebt, sondern die Beschämung des Gegners, seine Diskreditierung und, wen möglich, soziale Vernichtung. Heute kann praktisch jedem, der woke Ansichten infrage stellt oder von stramm linken Positionen abweicht, *Rückgriff auf rechte Narrative* vorgeworfen werden. Dabei sollte man *woke* nicht pauschal mit *links* verwechseln.[201]

Erhellend auch die Erkenntnisse des Evolutionspsychologen Gad Saad. In „The Parasitic Mind"[202] beleuchtet er die kognitiven und emotionalen Fallen, in die ein Großteil der Menschen tappt. Das liegt erstens daran, dass der Homo Sapiens ein „mentaler Geizhals" ist. Er ist intellektuell zu faul, um Informationen zu sammeln, und zieht es vor, Meinungen vom Stapel zu lassen, ohne ein bisschen mentale Energie in das Sortieren von Informationen zu investieren: große Klappe, keine Ahnung.

Ein weiteres Problem besteht darin, dass sein Informationsumfeld aus einer Fülle von Daten unterschiedlicher Güte besteht, was Objektivität, Wissenschaftlichkeit und Glaubwürdigkeit anbelangt: was stimmt, was ist nur Halbwahrheit, was ist Fälschung und Manipulation? Am schlimmsten ist aber die Neigung der meisten Menschen, sobald sie sich einem Standpunkt verschrieben haben, nicht mehr bereit zu sein, auch gegenteilige Beweise zu berücksichtigen und die irrige Meinung zu revidieren. Schlimmer noch: Die festgefahrenen Überzeugungen steigern sich ins Unerschütterliche.

Den sprachwissenschaftlichen Hintergrund des Genderns versteht leider kaum jemand, höchstens Germanisten und Philologen. Der Durchschnittsmensch lässt sich mit Kokolores abspeisen und ist nicht in der Lage, die Zusammenhänge auf ihre Richtigkeit zu überprüfen. Der Herdentrieb tut sein Übriges. Es fehlen das Vorwissen und die Kompetenz, aber auch die Energie, vielleicht auch die Geduld und die Zeit, sich mit der Materie zu befassen. Leichtes Spiel für postmoderne Märchenerzähler. So kann sich Gendersprache „wie Unkraut" ausbreiten, wie Birgit Walter beobachtet. Und das nicht „weil sie sich aus sich selbst entwickelt, sondern weil sie von Verwaltungen und Institutionen in forschen Leitlinien angeordnet wird. Weil man sich dort denkfaul dem Druck von Aktivisten beugt".[203]

Ein Fall von kollektiver Verantwortungslosigkeit? Das Sagen haben heute wohlgemerkt übereifrige Aktivisten, die neue Sprachregeln dekretieren – ohne jegliche Fachkompetenz und Legitimation. Die Expertise der Sprachwissenschaftler scheint niemanden zu interessieren. Die Leitfaden-Vorgaben von Amateuren schon. Martin Neef, Prof. für germanistische Linguistik an der TU Braunschweig, nimmt einen Genderleitfaden seiner Universität unter die Lupe und staunt nicht schlecht. Hier geben „feministisch inspirierte Laien" die Marschrichtung vor, der „andere Laien" in Universitäten und Behörden blind folgen.[204]

Die einfachste und plausibelste Erklärung für dieses mentale Versagen liefert der Germanist Fabian Payr: „Die Erfolgsgeschichte des Genderns ist nicht zuletzt der Erfolg seiner Grunderzählung. Danach durchdringen patriarchale Strukturen nicht nur seit Jahrhunderten die Gesellschaft, sie setzen sich auch in der Sprache fest und prägen von dort aus Denken und Handeln der Sprachgemeinschaft".[205] Das Gendern in der Wirtschaft gehört nicht in die Kategorie der unerklärlichen Phänomene. Wichtiger als die grammatisch korrekte Sprache ist in den Firmen das Image. Vom Gendern verspricht man sich einen positiven Impetus in der öffentlichen Wahrnehmung. Erlaubt ist alles, was diesem Zweck dient, Anglizismen, Jugendsprache, Genderorthographie oder schräge Werbung.

Die wenigsten scheinen sich des Risikos bewusst zu sein, dass die Kungelei mit einer totalitären Ideologie in weiten Teilen der genderkritischen Bevölkerung sehr negativ ankommt und für die Firmenpolitik schließlich schädlich sein kann, mitunter verheerend. Aufschlussreich wäre eine psychologische Studie über das Gendern unter dem Aspekt von Nachahmung und Mode. (Weitere Hypothesen in Kap. 24. und Kap. 28.)

Am Ende dieses Kapitels bleiben, oberflächlich betrachtet, mehr Verwunderung und ungläubiges Kopfschütteln als logische Erklärungen. Vielleicht ist auch Naivität im Spiel, die Naivität von Uneingeweihten. Hinter der Fassade erkennen wir in vagen Umrissen die Banalität von Sünden wie Eitelkeit und Neid. Denn das Ganze ist schließlich nichts anderes als *Statusspiel*, moralische *Selbstdarstellung, Profilierungssucht, Prestige-konkurrenz* sowie *Statuskampf* – und die Sprache erfüllt in diesem Überbietungswettbewerb der Scheinheiligkeit die Funktion eines *Loyalitätssignals*.[206]

Die Frage, warum so viele Leute gendern, ist in diesem Kapitel nur punktuell beantwortet. Schwerwiegend sind folgende Gründe: bewusste Irreführung (s. Kap. 17), Zwang (Kap. 16) und/oder Inkompetenz als Vorbild für Ahnungslose (Kap. 28).

> **Umfrage 4**
> Sollte man künftig auch die Arschlöcher gendern?
> ☐ A. Ja. Wenn schon, dann alle.
> ☐ B. Auf keinen Fall: Das Substantiv ist ja sächlich.
> ☐ C. Man sollte gar nicht mehr gendern.

17. Epistemische Irreführung: gendergerecht, gendersensibel

Der Versuch, konstruktiv zu argumentieren im Streit mit Anhängern einer dekonstruktivistischen Ideologie, die mit Sprachwissenschaft nichts am Hut hat, stößt an Grenzen. Dialog? Den gibt es eigentlich nicht. Die Literaturwissenschaftlerin und Publizistin Dr. Elvira Grözinger spricht vielen aus der Seele, wenn sie sagt, das Gendern sei eine „unselige Idee", die mehr Brücken einreißt als welche zu bauen: „Sprache muss korrekt sein, Sternchen, Doppelpunkte etc. sind Sprachkarikaturen und haben nichts mit Geschlechtergerechtigkeit zu tun".[207] Die Gesellschaft ist mit einer Strategie der woken Begriffsverwirrung konfrontiert. Manche Begriffe werden einfach nur erfunden, um propagandistisch schweres Geschütz aufzufahren und die Öffentlichkeit aus dem Konzept zu bringen. Das Perfide an der Bauernfänger-Finte: die neuen Begriffe implizieren eine unumstößliche Faktizität. Der Gendersprech-Aktivismus schmückt sich mit Prädikaten wie *gerecht* oder *sensibel*, doch in Wirklichkeit bedeutet dieser schöne Schein das genaue Gegenteil. (Peter Eisenberg: „Die Verwendung der Ausdrücke *geschlechtergerecht* oder *gendergerecht* möchte erreichen, dass mit gegenderter Sprache Geschlechter- oder Gendergerechtigkeit sprachlich verwirklicht erscheint. Beides ist nicht der Fall".[208]) In diese Begriffsfalle tappen früher oder später all jene, die, anstatt die Wortschöpfungen kritisch zu hinterfragen, die Zulässigkeit dieser Begriffe erst gar nicht infrage stellen und sich der erpresserischen Rhetorik voll unterwerfen, indem sie beispielsweise beteuern, gendersensibel und diskriminierungsfrei sprechen zu wollen, als wären Wörter ohne spezielle Endungen frauenverachtend, diskriminierend oder irgendwie unsensibel.

Gendersensibilität ist keine Kategorie korrekter Sprache. Sensibilität für Grammatik und Semantik zeichnen die korrekte Sprache aus. Auch Formulierungen wie „diskriminierungsfreie Kommunikation" gaukeln eine Pseudokorrektheit vor, eine unbewiesene, die suggeriert, ungegendertes Standarddeutsch sei diskriminierend, was einfach realitätsfremd ist. Der Genderaktivismus behauptet die faktische Realität einer sprachlichen Diskriminierung und verlangt die Verwendung einer diskriminierungsfreien Sprache, obwohl es keine Beweise dafür gibt, dass die deutsche Sprache irgendjemanden diskriminiert. Es sind Wörter, die in einem bestimmten Kontext (Bezug) diskriminieren könnten (s. Kap. 4. Nur mitgemeint?). Die Gendereiferer erzählen viel Stuss und erwarten allen Ernstes, dass wir all diese Gedankenverrenkungen blind verinnerlichen. Und wenn wir es nicht tun, sind sie beleidigt und ausfällig. Da kommt man sich ein bisschen wie in der Klapsbude vor.

Man könnte nach identitärer Strategie zum Beispiel über Dämonophobie sprechen, was an und für sich nichts Extravagantes wäre: Es gibt nun mal Menschen, die Angst haben vor Dämonen. Nur: Diesen Begriff würde man in einem nächsten Schritt am Schwanz aufzäumen und vorschwindeln, das Problem sei eigentlich gar nicht die wie auch immer *begründete* Furcht mancher Angstneurotiker, sondern die Dämonen selbst, die diese Ängste angeblich schüren und deshalb bekämpft oder besänftigt werden müssen. Aber wie? Na klar, mit einem schönen Leitfaden zum Beispiel für Gebete in einer dämonensensiblen Sprache, um die Handlanger des Teufels, die all die Kriege, Naturkatastrophen und Klimawandel auf unserem Planeten entfesseln, weil wir sie in unserer Sprache nicht respektvoll berücksichtigen, zur Räson zu bringen. Spricht was gegen diese Korrelation?

81

Studien werden natürlich nachgereicht.[209]

Die emotional-manipulative Argumentation der Genderfixierten bemüht Begriffe wie Respekt, Toleranz, Wertschätzung oder Gleichberechtigung. Wer nicht gendert, lehnt angeblich diese Werte ab und ist ein verabscheuungswürdiger Halunke. Das ist mentale Verkrampfung, eine sinnfreie Verknüpfung von Sachverhalten und Kategorien. Will man uns weismachen, dass Gendern was mit Knigge zu tun hat oder gar höher steht? Wer so argumentiert, verwischt (bewusst?) den Unterschied zwischen Höflichkeit und Anbiederung.

Gendersensibilität und *Diskriminierungsfreiheit* sind Kampfbegriffe ideologischer Borniertheit. Praktisch Hirngespinste. Die Genderfanatiker kaprizieren sich auf Formalien, die in der sprachlichen Kommunikation keine Relevanz haben. Der Feind ist ausgemacht: die Grammatik in Gestalt des generischen Maskulinums. Die Genderverfechter haben ihr den Krieg erklärt. Weil sie ungerecht ist, misogyn und rassistisch. Die Grammatik ist keine Frau, sondern ein böser weißer Mann mit Kopftuch.

Die Begründung der Gendersprache ist postmoderner Schwindel. Diese Ideologie simuliert eine Tugendhaftigkeit, die an infantiler Scheinheiligkeit kaum zu überbieten ist. Sie wurzelt nicht in einer rationalen Betrachtung und der Analyse der Sprache, sondern in ideologisch gezüchteten Gefühlen und Mahnungen zur Korrektheit. Ihre Grundlage ist eine bockige Subjektivität, die die Grenzen des Anstands überschreitet und alle Grundsätze sprachwissenschaftlicher Evidenz mit ignoranter Überheblichkeit beiseite wischt.

Der Begriff *geschlechtergerechte Sprache* ist „ein machtpolitisches Instrument, weil er andere Formen des Sprechens implizit als »ungerecht« bezeichnet und ihnen damit Legitimität abspricht", stellen Silvana und Andreas Rödder fest.[210] Hier setzt sich Moral gegen Wissen durch. Sprachwissenschaftlerin Ewa Trutkowski stört vor allem die überhebliche Geisteshaltung der Genderbefürworter und deren falsche Argumentation: „Was die Diskussion um das generische Maskulinum und gendergerechte Sprache am meisten vergiftet, ist jedoch nicht der Kampf um die besseren Argumente im akademischen Diskurs, sondern deren politische Anheimstellung. Es ist deprimierend, zu beobachten, wie wissenschaftliche Debatten durch moralisierende und politisierende Rekurse geistig enthauptet werden".[211]

Die dekonstruierte und selbstgerecht als *gendersensibel* bezeichnete Sprache ist also alles andere als *sensibel* und vor allem nicht *sprachsensibel* – im Gegenteil: sie verstümmelt[212] die Sprache und ist in Wirklichkeit eine Art fixe Idee oder Zwangsvorstellung – die Genderaktivisten berufen sich auf eine vermeintliche sprachliche Sensibilität, also auf etwas, das ihnen selber völlig abgeht. Und nicht zuletzt ist die Gendersprache alles andere als modern: sie ist puristisch-reaktionär und dogmatisch. Ein Fall von pathologischer Zwangsneurose, die das Ziel verfolgt, die Sprache vom toxischen generischen Maskulinum zu säubern. Ingo Meyer: „Gendersprache ist übrigens gar nicht sensibel, wenn sie permanent das Geschlecht herausstellt. Für mich ist es sensibel, die Dinge zu verhüllen, die nicht ungefragt ans Licht sollen. Wir sitzen hier ja auch nicht ohne Unterhosen im Raum".[213] Begriffe wie ‚sensibel' und ‚gerecht' hält Max Haberich, Autor des Buches „Gendern? – Nein Danke", in diesem Zusammenhang schlicht und einfach für irreführend. Auch Prof. Dr. Katerina Stathi von der Westfälischen Wilhelms-Universität Münster (WWU), die den Aufruf an den Öffentlich-Rechtlichen Rundfunk (gegen das Gendern) mit unterschrieben hat (s.u.), stellt klar: „Sprache hat nicht die Funktion, Gerechtigkeit abzubilden, sie kann nicht das Spielfeld dieser Diskussion sein". Schon die Begriffe „geschlechtergerecht" oder „geschlechtersensibel" führen in die Irre, denn sie „implizieren – und das sollen sie wohl auch ausdrücklich –, dass diejenigen, die diese Praxis mitmachen, gerecht und sensibel sind. Das sind allerdings moralische Kategorien, die in dieser mittlerweile ideologisch geprägten Diskussion fehl am Platze sind". Die Linguistin fordert „eine kritische Neubewertung des Sprachgebrauchs auf *sprachwissenschaftlicher Grundlage*". Daran fehle es, die Debatte werde stattdessen moralisch-ideologisch geführt. Natürlicher Sprachwandel könne nicht verordnet werden, das sei kein Sprachwandel, sondern Sprachpolitik.[214] Oder der Versuch einer Sprachdiktatur.

Die deutsche Grammatik ist weder „gerecht" noch „ungerecht" – Gerechtigkeit ist eine ethische Kategorie, die zur

Beschreibung grammatischer Strukturen nicht tauglich ist. (Hackstein 2021). (s. linguistik-vs-gendern.de/)

Es handelt sich um „Zauberbegriffe", die suggerieren, „mit der positiv besetzten Benennung eines Themas bereits erschöpfende, gleichsam kinderleichte Antworten auf schwierige Fragen zu liefern" (Reinhard Mohr über kreative Wortschöpfungen zur rhetorischen Beeinflussung[215]).

Doch linguistische Argumente laufen ins Leere. Der Schöpfer des Wortes *gendergerecht* verdient den Nobelpreis für Bluff. Dieser Nonsens-Begriff ist eine der schärfsten Waffen der Genderpropaganda. Ihre mahnend-belehrende Wirkung ist nicht zu unterschätzen. Wer will schon ungerecht, inkorrekt oder unsensibel sein? Der Stadtrat Dresden hat Ende März 2023 gegen den Genderstern gestimmt, zugleich aber präventiv und defensiv die Bereitschaft versichert, eine „geschlechtergerechte Sprache" zu befürworten – wir sind ja schließlich alle nette Leute. Wirklich alle? Na ja, ich nicht unbedingt. Das Beispiel zeigt, wie die Phantasiebezeichnung *geschlechtergerecht* als Einschüchterungstrick nach wie vor das wirksamste Mittel im Genderbluff ist. Wie der Stadtrat in Dresden sitzen auch viele Akademiker dem genderistischen Mumpitz auf, indem sie die kontrafaktische Terminologie einer zynischen Ideologie zu eigen machen und die angebliche sprachliche Diskriminierung zumindest als Hypothese hinnehmen.

Auf diesen Trick ist auch Bayerns Wissenschaftsminister Markus Blume (CSU) hereingefallen. In Bayern dulde man zwar keinen Genderzwang, verwende aber „selbstverständlich geschlechtergerechte Sprache"[216], d.h. *Doppeltnennungen*, die den Durchschnittsbürger in den Wahnsinn treiben. (Die alternativ verwendete Bezeichnung *Beidnennung* ist ein weiterer Irrtum[217].) Der CSU-Politiker ist in die Latenz-Falle getappt. Ihr Herzstück ist die Unterstellung, wer die Diskriminierung nicht erkennt, d.h. *blind ist für Diskriminierung*, gehört latent bzw. unbewusst zu den Unanständigen. Es ist nur eine Frage der Zeit, bis die Diskriminierungskrankheit so richtig ausbricht. Und so was kann und darf sich ein Politiker auf keinen Fall leisten. Deshalb übernimmt er eine Sichtweise, zu der er manipulativ gezwungen wurde, ohne zu erkennen, dass man ihn zum Narren hält. Er will etwas zeigen, was er nicht zu zeigen braucht, nämlich, dass er ein anständiger Kerl ist: sensibel und rücksichtsvoll, ein Gentleman. Mit diesem Zugeständnis aber schadet er sich und den Menschen, die er als Politiker vertritt. Er sitzt mit seinem Entgegenkommen in einem irrationalen Zirkelschluss, weil er sich den perfiden Spielregeln der Woken gefügt hat. Verlorene Liebesmüh. Zumal die CSU in linksakademischen Kreisen wohl eh als *rechtsextrem* eingestuft wird.[218] Pauline Voss fasst diese kognitive Falle treffend zusammen: „Wer Diskriminierung als konstituierendes Merkmal unserer Gesellschaft anerkennt, stimmt der Diskriminierungshypothese zu." Und muss sich der Logik dieser Pseudo-Episteme unterwerfen. „Wer hingegen Diskriminierung als konstituierendes Merkmal unserer Gesellschaft bestreitet, stützt dadurch […] die Diskriminierung und belegt die Diskriminierungshypothese ungewollt, gerade indem er ihr widerspricht."[219] Tja, ein Hütchenspiel, das man nicht gewinnen kann. Die Unschuldsbeteuerung einhergehend mit einer vorauseilenden Unterwerfung unter ein neu definiertes Anstands- und Korrektheitsdiktat ist psychologisch eine nachvollziehbare Folge, eine Art Schutz- und Rechtfertigungshandlung, für die wir als Nachkommen von Holocaust-Handlangern besonders anfällig sind. Nirgends auf der Welt funktioniert die Androhung oder die latente Gefahr, als Nazi in die falsche Ecke gestellt zu werden, so schlagkräftig wie hierzulande. Im angelsächsischen Sprachraum werden renitente (anti-woke) Konservative eher als *bigott* bzw. *bigot / bigoted* beschimpft. Ein falsches Wort, und schon ist die Karriere zu Ende. Bald reicht auch eine falsche Endung. Wenn Markus Blume die Doppeltnennung als „erwünscht" aufwertet, schafft er damit indirekt (als Kollateralschaden) *gesellschaftliche Zwänge* und entwertet die Freiwilligkeit. Die Etikettierung *„erwünscht"* generiert eine Norm und somit den Zwang zur „freiwilligen Unterwerfung".[220]

Noch einmal: Gendern hat mit Geschlechtergerechtigkeit, Sensibilität und Korrektheit überhaupt nichts zu tun. Sondern mit Machtpolitik. Es ist nur eine Frage der Zeit, bis die Woken den bayrischen Wissenschaftsminister als transphob, homophob und sonstwie menschenverachtend beschimpfen, weil er mit der Doppeltnennung nur die beiden biologischen Geschlechter anspricht und all die anderen ignoriert, d.h. *diskriminiert*, die LGBTQDIA+ und die Tausenden von schutzbedürftigen Geschlechtern. Die Empörungsmaschinerie der Woken ist ein *perpetuum mobile*, das seine Regeln „permanent modifiziert", um den diskursiven Machtapparat am Laufen zu halten. Zu diesem machtpolitischen Zweck werden „immer abstrusere Klagen über Diskriminierung"[221] erhoben; das ist Teil des einträglichen Geschäftsmodells, mit dem der woke Aktivismus gute Rendite einfährt (s. Kap. 11. Psychologie und Hütchenspiel, Kap. 23).

Markus Blume befürwortet also etwas, das es gar nicht gibt, und verschafft dem Gegner einen taktischen Vorteil mit Spielraum für neue Forderungen und Drohungen. Was das zeitigt? Mittlerweile wird im BR24 mehr denn je gegendert, schließlich ist es ja *erwünscht*. Und kaum jemand hört mehr zu.

Leider scheint die *Geschlechtergerechtigkeit* mittlerweile auch zum *gewussten Wissen* avanciert zu sein – als *known knowns* (unbewiesene Behauptungen, die so lange wiederholt werden, bis sie für faktisch gültig erklärt werden): es ist doch so, das weiß man doch. Man weiß, dass es Waldfeen gibt, die in verwunschenen Eichen hausen, außerirdische Reptilien, die als Politiker Karriere machen, oder dass es keine Evolution gibt. Vielleicht ist sogar die Erde flach. Das erzählerisch weitergegebene Wissen kennen wir im postmodernen Wissen als *narratives Wissen* (Jean-Francois Lyotard[222]). Und dieses Hörensagen-Wissen setzt sich durch als *Meinungswissen* (Doxa)[223].

Sie behaupten etwa, es gebe keine rosa Elefanten? Nein? Beweisen Sie es! Das ist ein schlauer Spielzug, typisch für die postmoderne Epistemologie, der einen Gegenzug erzwingt, der aber (als *reaktive* Entgegnung aus einer unvorteilhaften Position heraus, nämlich, dass man die Beweise nicht sofort parat hat und erst herausarbeiten oder in absurden Fällen gar herbeizaubern muss) defensiv ist und in seiner Schwäche defensiv bleibt, solange das *narrative* Wissen (*nichtwissenschaftliches Wissen*) unverdrossen weiter propagiert wird, selbst wenn es mittlerweile widerlegt ist. Dabei wird der *inkonsequente* Versuch unternommen, das wissenschaftliche Wissen vom narrativen *abzuleiten* oder es gar aus ihm zu *generieren.*[224] Das narrative Wissen „bringt die Frage nach seiner eigenen Legitimierung nicht zur

Geltung", so Lyotard, sondern „es beglaubigt sich selbst durch die Pragmatik seiner Übermittlung, ohne auf Argumentation und Beweisführung zurückzugreifen".[225]

Und was ist mit dem lieben Gott? Ist er real? Gottesbeweise gibt es zuhauf[226], beweisen muss man nichts, auch nicht das Gegenteil. Einen Zwang, an etwas zu glauben und nur das sagen zu dürfen, was die staatliche Autorität vorschreibt, gibt es nur in wenigen Diktaturen dieser Welt. Unser derzeitiges Bildungssystem scheint aber genau diese kleinen Diktatoren heranzuzüchten, die uns die richtigen Glaubenssätze einpeitschen sollen.

Der identitäre Glaube setzt praktisch das Verbot des autonomen Denkens voraus. Mit dem Selbstbestimmungsgesetz beispielsweise schleicht sich das Verbot ein, *faktische Tatsachen auszusprechen,* wenn diese nach identitärem Kanon *als diskriminierend gewertet* werden. Dabei wird der Eindruck erweckt, schreibt Pauline Voss, „dass schlicht missliebige Meinungen geahndet werden sollen".[227] Nur: Bei der Behauptung faktischer bzw. wissenschaftlicher Wahrheiten geht es gar nicht mehr um Meinungen, sondern um Tatsachen, die nun allem Anschein nach einer neuen Kategorie der verbotenen Wahrheiten zugeordnet werden sollen. Wer also eine faktische Wahrheit ausspricht, riskiert eine Diskriminierungsklage. Den Geschlechtseintrag kann man künftig mehrmals hintereinander ändern lassen. Und das wirft neue Fragen auf über die Wahrheit von Wahrheiten und Unsagbarkeiten. Nehmen wir mal an, eine Person x, die mit männlichen Genitalien geboren ist, ändert die geschlechtliche Identität und gilt nun als Frau. Zu sagen, „x war früher ein Mann", ist eine faktische Wahrheit, steht aber unter Strafe. Wenn diese Person x es sich anders überlegt und bald wieder als männlich gilt, darf man nicht sagen, x war früher eine Frau, auch wenn dies den Fakten entspricht, nämlich dem Eintrag im Personalausweis. Das wäre diffamierend. Kassiert wird also nicht nur die Meinungsfreiheit, sondern auch die Freiheit, faktische Wahrheiten auszusprechen. In dieser Debatte wird die Diskriminierungsfreiheit durch Anbetungswürdigkeit bzw. Anbetungspflicht ersetzt (oder zumindest damit gleichgesetzt): Die Trans-Personen sind die neuen Heiligen der linksidentitären Konfession. (s. 30.1)

Man macht sich angreifbar, egal, was man sagt.

Am besten sollte man also die Klappe halten. Auch die Nobelpreisträgerin Christiane Nüsslein-Volhard riskiert eine Klage, wenn sie noch einmal behauptet, es gebe „beim biologischen Geschlecht nur weiblich oder männlich ... Aus. Ende."[228] Denn vor dem Bundesverfassungsgericht gilt wohl nicht mehr das biologische Geschlecht, sondern die selbstbestimmte Identität. Rechtlich gibt es nun mal drei Geschlechter (divers darf man als Sammelbegriff verstehen), bald vielleicht auch mehr.

Versuchen wir, zu Ende zu denken, was nicht zu Ende gedacht werden kann oder darf, weil kein Ende in Sicht ist. Trans-Frau oder Trans-Mann dürfte man nach gesetzlich festgeschriebener Logik künftig eigentlich auch nicht mehr sagen, da die Vorsilbe Trans[229] bereits verrät, dass die so bezeichnete Person ein anderes biologisches Geschlecht hatte als das gefühlte Geschlecht.

Klare Sache: Wir brauchen ein Wahrheitsministerium nach Orwellschem Vorbild. Zu diesem Themenkomplex gehören u.a. auch die *politische Korrektheit* und die identitäre *soziale Gerechtigkeit*. Ich gehe davon aus, dass die Mehrheit der Bevölkerung die soziale Gerechtigkeit für ein hohes Gut hält, bedingungslos. Doch kaum jemand ahnt, dass dieser Begriff in manchen Kreisen ganz anders definiert und ausgelegt wird. Wo das Problem liegt: Die identitär-postmoderne Ideologie hat den Begriff gekapert und mit neuen Inhalten besetzt. Die *soziale Gerechtigkeit* ist nicht das, was wir uns darunter vorstellen, sondern eher das Gegenteil: *mehr* Rechte für identitäre Gemeinschaften und Minderheiten zum Nachteil der Bevölkerungsmehrheit. Mitunter Synonym für *Rache*[230] und Neuordnung der Machtverhältnisse. Also ein abusiv verwendeter Begriff. Ideologie und Wahrheit sind nun mal Erzfeinde. Die Identitätspolitik bedient sich einer ganzen Reihe von zweckentfremdeten Begriffen, die sie als Instrumente ihrer Ressentimentpolitik missbraucht.[231] Begriffe wie „Demokratie" und „Zivilgesellschaft" werden auch neu kalibriert.[232]

Die politische Korrektheit ist die de facto Abschaffung der Redefreiheit. Sie funktioniert nach dem Prinzip der Beliebigkeit der Begriffsdeutung. Der politische Diskurs funktioniert neuerdings nach doppelten Standards: was man heute anprangert, kann morgen unter umgekehrten Vorzeichen wie das Schweigen im Walde klingen. Wo liegen die Grenzen zwischen Meinung,

Weltanschauung und Hetze? Ist Terrorverherrlichung eine Meinung? Und der feministische Spruch *Kill All Men* bloß Realsatire? Hoffentlich kommt jetzt niemand auf die dumme Idee, das Substantiv *Men* durch ein anderes Wort zu ersetzen.[233]

Der Bevölkerung diktieren zu dürfen, was angeblich korrekt sei und was nicht, ist eine Anmaßung und bedient ideologische Machtinteressen. Die politische Korrektheit, die sich als Synonym für Anstand begreift und eigentlich als dessen krasses Gegenteil wahrgenommen wird, ist somit der Inbegriff *progressiver* Intoleranz und Inkorrektheit: Denn eine vorgeschriebene, aufgenötigte Lesart angeblich korrekten Denkens und vorgekauten Sprechens, die dem Ethos und der Leitkultur der Mehrheit widerspricht, kann per se nicht korrekt sein.

Bei diesem begrifflichen Arsenal handelt es sich insgesamt um eine *strukturelle Verlogenheit*. Als besonders intolerant erweisen sich einer Studie der Stiftung Mercator zufolge Menschen mit folgendem Profil: urban, gebildet und links.[234] Eigentlich nichts Neues. Das Umfrageinstitut *PredictWise* wusste es schon vor fünf Jahren: „Die politisch intolerantesten Menschen finden Sie unter gut gebildeten Stadtbewohnern."[235]

Wenn ein Vertreter identitärer Interessen auftritt, klingen seine Worte schön und friedlich. Was sich aber hinter den schönen Begriffen versteckt, entzieht sich oft der Vorstellungskraft der Zuhörer[236]. Man ahnt nicht, was gemeint ist, es kann genauso gut auch das Gegenteil sein. Wer die Identitären nicht versteht, ist nach deren Lesart entweder blöd oder renitent. Und wenn man mit den Identitären doch mal redet, dann redet man möglicherweise aneinander vorbei.

Der identitäre Diskurs konfrontiert uns mit einer nihilistischen Epistemologie – einem „cognitive wasteland", wie Francis Fukuyama schreibt[237]. Der Postmodernismus treibt uns vor sich her – von einem „moralischen zu einem epistemischen oder kognitivem Relativismus, der sogar faktische Feststellungen als subjektiv betrachtet".

Wie das beim Genderstreit aussieht: Bei der Verbreitung von postmodernem Bullshit haben die Gendersprechbefürworter einen taktischen Vorteil: sie bedienen sich einer vordergründig einleuchtenden Argumentation, die sie ethisch zu legitimieren versuchen, und zugleich schlagen sie alle Gegenargumente der Sprachwissenschaft in den Wind. Die moralische Begründung, die sie vorschützen, entpuppt sich nüchtern betrachtet als moralische Hypochondrie oder, je nach sprachlicher Kompetenz, als Scharlatanerie. Ihre zweckentfremdete Moral ist zutiefst verlogen und skrupellos manipulativ. Alexander Wendt spricht von einem „Missbrauch der Moral" und ihrer „Verkehrung"[238].

In Stil und Methode spricht der Genderismus den elementaren Grundsätzen der Moral Hohn, weil er ein anderes Verständnis von Anstand hat. Die korrekte Sprache spielt für Genderer keine Rolle, es geht um Macht und die Durchsetzung einer Ideologie, die mit dem Okkultismus verwandt ist und nach der Logik des Aberglaubens funktioniert. Das Nichtgendern bringt Unglück – eine selbsterfüllende Prophezeiung. Hier kommen der strukturelle Widerspruch der Identitätspolitik und deren Wokeness-Willkür zur Geltung. Das Gendern gehört in die Kategorie der Kinderreime und Zaubersprüche. Tipp aus der Hexenküche: Beschwörungen funktionieren am besten, wenn man sie rückwärts aufsagt. Helfen soll auch ein Absud von Berufkraut.

Man darf sich aufgrund der eklatanten Verstöße gegen Logik und Anstand fragen, ob die Genderbewegten tatsächlich nur sprachlich inkompetent und halbgebildet sind oder ob sie einfach nur aus ideologischem Kalkül sprachliche Gesetzmäßigkeiten (Grammatik, Semantik, Syntax) leugnen und sich der hohen Kunst der identitären Verwirrung (Rabulistik) bedienen. Mit ihrer blindgläubigen Rücksichtslosigkeit und Korrektheitshysterie stürzen die Genderer die Gesellschaft in einen Teufelskreis aus Korrektheitsparadoxien, die zu unlösbaren Konflikten und längerfristig zu unkontrollierbaren Eskalationen führen könnten. Ihre Ansprüche sind ein Produkt der postmodernen (Selbst-)Gerechtigkeitsindustrie – auf Kosten der Allgemeinheit.

Um die Grundirrtümer des Genderismus zu entlarven, knöpfen wir uns noch einmal die *Bevölkerung* vor. Wenn man das grammatische Geschlecht mit dem biologischen gleichsetzt, bildet das Substantiv Bevölkerung lediglich die Frauen ab, nicht aber die Männer, und schon gar nicht die vielen LGBTQAFD-Mitmenschen.[239] Einen weiteren Wurmfortsatz vertragen Wörter mit *-ung*-Suffix nicht. Endungen wie *-er* oder *-innen* sind auch nicht angemessen, weil nicht *gender*gerecht. Denn *Gender* bedeutet ja die *soziale Rolle*. Mit Endungen macht man aber nicht die soziale Rolle oder sexuelle Präferenzen sichtbar, sondern die nackten Genitalien: Penis oder Vulva, mehr gibt es nicht. Ergo: Das Gendern ist vielleicht eine *genitaliengerechte*, aber keineswegs *gender*gerechte und schon gar nicht *inklusive* Sprache, in ihr werden *exklusiv* die beiden biologischen Geschlechter genannt, die Frauen semantisch betrachtet doppelt.

Bevor wir diese selbstkompromittierenden Widersprüche zu Ende denken (drei Seiten weiter), nehmen wir noch einmal folgende Frage ins Visier: Wie könnte eine gendergerechte Endung eigentlich aussehen? wLGBTQ+? Das kleine *w* stünde für weiblich (in Übereinstimmung von biologischem Geschlecht und sozialer Rolle). Konkret könnte man sich das so vorstellen: Verkäufer-wLGBTQ+ statt Verkäufer+innen; oder eben doppelt-gemoppelt. Dieses Buchstabenkonglomerat kann man aber nicht aussprechen. Und den Genderstern hört man schließlich auch nicht. Hm. Wäre der Glottisschlag eine praktikable Alternative?

Was ist eigentlich der stimmlose glottale Plosiv[240]?

Der Knacklaut oder Glottalstop ist de facto kein Laut. Sondern die Unterbrechung des Redeflusses bzw. der Stimme, indem man den Kehlkopf schließt. So entsteht ein Kehlkopfverschluss, eine Pause, praktisch ein Nichts – ein Schluckauf, dem man eine Bedeutung andichtet mit der Aufforderung, sich darunter was Magisches vorzustellen. Die LGBTQ+Personen mit einem Nichts abzuspeisen, ist nun wirklich nicht fair – man könnte zu Recht einwenden, ein klarer Fall von Diskriminierung. Das geht auf keine Kuhhaut. Was dann? Eine überbordende Symbolik würde auch nichts bringen. Wer macht sich schon die Mühe, sich zu merken, wer alles mit irgendwelchen geheimen Zeichen und Lauten alle naselang geehrt wird? Und wie oft sich dieses Repertoire eine neue Melodie als suggestives Zuordnungskriterium zulegt? Dieser sozial-politische Symbolismus erinnert an Sprüche wie „Vögeln für den Frieden", „Saufen für mehr Verkehrssicherheit" oder „Furzen gegen rechts". Oder an aktivistische Aktionen in Museen: Kunstwerke beschädigen, um den Klimawandel aufzuhalten. Wirklich genial, auf solche transzendental-kausale Verknüpfungen muss man erst mal kommen.

Die Realität als Konstrukt der eigenwilligen Bedeutungszuweisungen findet ihren magischen Lebensraum in einem Koordinatensystem der kontrafaktischen Zusammenhänge. Sie kommt wie abstrakte Kunst daher. Die will nämlich auch etwas sein, was sie oft nicht ist. Ohne Gebrauchsanweisung als Alibi des Irrsinns hat sie weder Sinn noch ästhetischen Wert. So auch die Genderwelt. Sie funktioniert nur mit einem Lexikon der geheimen Grapheme und Symbole, in dem bei Schritt und Tritt, in jeder Lebenslage nachgeschlagen werden soll, um einigermaßen zu ahnen, in welcher genitalgesteuerten Parallelwelt der Empfindlichkeiten man sich gerade befindet.

Alles, was wir tun, hat Symbolkraft und wird zur Poesie der inflationären Beliebigkeit, einfach so, per Proklamation. Per Proklamation kann man schließlich auch Standarddeutsch zur inklusiven Sprache erklären, was als linguistisch bewiesene Tatsache sowieso feststeht. Beispiel Philipp Hübl: „Generische Personalpronomina und der generische Singular und Plural im grammatischen Maskulinum stehen hier und an allen anderen Stellen des Buches [*Moralspektakel*] für Frauen, Männer und andere. Das grammatische Geschlecht spiegelt nicht das biologische oder soziale wider."[241] Eleganter geht es nicht.

Bleiben wir aber bei der Phonetik: Irgendein Geräusch muss doch her. Vorschläge? (s. Kap. 30.5.1) Wie wäre es alternativ mit der Zahl 4000 – so viele Geschlechter soll es nach bisherigem identitären Kenntnisstand geben. Oder nur 64? Praktikabel wäre die Endung +4000. Beispiel: Leser+4000 statt Leser+innen. Das kann man auf jeden Fall problemlos aussprechen. Und wenn noch ein paar Geschlechter entdeckt werden, ändert man einfach die Zahl, zum Beispiel 4002.

Wäre das nicht der große Wurf, die ultimative Weltformel?[242]

Wohl eher nicht. Weil Sprache nicht wie ein Kinderreim funktioniert, sondern nach klaren Regeln. Ein Phonem oder Graphem, wie Jacques Derrida ausführt, kann als Zeichen „nur insofern fungieren, als seine formale Identität gestattet, es wieder zu gebrauchen und wiederzuerkennen." Beim Verstehen von Sprache geht es um Wahrnehmung, um „das Verhältnis von Ausdruck, Bedeutung und Erleben". Das *Wiedererkennen* ist also ein Schlüsselmoment: Die Wahrnehmung wird laut Habermas als

„Struktur der Vergegenwärtigung durch die symbolisierende Kraft oder die Stellvertreterfunktion des Zeichens erst ermöglicht".[243] Und genau da liegt der Genderhund begraben: Die *Stellvertreterfunktion des Zeichens* ist beliebig, die semantische Zuordnung nicht schlüssig. Die Zeichen (Grapheme) und Laute (die nicht als Phoneme taugen, weil ohne Bedeutung) werden sowohl in der gesprochenen wie in der geschriebenen Sprache nicht als das *erkannt*, was die genderistische Gebrauchsanweisung magisch beschwört, sondern, den Gesetzen von Morphologie, Logik und Semantik entsprechend, nur als das, was die Standardsprache hergibt. Die Doppeltnennungen des biologischen Geschlechts haben keine magische Wirkung, die soziale Rolle, die vorgeblich sichtbar und hörbar gemacht werden soll, entgeht der Wahrnehmung.

Wörter vertragen viel Ambiguität und Mehrdeutigkeit. Aber kein Wort, kein Laut, kein Zeichen hat Hunderte, gar Tausende von Bedeutungen. Wie stellt man sich eigentlich das Mitdenken all der Tausenden von Geschlechtern und sozialen Rollen vor? Die Genderadepten sind um keine noch so konfuse esoterische Ausrede verlegen. Erwartet man in allem Ernst, dass wir bei jedem Genderstern oder Glottisschlag alle sexuellen Minderheiten vor dem inneren Auge vorbeidefilieren sehen? Außerdem: Warum soll man ausgerechnet sexuelle Präferenzen und Genitalien sichtbar machen? Wären andere Eigenschaften wie Hautfarbe, und die wiederum in all ihren Schattierungen, nicht wichtiger, wenn man uns schon ständig rassistische Diskriminierung unter die Nase reibt?[244] Oder Behinderungen wie Taubheit und Blindheit, Krankheiten wie Adipositas, Diabetes oder Epilepsie?

Unberücksichtigt bleiben auch Menschen mit Trisomie 21. Im Klartext: diskriminiert. Statistisch ist ihre Zahl vergleichbar u.a. mit jener, die sich Trans nennen.[245] Verdienen sie weniger Aufmerksamkeit als andere Personengruppen? Oder eher mehr? Zumal sie eigentlich *die besseren Menschen* sind. Eine Übertreibung? Mitnichten.[246] Wer sich für die Gleichstellung einsetzt, sollte doch unbedingt alle Identitäten berücksichtigen und Quoten auch für Menschen mit Down-Syndrom (s. 30.6.3) fordern.

Kurz und gut: Im deutschsprachigen Raum wird derzeit *nicht* gegendert. Niemand tut es. Bei uns wird *genitalisiert*:

Wer Substantive doppelt nennt, Sonderzeichen mitten im Wort verwendet oder das weibliche Geschlecht mit einem Schluckauf zelebriert, gendert nicht, macht keine soziale Rolle sichtbar, sondern entblößt Genitalien, nicht mehr und nicht weniger, man könnte alternativ sagen: *nudisiert* oder *stripteasiert.* Zivilisation endet, wie sie begann, bevor sie ihre Scham entdeckte: nackt und schamlos. Kultur verhüllt, Barbarei enthüllt.

Noch einmal in der Nussschale: Die Genderideologen akzeptieren die Realität nicht so, wie sie *ist,* sondern deuten sie um und schreiben uns vor, die Wirklichkeit so wahrzunehmen, wie sie sein *soll.* Eine gendersensible Sprache gibt es nicht! Die Bezeichnungen *gendersensibel, diskriminierungsfrei* und *gendergerecht* sind argumentative Krücken der Genderideologie, reine Spukgestalten. *Gendersensibel* ist ein Ersatzwort für *genderfixiert,* sprich: auf Genitalien fixiert. Eine leere Worthülse als blinde Patrone, nichts als heiße Luft und arglistige Täuschung. Wer für *Gender*gerechtigkeit plädiert, verheddert sich in der eigenen widersprüchlichen Rabulistik. Noch einmal: Was ist eigentlich mit *Gender*gerechtigkeit gemeint? Anhand äußerer Merkmale ist die soziale Rolle nicht (oder meistens nicht) erkennbar und sprachlich gar nicht visualisierbar. Die Übertragung der sozialen Rolle auf das biologische Geschlecht und in einer spektakulären Gedankenverrenkung auf das grammatische Geschlecht ist eine akrobatisch kaum zu überbietende theoretische Volte, d.h. eine nicht zu Ende gedachte Hypothese, nämlich, dass eine generische Gruppe aus Personen besteht, die sich durch ihre soziale Rolle definieren, also nicht als Männer und Frauen. Wozu dann das grammatische Geschlecht? Erinnert sei auch daran, dass eine *geschlechter*gerechte Sprache nach genderistisch-postmodernen Maßstäben völlig unzulässig ist und obendrein eine ideologische Blasphemie, weil das Geschlecht (zumindest laut Judith Butler) eh ein soziales Konstrukt *ist,* also ein Phantasma, dem man Genitalien anhängt, also Körperteile, die es nicht gibt.

Eskalationsstufen im Kampf um die Deutungshoheit sind vorstellbar. Wer sich weigert zu gendern, ist vom Teufel besessen und muss exorziert werden. Total übertriebener Quatsch? Passt aber in die Logik der Genderer. Plausibler wäre aber die

Kriminalisierung der Genderverweigerer. Wer nicht *gerecht* ist, tut Unrecht und gehört bestraft. Es könnte zunächst als Ordnungswidrigkeit geahndet werden, später als Straftat – mit immer härteren Konsequenzen.

Zu Ende gedacht: Eine aufgenötigte Gerechtigkeit, die einen diskursiven Konsens verweigert und das demokratische Mitspracherecht der Bevölkerung missachtet, kann per se nicht gerecht sein.[247] Mit ihrem woken Vokabular und einseitigen Themen[248] hat der Genderismus mittlerweile recht erfolgreich alle Bereiche der Gesellschaft unterwandert. Er hat nicht nur eine neue Sprache durchgesetzt, sondern auch ein neues Weltbild, das sich als Erlösungsmythos zelebriert. Sie tarnt sich als *Wokeismus* – eine Art Heilslehre, die die totale Gewissenskontrolle anstrebt und die westliche Zivilisation durch eine „antiwestliche Utopie" ersetzen will[249].

Die Umdeutung aller Wörter, die Umwertung aller Werte: Der Niedergang der Kultur und der grassierende Werteverfall sind anderthalb Jahrhunderte nach Nietzsche virulenter denn je[250]. Nicht einmal *woke* bedeutet, was es zu bedeuten vorgibt, sondern etwas völlig anderes: Der Woke ist nämlich mehr als *wachsam*; er ist ein *Erwachter*, so Buchautor Alexander Wendt, jemand, der zu einem höheren Bewusstsein erwacht zu sein glaubt, was ihm „exklusiv erlaubt, die Welt richtig zu deuten."[251] Hier geht es also um nichts weniger als die höchste Stufe der Erleuchtung.

18. Den öffentlich-rechtlichen Rundfunk entgendern – oder privatisieren

Eine besondere Spielart der selbstgerechten Dreistigkeit ist das toxische Gendern im ÖRR. Als Zwangskunde kann man ihm nicht kündigen. „Rund 80 deutschsprachige Wissenschaftler fordern in einem Aufruf die Abkehr der öffentlich-rechtlichen Sender von der Gendersprache", war im Sommer 2022 in der Presse zu lesen.[252] Der ÖRR verstoße gegen das Neutralitätsgebot – jener [gegenderte] Sprachgebrauch sei „ideologisch motiviert" und führe in Zeiten einer zunehmenden gesellschaftlichen Spaltung zu „sozialem Unfrieden". Ebenso wird kritisiert, dass *gendergerechte* Sprache zu einer zunehmenden „ausgeprägten Sexualisierung der Sprache, also zu einer permanenten Betonung von Geschlechterdifferenzen" führe.

[Die] Missachtung der gültigen amtlichen Rechtschreibregeln ist nicht mit dem im Medienstaatsvertrag formulierten Bildungsauftrag der Sender vereinbar. Statt ihrer Vorbildfunktion gerecht zu werden, praktizieren und propagieren die Sender in ihrer Schriftnutzung (vor allem in den Online-Formaten) orthografische Freizügigkeit jenseits der verbindlichen Regeln. Auch die gesprochene Realisierung des Gendersterns – mit Glottisschlag – entspricht nicht der geltenden Aussprachenorm. s. www.linguistik-vs-gendern.de/

Umfrage 5

Warum wird in öffentlich-rechtlichen Medien gegendert?

☐ A. Um uns zu besseren Menschen zu erziehen.

☐ B. Um uns zu schikanieren.

☐ C. Sie wollen uns eine Gehirnwäsche verpassen, um uns zu manipulieren und besser kontrollieren zu können.

☐ D. Aus Angst vor woken Kollegen.

FAZ-Redakteurin Heike Schmoll bezeichnet Genderformen in Hörfunk als „öffentlich-rechtliche Umerziehung" und „zutiefst undemokratisch" (10.8.2022). Und: „Die Sprachgemeinschaft erziehen zu wollen, ist eine Anmaßung der öffentlich-rechtlichen Sender, die von niemandem toleriert werden muss".

Scharf verurteilt die „Methoden der Meinungsdrangsalierung" im ÖRR auch der Buchautor Ralf Schuler. Die statistisch belegte Erkenntnis, dass die Mehrheit der Bevölkerung das Gendern ablehnt, hält „viele Protagonisten in den öffentlichen Sendern nicht davon ab, es dennoch – gewissermaßen ohne Mandat – zu tun und dem öffentlichen Raum damit die eigene Weltsicht aufzunötigen".[253]

Gegen das Gendern bei den Privaten, z.B. auf n-tv oder in manchen privat finanzierten Printmedien, ist natürlich nichts einzuwenden. Es handelt sich um unternehmerisches Risiko.[254]

Zur Risikoabwägung gehört auch folgende Frage: Wie glaubwürdig ist eigentlich ein Journalist oder Moderator, der gendert?

Wer gendert, verrät zunächst zweierlei, nämlich, ideologisch befangen zu sein und kein Sprachgespür zu haben, macht u.U. den Eindruck, sprachlich inkompetent zu sein[255]. So jemand ist auch rechthaberisch und skrupellos, schert sich nicht um Höflichkeitsregeln (höflich ist er höchstens einer Minderheit gegenüber). Darunter leidet schließlich auch die Berichterstattung: Dem, der gendert, vertraut man eher nicht, weil unglaubwürdig und weltanschaulich borniert. Er versucht mit dem Gendern, seinem Publikum eine umstrittene (!) Ideologie unterzujubeln. Und wer das tut, gerät früher oder später in Verdacht, seinem Zielpublikum auch fragwürdige Informationen unterjubeln zu wollen[256]. Gendern kann auch als Zeichen einer illiberalen Gesinnung gedeutet werden. Das sollte uns alle nachdenklich stimmen. Vorstellbare Maxime[257]: Traue niemandem, der gendert.

Achtung: der nachfolgende Abschnitt ist pornografisch. Er enthält Geschmacklosigkeiten, die absolut konform sind mit den genderistischen Grundsätzen der frühkindlichen Sexualaufklärung in Kindergärten und an Schulen (s. Birgit Kelle, Noch normal? Kap. 8 ab S. 165) – eine logische Konsequenz der woken Genderei und ihrer argumentativen Strategie.

Stellen wir uns folgendes Drehbuch vor: Eine Satire auf den Wokeismus der Medien und die Auswüchse einer Anpassung an Modetrends, die etliche Normen zivilisierten Miteinanders außer Kraft setzt. In dieser Satire geht es um die Frage: Wie weit darf die dünkelhafte Eigenmächtigkeit der ÖRR-Macher gehen?

Der Film finge damit an, die Fernsehmoderatoren beschließen, sich mit den Menschen zu solidarisieren, die nur in Unterhose zur Arbeit pendeln. Als Vorbild dient der „No Pants Subway Ride"-Tag, ein älterer Trend aus den USA, der in Großbritannien im Januar 2023 eine Neuauflage erlebte und bald immer beliebter wurde.[258] Hinzu kamen die FKK-Radler in Philadelphia im Sommer 2023. Viele Zuschauer sind begeistert, eine Umfrage ergibt eine Zustimmung von über 70 Prozent.

Erste Wendung: Eines Tages kommen die TV-Leute auf die Idee, ohne den Zuschauer zu fragen, nicht mehr ihr Gesicht in die Kamera zu halten, sondern gendergerecht ihre geschminkten Geschlechtsteile, manche rosa, manche blau. Oder umgekehrt, je nach individueller Orientierung. Als Begründung berufen sie sich auf eine schöne Theorie, deren faktische Unumstößlichkeit erneut durch unzählige wissenschaftliche Studien belegt sei.

So mancher Zuschauer reibt sich die Augen, andere sind begeistert, eine der hübschesten Moderatorinnen des ÖRR unten ohne zu sehen. Doch der nächste Plot Point lässt nicht lange auf sich warten: Die runzlige Prominenz aus Politik und Gesellschaft findet Gefallen an der Mode und schickt sich an, es den Fernsehleuten nachzumachen, um eine woke, gendersensible Gesinnung zu zelebrieren. Sex ist schließlich alles, die Genitalien sind das neue Gesicht der gendersensiblen Öffentlichkeit.

Die Gendergegner geraten in die Defensive. Überlegen, ob das Entblößen des Hinterns beim Anblick eines Mikrophons eine Option wäre, erkennen aber nach einigen misslungenen Versuchen, dass das auch keine gute Idee war.

Nun geben immer mehr Prominente dem öffentlichen Druck nach und folgen dem aktivistischen Aufruf identitärer Kreise, die weitere Studien vorlegen mit dem Beweis, die psychoanalytische Analfixierung sei der einzig richtige Weg zur Integration der Gendertheorie in den Mainstream. Die Genderverweigerer stehen nun mit dem nackten Rücken zur Wand: Wer Ärsche nicht bewundere und seinen eigenen nicht zeigen wolle, sei ein verklemmter Fascho. Die frisierten Umfragewerte prophezeien den konservativen Parteien den Untergang.

Die öffentliche Anarchie nimmt erschreckende Ausmaße an. Nachahmer wechseln die Fronten. Am Ende gelingt es einigen hartnäckigen Journalisten (angeführt, sagen wir mal, von einem asexuellen Redakteur namens Toni), den Umfrage-Schwindel aufzudecken. Doch nichts mehr ist, wie es mal war – so der ernüchternd-traurige Ausblick vor dem Abspann. Manche Schäden erweisen sich als irreparabel. (Schlussszene: s. Nachwort.)

So viel zu diesem schrägen Filmszenario, das zum Nachdenken anregen soll und einige kritische Fragen aufwirft: Wissen die gendernden ÖRR-Journalisten eigentlich, was sie tun? Sie schließen sich (aus Überzeugung oder Duckmäusertum?) einer identitären Weltschau an, die mit ihren Transgressionen die „Leitplanken der Demokratie" durchbricht. Sie missachten mit ihrer aktivistischen Eigenmächtigkeit die bewährten Normen und Verhaltenskodizes der zivilisierten Welt. Wir als

Zivilgesellschaft haben ein klares „Einvernehmen darüber, was erlaubt ist und was nicht"[259] – und dieses Einvernehmen muss allgemein akzeptiert und verteidigt werden.

Das demokratisch nicht legitimierte Gendern wird von der Bevölkerungsmehrheit heftig abgelehnt. Und das sollten bitte alle Anhänger des Genderns respektieren. Rechte Parteien sprechen sich für eine Abschaffung des ÖRR aus. Ich plädiere für seine Rettung. Die Demokratie braucht einen unabhängigen, unparteiischen Rundfunk. Unser ÖRR erfüllt diese Voraussetzungen nicht. Er ist reif für eine Psychotherapie. Der Weg der Besserung führt über die Rückbesinnung auf alte Tugenden: eine neutrale Berichterstattung, die Rückkehr zur Normsprache und eine Entideologisierung aller Formate, einschließlich der fiktionalen, sowie die Direktwahl der Intendanten. Nicht möglich? Doch. Die Chefs müssen sich lediglich dem Publikum vorstellen, ihre Strategie begründen und darlegen, wie sie das ÖRR-Programm besser, informativer und ausgewogener gestalten wollen. Ohne Mitspracherechte haben Zuschauer auch keine Pflichten, müssen also keine Rundfunkgebühren zahlen.

Entideologisiert und von pseudojournalistischem Aktivismus befreit werden sollten alle öffentlich finanzierten Instanzen, Gremien, Organisationen oder Institutionen, einschließlich Filmförderung, Theater und Philharmonien. GEZ-Gebühren und Steuergelder dürfen nicht für Gehirnwäsche, woke Propaganda und Schikane zweckentfremdet werden.

Eine *erste* Mindestforderung wäre, einen der vielen öffentlich-rechtlichen TV-Kanäle der genderfreien Berichterstattung zu überlassen. Als einzige Alternative bietet sich derzeit das Hörfunkangebot im Internet.[260] Das Ausweichen auf Internet-Sender birgt allerdings Risiken. Die Durchschnittsbürger verfügen zwar über einen ausgeprägt gesunden Menschenverstand, ihnen fehlen aber das journalistische Fachwissen und die mediale „reading literacy"[261], aber auch die Zeit und die Geduld, sich in identitäre Themen zu vertiefen. Viele dürften auch gutgläubig sein. Ja, naiv, aber nicht dumm. Dieser Naivität bzw. Unwissenheit (Ignoranz) ist es zu verdanken, dass einerseits viele Zeitgenossen die genderistischen Thesen unkritisch übernehmen. Genauso unkritisch schenken sie aber auch zwielichtigen Internet-News-

Plattformen Glauben, wenn sie sich vom ÖRR abwenden. Eine Lose-lose-Situation für alle.

Wir bräuchten dringend eine Studie darüber, welche Ausmaße der Verzicht auf die Nutzung der ÖRR-Medien angenommen hat, verbunden mit der Frage, aus welchem Grund: wegen des Genderns, wegen linkspolitischer Einseitigkeit („Grünfunk"), wegen der Qualität der Berichterstattung oder wegen der Nutzung anderer Medien. Es spricht einiges dafür, dass dieses Phänomen nicht nur real ist, sondern virulent.[262] Schon die Bezeichnung des ÖRR-Konstrukts als „öffentlich-rechtlich" sei ein „Etikettenschwindel"[263], so Hans-Hermann Tiedje von der Kommunikationsagentur WMP EuroCom in Berlin.

19. Was sagt die Verfassung?

Das Gendern beschäftigt bereits die Gerichte, aber Urteile des Bundesverfassungsgerichtes gibt es noch keine (Stand: 2023). Dafür Stellungnahmen.

Der Staat dürfe seine Bürger nicht zum Gendern verpflichten. Zu diesem Ergebnis kommt der ehemalige Verfassungsrichter Hans-Jürgen Papier. In einem Gutachten für die Theo-Münch-Stiftung für die Deutsche Sprache führt er aus, dass eine staatliche Normierung der Sprache zur verbindlichen Verwendung durch alle Bürger im privaten und gesellschaftlichen Bereich ein unverhältnismäßiger Eingriff in das allgemeine Persönlichkeitsrecht und „damit verfassungsrechtlich unzulässig" sei. Das gelte auch für die Schulen: „Eine Verpflichtung zur Verwendung geschlechtergerechter Sprache im schulischen Bereich ist (…) ebenfalls als nicht angemessen im Hinblick auf die verfolgten Ziele zu werten und somit (…) als verfassungsrechtlich unzulässig zu erachten", heißt es im Gutachten. Das generische Maskulinum bringe auch „keine Geringschätzung gegenüber Personen zum Ausdruck, deren natürliches Geschlecht nicht männlich ist", es stelle vielmehr nach wie vor den allgemeinen Sprachgebrauch dar.[264]

Doch an der Verfassung und der Rechtsordnung vorbei macht sich eine ganz andere Realität breit. Schriftsteller Eugen Ruge[265]:

„Schon heute ist es für einen öffentlichen Sprecher kaum noch möglich, die Genderregeln zu umgehen. Ob man mit einer genderverweigernden Bewerbung noch einen Job an einer Universität bekommt, wage ich zu bezweifeln. Bald wird man sich, ohne genderfest zu sein, auch nicht mehr erfolgreich um einen Studienplatz bewerben können, auch in keinem Ministerium, in keiner Behörde".

20. Unwort des Jahrzehnts: Gendern

Das Unwort des Jahres wird von einem Gremium von Sprachwissenschaftlern der Universität Marburg ermittelt und anhand von eingesandten Vorschlägen ausgewählt. Unbekannt ist, wer die Juroren sind, und auch die Zahl der Einsendungen wird verschwiegen.

In seiner VDS-Kolumne vom 23.1.2023 beklagt Professor Horst Haider Munske diese undurchsichtige Praxis und die Auswahlkriterien: „Diese Unwort-Verkündigung ist nichts anderes als eine politische Stellungnahme aus dem linken Lager. Sprachkritik wird missbraucht zu politischer Meinungsmache. Unwörter eines Jahres findet man am besten, wenn man fragt: Was hat die Mehrheit der Deutschen über das ganze Jahr zutiefst geärgert und verletzt? Es sind die Genderschreibungen in den Verlautbarungen von Behörden, Universitäten und manchen Firmen. Es sind die durchsichtigen Aktivitäten von Gleichstellungsbeauftragten, welche mit sogenannten *Empfehlungen für geschlechtergerechte Sprache* reparieren wollen, was noch immer an sozialer Ungleichheit zwischen den Geschlechtern besteht. Das ist nichts als Symbolgebaren, das ist Nötigung von oben". Sein Unwort des Jahres heißt deshalb „Gendern".

Unwörter gibt es genug. Wie wäre es nächstes Jahr mit *Gendererinnen* oder *die Gendernden*. Mein Vorschlag: Gendern sollte man zum Unwort des Jahrzehnts küren. Welches Jahrzehnts, bleibt noch zu klären. Eine Weile wird die Gendersprache noch herumspuken. Aber eines Tages landet sie als kurze Eintragung in einer Neuauflage der unrühmlichen Chronik obskurantistischer Massenpsychosen.

21. Kadavergehorsam vorprogrammiert

Im deutschen Wesen steckt zweifelsohne viel Gutes: Tugenden, die ich sehr schätze, aber auch Untugenden wie Kadavergehorsam, Ambiguitätsintoleranz und eine ordentliche Portion Fanatismus. An diesem alles andere als typisch deutschem Wesen wird die postmoderne Welt ganz bestimmt nicht genesen. Im Gegenteil. Das Phänomen Gendern zeigt, dass die Bereitschaft zum Gleichschritt[266] tief in unseren Genen verwurzelt ist: die schlafwandlerische Regelfixiertheit, unsinnige Vorschriften und Korrektheiten unkritisch zu befolgen, andererseits der diktatorische Instinkt profilneurotischer Tyrannen, Menschen zu manipulieren und für Machtzwecke zu missbrauchen. Andreas Rödder spricht von einer „deutschen Kultur der Unbedingtheit".[267]

Dietrich Schwanitz, dem wir bereits im 4. Kapitel begegnet sind, zeichnet vom deutschen Wesen ein alles andere als schmeichelhaftes Bild. Eigentlich die Karikatur eines Typus mit „unstabiler Psyche" und einem „Hang zum Irrsinn", dem das „Provinziell-Ungeschliffene" wie ein Schatten folgt: Im Vergleich zu den Bürgern unserer Nachbarländer sind „die guten Manieren bei uns noch im Zustand jugendlicher Unreife", witzelte der Professor.[268] In manchen nicht allzu entfernten Weltgegenden gelten wir hingegen erstaunlicherweise als besonders höflich, vor allem in Kulturen mit ungezügeltem Temperament. Diesem positiven Urteil liegt ein Irrtum zugrunde. Unsere stille Zurückhaltung mit verlegenem Lächeln hat mit Höflichkeit nichts zu tun. Dahinter stecken Unsicherheit und fehlende Manieren, die man durch Nichtstun zu kaschieren versucht, um sich bloß nicht zu blamieren. Diese Angst vor der Blamage scheint ein tief in uns sitzender Wesenszug, der uns mitunter lähmt – und zu einer leichten Beute für manipulative Beeinflussung macht.

Wir sind in sozialen Angelegenheiten alles andere als rational. Im gesellschaftlichen Umfeld regieren die Gefühle. Das Bedürfnis dazuzugehören, anerkannt und Teil des Ganzen zu sein, hat eine zentrale Bedeutung. Dafür opfert der Mensch seine Autonomie und unterwirft sich allgemeinen Normen[269]. Die Angst, ausgestoßen zu werden, ist größer und stärker als der Verstand.

So verinnerlicht er bereitwillig und arglos alle möglichen Regeln – auch solche, die gegen den gesunden Menschenverstand verstoßen, und das nur, um ja nicht anzuecken. Die Genderanhänger machen sich diese menschliche Schwäche zunutze und erklären ihre Sprache zu einer vermeintlichen Norm der Korrektheit. Und das ist Bluff. Vielleicht auch Verblendung und spitzfindige Dickschädeligkeit.

Vor vielen Jahrzehnten kam ein kluger Kopf auf eine interessante Idee, die er leider nicht zu Ende gedacht hatte. Seine Behauptung: Die Vorsilbe „vor" in „vorprogrammieren" sei überflüssig und sollte weggelassen werden. Begründung: man könne ja etwas nur vorher programmieren und nicht nachher. Mit dem „Blähwort, über das schon Heerscharen von Sprachpflegern hergefallen sind", befasst sich auch Bastian Sick[270] und erklärt, „man programmiere immer im Voraus, die Vorsilbe *vor-* ist daher pleonastisch, zu Deutsch: doppelt gemoppelt". Klingt logisch. Ist aber sprachlich-semantisch betrachtet völliger Unsinn. Nach dieser Logik müsste man eine ganze Reihe deutscher Wörter abschaffen, die mit der Vorsilbe „vor" anfangen, so z.B. auch die „Vorahnung": eine Vorahnung kann man ja schließlich auch nur vorher haben und nicht nachher; oder „vorbereiten": etwas kann man nur *vor* einem Ereignis vorbereiten und nicht nach dem Ereignis. Semantische Anmerkung: Etwas ist programmiert: das heißt, es handelt sich um eine Tatsache. Etwas ist *vor*programmiert: das ist eine Vermutung, eine Prognose. Ein Satz wie „Andernfalls ist Ärger programmiert" ist falsch. Denn hier geht es um eine Vermutung, die Behauptung ist mit dem Wort „anderenfalls" relativiert; deshalb ist der Ärger noch nicht programmiert (steht noch nicht fest), sondern nur „vorprogrammiert", d.h. man darf befürchten, dass es Ärger geben könnte.

Oder wie Stephan Bopp im Leo-Blog klarstellt: „Mit *vorprogrammiert* ist oft gemeint, dass etwas einer Sache innewohnt, dass es unausweichlich ist". So könne z.B. ein Streit vorprogrammiert sein. Hier sei „im Unterschied zu *programmieren* nicht eine bewusste, gewollte Handlung gemeint".

Rationale Argumente lassen alle Hoffnung fahren, wenn der Verstand die Hacken zusammenschlägt. Bis heute hält sich die Unsitte, die Vorsilbe „vor" wegzulassen, wenn eine Sache im

Sinne einer Vermutung „vorprogrammiert" ist.[271] Ohne die Vorsilbe *vor* würden manche Ausführungen gar nicht funktionieren. Ein Beispiel aus *Auch eine Geschichte der Philosophie* (Band 1, S. 701 bis 710) von Jürgen Habermas über die Lehre der materia signata: „Die Materie ist […] auf die besondere Konkretion einer allgemeinen Form *vorbereitet*, das heißt im Vorhinein »bezeichnet« oder »ausgezeichnet«. […] Die Antwort, mit der Thomas das Problem lösen will, bedient sich der Vorstellung einer *Vorprogrammierung des Stoffes* für die mögliche Individuierung einer Form […]". Lesen wir mal in Gedanken diesen Satz, indem wir das Wort *Vorprogrammierung* durch *Programmierung* ersetzen – der Unsinn der Klugscheißerei wird dabei offensichtlich.

Zur Anmaßung moralischer Befugnis, Wörter zu canceln, gehört auch das Verdrängen des Wortes Flüchtling, das sich im Übrigen morphologisch auf Wörter wie Liebling, Säugling oder Schmetterling reimt. (Der Säugling ist weder Säugender noch Gesäugter[272] und der Schmetterling kein Schmetternder.) Die Medien halten in blindem Gehorsam nach wie vor am falschen Begriff *Geflüchtete* fest und bemühen die *Flüchtlinge* nicht einmal zur Abwechslung. Und das, obwohl das UN-Flüchtlingshilfswerk UNHCR das Wort *Geflüchtete* ablehnt. „Wir betrachten das Wort *Geflüchtete* als abwertend und benutzen es nicht", sagte der UNHCR-Sprecher in Deutschland, Chris Melzer, der Deutschen Presse-Agentur. Auch der Name des UN-Flüchtlingshilfswerks bleibe erhalten. Die Organisation Pro Asyl verteidigt ebenfalls das Wort *Flüchtlinge*: „Im juristischen Sinn ist ein Flüchtling einer, der Rechte hat", schrieb sie 2016. Melzer hält *Geflüchtete* für zu banal, es verharmlose das Los von Flüchtlingen.[273] Aber im ÖRR schert sich niemand um Argumente, die nicht genderaffin sind. Im Gegenteil. Mittlerweile sind die Flüchtlinge beim Partizip Präsens angekommen, im Morgenmagazin spricht der Moderator von „Flüchtenden".[274] Sie kommen wohl nie irgendwo an und flüchten auch noch im Schlaf. Die zwanghafte Fixierung aufs Gendern trübt das Denken und lenkt von Inhalten, von der Realität ab.

Und schließlich ein absolut lächerliches Beispiel für Ambiguitäts*in*toleranz (bzw. die Sucht nach einer unmissverständlichen vorgegebenen Regel): die Trennung von *st*. Eigentlich eine Belanglosigkeit. Früher „tat es weh", *st* zu trennen. Deshalb gab es ein Verbot, dies zu tun. Die Rechtschreibreform hob dieses Verbot auf. Es gibt allerdings kein *Ge*bot, *st* zu trennen. Wie denn auch? Sollte man *st* auch in Wörtern wie *Löffelstiel* oder *Bestand* trennen? So weit sind wir noch nicht. Ansonsten passiert aber genau das, konsequent und unbeirrbar: Heute wird *st* praktisch immer getrennt (außer in zusammengesetzten Wörtern), ohne Not, auch das Superlativ-*st*: schöns-te. Zum Opfer der unverlangten Korrektheit ist auch die Buchstabenkombination *sp* geworden. In Wörtern wie „Perspektive" oder „Retrospektive" wird *sp* neuerdings ebenfalls getrennt, leider erkennen viele nicht, dass laut morphologischem Prinzip der Silbentrennung in diesem Fall *sp* nicht getrennt werden sollte, beide enthalten ja das lateinische *spectare*: schauen, blicken, betrachten. Seien wir aber nicht so streng: Etymologische Kenntnisse kann man heutzutage nur von Philologen erwarten, der Durchschnittsmensch erkennt die Herkunft von Wörtern wie *Kata-strophe* (griechisch) eher nicht und trennt auch hier brav, was (angeblich) nicht (mehr) zusammengehören darf.

Zusammengefasst: Der erhobene Zeigefinger und eine strenge Korrektheitsanweisung reichen aus, um die Urteilskraft und den gesunden Menschenverstand in Schockstarre zu versetzen.

Diese Regelversessenheit nennt man Kadavergehorsam.

Was steckt dahinter? Wohl die Unfähigkeit, etwas mental unter der Rubrik Freiwilligkeit abzuspeichern und zu akzeptieren, dass es in manchen Fällen eben keine Vorschrift, kein Gebot oder Verbot gibt: man darf, man muss nicht. Sei es drum: An der Ambiguität der Silbentrennung geht ja die Welt nicht unter.

Halten wir fest: Es handelt sich bei diesen Beispielen eigentlich um Belanglosigkeiten und Bagatellen. So viel Gewese nur wegen einer Silbentrennung, einer Endung, eines Kehlkopfverschlusslauts oder einer Doppeltrennung? In der Tat lächerlich. Und gerade deshalb alarmierend. Ein Streit wegen Nichtigkeiten. Darin steckt viel Fanatismus.

Das Gendern ist an und für sich kein Problem. Wer es für richtig hält, soll doch gendern, bis der Kehlkopf Sternwunden bekommt, das ist Privatsache. Das eigentliche Problem ist die

Politisierung des Genderns und die dreiste mediale Beschallung der Bevölkerung mit dieser einfältigen Phantasiesprache. Wo soll das denn bitte hinführen? Welche unsinnige Idee wird man uns als nächstes aufnötigen? Dieses Verhalten ist weder korrekt noch höflich, schon gar nicht demokratisch, sondern einfach nur despotisch. Die Genderbewegung mutet wie eine fundamentalistische Sekte an, die eine neue Weltordnung anstrebt (s. Kap. 24).

22. Biologie, Linguistik und Postmoderne

Noch einmal eine kurze Zusammenfassung. Gendern ist eine Erfindung der Genderbewegung und des Feminismus (oder Feminismen[275]). Das ideologische Fundament dieser Bewegungen bilden die Postmodernen Theorien. Diese lehnen die Existenz evidenzbasierter und objektiver Wahrheiten ab. Wissenschaftliche Erkenntnis diene lediglich als Machtinstrument: sie sichere die Deutungshoheit über das, was als Wahrheit definiert werden dürfe, und zementiere so die bestehenden (kapitalistischen) Machtstrukturen. Das biologische Geschlecht gebe es nicht, das Geschlecht sei lediglich ein gesellschaftliches Konstrukt, also eine soziale Rolle[276], die unabhängig sei von angeborenen körperlichen Merkmalen. Diese Thesen hat die Evolutionsbiologie bzw. die Evolutionspsychologie schon längst widerlegt[277]. Doch Wissenschaft dient heute oft nicht mehr der Wahrheitsfindung, sondern der Bestätigung ideologischer Vorurteile und Dogmen.

Die biologischen Unterschiede zwischen den Geschlechtern werden also geleugnet. Trotzdem will man in der Sprache etwas sichtbar machen, was bloß eine Fiktion sein soll. Und viele legen sich auf den OP-Tisch und lassen sich Körperteile amputieren, um Unterschiede zu beseitigen, die es zwischen den Geschlechtern eigentlich gar nicht gibt. „Das Feindbild der meisten Genderforscherinnen sind die Naturwissenschaften. Da ähneln sie den Kreationisten, die Darwin für einen Agenten des Satans und die Bibel für ein historisches Nachschlagewerk halten". Für diese kluge und geistreiche Bemerkung wurde der berühmte Kolumnist Harald Marteinstein[278] mit einem veritablen Shitstorm geehrt. Wirklich beneidenswert.

Wir sollten uns auch darüber Gedanken machen, wie man Engel und Geistwesen in der Sprache sichtbar machen könnte, um sie gnädig zu stimmen und Ungemach abzuwenden. Diese sprachliche Antidiskriminierungsmaßnahme wäre schon einmal begrüßenswert und böte praktische Vorteile im Alltag.

22.1 Behauptete, aber unbewiesene Thesen

In diesem und dem nächsten Abschnitt geht es um Gabriele Diewald, Professorin für germanistische Linguistik am Deutschen Seminar der Leibniz-Universität Hannover. Ein spannender Fall von Genderlinguistik in vielerlei Hinsicht. An der Kompetenz der Sprachwissenschaftlerin zu zweifeln gibt es keinen Grund. Seltsam ist aber in ihrer Argumentation die eigenwillige Vermischung von Wissenschaftlichkeit und identitärem Glauben. Und genau das ist das Fatale am gegenwärtigen Streit ums Gendern: Oberflächlich Nachvollziehbares und Wahres dient zum Verschleiern von Irrtümern unterhalb der Wahrnehmungsschwelle. Ich nehme drei Fälle unter die Lupe. Die Methode:

Die argumentative Strategie der Professorin besteht aus vier Schritten: 1. *Beschwörung*. 2. *Vorwurf*. 3. Linguistische *Analyse*. 4. Überraschende *Wendung* mit kuriosen *Schlussfolgerungen*: sie tappt in kognitive Fallen, die sie sich selbst stellt.

Die *Beschwörung* ist ein Rückblick auf die Gendersprachforschung und die unbelegte Behauptung von bahnbrechenden Erkenntnissen, an denen es nichts zu rütteln gibt. Das kennen wir ja bereits. Der *Vorwurf* richtet sich an die diskriminierend sprechende, mental patriarchal geprägte Männerwelt. Und die linguistische *Analyse* wirkt zwar solide, ist aber durch die Vermischung von Kategorien, die einseitige Selektivität der analysierten Beispiele und schließlich die erstaunlichen, völlig unerwarteten, zum Teil kontrafaktischen Schlussfolgerungen, die den Ergebnissen der Analyse widersprechen und auf einem engen Bezugsrahmen aus inkongruenten ideologischen Voraussetzungen beruhen, höchst merkwürdig. Das nenne ich *überraschende Wendung*. Diese Wendung vollzieht sich durch den Wechsel argumentativer Blenden, von der rationalen Analyse zur irrationalen Deutung, von der Episteme zum Theologumenon[279]. Das Deutungsschema: Was hier als Beweis vorgelegt wird, interpretiere ich als Gegenbeweis. Genau auf diese Art von Beweisführung fallen nicht nur schlichte Gemüter, sondern auch viele Akademiker herein (s. Kap. 18. Epistemische Irreführung).

Gabriele Diewald und Damaris Nübling gehören zu den Forscherinnen, die mit interessanten Ansätzen den Diskurs beleben, ohne jedoch wirklich Überzeugendes oder Neues über Sprache, Grammatik und Semantik vorweisen zu können. Erstes Beispiel: der Artikel „Genus und Sexus: Es ist kompliziert"[280], in dem die Autorinnen einige vom VDS bereits widerlegte Thesen noch einmal aufwärmen und dabei schweres Geschütz auffahren, sie müssen ja um ihren Arbeitsplatz bangen und kämpfen, genauso wie all die Gender-Studies-Dozenten, die bangen müssen, bald überflüssig zu werden, wenn der Gender-Schwindel auffliegt, und deshalb immer neure Ungeheuerlichkeiten und esoterische Kuriositäten über die menschliche Natur zutage fördern.

Schon im ersten Absatz ihrer Verteidigungsschrift gehen Gabriele Diewald und Damaris Nübling in den bewährt-weinerlichen genderistischen Angriffsmodus mit folgender *Beschwörung*: „Zur geschlechtergerechten Sprache werden seit einem halben Jahrhundert Argumente gesammelt und Debatten geführt. Seit Jahrzehnten befasst sich die germanistische Linguistik wissenschaftlich mit diesem Thema". Tja, die *Behauptung* der „Wissenschaftlichkeit" ist noch kein Beweis, die „Wissenschaftlichkeit" muss noch nachgewiesen werden. Der Tonfall: Wir haben doch schon so lange geforscht und Argumente gesammelt, ihr müsst unsere Thesen nun endlich anerkennen, seid doch bitte so lieb – so klingt die infantil-flehentliche Rhetorik in der Einleitung, fast ein bisschen erpresserisch, um dem Gegner ein schlechtes Gewissen einzureden. Diese Larmoyanz ist bekannt. Die dummen Männer, die nicht einsehen wollen, dass die Genderer recht haben. Darüber gleich mehr (s.u.).

Weiter – der *Vorwurf*: „Stattdessen werden alte Auffassungen, die längst entkräftet sind, erneut vorgebracht, und gerne werden Forschenden in irreführender Weise und ohne Belege abwegige Positionen unterstellt, gegen die dann mit Scheinargumenten vorgegangen wird". Oha. Entkräftet? Wo, bitte schön, wie und von wem? In den nichtssagenden Gender-Studien? Welche Argumentation ist „irreführend"? Die der Sprachwissenschaft?

Oder jene der Genderisten? Und wieso „ohne Belege"? Welche Positionen sind „abwegig"? „Scheinargumente"? Welche? Auf diese Fragen hätte ich gerne ein paar Beispiele oder Antworten bekommen. Als Diskussionsgrundlage hätte es durchaus gereicht, als Beispiel ein paar Studien zumindest in einer Fußnote zu erwähnen.

Ähnlich die Strategie im Aufsatz *Das „generische Maskulinum"*[281]. Gabriele Diewald wärmt alte Mythen vom Patriarchat auf und behauptet einen Konsens unter Fachleuten (und das sind „alle", die sich „intensiver" mit dem Thema „auseinandersetzen" – „intensiver" als wer?), Frauen *nicht explizit* zu nennen, sei *diskriminierend*. Ihre Ausführungen sind allgemein und unpersönlich gefasst, nehmen zunächst auf nichts Bezug, enthalten kein Zitat oder Verweis auf verifizierte und anerkannte wissenschaftliche Erkenntnisse, keine Quelle – außer sich selbst. Das sind Behauptungen ins Blaue. Sie spricht über Biologisches, argumentiert aber mit Grammatik und unterschlägt[282], dass das generische Maskulinum keine biologische, sondern grammatische Kategorie ist, die mit Genitalien nichts zu tun hat – was sie dann aber im Artikel „Genus und Sexus: Es ist kompliziert" doch thematisiert. Analog könnte man folgenden Satz als faktische Wahrheit formulieren: Bei allen Zeugen Jehovas, die sich intensiver mit der Bibel auseinandergesetzt haben, besteht Einigkeit, dass das Ende der Welt naht.[283]

Anschließend nennt die Professorin doch ein paar Quellen, nämlich – Überraschung: Diewald & Co.! Und als spekulatives Beispiel fällt ihr nichts Eindrucksvolleres ein als die Bezeichnungen des Kindergartenpersonals: die *Erzieher*.

Die Abschnitte, in denen sie über geschlechtsneutrale Personenbezeichnungen referiert, z. B. *das Kind*, habe ich mit großer Genugtuung gelesen, da gibt ihr gewiss jeder einigermaßen gebildete Zeitgenosse recht: Solche Wörter gendert man nicht. Zu den nachfolgenden Ausführungen habe ich einige Beanstandungen. Die Unterscheidung von geschlechtsunspezifischen Substantiven und paarigen Personenbezeichnungen (Sparer/ Sparerin) ist nicht praxistauglich, wie der Alltag zeigt und hier in diesem Buch durch zahlreiche Beispiele dokumentiert ist. Diese Materie verstehen nur Philologen. Die grammatik-unkundige

Gendererin[284] orientiert sich an falschen Vorbilder'innen[285] (sic!) und gendert alles kaputt, was der Verstand nicht sortieren kann, nicht nur die Mitglieder, mittlerweile bekommen auch Wörter wie Schwester oder Eltern die schöne in-Endung angehängt (s. Kap. 16). Und zweitens: Die Professorin zieht am Ende die falschen Schlüsse – und vollzieht erneut eine *überraschende Wendung*. Sie vermengt bei ihrer Argumentation zum Thema „Subjektsausdruck" die spezifische Bedeutung mit der generischen und erklärt eine Aufzählung männlicher Substantive wie *Redner* (kontextabhängig durch Nennung eines weiblichen Namens als Bezug/Referenz) als geschlechtsspezifisch. Unter dem Strich geht es hier ganz banal um Kongruenz (Übereinstimmung u.a. von Genus). Sind auch *Experte* oder *Pendler* geschlechtsspezifisch (biologisch/grammatisch)? Diese Methode könnte man als *manipulativ durch Suggestion und falsche Kontextualisierung* beschreiben.

Ansonsten verstrickt sich Gabriele Diewald in weitere Widersprüche, für die sie gute Ausreden findet. Zum Beispiel die Ableitung weiblicher Bezeichnungen von männlichen Substantiven. Das führt sie auf patriarchalische Traditionen zurück. Doch schon im nächsten Satz ist von der Ableitung männlicher Bezeichnungen von weiblichen Substantiven die Rede. Schön. Was hat das für eine Relevanz für die Gendersprache? *Deshalb* soll man gendern? Welche Kriterien sind nun ausschlaggebend? Mal gilt dies, mal jenes oder auch das Gegenteil. Erkenntnisgewinn und Praxistauglichkeit? Sprachwissenschaftlich sicherlich interessant, aber als argumentativer Leitfaden zum Gendern eher ein Verwirrspiel. Und genau dies ist aus meiner Sicht ein weiteres starkes Argument *gegen* die Gendersprache. Die Argumentation der Professorin ist beliebig, konstruiert und zeugt von verzweifelter Ratlosigkeit. Ich unterstelle, dass sie als kompetente Linguistin die Fallstricke ihrer rhetorischen Strategie bestens kennt – und fürchtet. Das Eingeständnis genderistischer Irrtümer würde ihr und ihren Kollegen den beruflichen Boden unter den Füßen wegreißen.

Am Ende des Aufsatzes sind 14 Quellen genannt, davon zweimal Diewald und zweimal ihre Kollegin Nübling. Ansonsten die üblichen Klischees und Verweise auf psycholinguistische

110

Experimente, die bislang nichts im Sinne der Gendersprache bewiesen haben, im Gegenteil. Abgeschafft gehört nicht das *generische* Maskulinum als solches, sondern die Bezeichnung der grammatischen Kategorie, weil sie in die Irre führt. Alternativvorschläge: s. Kap. 4. Nur mitgemeint? (generischer Singular, generischer Plural).

Und nun noch einmal zurück zum Artikel „Genus und Sexus: Es ist kompliziert". Die angeschnittenen Themen haben durchaus eine gewisse Relevanz, debattieren kann man ja schließlich über alles. Was mich aber stört, sind, wie in den meisten gender-ideologischen Veröffentlichungen, wieder mal die Schlussfolgerungen, die in kaum einem nachvollziehbaren Zusammenhang zu den vorgestellten Erkenntnissen stehen. „In der Tat haben Genus und Sexus insofern nichts miteinander zu tun, als sie prinzipiell voneinander unabhängig sind: Genus ist eine innersprachliche grammatische Kategorie, Sexus ein außersprachliches, biologisches Phänomen. Dazwischen liegen weitere Phänomene, innersprachliche und außersprachliche, so dass die Genderlinguistik nicht nur zwischen Genus und Sexus unterscheidet, sondern vier Ebenen annimmt. Dies sind: das natürliche Geschlecht (a); die gesellschaftlich geltenden Genderstereotype (b); das semantische Geschlecht (c); das grammatische Geschlecht (d)".

Mit diesem Ansatz kann man durchaus was anfangen. Doch mit Begriffen wie „innersprachlich" und „außersprachlich" beginnt die Verschwurbelung des Diskurses. Für Philologen, Germanisten oder Linguisten keine mentale Hürde. Der noch so kluge Durchschnittsbürger ist einfach nicht hinreichend geschult, um grammatische Feinheiten zu erkennen und psycholinguistische Finten zu durchschauen. Zum Beispiel einer wie DFB-Sportdirektor Rudi Völler, der das Gendern ablehnt – und dafür von der ntv-Autorin Anja Rau mit einem recht negativen Framing abgewatscht wird: er habe sich *ungefragt* geäußert und habe damit *polarisiert*; er bekomme Beifall aus der falschen Ecke (AfD); nächstes Mal sollte er doch gefälligst um Erlaubnis bitten, am besten bei Anja Rau, die am Ende ihres belehrenden Beitrags kommentiert – oder lamentiert –, dass die „Distanz zum jüngeren, linksorientierten Publikum [...] schon fast unüberbrückbar" sei, d.h. die Distanz zwischen Rudi Völler und der

111

linksindentitären Szene; wie groß diese sein soll im Fußball-stadion, sagt uns die ntv-Autorin nicht.[286]

Zurück zu den Professorinnen. Sie referieren über konstruierte Genderrollen und das semantische Geschlecht, die Relevanz der Ausführungen erschließt sich aber dem Leser (auch dem akademischen) leider nicht. „Genus und Sexus sind zu unter-scheiden und stehen zugleich in enger Wechselbeziehung!" Schön. Und dann? „Fast alle semantisch weiblichen Bezeich-nungen [sind] feminin und die männlichen maskulin". Klar, warum denn nicht? Was spricht dagegen? Und was beweist diese Feststellung? Das Thema hatten wir schon, s.o.

„Genderrollen sitzen dem natürlichen Geschlecht auf und sind viel wichtiger als Geschlechtsorgane", heißt es dann zum Punkt (b). „Der biologische Unterschied zwischen Frauen und Männern wird mit zusätzlichen, willkürlichen Zuordnungen auf-gebläht, wie etwa der Zuordnung von Farben oder von Klei-dungsstücken zum einen oder anderen Geschlecht". Gegen-fragen: Was ist damit gemeint? Wer bläht was auf? Die Mode? Wer zwingt Frauen, in ihrer Bekleidung gewisse Farben, Muster und Moden zu bevorzugen? Wer stellt diese Zuordnungen her? Das sind kulturgeschichtliche Gemeinplätze und Alltagsbelang-losigkeiten, interessant zu lesen, aber daraus kann man keine genderlinguistische Metaphysik ableiten. In diesem Stil gestal-tete Beweisführungen zeigen lediglich, dass man mit post-modern-postfaktischer Argumentation alles beweisen kann – und mit denselben auch widerlegen.

Näher gehe ich hier lediglich auf zwei Thesen ein: Homo-sexuelle Männer werden „grammatisch feminisiert", heißt es («die Schwuchtel», «Tunte», «Tucke»). Wirklich? Vielleicht auf den ersten Blick. Aber: Ist diese Behauptung verallgemeine-rungsfähig? Von wegen. Wir werden wieder mal mit einer selek-tiven Pauschalisierung ohne allgemeine Gültigkeit konfrontiert, denn: es gibt auch männliche Bezeichnungen für Schwule: Homophiler, Männerfreund, Invertierter, Warmer, Schweizer oder Faggot (hauptsächlich US-amerikanisch).

Ebenso ideologisch hohl folgende Behauptung: „Gleiches gilt für männliche «Versager», deren Verhalten als zu wenig drauf-gängerisch betrachtet wird («die Memme», «Lusche»). Damit verweist das Genus nicht einfach nur auf das biologische Geschlecht (a), sondern vielmehr und subtiler auf soziale Genderrollen (b)". Aha, da wären wir schon wieder bei den subtilen sozialen Konstrukten. Die Beispiele sind willkürlich sortiert und selektiv. Suchen wir mal nach Synonymen für „Versager". Zusammengezählt kommt man auf weit mehr männliche Bezeichnung als auf weibliche (und auch auf sächliche). Anbei ein paar Beispiele: 1. Bedeutung „Pfeife": Verlierer, Feigling, Galgenstrick, Herumtreiber, Hasenfuß, Versager, Nichtsnutz, Faulenzer, Strolch, Tunichtgut, Nichtskönner, Seicherl, Galgenvogel, Haderlump, Hallodri, Dünnmann, Zärtling, Schwächling. 2. Bedeutung „Hosenkacker": Feigling, Kneifer, Milchbubi, Weichei, Kümmerling, Schwächling, Schlappschwanz, Schoßkind, Muttersöhnchen, Bangbüx.[287]

Vorschlag: Wir sollten hier zur Abwechslung die Bezeichnungen für depperte Personen thematisieren. Warum die Professorin nicht von alleine auf diese Idee kommt? Die Antwort liegt auf der Hand: Weil die Synonyme für Trottel & Co. fast ausschließlich männlich sind. Aus diesem Sachverhalt lässt sich nun mal keine feministische Verschwörungstheorie stricken. Sollte man deshalb diese Substantive auch gendern, etwa Depp*innen und Trottel*innen? Ich sage: Nein, auf keinen Fall.

Und nun ein Gegenbeispiel: *Matz*[288]. Im Bairischen ein Schimpfwort[289]. Auf einen Mann übertragen wird daraus aber Lob und Anerkennung, so die Kabarettistin Monika Gruber: ein *verwegener Kerl* ist „a richtige Matz". Bevor man hier versucht, sich mit einer tiefsinnigen feministischen Deutung der semantischen Verwandlung eines Schimpfworts den Hals zu verrenken, sollte man bitte vorher einen Orthopäden konsultieren. Der kennt am besten die Zusammenhänge zwischen Gendern, Nackenverspannung und Kieferrheumatismus.

Der Beitrag von Gabriele Diewald und Damaris Nübling ist ansonsten lesenswert und intellektuell unterhaltsam. Als genderideologisches Propagandastück aber eine Zumutung. Hier wird praktisch alles mit allem vermengt[290], am Ende referieren die Linguistinnen über die Vergeschlechtlichung bei Tieren und über die Personifizierung unbelebter Objekte, Flüsse oder Gestirne. Eine Kuriosität, dass der Mond in romanischen Sprachen

113

weiblich ist und die Sonne männlich. Was hat das aber mit dem Gender und dem Gendern zu tun – haben auch die Gestirne ein soziales Geschlecht? Was für bahnbrechende Erkenntnisse erhofft man sich davon? Etwas Tiefenpsychologisches? Rund die Hälfte aller Sprachen kennt kein Genus. Mich würde eher interessieren, wie Sprachen wie Finnisch, Ungarisch, Japanisch, Koreanisch oder Türkisch ohne grammatisches Geschlecht auskommen. Die Autorinnen bedienen sich beliebig aus dem Sandmeer der Sprache und versuchen anhand einiger Sandkörner etwas zu beweisen, das nicht zu beweisen ist. Nein, das ist keine Wissenschaft, sondern esoterische Erbsenzählerei.[291] Wer seine Leser nicht ernst nimmt, darf nicht erwarten, selbst ernst genommen zu werden. (s.u. Rabulistik, Kap. 29). Sorry, Frau Diewald. Ihre Aufsätze sind interessant, überzeugen aber nicht. Sie verwechseln (bewusst?) die *spezifische Bedeutung* der Wörter mit der *generischen* und argumentieren *historisch*, was auch widerlegt wurde (Kap. 23, Quellen: Ewa Trutkowski, Helmut Weiß).

Ich werde meine Sprache weiterhin so sprechen und meine Aussagen meinen, wie ich sie schon immer gesprochen und gemeint habe, also *gerecht* und *sensibel*, ohne dabei jemals Missverständnisse erlebt zu haben. Oder hätte ich besser Erzieherin werden sollen?

Also, von wegen *kompliziert,* sondern *verkompliziert*, um Unstimmigkeiten und Widersprüchliches zu verschleiern. Die Sache ist vielmehr *komplex* – und die Vorstellungen der Genderisten *unterkomplex*, besser gesagt *kindisch,* eine Art *magisches Denken*. Der ganze Aufwand dient nicht der Wahrheitsfindung, sondern als Alibi zur Bestätigung von Dogmen. Eine Frage des Glaubens. Die unbedingte Erwartung, wissenschaftlich längst widerlegte Argumente *endlich* zu akzeptieren, wider besseres Wissen und wider alle Regeln korrekter Sprache, ist nicht nur anmaßend, sondern auch beleidigend. Schon eher glaube ich an grüne Marsmännchen, die sich als Trump verkleiden.

22.2 Kompetenz und Delegitimierung

Darf ich überhaupt eine Meinung haben oder gar äußern über die Thesen von Professorinnen, wo ich doch selber nur ein kleines Lichtlein bin, Magister ohne Promotion und ohne jemals eine einschlägige Studie veröffentlicht zu haben? Ja, ich darf es. Ebenso ein Kfz-Mechatroniker oder eine Physiotherapeutin und jeder mündige Bürger wie beispielsweise Heiko Braun, Service-Techniker in einer Maschinenbau-Firma in Hessen, der in der ZDF-Doku »Streitrepublik« zu Wort kommt: „Dieser Genderwahn – das ist Schwachsinn".[292] Nicht akademisch genug? Wie wäre es mit Jürgen von der Lippe, der nicht zum ersten Mal gegen das Gendern wettert. Ist er als Buchautor und Fernsehentertainer kompetent genug? Oder muss man ihn, da er sein Studium in Germanistik, Philosophie und Linguistik nicht abgeschlossen hat, vorher zum akademischen Bullshitologen[293] adeln? In einem Merkur-Interview sagte er: „Man ändert doch nichts, wenn man mit sprachlich unsinnigen Sachen kommt und den Leuten damit auf den Sack geht. Das ist kontraproduktiv. Und beim Gendern ist es einfach so, dass die Sprache verhunzt wird, weil das Gendern schlicht falsch ist". Sein Publikum ist „begeistert", wenn er sich über die Absurditäten der Gendersprache lustig macht[294]. Also gut, man kann ihn delegitimieren, ebenso den Service-Techniker und jeden, der nicht genderistisch denkt. Deshalb wenden wir uns nun Sprachwissenschaftlern zu wie Eckhard Meineke (s. Kap. 27) oder Ewa Trutkowski und Helmut Weiß (s. Kap. 23, 27 und Quellen), die über die Irrtümer der Genderlinguistik bereits alles Wesentliche gesagt haben. Diese Wissenschaftler werden im genderistischen Lager konsequent ignoriert, aber nicht delegitimiert, weil das eben schon argumentativ nicht möglich ist. Das Delegitimieren ist mittlerweile ein Reflex derer, die alle *weghitlern* wollen, die eine andere Meinung vertreten und mit guten Argumenten den Genderdogmatikern in die Parade fahren.

Also: Delegitimieren kann ich mich selber. Oder so ähnlich.

Die Studien seriöser Linguisten und Sprachwissenschaftler versteht praktisch jeder. Mit Genderstudien und genderspekulativer Esoterik kann ich leider nichts anfangen, das meiste liest sich wie Obskurantismus für Fortgeschrittene. Doch gerade aus Akademikerkreisen wird praktisch alles angefochten, was gegen die Genderei spricht, mit genau solchen delegitimierenden Äußerungen. Die Unterzeichner des Aufrufs gegen das Gendern im ÖRR (August 2022, s. Aufruf: Wissenschaftler kritisieren

Genderpraxis des ÖRR) wurden beispielsweise von Damaris Nübling, der Professorin für Sprachgeschichte an der Johannes-Gutenberg-Universität Mainz, der wir bereits begegnet sind (s.o. Abschnitt 22.1), postwendend disqualifiziert. Erstens sieht sie in dem Aufruf der knapp 200 Sprachwissenschaftler keinen „Aufschrei der deutschen Linguistik". Zweitens:

Die Unterzeichner würden nicht repräsentieren, wer in Forschung und Lehre aktiv ist, sagt sie in einem Interview in der FAZ. Die große Mehrheit, so Nübling, hätte nie in der Linguistik gearbeitet, nie publiziert. Zudem seien viele Pensionäre unter den Unterzeichnern. Aus Sicht des VDS bestreitet sie damit die Kompetenz der Unterzeichner, sich ein Urteil über sprachliche Entwicklungen zu bilden. Die Argumentation des Aufrufs hält Nübling für wenig wissenschaftlich. Vielmehr würden die Unterzeichner ignorieren, was psycholinguistische Studien zeigen ... (VDS-Infobrief, 22.8.22)

Also Klappe halten. Ist Frau Nübling eine Diskriminier*ende*? Unterstellt sie etwa den Pensionären, per se dement zu sein?

Die Linguistin Gabriele Diewald, die wir im Abschnitt 22.1 ebenfalls kennengelernt haben, behauptet in einem „Alles Wissen"-Beitrag des Hessischen Rundfunks[295], mit dem generischen Maskulinum seien keineswegs alle gemeint. O-Ton (der *Vorwurf*): „Es wurde argumentiert, wir verwenden die männliche Form, weil die männlichen Personen wichtiger sind". Donnerwetter: *wichtiger*?! Im Ernst? Wer sagt denn so was? Wo wurde *so argumentiert*? Eine Behauptung, die an rosa Elefanten erinnert. Eine Quelle nennt sie nicht. Dafür gibt es Quellen, die genau das Gegenteil beweisen: „Zeugen gesucht! Zur Geschichte des generischen Maskulinums im Deutschen" von Ewa Trutkowski und Helmut Weiß (s. Kap. 23, 27 und Quellen). *Wichtiger* als die Männer waren in meinem Umfeld schon immer die Frauen. Als Kind musste ich früh folgende Grundsätze verinnerlichen: Ladies first. Und Mädchen haben Sonderrechte: Sie entscheiden, wo es langgeht.

Der hr-Bericht von Barbara Petermann[296] soll ein Test sein, eine Umfrage in der Kasseler Fußgängerzone. Was sie von anonymen Passanten wissen will: „Bei welchem dieser Begriffe sehen Sie die Gleichberechtigung am ehesten verwirklicht?"

116

Konkret: „Ist es die klassische männliche Form? Oder sollten immer beide Geschlechter genannt werden? Die neutrale Variante mit großem Binnen-I oder doch die mit dem Genderstern?" Diese Frage am Beispiel des Substantivs *Radfahrer* ist kontrafaktisch – schon deshalb, weil die per Verfassung garantierte *Gleichberechtigung* juristisch bereits verwirklicht ist. Ob die Umsetzung in der Praxis hundertprozentig ist, könnten nur umfangreiche soziologische Studien anhand großer Datenmengen ermitteln. Die *verwirklichte* Gleichberechtigung wird in Petermanns Frage von gegenderten Sprachformen abhängig gemacht. Diese Frage setzt voraus, dass es einen Zusammenhang gibt zwischen verwirklichter Gleichberechtigung und der Gendersprache. Die Frage müsste, wenn schon, im Konjunktiv stehen, wäre aber ebenfalls kontrafaktisch, weil der Konjunktiv wiederum voraussetzen würde, dass die Gleichberechtigung noch nicht verwirklicht sei, was unbewiesen ist. Auch ihr Text aus dem Off ist tendenziös: „Schon seit über 50 Jahren beschäftigen sich Sprachforscher*innen [mit Stimmritzenverschlusslaut] damit, wie geschlechtergerecht gesprochen werden sollte". Es spricht *nichts* für die Notwendigkeit einer *geschlechtergerechten* Sprache, und es gibt *keinen* Beweis dafür, dass die deutsche Sprache *ungerecht* oder *diskriminierend* sein soll. Aus einer unbewiesenen These konstruiert man eine Parallelrealität, die nur für Zwist sorgt und die Menschen ohne Not verunsichert.

Die Frage gibt den Blickwinkel vor und bestimmt auch den Aspekt, auf den die Befragten eingehen sollten. Und dementsprechend fallen die Antworten aus: sie beziehen sich auf das Gendern an sich, nicht darauf, ob man das Gendern befürwortet oder ablehnt. Ein junger Mann zum Beispiel kommentiert seine Entscheidung so: „Ganz klar, weil da korrekt gegendert wurde". Das heißt, er spricht ein Urteil nicht darüber, ob das Gendern sinnvoll ist, sondern darüber, welche Version richtig sein soll, wenn man korrekt gendert. Oder der sechste Befragte, ein Mann mit Fahrradhelm, sagt: „Radfahrende klingt gut ... neutral. Kriegt man keinen Ärger mit jemandem". Das heißt, man gendert, wenn überhaupt, um keinen Ärger zu bekommen.

Übrigens: Wie die Straßenumfrage ausgefallen sei, verrät uns die Autorin Barbara Petermann nicht, wir erfahren lediglich, dass der Genderstern angeblich *Favorit* gewesen sein soll. *Favorit* ist nicht quantifizierbar, suggeriert aber, die meisten hätten sich dafür ausgesprochen. Das ist unseriös und hochgradig manipulativ. Eine Auszählung der Bällchen anhand der letzten kurzen Einstellung ergibt: im ersten Röhrchen 1 roter Ball, im zweiten (Radfahrende?) 3 rote und 2 blaue, im dritten (Doppeltnennung) 1 roter und 1 blauer, im vierten (Genderstern) 5 rote und vier blaue, im letzten (Radfahrer): nix; dafür zwei prall gefüllte Behälter mit nicht verwendeten Bällchen, links blaue, rechts rote. Von 17 Bällchen gelten vier blaue für den Genderstern. Das sind gerade mal 23,53 Prozent.

Nun zum Wesentlichen: Bei solchen *Meinungsäußerungen* stört sich kein Genderist daran, dass die Befragten *nie in der Linguistik gearbeitet, nie publiziert haben* oder *Pensionäre* sind und somit ihnen jegliche sprachwissenschaftliche *Kompetenz* fehlt. Zweierlei Maß also. Willkommen ist jeder, der sagt, was ich will. Nur die sind kompetent.

Ebenfalls in „Alles Wissen" mit Thomas Ranft wird der Zuschauer aufgeklärt, dass es in der menschlichen Gesellschaft ebenso wie im Tierreich eine Vielzahl von Geschlechtern gibt. Als Bildteppich flimmern Aufnahmen aus einem Labor über den Bildschirm. Das verdutzte Publikum dürfte sich die Augen gerieben und sich gefragt haben, bin ich denn in einer identitären Bibelstunde gelandet? Die Wissenschaft kennt nämlich nur zwei Geschlechter. Die Genderidentitären haben ihre unwiderlegbaren alternativen Fakten.

Unliebsame Meinungsäußerungen disqualifizieren – das ist im ÖRR keine Seltenheit mehr. Der rhetorische Trick: ein Urteil fällen anhand künstlicher, eigenmächtig bestimmter Quoten als Voraussetzung für das Recht, eine Meinung zu äußern. Manche Moderatoren von Magazinsendungen belehren beispielsweise den Zuschauer sinngemäß, wenn es um Großstadt-Kriminalität gehe, dürfe sich nur äußern und beschweren, wer in einem Viertel oder einer Stadt lebe mit einer hohen beziehungsweise Mindestkriminalitätsquote. Klare Botschaft: Hände falten, Goschn halten. Die neue Diskursethik: Pseudo-Ethik ohne Diskurs.

Eine „kritische Neubewertung des Sprachgebrauchs im ÖRR auf sprachwissenschaftlicher Grundlage", wie von den

Unterzeichnern des Aufrufs gefordert, hat es offensichtlich bis heute nicht gegeben. Und wird es wohl auch nie geben, solange der ÖRR vom Zwangsgebührenzahler alimentiert wird.

Die Delegitimierung hat viele Gesichter. Das hässlichste ist die *indirekte* Unterstellung, jemand, der die Gendersprache kritisch hinterfrage, sei blöd und unfähig, Inhalte zu verstehen.[297] So beispielsweise der Eindruck im Spiegel der Reaktionen[298] auf Harald Martensteins vernichtenden Artikel „Genderforschung: Schlecht, schlechter, Geschlecht" (s. Quellen). Wem die Argumente ausgehen, dem bleibt nur das Keifen – die entlarvende Reaktion jener, die des Bluffs überführt wurden. Eine reflexhafte Reaktion intoleranter Kleingeister, die sich eines Standardholzhammerarguments bedienen: Wer anders denkt als ich, ist dumm und rechts – ein endgültiges Urteil, das keiner diskursiven Untermauerung bedarf.

22.3 Bedeutungsverlust

Jedes Kind, das in einem abendländisch-christlichen Umfeld aufwächst, weiß, was das Kreuz darstellt. Es ist ein Symbol für Leid und Mitleid, Demut und Nächstenliebe. Schwieriger wird für junge Seelen die Interpretation der metaphysischen Ebene, wenn es um Erlösung und Opfertod geht; um den Sieg des Lebens über den Tod; um Hoffnung, Vergebung der Sünden, um Auferstehung und Überwindung von Todes- und Sündenangst.[299] Das Kreuz hat also eine spirituelle Bedeutung. Noch. Allerdings nicht für die Kunsthistorikerin Kathrin Müller.[300]

Die Buchautorin erkennt im Kruzifix keine übertragene Bedeutung und kokettiert dabei mit der Authentizität naiver Ungläubigkeit.[301] Was allerdings nicht funktioniert, weil zu durchsichtig in seiner platten Albernheit. Sie stellt das Kreuz als Symbol infrage und schafft dessen religiös-transzendenten Sinn eigenmächtig ab. Die Dekonstruktion ist radikal postmodern und abendlandfeindlich.[302]

Für Kathrin Müller ist das christliche Kreuz die Darstellung einer grausamen Hinrichtung. „Es ist so, als würde man den elektrischen Stuhl zum religiösen Symbol machen", behauptet sie.[303] In ihrer Betrachtung des Kreuzes gibt es keine Metaebene mehr, keine Mehrdeutigkeit. Die Argumentation bedient sich des postmodernen Arsenals der Dekonstruktion mit all seinen zynischen Vereinfachungen. Kathrin Müller will uns allen Ernstes weismachen, die Christen beten ein Folterinstrument an. Das ist intellektuelle Verwahrlosung – oder kaltherzige, außerirdische Sachlichkeit. Sie konnotiert den Begriff überwiegend negativ, mit Kreuzzügen, Pogromen, dem blutigen Kampf gegen die Feinde des Christentums. Das Kruzifix schwebt über allen Köpfen als „politisches Zeichen, mit dem die Vorstellung der irdischen Herrschaft und auch des Sieges über den Feind verbunden wurde". Diese Deutung ist die nackte, schamlose Oberfläche, die absolute Demontage eines Heiligtums. Man könnte es auch Sakrileg nennen. Oder Blasphemie. Die *Be*-Deutung verliert ihren kulturgeschichtlichen Rahmen und ihren ideellen Wert. Diese mutwillige Bedeutungsreduktion biedert sich an den postmodernen Diskurs an.

Was das mit dem Gendern zu tun hat? Die Vernichtung von Bedeutung: was im übertragenen Sinne gemeint ist, stirbt einen leisen Tod.

Müllers Argumentation macht sich die rhetorischen Tricks und die progressiven Dogmen der Postmoderne zu eigen. So wie die Gender-Ideologie im generischen Maskulinum ein Instrument der Unterdrückung und Machtausübung erkannt haben will, so mutiert das Kreuz im Schatten zynischer Theorien zum Kriegsgerät. Die Methode: Eine Betrachtung der konkreten Oberfläche, der Formen, ohne die Fähigkeit oder Bereitschaft, die Inhalte zu reflektieren oder überhaupt wahrzunehmen. In der Gendersprache der grammatischen Form, die die Frauen angeblich diskriminiert und nur *mitmeint*.[304] In der Kritik christlicher Symbole: die Funktionalität von Holzgegenständen als Waffen. Beim Kreuz gehe es um „Krieg, Unterwerfung und Macht". Es fehlt die Bereitschaft, zwischen Signifikant und Signifikat zu unterscheiden. Christliche Nächstenliebe wird angeblich kaum mit dem Kreuz in Verbindung gebracht, heißt es im Capriccio-Beitrag zum Buch der Kunsthistorikerin. Das Kreuz sei etwas *Exklusives*, das andere *ausgrenzt*. So böse sind wir nun mal, so verachtenswert.

Diese Betrachtungsweise – ob es nun um Gender geht oder um das Kreuz – ist symptomatisch für den Bedeutungsverlust und Sinnverfall im Diskurs um unsere kulturgeschichtlichen Werte und Symbole. Nichts mehr ist mehrdeutig oder heilig, nichts mehr doppelbödig und metaphorisch. Nichts mehr transzendent, alles spiegelt sich in einer entwerteten Oberfläche als billiges Mittel zu einem gemeinen Zweck ab. Der Verlust an Mehrdeutigkeit ist ein Symptom für Verdummung[305].

Denken wir nun kurz um die nächste Ecke: Was wird aus unserem Bundesadler[306]? Ist er als Symbol noch tragbar – ein blutrünstiger Greifvogel, der unschuldige Tierchen bei lebendigem Leibe in Stücke reißt und roh verspeist? Hier droht die nächste Korrektheitsdekonstruktion. Im postmodernen Weltbild verlieren komplexe Begriffe ihre Vieldeutigkeit und werden auf den nackten Hintern der Banalität reduziert. Die identitäre Deutung der Welt ist archaisch und zivilisationsfeindlich – der neue Nihilismus kommt als *Vandalismus*[307] daher.

Die Vereinfachung von Sachverhalten erfolgt über die Ausblendung des Kontexts. Das Sprachgendern erklärt den syntaktisch-logischen Kontext für irrelevant, beim Gendern gilt die Nonsens-Morphologie der Kinderreime, Hauptsache, die ideologisch korrekte Endung passt. Die postmodern-relativierende Interpretation des Kreuzes wiederum dekonstruiert (d.h. degradiert) den weltgeschichtlichen sowie kulturhistorischen Kontext zur Potemkinschen Kulisse. Trockene Deskriptionen ohne Berücksichtigung des komplexen sozialpolitischen Umfelds kommen einer anarchischen Sinn-Dekonstruktion gleich. Jede alternative Wahrheit ist wahr, sie braucht nur die passende Gebrauchsanweisung.

Der Literaturkritiker Marcel Reich-Ranicki referierte seinerzeit im Literarischen Quartett über die Schwierigkeit, Sexszenen in der Prosa so darzustellen, dass sie nicht lächerlich und banal daherkommen. Die nackte, sachliche Deskription des Geschlechtsaktes unterscheide sich praktisch kaum von dem Bild eines Bleistifts, der in eine Westentasche gesteckt werde. Es komme auf das Erlebnis an, so der Literaturkritiker sinngemäß, auf die Lebenssituation, auf die Vielschichtigkeit der Gefühle.

Eine Beschreibung eines Geschlechtsaktes, die den Kontext ausblendet, schafft auch die Unterscheidung zwischen einem Schäferstündchen und einer Vergewaltigung ab, also nicht nur den emotionalen Aspekt, sondern auch den juristischen, von den psychologischen Folgen einer unfreiwilligen Penetration ganz zu schweigen. Eine so geartete Schilderung würde den Blickwinkel eines Außerirdischen wiedergeben, dem unsere irdische Zivilisation und die menschliche Seele unergründlich sind. Die hemmungslose Dekonstruktion von Sinn gebiert Unsinn.

In einer Welt, in der die Transzendenz aus dem Denken verschwindet, in der die Wörter keine Zwischentöne oder metaphorischen Konnotationen kennen, keinen kontextabhängigen Sinn, sondern eine einzige, unverrückbare, starrsinnige, plakativ unmissverständliche Bedeutung zugewiesen bekommen anhand morphologischer Merkmale, gibt es keinen Humor, keine Poesie und Ironie, keine Lieder und keine Literatur, sondern nur Roboter[308], Befehlsempfänger und Idioten.

23. Fazit: Gendern ist psychische Gewalt

Und, wie soll es nun weitergehen? Die Sprache lebt und entwickelt sich – darin sind sich alle einig. Aber jeder stellt sich darunter was anderes vor. Sie entwickelt sich nicht so, wie manche das gerne hätten, auf Kommando, und wenn sie bockt, dann eben mit der Brechstange. Die Gendersprache lebt nicht. Sie ist ein Frankenstein. Die Schöpfung von Menschen, die unsere schöne Sprache hassen, quälen und entstellen – unter dem Vorwand, die deutsche Sprache habe sich unsäglicher Sünden schuldig gemacht.

Die lebende Sprache ist frei wie ein Schmetterling. Sie flattert nach Herzenslust umher, ihr Flügelschlag lässt Farben und Gestalten in einem neuen Licht erscheinen und findet auch das verschmitzte Zwinkern zwischen den Zeilen. Sie erfreut Herz und Geist, ist Spiel und Botschaft, Witz oder Metapher. Sie ist der Bogen, der die Saiten der Seele zum Schwingen bringt. Sie fasst sich kurz und einfach, wenn Klarheit geboten ist, oder gibt sich dem Übermut hin, wenn der Spieltrieb auf eine Pointe zusteuert. Sie ist aber vor allem Verständigung. „Jegliche Verständigung durch die lebendige Sprache setzt das Wechselspiel schöpferischer Konstruktion und schöpferischer Deutung voraus"[309], schwärmt Donald Davidson über die metaphorische

Kraft der Sprache. Doch der Zauber der Mehrdeutigkeit wird in der postmodernen Welt der Ambivalenzphobie zu Staub.

Näher betrachtet ist Genderdeutsch gar keine Sprache, sondern der Ausdruck einer intoleranten Ideologie, in der monomanische Halsstarrigkeit, zynische Rechthaberei und Fanatismus den Ton angeben. Oder, wie Birgit Kelle sagt: „eine Haltung, die manche demonstrativ vor sich hertragen und nun als Bekenntnis von anderen einfordern, unter Androhung gesellschaftlicher Exkommunikation, wenn man sich sträubt"[310].

Das Gendern ist der identitäre Amoklauf von Halbgebildeten, ein doktrinäres Nebenprodukt postmoderner Theorien, im Endeffekt Kulturbarbarei. Die Gendersprech-Befürworter verlangen von der Gesellschaft eine vermeintliche Korrektheit, die der grammatisch-semantischen Korrektheit auf destruktive Weise zuwiderläuft – eine *obligatorische Posse*[311]. In ihrer erpresserisch-diktatorischen Grundanschauung sind sie zudem alles andere als knigge-sensibel.

Gendern ist psychische Gewalt, es verletzt Gefühle – nicht nur das Sprachgefühl. Professor Peter Eisenberg: „Jemand, der sich erdreistet, in einer der größten Sprachen Europas Formen einzuführen, die es nicht gibt, und sie dann zu verordnen, der hat doch irgendwie ein schräges Verhältnis zur Demokratie".[312]

Vorschlag: Gendern sollte man nur privat, so wie man nur privat pupst. Auf keinen Fall in einem Lokal, in der Kirche oder einem Konzertsaal. Eine so geartete Auffassung von hemmungsloser Natürlichkeit wäre wirklich nicht authentisch.

Die Vorwürfe, die man gegen die Gender-Befürworter vorbringt, könnte man zwar zum Teil auch den Gegnern des Genderns unter die Nase reiben, das gehört ja zur perfiden identitätsaktivistischen Methode. Dabei würde man aber Wesentliches auf den Kopf stellen: Die Sprache funktioniert nach den Gesetzen von Grammatik und Semantik. Genderwelsch hingegen nach den willkürlichen Gesetzen einer pseudoreligiösen Weltanschauung, die die Kommunikation zerstört und die Gesetze der Sprache missachtet.

Das Gendern macht die Sprache umständlich, sperrig, zuweilen unverständlich und vor allem ungenießbar. Ihre Aufgabe ist nicht die Propagierung einer Gesinnung, sondern die Verständigung.

Sprache dient als Instrument kommunikativen Handelns, indem sie Äußerung und Wirklichkeit in Einklang bringt. Die „Verknüpfung zwischen Äußerung und Welt" findet statt vor dem „Hintergrund der gemeinsamen Annahmen und Praktiken, in die jede einzelne Kommunikation von Anfang an unauffällig eingebettet ist" (Habermas[313]). Die Normsprache erfüllt seit Jahrhunderten[314] alle kommunikativen Voraussetzungen einer klaren und eindeutigen Verständigung.

Die Genderisten verschließen die Augen vor der Wahrheit und veranstalten ein Schmierentheater, in dem sie die bisherigen Regeln und das gemeinsame Verständnis der Sprache für nichtig erklären, und zwar mit der Scheinbegründung, die Normsprache unterschlage wesentliche Aspekte der weiblichen Realität, die nicht ausreichend mit Endungen markiert sei. Gendersprech ist kein korrektes Deutsch, sondern ein weltanschaulich entstellter, verfremdeter Soziolekt, widersprüchlich und widersinnig, eine Gaga-Sprache[315], eine Art esoterisches Beschwörungsritual.

Die Literaturwissenschaftlerin Dagmar Lorenz beschreibt die eigenwillige Genderorthographie als Symptom „sprachmagischen Wunschdenkens". Sie rätselt[316], was diese künstlichen Zeichen eigentlich ausdrücken sollen. Es werde in allem Ernst unterstellt, dass für „wertschätzende Kommunikation" eine spezielle Schriftsprache erforderlich sei, die als „gendersensibel" ausgewiesen sein müsse. Ein Widerspruch, denn die „Wissenschaftsinstitution Universität beruht nicht auf Sprachmagie, sondern auf empirisch-rationaler Denkmethodik", so Lorenz. „Dem sei angemerkt, dass Sprache nicht sensibel sein kann, das kann nur der Mensch, der sie verwendet".

Möglicherweise besteht die sprachmagische Vorstellung in der Annahme, „dass man die Welt verbessern kann, indem man die Art und Weise verändert, in der man über sie spricht", vermutet Philipp Hübl[317]. Der Sprachphilosoph stellt klar: „Menschen ändern ihre moralischen Einstellungen nicht, nur weil man die Wörter austauscht."

Fabian Payr präsentiert in seinem Buch „Von Menschen und Mensch*innen" 20 gute Gründe, mit dem Gendern aufzuhören. Ein lesenswertes Buch, allerdings ist die Beweisführung im Modus der Defensive aufgebaut[318]. Man nenne mir bitte *einen*

124

vernünftigen Grund, einen einzigen, warum ich überhaupt gendern soll. Man könnte eigentlich mehr als tausend Gründe anführen, mit dem Gendern unverzüglich aufzuhören. Oder noch besser, mit dem Gendern erst gar nicht anzufangen: Zum Gendern gibt es überhaupt keinen Grund. Und vor allem: **Wer nicht gendert, muss sich dafür nicht rechtfertigen!**[319]

Man schuldet niemandem Rechenschaft, warum die Gendertheorien nicht überzeugen. Und schon gar nicht, warum man diesen herbeifabulierten Theorien keinen Glauben schenkt, genauso wenig wie dem Glauben an Ufos oder den Weihnachtsmann. Die Genderideologen verlangen nichts weniger, als dass man ihr esoterisches Weltbild als einzig wahre Wahrheit anerkennt. Ihre Dogmatik erinnert an die Geistesart von Mullahs. Die Genderideologie stellt das kollektiv verbindliche Vorverständnis von Sprache und Welt infrage. Wahrheiten sind nicht mehr, was sie sind, sondern das, was die Gendertheorie als Istzustand vorschreibt, d.h. was sein soll.

Im Prinzip ist es legitim, sich mit der Sprache und ihrer Entwicklung kritisch zu befassen, um psycholinguistische Fragen zu klären und das gesellschaftliche Wohlbefinden zu verbessern. Bislang hat aber die Genderforschung nichts Überzeugendes vorgelegt: sie drangsaliert die Öffentlichkeit mit spekulativen Kindereien. Die Gendersprache verbessert nichts, weder die Situation der „benachteiligten" Frauen noch die „diskriminierende" Sprache. Zudem lässt sich die irritierte Bevölkerungsmehrheit nicht ins Bockshorn jagen und wehrt sich gegen das anmaßende Auftreten einer Minderheit, die den sozialen Frieden ins Wanken zu bringen droht. Auf dem Spiel steht nichts weniger als das demokratische Verhältnis von Mehrheit und Grundgesetz. Was die linksidentitären Eiferer außer Kraft zu setzen versuchen, ist die „Moral der gleichen Achtung für jeden" (Habermas[320]). Daraus wird im *progressiv*-selbstgerechten Diskurs der unbedingten Korrektheiten eine *Moral der Verachtung* für alle, die anderer Meinung sind, d.h. für all jene, die sich weigern, die genderistische Lehre anzuerkennen.

Zu den Spielregeln des gesellschaftlichen Miteinanders gehört auch, dass man das Gendern in einem liberalen System nicht verbieten kann. Privat oder auf Konsens basierend in sozialen

Gruppen, Parteien oder Gremien ist es natürlich zulässig (auch im Privatfernsehen; oder in beiderseitigem Einvernehmen), man darf an die Richtigkeit der Gendersprache *glauben*, in unseren westlichen Demokratien herrscht schließlich Religionsfreiheit. Mit Wissenschaft hat aber die Genderei definitiv nichts zu tun. Mit argumentativer Logik noch weniger.

> **Umfrage 6**
> Stimmen Sie dieser Aussage zu?
> Gendern ist wie Furzen in der Öffentlichkeit.
> □ A. Ja □ B. Nein
> Alternative Frage: Finden Sie das öffentliche Gendern
> rücksichtslos und unverschämt?
> □ Furzen darf man, gendern nicht
> □ Gendern darf man, furzen nicht

Die sektiererischen Methoden der Genderaktivisten sind überheblich und menschenverachtend, ein unstatthafter Versuch zu missionieren, so im ÖRR, und die Bevölkerung zu bedrängen mit der Unterstellung, wer nicht gendere, paktiere mit den Bösen und Verächtlichen. Wie abweichende Meinungen kriminalisiert werden, was „noch legitime Meinung und was bereits als Hassdelikt zu werten sei", wird „der Willkür politischer Aktivisten übergeben", so Birgit Kelle (S. 252).[321] Konkret:

- Genderkritik ist Hass, und was Hass ist, definieren wir.
- Genderkritik ist rechts, und wer rechts ist, definieren wir.
- Genderkritik ist krank, und was krank ist, definieren wir.

Diskurs, Streit und logische Beweisführung sind die vorzüglichen Instrumente eines demokratischen Dialogs. Doch an einem Dialog sind die Genderisten offensichtlich nicht interessiert, weil das ihren mentalen Horizont (möglicherweise) übersteigt. Während die Gegner des Genderns von Sprache und Sprachwissenschaft, von Grammatik und Semantik sprechen, geht es den Anhängern des Genderns um eine religiöse Anbetung unverrückbarer Wahrheiten, an denen genauso wenig zu rütteln ist wie an der Dreifaltigkeit in der Kirche.

Birgit Kelle: „Es ist sowohl intellektuell als auch strategisch einfacher, eine Sache zu beschweigen, statt ihr argumentativ entgegenzutreten".[322] Das heißt: die beiden Lager reden aneinander vorbei, wenn sie überhaupt reden. Mit sprachwissenschaftlichen Nachweisen erreicht man die Genderverfechter leider nicht[323]. Den Pragmatikern bleibt nichts anderes übrig, als die überrumpelte und in die Enge getriebene Bevölkerungsmehrheit gegen diese neumodische Unsitte zu mobilisieren.

Als Beurteilungsgrundlage für objektive Tatsachen dient im gegenwärtigen Streit nicht das Sein, die sprachliche Realität, sondern die Subjektivität in Gestalt verquerer mentaler Konstrukte. Und die Wahrheit erfindet sich neu in subjektiven Gewissheiten, die nur im Rahmen der Genderideologie verhandelbar ist. Das Wunschdenken spielt Gott und erschafft die Welt neu. „Ich verstehe bis heute nicht, wie man meinen kann, Wunschdenken würde wahr, wenn man es nur lautstark verkündet und alle Gegenstimmen mundtot macht", sagt die Psychologin Doris Bischof-Köhler.[324]

Bei dieser Leugnung der Wirklichkeit verwickeln die Genderaktivisten die kritische Öffentlichkeit in ein Hütchenspiel: sie selber stellen alles Kritische in Abrede, ohne Beweise vorzulegen, verlangen aber für jedes kritische Wort der Gegenseite einen Beweis, den man am Ende eh nicht gelten lässt. Dabei bedienen sie sich mehrdeutiger Begriffe und leicht verdrehbarer Ungenauigkeiten. Philipp Hübl: „Gerade in der Ungenauigkeit liegt die Macht des moralischen Vokabulars, weil man es je nach Kontext taktisch einsetzen und sich damit vor Kritik und Gegenangriffe schützen kann".[325]

Der ultimative Trick: unter jedem Hütchen findet man eine Studie, die sich als Knallfrosch entpuppt. Die Logik verliert gegenüber der Rhetorik ihren herkömmlichen Vorrang, nämlich die schon von Aristoteles kanonisierte Vorrangstellung. Die kritischen Theorien der Postmoderne schieben die wissenschaftlichen Methoden und Grundsätze der Erkenntnis beiseite zugunsten einer dogmatischen Rhetorik. Die Wahrheitsfindung verkommt zu einem System beliebiger Fiktionen und „sprachschöpferischer Protuberanzen" (wie Richard Rorty das Phänomen in seiner Kritik der Sprachphilosophie beschrieb – The Linguistic Turn).

Der britische Autor Douglas Murray bezeichnet diese Masche als scrambling device[326], eine Vorrichtung zum Verzerren von Informationen oder Verquirlen unzusammenhängender Sachverhalte und Kategorien, die dazu dient, die Öffentlichkeit zu verwirren.[327] Anders gesagt: Bluff.

Die Queer-Theoretikerin Eve Kosofsky Sedgwick beispielsweise plädiert offen dafür, Verwirrung zu stiften, indem man mehrere Sichtweisen ins Spiel bringt, auch wenn sie sich widersprechen oder gar inkohärent sind und keinen Sinn ergeben.[328] Methodisch geht es um die Verschleierung, Vereinfachung oder Verfremdung von Begriffen, die man beliebig verwendet, auch in der gegenteiligen Bedeutung, wenn es der Sache dient.[329]

Das Gendern ist ein typischer postmoderner Versuch, die angeblich *systemische* Unterdrückung der Frauen durch die Männer mit den magischen Mitteln einer Phantasiesprache zu dekonstruieren.[330] Diese Sprache bedient sich einer rhetorischen Strategie, die auf Verwirrung und Irreführung setzt.

Die Behauptung einer *strukturellen* Benachteiligung ist im Kontext zivilisierter Lebensumstände in einer demokratischen Gesellschaft dem deutschen Durchschnittsbürger nur schwer zu vermitteln und mutet kontrafaktisch an. Oder sind die Männer einfach nur unfähig und unwillig, diese entsetzlichen, zum Himmel schreienden Ungerechtigkeiten zu erkennen?

Was ist eigentlich mit dem *strukturellen Rassismus* gemeint? Der Onlineleitfaden „Dismantling Racism Web Workbook" definiert das Phänomen als System, dessen Urheber eine Gruppe an den Schaltstellen der Macht ist, die „durch institutionelle Maßnahmen und Praktiken systematische Diskriminierung ausübt sowie die kulturellen Annahmen und Werte prägt, auf deren Basis rassistische Gesetze und Praktiken fortbestehen können." (Mounk)[331] Darunter könnte ich mir das südafrikanische System bis zum Ende der Apartheid vorstellen, nicht aber die Realität der liberalen Demokratien unserer Zeit, die Diskriminierung gesetzlich verbieten. Rassismus ist individuell. Außerdem spricht einiges dafür, z.B. Studien, dass westliche Länder liberal, tolerant und weitestgehend diskriminierungsfrei sind[332]. Einen stark ausgeprägten Rassismus beobachtet man hingegen in vielen nicht-westlichen Ländern[333].

Soziale Probleme werden identitärideologisch nicht mehr als solche betrachtet, sondern als Rassenproblem in Gestalt struktureller Unterdrückung. Zu den Rassen gehören derzeit auch manche Religionen. Man kann sich mittlerweile nicht mehr des Eindrucks erwehren, dass heutzutage tatsächlich manches strukturell ist, vor allem der Irrsinn. Zum Beispiel, wenn man folgende Stellungnahme einer jungen Autorin, die in linken Medien veröffentlicht, liest, Grammatik und Rechtschreibregeln seien „ein kolonialrassistisches tool von white supremacy, um BIPoCs zu unterdrücken".[334]

Der Gender-Mainstreaming-These von der unterdrückten Frau darf man heutzutage auf keinen Fall widersprechen, wenn man der Gotteslästerung nicht bezichtigt werden will. Dazu nur so viel: Die Benachteiligung der Frauen (schlechtere Bezahlung) ist in den westlichen Ländern per Gesetz verboten und strafbar.[335] Die Gleichberechtigung ist bei uns per Verfassung garantiert. Trotzdem ist der *Gender Pay Gap* nach wie vor ein großes politisches Thema[336]. Wo liegt das Problem, am System, an der Gesetzgebung? Oder an der Umsetzung geltenden Rechts? Die feministische Interpretation der Welt als Herrschaft des ausbeuterischen Mannes stimmt mit der Lebenswirklichkeit westlicher Durchschnittsbürger im 21. Jahrhundert nicht überein. Beschwerden über Benachteiligung, Ungleichbehandlung oder gar Unterdrückung muss die Politik ernst nehmen, das versteht sich von selbst. Dieses Thema soll hier aber nicht weiter vertieft werden.[337] Eins steht aber fest: Das Gendern ist bei der Beseitigung sozialer Missstände keine geeignete Maßnahme. Es schadet der gerechten Sache und bewirkt allem Anschein nach eher das Gegenteil (s.u. 30.2).

Mit Gendersternchen, Wortverrenkungen und Sonderzeichen wird man keine Probleme lösen. Dafür aber viel Unheil anrichten. Verheerend dabei ist vor allem die aggressive Sprache, die giftige „Übererregbarkeit"[338]. Die brachiale Wortwahl (die furchteinflößende feministische Terminologie) dient dem starken Effekt, dem lauten Knall. Und lenkt vom Wesentlichen ab. Anstatt über wirkliche Streitfragen zu debattieren, beschallen die identitären Aktivisten die Öffentlichkeit mit Theorien, die kaum jemand versteht. Alles Schlimme auf der Welt gehe von den weißen Männern aus und sei *strukturell*[339]: nicht nur die Unterdrückung der Minderheiten, sondern leider Gottes auch die Benachteiligungen in Kunst und Forschung, zumal die rassistische abendländische Wissenschaft traditionelle Erkenntnisformen wie Mythen, Voodoo und Aberglauben bei der Wahrheitsfindung nicht gelten lässt. Schon gar nicht in der Mathematik. In solchen Fällen ist die Diskriminierung vor allem *epistemisch*.[340]

Also lauter leere Worthülsen ohne Bedeutung, Zaubermittel zur epistemischen Verwirrung. Diese suggerieren eine Art struktureller Teufelsbesessenheit weiter Teile der Gesellschaft und verbinden damit die Forderung nach einem generellen sozialen Exorzismus. In totalitären Systemen nennt man solche Maßnahmen *Säuberung*. Mehr zur postmodernen Sprache und Argumentation im Kapitel 29. Die Methode (Foucault).

Die Unterstellung, dass die deutschsprachige Bevölkerung ihre eigene Sprache nicht versteht und nicht richtig spricht, ist übergriffig und kontrafaktisch-magisch. Es ist eher umgekehrt: Wer gendert, dem fehlt schlicht und einfach das Sprachgefühl.

Übergriffig ist auch der Versuch, den Muttersprachlern einbläuen zu wollen, dass sie bei der Verwendung mancher Wörter die falschen Bilder sehen. Und dass sie andere Wörter mit irgendwelchen Endungen verwenden sollten, um korrekte Visualisierungen herbeizuzaubern. Der Linguist Tim Hirschberg spricht von einer „Bildvernarrtheit", die von falschen Annahmen über Kommunikation und Semantik ausgehen.[341]

> **Umfrage 7**
>
> Wenn es in einem Satz um *die Mieter* geht –
> was sehen Sie für Bilder?
> ☐ A. Männer ☐ B. Männer und Frauen
> ☐ C. Keine Bilder

Seltsam, dass so viele kluge Köpfe auf diesen Schwindel hereinfallen. Sieht man wirklich irgendwelche Bilder, wenn von Kunden oder Blinden die Rede ist? Oder wird dies nur suggeriert mit der Unterstellung, wer keine Bilder sehe, sei behindert?

Übersehen – oder von Genderern starrsinnig ignoriert – wird die **Unterscheidung zwischen konkret und abstrakt**

(theoretisch/allgemein bzw. spezifisch oder generisch, unbestimmt oder bestimmt). Sprachliche Mehrdeutigkeiten oder Unklarheiten können aufgelöst werden durch kontextabhängige Formulierungen, d.h. durch *Disambiguierung* beziehungsweise Begriffsklärung (Eindeutigmachung), wenn von bestimmten Individuen die Rede ist, also von Lehrern im Allgemeinen (da sehe ich keine Bilder) oder von einer bestimmten Lehrerin (die mir vor dem inneren Auge erscheint, falls ich sie kenne).

Mir soll bitte kein identitärer Amateurpsychologe einzureden versuchen, dass mir bei jedem Pups bunte Bildchen vor der Nase tanzen. Das Wort *Schaffner* zum Beispiel triggert in meiner Vorstellung kein Bild, höchstens die vage Andeutung einer Uniform – ohne Gesicht und ohne Genitalien. Das Wort bezieht sich auf *Allgemeines. Konkret (spezifisch)* wird es, wenn ich an meine letzte Bahnreise zurückdenke, dann sehe ich die schattenhaften Umrisse eines freundlichen Schaffners, ohne physiognomische Details – ein Bild also ohne Gesichtszüge und ohne generische Eigenschaften, weil in diesem Kontext irrelevant – ebenso irrelevant wie die generischen Eigenschaften von weiblichen oder männlichen Lehrern, Ärzten oder Apothekern, von denen in einem bestimmten allgemeinen Kontext die Rede ist.

Das visuelle Denken ist im Zusammenhang mit prozeduralen Vorgängen (Handlungen, Tätigkeiten) durchaus ausgeprägt und kann sogar das verbale Denken verdrängen bzw. ersetzen. Auch auf Personen bezogen: je konkreter der Bezug, umso eher das Aufpoppen von visuellen Vorstellungen: *meine* Frau, mein Neffe Basti, mein Nachbar Schorschi und, wenn es sich um eine weibliche Person handelt, die ich kenne, durchaus auch meine Ärztin Monika. Je abstrakter und allgemeiner der Bezug, umso blasser die innere (mentale) Darstellung von Gedanken.

Die genderideologische Psychologisierung banaler kognitiver Vorgänge ist beliebig und amateurhaft. Man kann durchaus davon ausgehen, dass verbale Informationen durch visuelle Hilfsmuster verarbeitet werden und in der Vorstellung als Bilder erscheinen. Dass aber jedes Wort automatisch ein Bild erzeugt, ist eine unbelegte Hypothese. Schöne Prosa kann durch suggestive Beschreibungen lebhafte Bilder heraufbeschwören. Eine profane Gebrauchsanweisung auch. Theoretische Texte hingegen weniger. Beim Lesen soziologischer Bücher entstehen kaum Bilder im Kopf, und noch weniger beim Studieren philosophischer Werke wie Hegels *Phänomenologie*. Abstraktes wird anders verarbeitet als das alltäglich Konkrete.

Zu den abstrakten Begriffen gehören auch die generischen Bezeichnungen von Gruppen, die durch irgendeine Eigenschaft zusammengehören oder als zusammengehörend angesehen werden. Beispielsweise die Bezeichnung von Berufsgruppen oder Völkern, Wörter wie Portugiesen oder Wissenschaftler. Auch wenn die Gendertheoretiker es besser wissen wollen. In der DDR bevorzugten auch Frauen das generische Maskulinum als Berufsbezeichnung, und in den neuen Bundesländern hat sich daran bis heute nichts (oder nicht viel) geändert.[342]

Möglicherweise wird man uns zu belehren versuchen, die Vorgänge der Visualisierung seien *unbewusst*. Wenn die Argumente ausgehen, holt man eben das Unbewusste aus der Trickkiste. Damit kann man vortrefflich Eindruck schinden, bluffen und in die Enge treiben. Der Begriff des Unbewussten ist in *woken* Kreisen gang und gäbe, dort spricht man systematisch von „unbewussten Vorurteilen" oder „unbewusstem Rassismus" (der ist, wie wir bereits belehrt wurden, immer *strukturell*), um Missliebige moralisch zu diskreditieren. Auch glücklich verheiratete Frauen leben in einem masochistischen Irrtum, weil sie nicht erkennen, dass sie eigentlich unterdrückt und in der Ehe vergewaltigt werden. Die Gefühle sind schließlich auch bloß soziale Konstrukte. Es gilt, die Wahrheit des Unbewussten zu *enttarnen*. Denn alles spielt sich angeblich unter der Oberfläche ab, Diskriminierung und Unterdrückung seien *strukturell* und deshalb unsichtbar. Den Weg zur Wahrheit kennen nur woke Eingeweihte, die über Arkanwissen verfügen und in der Lage sind, „Zeichen zu deuten" und geheime „Codes zu entschlüsseln".[343]

Strukturell ist ein Begriff aus der Soziologie bzw. Philosophie, der heutzutage zum Füllwort ohne Bedeutung verkommen ist, zum Ausdruck struktureller Beliebigkeit und Ignoranz, genauso beliebt wie die *offene Gesellschaft* in einem verkehrten Sinne. Es ist ein *Zauberwort*, es gehört zum Arsenal der „argumentative[n] Allzweckwaffen, die gerade deshalb funktionieren, weil sie keine klare Bedeutung haben."[344]

Im Unbewussten ist bekanntlich alles möglich. Wenn man aber Freud und die Psychoanalyse bemüht, müsste man sich auch über Penisneid unterhalten. Oder geht es beim Gendern um was anderes? Leider hat es sich noch kaum herumgesprochen, dass die Wissenschaftlichkeit von Freuds bahnbrechenden Thesen bis heute nicht bewiesen ist (s. Karl Popper: *Logik der Forschung*). Von der *Wissenschaftlichkeit* wird eh nur selektiv Gebrauch gemacht, wenn es der eigenen Sache dient, meistens in Form von Pseudowissenschaftlichkeit und halbgebildeter Ignoranz.

Schon der Begriff *Konstrukt* ist Magie. Der rhetorische Zaubertrick, das Geschlecht sei ein Konstrukt, war die Halleluja-Formel für ein neues Glaubensbekenntnis. Besonders praktisch: Denken muss man nicht, Argumente braucht man keine. *Sapere aude* (hab den Mut, von deinem Verstand Gebrauch zu machen), das ist nicht mehr zeitgemäß. Postmoderne Theoretiker sind eigentlich Religionsstifter. Ihren Theorien zugrunde liegt die „Überzeugung, alles könnte prinzipiell durch Sprechakte geschaffen und umdefiniert werden", so Alexander Wendt[345]. Wie diese Theorien funktionieren? Denkbar schlicht, wie soziale Plattformen: „Sie sind reduktionistisch, sie beschränken sich auf einfache, leicht kopierbare Inhalte. Die Machart richtet sich nicht auf Debatte und Abwägung, sondern auf eine schnelle Inhaltsverbreitung durch Nachahmung. Ihre Formeln öffnen das Denken nicht. Sie schließen es."[346]

Laut Postmoderne ist alles Wissen implizite Voreingenommenheit und unbewusste kognitive Verzerrung, also Unwissenheit, die man neu kalibrieren muss – nach den Regeln des genderistischen Wahrheitskanons. Wenn wir also feststellen, die deutsche Sprache diskriminiere niemanden, fliegt uns postwendend krachender Widerspruch um die Ohren: Doch, sie diskriminiert, nur sind wir uns dessen *nicht bewusst!*

Hier braucht es Studien, die untersuchen sollten, ob diese Bilder beim Aussprechen eines bzw. jedes Wortes tatsächlich und laufend entstehen. Eine Art Bildergewitter. Oder ob nicht umgekehrt, diejenigen, die ständig irgendwelche Bildchen sehen, an Halluzinationen leiden. Interessant wäre überdies zu klären, was es mit dieser Fixierung auf Genitalien auf sich hat. Einiges spricht dafür, dass sie pathologisch ist. Pathologisch zum

Beispiel das obsessiv behauptete Aufpoppen von Bildern von Personen mit Penis, wenn ein bestimmtes Wort ausgesprochen wird, und von anderen Bildern, von „korrekten", und zwar von Personen mit weiblichen Geschlechtsmerkmalen, wenn die gleichen Wörter mit einer bestimmten Endung versehen sind. Letztere Annahme wäre im Übrigen durchaus plausibel, schon deshalb, weil hier mit dem mahnend-wedelnden Finger auf nackte Tatsachen gewiesen wird.

Zu klären wäre auch, ob der hartnäckige Zwang, unentwegt Geschlechtsteile zu visualisieren, nicht eine Form von psychischer Anomalie sein könnte. Wer beim Vernehmen von Wörtern wie *Nutzer*, *Journalisten* oder *Patienten* Bilder sieht und diesen unweigerlich Geschlechtsteile anhängt, hat womöglich ein handfestes Problem und sollte sich ernsthaft überlegen, kompetente Hilfe einzuholen.

Wir nehmen also zur Kenntnis: Jedes Phantasma ist eine unbewusste Wahrheit. Wer das nicht einsehen will, soll doch das Gegenteil beweisen. Die Genderbewegten schaffen die generische Bedeutung der Wörter ab, eigenmächtig und ohne Rücksicht auf die Gesetzmäßigkeiten der deutschen Sprache. Sind sie nicht fähig, die generische Bedeutung der Substantive zu verstehen? Oder tun sie es aus ideologischer Verblendung? Dafür spricht einiges. Das „absichtliche Falschverstehen" bezeichnet Bernd Stegemann „als radikalste Form der woken Kontrolle".[347] Das Schleifen generischer Bezeichnungen führt zur Zerstörung von Sprache: von Morphologie, Semantik und Tiefenstruktur. Für die Schönheit des Deutschen sind die Genderaktivisten „taub und blind" (Matthias Heine[348]). Hier könnte man auch die Frage aufwerfen, ob es sich hier um ein kulturelles Verbrechen handelt.

Es ist nicht verboten, eine Phantasiesprache wie Esperanto zu erfinden. Aber eine Verletzung von Menschenrechten und Menschenwürde, diese unausgegorene Hokuspokussprache medial der Bevölkerungsmehrheit aufzunötigen zum Zwecke der Disziplinierung und Umerziehung. Das ist Schikane – und eine eklatante Beeinträchtigung der Lebensqualität. Ein bisschen übertrieben? Mitnichten. Sprache ist nicht nur Mittel zur Verständigung. Nicht nur das Medium, über das wir die Welt erleben, erkennen und erklären. Sprache ist Seele. Man kann nicht einfach in ihr herumtrampeln. In ihrer Funktion ist sie eine Art Sinnesorgan oder, im übertragenen Sinne, eine Wahrnehmungsart wie Tastsinn, Gehör, Geschmack oder *Gesicht* – wie das Sehvermögen noch vor wenigen Jahrhunderten bezeichnet wurde. Sprache gehört zu unseren elementarsten Bedürfnissen wie die Luft zum Atmen. Eine eigenmächtige Verunreinigung der Sprache durch Sonderzeichen oder Geräusche gefolgt von überflüssigen Endungen ist vergleichbar mit der Verunreinigung von Wasser, Verpestung von Luft oder Vergiftung von Lebensmitteln.

Die Sprache gehört zu den lebensweltlichen Gewissheiten: zu den kulturellen, identitätsstiftenden Werten, zu den ethischen Fragen des *guten Lebens* – und zum essentiellen, ideellen Inhalt einer Lebensform. Sprache und Lebensformen kann man nun nicht per Verordnung umkrempeln. Die normative Willkür der Gendersprachpanscher ruft Widerstand hervor und schließlich einen Kampf, der eine Gesellschaft von innen zersetzen kann wie ein Geschwür. Die identitäre Politik ist die heimtückischste Krankheit unserer Zeit und die größte Gefahr für die Demokratie. Und das Gendern ein Anschlag auf unsere Kultur, der Versuch einer kulturellen Enteignung und damit eine *Verlusterfahrung* (Andreas Reckwitz)[349] – Verlust von sprachlichem Erlebnisraum, emotionaler Bindung und kultureller Identität. Die Einführung der Gendersprache im ÖRR zeitigt Entfremdung und Vertrauensverlust, führt zu einer Art *kultureller Obdachlosigkeit*, zugleich *Ordnungsverlust*, der als *Freiheitsverlust*[350] erlebt wird. Für die Schauspielerin Nadja Uhl, die die Sprache *ästhetisch* wahrnimmt, ist das Gendern der Verlust eines *Hochgenusses* und von *Sinnlichkeit*.[351]

Die Abschaffung des generischen Maskulinums gleicht einer Operation am offenen Herzen[352]. Diese brachiale Maßnahme spiegelt eine recht naive, weltfremde Sicht auf die Realität, die vor allem in den absurden Thesen der kulturellen Aneignung zum Vorschein kommt, in denen die Vielfalt des Erlebens und der Welt auf archaische Zusammenhänge reduziert wird. Die Komplexität der Wirklichkeit wird einfach verstümmelt, indem man Verbote verkündet, denen sich viele Angsthasen bereitwillig fügen. Opportunismus und Konformismus sind überlebensrelevante Tugenden im sozialen Dschungel.

Heute dürfen nicht einmal fiktive Gestalten in literarischen Werken politische Inkorrektheiten verbreiten, beispielsweise die Ansichten von Wertkonservativen oder gar Rechtsradikalen. Mit dem *sensitivity reader* hält die Zensur in die Verlage Einzug. Bernd Stegemann: „Einen Akt der Selbstzensur als Ausdruck fortschrittlicher Moral zu feiern, ist nur möglich, weil der blinde Fleck genau an der Stelle liegt, wo die spätmoderne Weltanschauung mit der von autoritären Machthabern wie Erdogan übereinstimmt".[353] Die infantile Fixierung auf Gender und Sex entlarvt nicht zuletzt die alte postmoderne Obsession mit Unterwerfung, Macht und Deutungshoheit. Diese produziert am laufenden Band Korrektheiten, die schlicht und einfach unanständig sind, mitunter auch pervers. Und wer hier an Goya denkt, liegt goldrichtig: Der Schlaf der Vernunft gebiert Monster.

Die Gesellschaft muss sich endlich wehren gegen die Beschädigung der deutschen Sprache. Gendern ist eine schleichende Vernichtung eines Kulturguts, das unseren Lebensinhalt bestimmt und den meisten deutschsprachigen Menschen heilig ist – wie jedem seine Muttersprache auf dieser Welt. Man sollte die Indoktrinierungsversuche der identitären Ideologen deshalb einfach ignorieren. Auf den öffentlich-rechtlichen Rundfunk, wenn es geht, verzichten; Informieren kann man sich schließlich auch über andere Kanäle, über BBC World News oder aus der genderfreien Presse. Begrüßenswert wäre auch eine Abschaffung der ÖRR-Zwangsgebühren[354], d.h. eine Verschlüsselung der ÖRR-Übertragungen (s.o.). Oder ein Neustart wie in Polen Ende 2023. Die Autorin Jacqueline, die ihren Nachnamen in der Sendung „Britt der Talk" bei SAT.1 am 26. Oktober 2022 nicht preisgab, erklärte zu Recht, Gendern sei „ein Verbrechen an der deutschen Sprache". Und Uwe Tellkamp betrachtet das Gendern als „eine Vergewaltigung von Sprache".

24. Die Genderverschwörung – ein spekulativer Ausblick

Verschwörungstheorien sind ein Produkt von Halbwissen, Kurzsichtigkeit und Aberglauben. Die Annahme, dass wir in einem Zeitalter der Verschwörungstheorien leben, beruht auf einer verzerrten Wahrnehmung. Wie sie entstehen und wie sie sich von der Antike bis in die Gegenwart entwickelt haben, erklärt der Tübinger Professor Michael Butter eindrücklich in seinem Buch „Nichts ist, wie es scheint".

Die Genderbewegung als Phänomen erfüllt formal einige Kriterien einer Verschwörung. Getragen wird sie nicht (nur) von halbgebildeten Sonderlingen und eingeschüchterten Mitläufern, sondern auch von hochgebildeten Intellektuellen und Medienprofis, die es besser wissen müssten. Und ich unterstelle, dass sie es tatsächlich auch wissen – das heißt, ziemlich genau wissen, was sie tun: Sie kämpfen um ihren Job, die Professur, den kleinen Stuhl oder die verantwortungsvolle Position in einer Institution, in der Korrektheitsvorgaben zum Kleingedruckten gehören und sich als ungeschriebene Gesetze verselbständigt haben. Alle, die mitmachen, (re)produzieren bewusst das, wofür sie bezahlt werden, u.a. Studien ohne Ende. Und Theorien, um alte Vorurteile am Köcheln zu halten.

Die Gleichberechtigung ist per Verfassung garantiert (s. 30.6), homosexuelle Paare dürfen heiraten. Diese Realität stellt die Daseinsberechtigung des militanten Feminismus und der genderistischen Aktivismen infrage. Doch die Vertreter dieser Theorien geben nicht auf und erfinden neue Ungeheuerlichkeiten am laufenden Band. Die Postmodernisten leugnen den Fortschritt[355], wohl weil er ihnen nicht in den Kram passt, wie Douglas Murray feststellt. Er nennt diese Strategie St George in retirement syndrome (St.Georg-im-Ruhestand-Syndrom bzw. Saint George-Syndrom im Ruhestand). Der Drache ist besiegt, es lebe der neue Drache, hurra, der Kampf geht weiter![356]

Für eine Verschwörung gibt es praktisch keine plausiblen, keine schlüssigen Anhaltspunkte. Die Hypothese einer Genderverschwörung wäre in ihren argumentativen Grundlagen typisch postmodern. Sie basierte auf einer gefühlten Wahrheit, nicht auf einer faktischen Realität.

Das Bestechende an diesem Ansatz ist der Versuch, das Phänomen rational zu erklären. Wenn nicht Spinner am Werk sind, dann müsste man doch davon ausgehen, dass ein weltumspannender Plan dahintersteckt, vergleichbar mit dem Märchen vom großen Bevölkerungsaustausch. Von einer „Umvolkung" kann natürlich keine Rede sein, aber der Versuch einer mentalen Umpolung ist nicht ganz von der Hand zu weisen, Verdachtsmomente gibt es zuhauf, und der Verfassungsschutz täte gut daran, die Szene im Blick zu behalten, bevor wir in eine identitäre Diktatur schlittern; die despotische Leitvorstellung ist fester Bestandteil dieser dogmatischen Lehren. Man könnte daher annehmen, dass eine Elite die Öffentlichkeit manipuliert und den öffentlichen Diskurs zu kontrollieren versucht, um die Grundlagen von Ethik, Politik und Moral umzukrempeln. Aber wozu? Zu welchem Zweck?

Es mutet wie ein ungeheures soziales Experiment an, wie ein Versuch, mit Kokolores die öffentliche Meinung und damit die Deutungshoheit zu kapern[357]. Ein Fall von *social engineering*? Ein *Hoax (Streich, Posse)*, wie die Engländer sagen? Eine andere Logik für den Siegeszug dieser sich krakenähnlich ausbreitenden Bewegung, die mit epistemischem Unsinn eine alternative Wahrheit durchboxen will, ist kaum vorstellbar. Den meisten Menschen ist schließlich klar, dass eine identitäre Minderheit versucht, die Bevölkerungsmehrheit zu veräppeln. Hier ist ein weiteres Gefühl im Spiel, nämlich von Kontrollverlust[358]. Sozialpsychologisch ist diese unterschwellig grassierende Verunsicherung ein fruchtbarer Nährboden für Verschwörungstheorien. Dieses Gefühl macht sich nicht nur mit Blick auf die eigenmächtig eingeführte Gendersprache und die im medialen Alltag ubiquitär überbetonte Genderthematik breit, sondern auch die Migrationspolitik und die im Nachhinein als teils nicht angemessen erwiesenen Corona-Maßnahmen.

Viele werden sich möglicherweise bald fragen: Wer zieht eigentlich die Fäden im Hintergrund, wer steckt hinter diesem absurden Narrenspiel? Handelt es sich wirklich um ein perfides Projekt der pluralistischen, kosmopolitischen, global vernetzten heimatlosen Eliten? Muss man denn noch einmal beweisen, dass die Massen dumm, vulnerabel und formbar sind wie Knetgummi? Oder dass sie mittlerweile doch nicht so dumm sind, wie manche es gerne hätten?

Wer gendert, ist keineswegs dumm. Als Erklärung wäre die Dummheit ein zu billiges Argument und zudem kontrafaktisch. Es gibt nämlich erschreckend viele intelligente Menschen, die gendern. Was hat sie geritten? Warum tun sie das? Um nett zu sein? Um sich als modern und *progressiv* zu gerieren? Aus Charakterschwäche? Oder einfach nur aus einer schrägen Laune heraus? (s. Kap. 16. Kultur der Anbiederung an den Zeitgeist)

Die Motivation, die dahintersteckt, ist ein unrühmliches Beispiel menschlicher Verirrungen. Ist aber kein Rätsel.

Die empirische Psychologie weist auf ein seltsames Phänomen hin und stellt den Hochintelligenten ein alles andere als schmeichelhaftes Zeugnis aus. Denn auch bei diesen hat die moralische Überlegenheit Vorrang vor der wissenschaftlichen Evidenz. Sie „neigen dazu, Fakten zu leugnen, sobald sie ihrer Weltsicht widersprechen", so Philipp Hübl, der eine *ideologische Verzerrung* diagnostiziert. Aus Loyalität zu ihrer Gruppe verschließen die überdurchschnittlich Gescheiten die Augen vor der Realität und *überblenden* die moralischen Ziele „so stark mit den vorgeschlagenen Mitteln (beispielsweise Gendern [...]), dass sie keine Forschungsdaten akzeptieren, die nahelegen, dass die Maßnahmen auf fragwürdigen Annahmen beruhen [...]"[359]

Der Physiker und Kabarettist Vince Ebert klärt uns über die Motivation und die Renitenz der Klugen recht anschaulich und drastisch auf[360]. Es geht zum einen um Konformitäts*bereitschaft*, was uns allen bestens bekannt ist, und, wie Philipp Hübl anmerkt, um „gespielte Empörung und Konformitätsdruck"[361]. Erstaunlich, aber dann doch wenig überraschend: *besonders anfällig* sind die »gesellschaftlichen Eliten«. Und, halten Sie sich fest: „Je gebildeter und klüger ein Mensch ist, umso geschickter ist sein Gehirn, ihm den größten Blödsinn als vernünftige Idee zu verkaufen, solange es seinen sozialen Status hebt".[362] Oder zumindest sichert. Ebert erwähnt hier auch die Studien des Daten-Analysten David Shor, der feststellte, dass „gebildete Menschen tatsächlich ideologisch extremere Ansichten vertreten als Menschen aus der Arbeiterklasse".

Auch der Spiegel-Korrespondent René Pfister stellt fest, unter vielen linken Intellektuellen in den USA habe sich „eine radikale Weltsicht durchgesetzt".[363] Als radikal mutet auch die Haltung mancher deutschen Intellektuellen an, die nach den Massakern an der israelischen Bevölkerung Anfang Oktober 2023 den Hamas-Terror „verherrlichten", wie die Kultur- und

Literaturwissenschaftlerin Stella Leder in einem Deutschlandfunk-Interview beklagte. Sie sprach von einer „Glorifizierung" des Terrors durch Kuratoren und Künstler.[364] Es handelt sich zum einen wohl um ein gar nicht so seltenes Phänomen unter geltungssüchtigen Intellektuellen, ihr Profil mit trotzig-schräger, mitunter *unredlicher* Originalität schärfen zu wollen.

Die Solidarität mancher linksintellektueller und radikalfeministischer Akteure mit der muslimischen Welt hat zum anderen weit verzweigte weltanschauliche Wurzeln. Im Grundsatz gibt es zwischen den identitären Ideologien und dem Islam erstaunliche Gemeinsamkeiten, in erster Linie die Relativierung des aufgeklärt-rationalen Humanismus, mitunter auch die Ablehnung wissenschaftlicher Wahrheiten.[365] Wohl auch den Glauben an Magie und die fehlende *Demokratiekompatibilität*. Beide *Religionen* verorten ihren existenziellen Mittelpunkt in einer magischen Wir-Gemeinschaft als Gegenpol zum autonomen Individuum, dessen selbstgesetzgebender Wille und „auf eigenem Einzelurteil beruhende Erkenntnismethoden" im Spiegel des Glaubens schlichtweg „Wahnwitz und Verblendung" bedeuten.[366]

Dieses soziopsychologische Phänomen hat eine bemerkenswerte Vorgeschichte. Bereits Anfang des vorigen Jahrhunderts beschrieb es der französische Essayist Julien Benda in seinem Buch „Der Verrat der Intellektuellen"[367]. Er nimmt die autoritären Eliten ins Visier, noch lange bevor Theodor Adorno oder Hannah Arendt sich die autoritäre Persönlichkeit vorknöpften. Benda erkannte schon früh, dass das eigentliche Problem woanders liegt, nämlich in Gruppen oder Personen, die den *Autoritarismus* unterstützten. Er warf den linken wie den rechten Intellektuellen vor, die „zentrale Aufgabe des Intellektuellen, nämlich die Suche nach der Wahrheit, zugunsten partikularer politischer Zwecke verraten zu haben. Sarkastisch nannte er diese gefallenen Intellektuellen *clercs* oder *clerks*, eine Bezeichnung, deren ursprüngliche Bedeutung mit *clergy* zusammenhängt", wie die Publizistin Anne Appelbaum[368] das Thema zusammenfasst. Diese *clercs* sind letzten Endes Mitläufer, die den Weg in die illiberale Demokratie ebnen. Auch dieser Gedanke geistert bereits in der Presse[369]. Linke und rechte *clercs*, die sich einer politischen Ideologie verschrieben haben, verfolgen das klare Ziel, die politischen Karten neu zu mischen oder, wie Anne Appelbaum schreibt, „ihre Nation neu zu definieren".[370] Eine Verschwörung ist das nicht, solange man sich an die Spielregeln der Demokratie hält. Was oft nicht der Fall ist, vor allem, was die Meinungsfreiheit anbelangt. Den medialen und akademischen Eliten geht es offensichtlich nicht um die Wahrheit, sondern um Macht. Viele ÖRR-Redakteure „verstehen sich nicht als objektive Berichterstatter, sondern als Aktivisten." (A. Teske[371])

Die ideologisch vereinnahmten Medien sind heute die monopolistischen Produzenten von Wahrheit. Sie waren es eigentlich schon immer. „Wahrheit ist ein Produkt der Presse. Was sie will, ist wahr", stellte Oswald Spengler bereits Anfang des vorigen Jahrhunderts fest. Schon früh haben die Medienmacher erkannt: Die Wahrheit ist „für die Menge das, was man ständig hört und liest." Und die Presse kann „jede Wahrheit zum Tode verurteilen", indem sie diese einfach ignoriert[372]. Die vorgeschobenen Gebote und Korrektheiten dienen heute wie damals lediglich dazu, die Gesellschaft an die ideologische Kandare zu nehmen und kleinzukriegen. Die politische Korrektheit sei „zum politischen Entwurf geworden, der Gesellschaft und Staat umkrempeln soll", bemerkt ZEIT-Herausgeber Josef Joffe[373]. Und die Buchautoren Pluckrose und Lindsay bezeichnen die unlauteren Methoden der identitären Interessengruppen als eine „boshafte Form des Drangsalierens"[374].

Im Gendern steckt viel Anbiederung an die Gruppe, der man sich zugehörig fühlt, nämlich an die linksintellektuellen Eliten und die linksidentitäre Szene. Man gendert aus Loyalität. Eine gewisse Arroganz (Standesdünkel) gehört natürlich auch dazu. Gendern ist ein Stilmittel der Verachtung. (s. Kap. 29 und 30.3)

Die Klugen, die gendern, tun das aller Wahrscheinlichkeit nach wider besseres Wissen. Frei nach dem Grundsatz, der Klügere gibt nach. Oder zieht den Kopf ein, um ja nicht anzuecken, schließlich will man ja seine Ruhe haben. Die wird aber niemand haben. Denn die sozialpolitische Konfrontation und die Spaltung in verfeindete Lager werden immer militanter und kompromissloser. Wir erleben derzeit hautnah, wie die Polarisierung demokratische Normen zerstört[375].

Unter Beschuss steht auch die Wissenschaftsfreiheit.

Der Grundsatz der Objektivität wird vermehrt infrage gestellt.[376] Aktivisten fordern an manchen Universitäten die Ideologisierung der Wissenschaft: Leitlinie der Forschung sollte in erster Linie die korrekte Denke sein[377] und nicht die evidenzbasierte Wahrheit. Wen wundert's. Bildung führe zu Dogmatismus, weiß der Neurowissenschaftler Henning Beck.[378]

Mit der Identitätspolitik macht sich in der abendländischen Welt eine aggressive Archaisierung des gesellschaftlichen Miteinanders breit, die Menschen werden nach Korrektheiten sortiert, nach Opferstatus hierarchisiert und bei Missachtung identitärer Dogmen exkommuniziert. Diesem Druck kann nicht jeder standhalten, viele knicken ein, jeder Dritte fühlt sich in unseren freiheitlichen westlichen Gesellschaften offensichtlich psychisch krank, so das Ergebnis einer Umfrage des AXA-Versicherungskonzerns – aus unterschiedlichsten Gründen.[379] Ist am Ende die Identitätspolitik die große Verschwörung gegen die abendländische Zivilisation?

Also: nichts als schräge Fragen und reine Spekulationen, die auf wackeligen Füßen stehen und ein ungutes Gefühl wecken – der toxische Stoff, aus dem Verschwörungsalpträume sind.

Vorstellbar wäre, dass viele Menschen in den Genderbewegungen die Anfänge einer linksidentitären Verschwörung sehen, zumal auch Medienpromis wie Ranga Yogeshwar oder Harald Lesch in ihren Sendungen Unsinn verzapfen (bereitwillig oder ahnungslos?), wenn sie über Genderthemen berichten – Unsinn im Sinne der Unterzeichner des Aufrufs „Schluss mit der Falschberichterstattung des öffentlich-rechtlichen Rundfunks!"[380] Was soll man von einem Journalisten halten, der in seiner Sendung über Transgender referiert, den Unterschied aber zwischen transsexuell und intersexuell nicht kennt und sich auch nicht die Mühe macht, sich vorher zu informieren? Hier drängt sich der unsägliche Vorwurf der *Lügenpresse* auf – was im Sinne der Wissenschaftlichkeit nicht von der Hand zu weisen wäre, es sei denn, man akzeptiert postmodern-epistemische Spinnereien als alternative Wahrheit. Fest steht: Die ÖRR-Macher verbreiten kontrafaktische Informationen. Inkompetenz oder Dummheit kann man ihnen nun wirklich nicht vorwerfen, vor allem den beiden oben erwähnten Fernsehmoderatoren. Bestechlichkeit? Abwegig.

142

Anbiederung an die Transgender-Ideologie? Reine Spekulation. Was dann? Eine rationale Erklärung für die verqueren Behauptungen im ÖRR, die wissenschaftlichen Erkenntnissen widersprechen, gibt es nicht. Es sei denn ... eben. Da wären wir erneut bei den Verschwörungstheorien.

An einer linkselitären Verschwörung müsste man sich bewusst beteiligen. Dass die halbe Medienintelligenz dabei mitmachen könnte, übersteigt meine Vorstellungskraft. Ebenso gewagt die Annahme einer Verschwörung im Hochschulmilieu. Und doch nicht ganz aus der Luft gegriffen. An manchen Unis scheint der blanke Irrsinn zu herrschen. Die Leitbilder, die hier die Marschrichtung vorgeben, legitimieren „Wokismus und Cancel Culture", so die Ethnologie-Professorin Susanne Schröter, die von einem „intellektuellen Paralleluniversum" spricht[381]. In diesem Biotop kann nur überleben, wer zu Kreuze kriecht und das Gebot der Unterwerfung verinnerlicht. Im Popanzgewand treten hier die Gesinnungsinquisitoren auf, die jeden exkommunizieren, der woke Dogmen missachtet. Sie machen gegen alles mobil, „was sie selbst als rechts oder rassistisch empfinden".

An der FU Berlin forderten Aktivisten „drastische Eingriffe in die Wissenschaftsfreiheit, eine ideologische Auswahl von Dozenten und eine woke Überarbeitung von Lehrinhalten".[382] Typisch in totalitären Systemen: nicht die Kompetenz zählt, sondern das Parteibuch. Dabei haben die Allgemeinen Studentenausschüsse eigentlich kein politisches Mandat, ihre Tätigkeit sollte sich ausschließlich auf hochschulpolitische Themen beschränken. Dass ein paar aktivistische Irrlichter mit abwegigen Forderungen die akademische Welt kujonieren, ist zwar ärgerlich, aber halb so wild. Wirklich bedenklich ist hingegen, dass „Leitungsgremien oft nicht bereit [sind], die Wissenschaftsfreiheit aktiv zu verteidigen".[383]

Wer sich wie der *Bayreuther Exzellenzcluster*, der sich als „Kampfgruppe gegen Rassismus" definiert, den wissenschaftlichen Objektivitätsanspruch ablehnt, kündigt den demokratischen Konsens und erklärt unsere Verfassung für nichtig.[384] In solchen Kreisen sind die korrekten Visionen der Woken nicht verhandelbar, und „Offensichtliches soll nicht benannt werden"[385]. Ob an den Unis eine Verschwörung im Gange ist, müsste der

Verfassungsschutz klären. Manche verhaltensauffällige Gruppierungen hat er bereits im Visier.[386]

Die meisten woken Akteure jedoch, die im Hintergrund agieren, bilden eine weitestgehend unsichtbare Macht. Aus der Deckung heraus fällt es diesen Strippenziehern sehr leicht, das ganze Gewese um Cancel Culture zu verharmlosen und lächerlich zu machen. Alexander Wendt: „Die relative Unsichtbarkeit, das Ungestaltete, bewusst ungeregelte dieser avancierten Machttechnik erleichtert es denjenigen, die sie benutzen, schon den Versuch ihrer kritischen Darstellung als Phantasma oder [...] *Verschwörungstheorie* abzutun." Die Skandale an Universitäten, die Störaktionen, die Jagd auf Professoren bildeten dabei lediglich die „sichtbare Kruste" dieser destruktiven Machtausübung. „Darunter findet die eigentliche Transformation statt."[387] Doch mit der Unsichtbarkeit lässt sich leider keine Indizienkette für eine breit angelegte Verschwörung stricken. Die innere Logik dieser bemerkenswerten Hypothese sollte man trotzdem nicht so leichtfertig außer Acht lassen: in einem rauen Umfeld gnadenloser Konkurrenz im Bereich der „Sinnproduktion" (Medien, Unis, Politik und Public Relations) finden Anpassung und „Homogenisierung ohne zentrale Anweisungen, ohne sinistre Fädenzieher im Hintergrund"[388] statt und sind eine natürliche Reaktion auf die Angst vor Rufmord oder Karriereknick, das Resultat von Selbsterhaltungstrieb und Profilierungszwang. Das postmodern entstandene ideologische System ist in seiner Zusammensetzung höchst unplausibel, eigentlich absurd, es besteht aus „schwer mischbaren Elementen wie ideologische Starrheit nach sozialistischem Muster, spätkapitalistische Selbstoptimierung und tribalistisches Denken".[389] (s. 30.5.1) Ein besonderer Fall von Cancel Culture ist die Affäre um den Grünen-Politiker Stefan Gelbhaar – eine *kafkaeske* Politintrige, die *strukturelle* Probleme innerhalb der Partei entlarvt.[390]

Ich bin mir bewusst, dass Leser der Birgit-Kelle-Bestseller den Kopf schütteln und mir im Stillen widersprechen: eine woke Verschwörung gibt es vielleicht doch. Sie kommt durch die Hintertür, unterwandert Gesellschaft und Politik, verbreitet falsche Selbstverständlichkeiten, treibt die Bevölkerungsmehrheit in die Enge, bis der Irrsinn zur Normalität wird. Die Indizienkette, die

die Autorin vorlegt, ist erschreckend, nämlich lückenlos und wasserdicht.[391]

Das Gendern ist ein Nebenaspekt in einem größeren Zusammenhang, in dem die Genderbewegung die Schaltstellen der Macht Schritt für Schritt zu übernehmen droht. Der Einfluss auf die Gesellschaft setzt bereits im Kindergarten ein – eine großangelegte Maschinerie der Manipulation und Indoktrination. Kelle stellt eine „Dekonstruktion der Normalität mit dem Ziel der Umdeutung aller Werte" fest in einer akribischen Analyse der Verflechtung von Genderlobbyismus und Politik durch die Alimentierung von LGBT-Interessenvertretungen und -Netzwerken mit Steuergeldern, aber auch durch die Abtretung von Zuständigkeiten: „Durch den Segen des Familienministeriums werden die einschlägigen Gruppen mit ihrer Agenda als Experten an Schulen vorgelassen. Nicht selten steht in den Konzepten, dass diese Arbeit ohne Anwesenheit der Lehrer stattfinden soll". Einfacher geht es gar nicht. Wo soll das alles aber hinführen?

Plausibel wäre folgende Hypothese: Die eigentliche Verschwörung sei die *Erfindung* einer Verschwörung beziehungsweise die Wokeness-Theorie an sich, die aus den verschiedenen postmodernen Theorien schöpft, alte Mythen von fortbestehender Unterdrückung und kolonialistischer White Supremacy aufwärmt und den strukturellen Rassismus-Teufel an die Wand malt. Lauter „verrückte Ideen", wie der Buchautor Andrew Sullivan unverblümt sagt[392]. Batya Ungar-Sargon nennt diese akademische Geisteshaltung „moral panic about race"[393]. In diesem „identity culture war" glaubt die Wokeness-Bewegung eine Verschwörung des abendländischen Mannes gegen den Rest der Welt zu erkennen und untermauert ihr Narrativ mit halbgaren, mitunter abenteuerlichen Argumenten. Als Opfer identifiziert sie die Frau sowie all die *unterprivilegierten* Völker, die einst kolonisiert und heute angeblich immer noch unterdrückt werden. Die mutmaßlichen Ideengeber dieser identitären Verschwörungstheorie bedienen sich dabei eines billigen Tricks, um das Absurde glaubhaft zu machen: Sie dekonstruieren die Geschichte, indem sie die Chronologie und Zeitlichkeit geschichtlicher Prozesse und Entwicklungen aufheben und durch eine ewige Gegenwart ersetzen, in der die heutigen Generationen einerseits den Opferstatus erben, und das sind die Benachteiligten aus den armen Ländern, und der weiße Mann andererseits die Schuld erbt, die er durch Buße, Unterwerfung und Enteignung abtragen müsste, bis in alle Ewigkeit. Zu diesem *Narr*ativ gehört eine selektive, einseitige Geschichtsbetrachtung, eine Geschichtsvergessenheit, die sämtliche unangenehme historische Wahrheiten aussortiert.

Ja, Enteignung der abendländischen Völker, dieser Gedanke wurde bereits in diesem Sinne schon oft artikuliert und mit einer Umverteilung des Vermögens verbunden[394]. Nichts als weltfremde Machtphantasien?

Skandalisieren sollte man nicht, schon gar nicht *katastrophisieren* (*catastrophize*), Verharmlosen ist aber auch keine gute Idee. Im Auge behalten sollte man deshalb folgende Fakten: Die postmodernen Theorien sind Neuinterpretationen des Marxismus und bedienen sich mancher Dogmen und Kampfstrategien, um einen eventuellen Systemwechsel herbeizuführen.

Ob sie auch zu Gewalt bereit wären? Gewalt ist laut Marxismus ein legitimes Mittel zum Zweck. Die identitäre Enthemmung ist möglicherweise nur ein Vorgeschmack auf das, was uns blühen könnte, wenn die neuen Fundamentalisten an die Macht kämen. Die Wokeness-Bewegung sucht nicht nach Lösungen, sondern die Eskalation, den Kulturkampf[395] bis zur Machtergreifung und Zerstörung eines zum Teufel stilisierten Feindes. Terrorismusforscher Jérôme Endrass, Professor für forensische Psychologie an der Universität Konstanz, sieht bei vielen Woke-Aktivisten „ein Schwarz-Weiß-Denken, wie es für militante Gruppen typisch ist". Von da sei der Weg zur offenen Gewalt nicht mehr weit. Aus der Ansicht, dass die Welt aus Unterdrückern und Unterdrückten bestehe, ergebe sich eine legitimierende Überzeugung, Gewalt anzuwenden, die dann „nicht mehr ein Verbrechen, sondern eine Art legitimer Notwehr" sei. Endrass erkennt in Teilen der Woke-Bewegung eine klare Tendenz zur Radikalisierung, und das sei „eine Gefahr für das Zusammenleben"[396].

Zum Schluss nun eine der plausibelsten Erklärungen: Der Verdacht liegt nahe, dass es sich um die *Umerziehung* der Deutschen handelt, ein ideologisches Programm der linken

146

anständigen Eliten. Ein Projekt, aber keine Verschwörung. Es beruht auf einem stillschweigenden Konsens, dass die Bevölkerung dumm und manipulierbar sei, dass man sie in die korrekten politischen Bahnen lenken müsse. Eine fatale Fehleinschätzung. Die Durchschnittsbürger sind zwar nicht so eloquent wie die Eliten, aber nicht dümmer.

Wir müssen also tiefer graben und machen uns auf die Suche nach den Wurzeln des Korrektheitsfanatismus und ihrer unsäglichen Auswüchse. Und da wären wir beim Hypermoralismus.

25. Hypermoral – die neue Religion

Die religiösen Dimensionen der Genderideologie, zu deren Nebenprodukten auch die Gendersprache gehört, wurden im vorliegenden Text verschiedentlich beleuchtet. Die Genderaktivisten bedienen sich der gleichen Methoden wie die neuen Adepten der Hypermoral.[397] Der Philosoph Alexander Grau beklagt in seinem Buch „Hypermoral" die „Moralisierung von Sachfragen", wodurch die „Moral eine Monopolstellung" bekommt. Dabei werden „alle anderen rationalen Erwägungen diskreditiert". Da die moralischen Debatten Gefühle mobilisieren, „entlasten [sie] zugleich vom Nachdenken" (S. 10-11). Es entsteht ein „neuer missionarischer Puritanismus" – mit verheerenden Folgen für den demokratischen Diskurs.

Die „manichäische Rhetorik" teilt die Gesellschaft in Fromme und Ketzer: „Wer sich dem herrschenden Moralismus widersetzt, ist entweder einfältig oder ein pathologischer Fall" (Grau, S. 45). Also: Wer nicht gendert ist entweder blöd – oder ein Irrer. Im letzten Satz könnte man meinetwegen das Wort *nicht* auch weglassen, wenn die Aussage noch als Meinungsäußerung durchgehen würde. Denn die „penetranten Formen" der Diskreditierung weltanschaulicher Gegner sind zugleich Formen des Dogmatismus und der Intoleranz. Die liberale Gesellschaft duldet die Genderanhänger, aber die Genderglaubensgemeinschaft duldet keine demokratischen Spielregeln. „Wer den moralistischen Inhalten und Wertevorstellungen widerspricht, dem wird seine persönliche Autonomie und Urteilskraft abgesprochen"

(Grau, S. 46). „So pathologisiert der neue Moralismus alle abweichenden Einschätzungen und baut damit zugleich eine Drohkulisse auf, um abweichende normative Debatten im Keim zu ersticken" (Grau, S. 47). Wer sich dem ideologischen Humbug nicht unterwirft, dem droht die soziale Ächtung. Dabei verstehen sich die Hypermoralisten als „letzte Instanz" und „Gipfel menschlicher Moralentwicklung" (Grau, S. 53).

Noch einmal die Frage: Haben unsere klugen und hochgebildeten Intellektuellen Angst vor der zivilisationszersetzenden Hypermoral? Sind sie wirklich bereit, die Demokratie zu opfern für ein bisschen Wohlfühlscheinheiligkeit? Diese Angst ist nur vordergründig Angst. Diese Art von Angst nennt man Feigheit. Oder eine *Demoralisierung*, der die Intelligenz „ohne Gegenwehr ausgeliefert" ist (Sloterdijk[398]).

Der Genderismus ist der Versuch, die Bevölkerungsmehrheit zu entmündigen. Man darf sich deshalb nicht wundern, wenn jemand darin Anzeichen einer linksfaschistischen Verschwörung wittert. Schließlich landeten auch in der UdSSR die Systemkritiker, die sich einer sachlichen Argumentation bedienten, die kommunistischen Moraldogmen aber nicht zu achten bereit waren, in der Psychiatrie. Auch dort gab es nur eine einzige, unumstößliche Wahrheit: die der Partei. Der Vorwurf liegt deshalb auf der Hand: Wer intelligent und gebildet ist und trotzdem gendert, ist verantwortungslos, weil er wider besseres Wissen einer totalitären Ideologie Vorschub leistet.

Den zerstörerischen ideologischen Fundamentalismus kennen wir ja hierzulande bis zum Abwinken. Doch die Gesellschaft und die neuen Weltverbesserer haben aus der Geschichte nichts gelernt: gleiche Formen, neue Inhalte; gleiche Denkungsart, neuer Ungeist; gleicher Stil, neue Unwahrheiten, die eine geltungssüchtige Minderheit der Bevölkerungsmehrheit aufnötigen will. Vulgo: das Gleiche in Grün. Das gilt auch für die Mitläufer: Duckmäusertum und Autoritätshörigkeit. Für die Demokratie eine fatale Konstellation: „Moralisierung verhindert Verständigung, erzeugt Konflikte oder heizt sie an", so der Philosoph Sigbert Gebert[399].

Die Hypermoral ist eigentlich ein Mittel zum Zweck, eine Waffe in einem Machtkampf, der dem Klassenantagonismus ähnelt, der aber entlang neuer Fronten tobt. Es handelt sich um eine Neuauflage der Mobilisierung von Ressentiments unter Einsatz von „Zornkapital". Diesmal gegen allgegenwärtige weiße Rassisten, misogyne Unterdrücker und sündige Kolonialisten. Parallelen zur maoistischen Kulturrevolution der sechziger Jahre drängen sich auf: Peter Sloterdijk beschreibt sie als „Entfesselung des Hasses von aufgeputschten Jugendlichen gegen die ältere Generation der Kulturträger"[400].

Heute hat die Hetze eine rassistisch-geschlechtliche Dimension und beschwört den Geist der Entsolidarisierung. Als Erzfeind identifiziert sie den alten weißen Europäer und ergeht sich in Rachephantasien. Dazu zählen Umerziehungsmaßnahmen, Enteignungen (s. Kap. 24) und eine Umverteilung von Anerkennung nach neuen, antimeritokratischen Regeln.[401]

Cicero-Kolumnist Alexander Grau glaubt nicht mehr, dass der verstockten Gender-Minderheit mit rationalen Argumenten beizukommen ist[402]. Gegen den Genderfanatismus ist offensichtlich kein Kraut gewachsen.

Wie man Fanatiker kuriert, weiß vielleicht am Ende der Zauberer von Oz. Nein, nicht der. Sondern Amos Oz – unsere letzte Hoffnung im Kampf gegen die grassierende Genderpandemie? (s. Nachwort)

26. „Krieg der Sternchen – Die Debatte um gendergerechte Sprache" – Kulturdoku oder plumpe Propaganda?

Zunächst ein paar Anmerkungen zum Pressetext. Anschließend eine Zusammenfassung des Filmbeitrags[403] von Karsten Gravert, den das ZDF als Kulturdokumentation anpreist. „Befürworter und Gegner des Genderns kommen im Film gleichermaßen zu Wort", heißt es in der ZDF-Begleitgebrauchsanweisung. So zum Beispiel der Publizist Fabian Payr, Initiator des Aufrufes *Wissenschaftler kritisieren Genderpraxis des ÖRR*; oder Wolfgang Thierse (SPD), der klare Worte findet zum Gender-Unfug; oder die Autorin Nele Pollatschek, die sich als *Schriftsteller* bezeichnet; und Professor Peter Eisenberg, dessen Standpunkt leider nur sehr knapp in einigen zusammenhanglos wirkenden O-Ton-

Collagen angerissen wird. Erwähnt wird auch der Verein Deutsche Sprache (VDS) und die Petition gegen das Gendern, unter der rund 70.000 Unterschriften stehen.

Der ZDF-Pressetext wartet leider auch mit vielen unbelegten Behauptungen auf, beispielsweise: »Was einmal als gewagte akademische These begann – nämlich, dass wir ein soziales Geschlecht haben und dass wir alles Mögliche außer nur „männlich" und „weiblich" sein können – *ist mittlerweile im gesellschaftlichen Mainstream, in Kindergärten und Amtsstuben angekommen.* Und das äußert sich auch in der Sprache: *Immer häufiger hört man den Glottisschlag, die kleine Pause, die den Genderstern markiert.* Seit zwei Jahren sogar in den Nachrichten.« Kursiv hervorgehoben sind Behauptungen, die so nicht stimmen: erstens, von wegen Mainstream; und den Glottisverschlusslaut hört man nur im Radio/Fernsehen *immer häufiger*; kein Mensch spricht im Alltag Genderdeutsch: Genderer und Verweigerer leben offensichtlich auf unterschiedlichen Planeten; dieses „immer häufiger" ist statistisch nicht belegt und nicht quantifizierbar. Also unseriös, schlicht und einfach erfunden. Eine Art magisches Denken, der Versuch, eine Wirklichkeit herbeizubeten, die es so nicht gibt, die Beschwörung von Zauberformeln, um die Kontrolle über die Gehirne der Mitmenschen zu erlangen. (Oder auch aktivistischer Journalismus, der an Goebbels erinnert, der sinngemäß sagte, eine Lüge müsse man so oft wiederholen, bis man an sie glaubt. Wer jetzt an „Lügenpresse" denkt, liegt natürlich falsch. Es handelt sich hier einfach um eine ideologische Haltung des „linkslastigen"[404] ÖRR. Diese produziert am laufenden Band tendenziöse Berichterstattung, die sich fragwürdiger Methoden bedient, oft einseitig ist und unliebsame Fakten geflissentlich unter den Teppich kehrt.) Dieses „immer häufiger" will einen Zustand legitimieren, der gar keine Legitimation hat. Genauso könnte man uns eines Tages mit der Behauptung konfrontieren, dass *immer häufiger* bzw. *immer mehr Menschen* an Engel und Dämonen glauben. Grund genug, sich derlei Unsinn zu eigen zu machen?

Auch folgende Masche ist sehr beliebt in genderaktivistischen Kreisen: Die subjektive Wahrnehmung reicht aus, um Wunschdenken als allgemeine Wahrheit zu patentieren. Vorrang hat in der postmodernen Welt die Meinung jener, die *moralisch höher qualifiziert* sind als die verruchten Gendergegner. Auf die Kritik am Schluckaufsternchen im ÖRR entgegnet Karen Schmied, Programmchefin bei Radio Fritz, belehrend, mit der Sprechpause vor der femininen Personalendung sollen sich Männer und andere geschlechtliche Identitäten einbezogen fühlen, und klärt auf: „Wir merken regelmäßig, dass gendergerechte Sprache bei jungen Menschen eine zunehmend größere Rolle spielt". Der VDS widerspricht dieser frei erfundenen alternativen Wahrheit: „Sprachwissenschaftliche Studien kommen zu ganz anderen Ergebnissen, nämlich, dass jüngere Personen das generische Maskulinum als unspezifische Form weniger ablehnen, weil sie den gesellschaftlichen Stand der Gleichberechtigung gelassener sehen".[405]

Weiter zum „Krieg der Sternchen"-Pressetext: Unsachlich auch die Frage: „Aber gehört *diskriminierungsfreie* Sprache nicht zum Selbstverständnis einer *demokratischen Medienlandschaft?*" Damit will man den Zuschauer gefügig machen, indem man ihm unterstellt, seine genderfreie Sprache sei diskriminierend (s. Kap. 17. Epistemische Irreführung). Und wer sich einer diskriminierenden Sprache bedient (d.h. der sprachwissenschaftlich normierten Standardsprache), ist – logischerweise – ein schlechter Mensch. Oder einfach nur deppert? Außerdem versucht der Verfasser des Pressetextes uns weiszumachen, dass unsere Medienlandschaft demokratisch sei. Aha. Das ZDF klopft sich selbst auf die Schulter und lobt sich als *demokratisch*. Was bedeutete noch mal die Abkürzung DDR? Das war ein Staat, der sich als demokratisch bezeichnete und auf jene Bürger schießen ließ, die diesen Staat verlassen wollten. Den ÖRR kann man auch nicht verlassen. Und wer nicht zahlt, dem droht Zwangsvollstreckung – oder Gefängnis, wie der Fall des Georg Thiel aus Nordrhein-Westfalen zeigt. Der ÖRR ist alles andere als demokratisch, weil der Zuschauer der Gender-Gehirnwäsche schutzlos ausgeliefert ist und nicht kündigen kann.

Der Autor beschreibt seinen Beitrag als „ausgewogen", was leider auch in die Rubrik „Selbstbeweihräucherung" gehört. Dass „Befürworter und Gegner des Genderns *gleichermaßen* zu Wort kommen", ist eine wohlfeile subjektive Schätzung des

ZDF-Teams und nichts weiter als eine Alibi-Behauptung. Das eigentliche Problem ist der Duktus, der ironisch-höhnische Unterton moralischer Überlegenheit: Die Gegner des Genderns werden mutwillig desavouiert, indem man suggeriert, sie seien Sympathisanten oder Anhänger von Extremisten aller Art. Dazu gehören, wie im Filmbeitrag aufgezählt, u.a. christliche Rechte, AfD und Rechtspopulisten, der Papst, Putin und Beatrix von Storch. Sie alle „freuen sich", so heißt es im Beitrag, beim Gender-Bashing mitzumachen. Mit solchen denunziatorischen Unterstellungen will man den Zuschauer kirre machen.

Und dies gilt allgemein für den ÖRR (s. **Quellen**, Aufruf):

Die Berichterstattung des ÖRR über den Themenbereich Gendersprache ist unausgewogen, vielfach tendenziös und dient im Wesentlichen der Legitimation der eigenen Genderpraxis:

• Befürworter erhalten einen deutlich größeren Redeanteil

• Werden „Experten" konsultiert, so stammen diese vorrangig aus dem Lager der Befürworter.

• Moderatoren bekennen sich zum Gendern

In den Medien des ÖRR überwiegt eine positive Darstellung des Genderns. Kritiker werden nicht selten als reaktionär, unflexibel und frauenfeindlich geschildert.[406]

linguistik-vs-gendern.de/

Diese Art der Darstellung ist nicht *ausgewogen*. Sie ist *unredlich*. Eine perfide Methode der Ausgrenzung. Dass es auch wirklich „ausgewogener" geht, beweist der SWR-Film „Streitfall Gendern – der Krieg ums Sternchen" von Claus Hanischdörfer (9. November 2022). Ein weiteres, unrühmliches Beispiel für „Unausgewogenheit" soll hier nicht unerwähnt bleiben: ein Münchner-Merkur-Artikel über die Abstimmung im Thüringer Parlament über die Gendersprache.[407] Hier werden alle Register der woken Ideologie und des moralischen Anstands gezogen, verbal wie inhaltlich. Natürlich werden Vokabeln wie „umstritten" bemüht, bezogen auf das, was der Genderideologie nicht entspricht, sowie die AfD als Inbegriff der Verwerflichkeit (die CDU mache „gemeinsame Sache mit der vom Verfassungsschutz beobachteten Thüringer AfD", pfuj Deifi. Wenn die AfD sagt, die Erde ist rund, dann kann sie nur flach sein.) Und natürlich die wunderbaren, konkret nicht genannten Studien, die

angeblich gezeigt haben, dass „Sprache die Welt nicht nur abbildet, sondern formt und sich auf die soziale Wahrnehmung und
das Verhalten auswirkt". (Zitiert wird hier Walter Rosenthal,
Präsident der Friedrich-Schiller-Universität in Jena; nach dieser
Lesart gab es in der BRD der 60er Jahre nur Männer, da sprachlich durch das generische Maskulinum so abgebildet.) Bewiesen
ist vielmehr genau das Gegenteil, nämlich dass Sprachvorschrif-
ten wie im Dritten Reich oder im Kommunismus gar keinen blei-
benden Einfluss auf das Denken hatten, die „Genossen" blieben
unter sich im Irrglauben, die Bürger würden sie auch wirklich als
solche betrachten. Dieser als Bericht getarnte Merkur-Artikel
mutet wie ein linksidentitäres Propagandastück an.

Noch ein Beispiel aus dem ÖRR für angebliche Selbstverständlichkeiten, die keine sind: Auf der Plattform Instagram fragen @glanzundnatur, die zum ARD/ZDF-Online-Format Funk
gehören, „Warum sprechen wir *seltener* von Mann und Frau,
sondern stattdessen von ‚Menschen mit Penis' oder ‚Menschen
mit Vagina/Vulva'?" Darauf fragt auf Twitter der Nutzer
@asmusSark1 zurück: „Wen meinen die mit ‚*wir*'?"[408]

Der Diskurs der Kulturdoku „Krieg der Sternchen" lenkt vom
Wesentlichen ab, indem er sich vor allem mit Formalien, aber
kaum mit Inhalten auseinandersetzt, es sei denn, um den Stand-
punkt der Genderbefürworter in den Vordergrund zu rücken.
Wer nicht gendert, ist konservativ, reaktionär und von gestern,
wer gendert ist modern und lieb. Es ist ein ritualisierter Diskurs
der unbelegten Behauptungen mit Bezug auf Meinungen und
Studien. Hier könnte man eigentlich den Spieß umdrehen:
Reaktionär und *identitär* sind sehr ähnliche Begriffe[409]. Der
Standpunkt der Gendergegner und die sprachwissenschaftlichen
Fakten werden weitestgehend unterschlagen. Thematisiert wird
ausführlich die eher marginale Problematik der Rechtschrei-
bung, um die Einwände der Gegenseite zu bagatellisieren: die
Verwendung der Sterne erschwert die Verständlichkeit (s.u.) und
benachteiligt Personen mit Leseschwäche. Dabei ist die
Rechtschreibung nur eine Randnotiz in dieser Debatte. So viel
zur *Ausgewogenheit*.

Der Autor Karsten Gravert geht in seiner manipulativen Strategie selektiv vor. Die erste Sünde: Er missbraucht die Reputation eines beliebten Fernsehmoderators für unlautere Zwecke. Der große Star der ZDF-Reportage ist Claus Kleber. Der ehemalige heute-journal-Moderator sinniert, dass Frauen im generischen Maskulinum lediglich mitgemeint seien, und das gehe gar nicht. Das ist ideologisch gedacht, aber kein grammatisches Wissen. Da darf man sich fragen: Ist er sich eigentlich als Jurist bewusst, dass seine Aussagen nicht wasserdicht sind? Dass ihm die linguistische Kompetenz fehlt? Dass er eine Meinung äußert, die den Gesetzen von Grammatik und Semantik widersprechen?[410] Und dass er sich gegen die Sprachwissenschaft ausspricht zugunsten einer esoterischen Theorie, die nach derzeitigen Erkenntnissen kontrafaktisch ist und bislang praktisch noch gar nichts bewiesen hat außer missionarischem Eifer? Seine subjektive Meinung darf man respektieren. Seiner Tatsachenbehauptung als objektive Wahrheit hingegen muss man energisch widersprechen. Das ist nur der Anfang einer Häufung dreister Grenzüberschreitungen. Zu dieser ersten Verletzung journalistischer Standards und elementaren Anstands gesellen sich weitere Sünden: Diskreditierung, Verächtlichmachung, Verhöhnung und Entmenschlichung (s. Kap. 27) all jener, die den genderistischen Standpunkt nicht teilen.

Aber der Reihe nach.

Der Zuschauer wird zunächst mit einem gegenderten Liedchen beschallt, einem Rap-Song, in dem einige Mädchen das generische Maskulinum anprangern und behaupten, solche Substantive bezeichneten nur Männer. Verschwiegen wird, wer das Lied komponiert hat, und somit wird vorgegaukelt, dass diese zehn bis vierzehnjährigen Schülerinnen sich mit der Sprachwissenschaft anlegten und kompetenter seien in Sachen Grammatik und Semantik als die Linguistik-Professoren. Geht's noch?! Das ist ein recht billiges manipulatives Stilmittel der Emotionalisierung.

Verzeihen Sie bitte die Frage, Herr Gravert: Sind Sie in Nordkorea zur Schule gegangen?

Nele Pollatschek punktet mit ihrer Beweisführung, dass die Gendersprache sexistisch sei, weil man damit Frauen andauernd markiert, und fragt zu Recht, wozu denn das Geschlecht ständig angezeigt werden muss?

Tiefpunkt dürfte die selbstgefällige Stellungnahme von Anatol Stefanowitsch gewesen sein, des pseudohöflichen Professors, der sich immer wieder auf psycholinguistische Studien beruft, die noch nie was bewiesen haben (s.o.). Er befürwortet außerdem auch Blähwörter mit mehreren Gendersternen, beispielsweise Bürger*innen-Meister*innen. Wie bitte?! Nach sprachwissenschaftlichem Konsens ist das einfach tabu. Ansonsten äußert er sich aber anders: „eine Institutionalisierung vom Gendersternchen wäre nicht der richtige Weg".[411]

Der Student, der gegen den Punkteabzug wegen Nichtgenderns geklagt hatte, ist, wie die phänomenale Recherche dieses Beitrags enthüllt, eigentlich Vorsitzender des Rings Christlich-Demokratischer Studenten in Kassel. Das heißt: irgendwie rechtsverdächtig, man könnte auch sagen: moralisch kompromittiert. Und seine Geschichte mutet lächerlich an, wie im Beitrag dargestellt. Der Fall sei konstruiert, die Uni-Präsidentin habe nichts davon gewusst. Punkteabzug an deutschen Unis? Reine Fiktion, angeblich. Verschwiegen wird, dass es Genderleitfäden an etlichen Unis gibt – mit Androhung von Konsequenzen bei Nichtbeachtung. In Deutschland sei „schon ein wüster Streit über Punkteabzüge für unterlassenes Gendern entbrannt", berichtet der Journalist und Literaturwissenschaftler Jonas Roth.[412] Und Michael Ginsburg schrieb bereits 2014 in „Wie der Genderwahn deutsche Studenten tyrannisiert"[413]: „In Leipzig werden Professoren – egal ob Frauen oder Männer – als Professorin bezeichnet. An anderen Universitäten in Deutschland und Österreich erhalten Studenten Punkteabzug, wenn sie ihre Arbeiten nicht in einer geschlechtergerechten Sprache schreiben". Lügt er? Wer sagt eigentlich die Unwahrheit?

Schließlich befasste sich ein ZEIT-Artikel mit der Frage, ob der Punkteabzug wegen Nichtgenderns an Unis tatsächlich real ist.[414] Ein löblicher Versuch, aber auch unausgewogen. Erstens, weil der Text gegendert ist. Zweitens, weil nur die Unileitungen befragt wurden, nicht aber die Studenten über die Frage, wie sich der Genderzwang im Alltag auswirkt. Leitfäden gibt es allemal. Ein Leitfaden ist de facto eine Vorgabe – wer hat schon den Mut, solche *Anweisungen* zu ignorieren? Was für eine Atmosphäre herrscht an einer Uni, die ihre Studenten mit Gender-Leitfäden gängelt? Ist die Freiwilligkeit in diesen Leitfäden ausdrücklich erwähnt?

Viele Fragen bleiben im Artikel unbeantwortet. Fest steht: ein Leitfaden ist ein Druckmittel. Die Zahlen:

Befragt wurden 145 öffentliche Universitäten, Pädagogische Hochschulen und Fachhochschulen in Deutschland mit mindestens 5000 Studenten. Geantwortet haben 132. Was hatten die restlichen 13 zu verbergen? An 129 Hochschulen soll es keine „erlassene Genderpflicht in Klausuren" oder Prüfungen geben. Aber stimmt das wirklich? Alles sei erlaubt, alles freiwillig, so die Beteuerungen. Drei Fachhochschulen in Niedersachsen, Nordrhein-Westfalen und Rheinland-Pfalz sollen die Ausnahme sein, dort gibt es „allgemeine Richtlinien zu geschlechtergerechter Sprache". Schlimm genug.

Der Autor des Artikels nennt diesen Befund „eindeutig". Was gar nicht der Fall ist, im Gegenteil. Denn die „große Mehrheit der Unis und FHs ohne offizielle Richtlinien [verweist] zumindest auf Empfehlungen oder Leitlinien zu geschlechtergerechter Sprache, die teils vom Rektorat, teils von einzelnen Fakultäten ausgesprochen werden", heißt es.

Und was sagen die Studenten? Nichts.

Immerhin die Einsicht: „Wo kein Zwang herrscht, gibt es oftmals also doch eine klar formulierte *Erwartung*, ausgesprochen womöglich von der Person, die einen bewertet. Es ist dies der Bereich, der besonders schwer zu dokumentieren ist: jener der *gefühlten Pflicht*, die sich aus der Campuskultur, den Erwartungen von Dozenten oder Mitstudierenden speisen kann". [Von mir hervorgehoben.]

Besonders erfreulich: „Mehr als die Hälfte der Hochschulen erklärt, sprachliche Vorschriften durch das wissenschaftliche Personal seien nicht zulässig". Aber *mehr als die Hälfte* ist nicht genug. Schlechtere Noten dürfen an 115 Hochschulen nicht vergeben werden, angeblich. Doch wer kann das schon überprüfen? Davon erfährt man erst, wenn die Studenten klagen.

Mit dem Fall des oben erwähnten Lehramtsstudenten der Universität Kassel, dem Punkte abgezogen wurden, befasst sich auch der Zeit-Artikel. Die Uni gab ein Rechtsgutachten in Auftrag, und das schaffte einige Klarheit: „Punktabzüge seien unzulässig, sofern geschlechtergerechte Sprache nicht gerade der fachliche Gegenstand der Prüfung sei". Fairerweise erwähnt der Autor auch weitere „einmalige" Fälle. Dabei handelt es sich schlichtweg um Diskriminierung von Studenten, die sich der Standardsprache bedienen und den ideologisch motivierten Genderzwang ablehnen.[415] Jemandem eine normwidrige Sprache und damit eine schräge Weltanschauung aufzuzwingen, setzt ein abwegiges Verständnis von Korrektheit, Gleichberechtigung und demokratischem Miteinander voraus.

Das Erschreckende aber zum Schluss: an 41 Hochschulen sei es den Professoren bzw. Dozenten freigestellt, „geschlechtergerechte Sprache" in Prüfungsleistungen einzufordern. Weitere 17 gaben „uneindeutige Antworten" auf diese Frage. Man kann also davon ausgehen, dass in diesen Fällen die Studenten ihren Dozenten auf Gedeih und Verderb ausgeliefert sind. Punkt- oder Notenabzüge sind ferner offiziell zu verhängen an 10 Hochschulen, weitere sieben schwiegen sich aus. Angefochten wurden Punktabzüge an lediglich zwei Hochschulen.

So viel zur Situation an den Universitäten. (s. auch Kap. 19. Was sagt die Verfassung?) Halb so schlimm? Nein, die Realität ist viel schlimmer, wie Wissenschaftsjournalist Tim Schröder in seinen „entlarvenden Innenansichten" über seine Erfahrungen mit Unternehmen, Organisationen, Industrieverbänden, Universitäten und Forschungseinrichtungen zeigt. Von wegen kein Zwang. Anders als viele Betroffene, die Angst haben und schweigen, beweist Tim Schröder Rückgrat und beendet seine Zusammenarbeit mit Instanzen, die versuchen, ihn zum Gendern zu nötigen.[416] Schikanen ausgesetzt werden auch Dozenten wie z.B. der Politologe Jürgen Plöhn, der sich als Professor gegen die Gender-Vorgaben der Martin-Luther-Universität Halle-Wittenberg gewehrt hatte.[417] Bei diesen Methoden denkt man eigentlich an Erpressung oder Nötigung – laut §253 beziehungsweise §240 StGB Straftaten. Mit diesem rechtlich relevanten Zusammenhang, auch unter dem Aspekt des Persönlichkeitsrechts, sollten sich Politik und Justiz ernsthaft befassen.

Der Kulturkampf ums Gendern hat sich derweil radikalisiert:

Der indirekte Zwang zum Gendern wird an Unis und in der Arbeitswelt immer rabiater durchgesetzt. Was in Leitfäden als *Empfehlung* verniedlicht wird, entpuppt sich als unverhandelbare Anweisung. Der Journalist Tim Schröder meldet sich 2025 erneut zu Wort und beschwert sich, ihm sei es nicht mehr möglich, an Hochschulen und Forschungseinrichtungen ungegenderte Texte unterzubringen. Auf eine Nachfrage zum Nicht-Gendern erhielt er von der Mitarbeiterin eines Technikmagazins die zynische Antwort, „wie schade. Ich würde niemals jemanden zwingen, zu gendern. Aber wenn Sie nicht wollen, müssen Sie ja nicht für uns schreiben." (Zu Ende gedacht: Man *muss* freiwillig gendern. Verlogenheit als Schwester des Hochmuts? *Müssen* und *Freiwilligkeit* passen nicht zusammen, außer in einer Diktatur: Freiwillig muss ich nix.) Auch Wissenschaftsverlage verlangten neuerdings gegenderte Manuskripte. „Wer nicht mitspielt, zerstört seine Karriere", stellt Tim Schröder fest.[418] Doch Widerstand regt sich auch in der Studentenschaft. Die meisten Studenten fänden es „sehr gut, dass ich als einer der wenigen gegen das Gendern klar Stellung beziehe."

Die Stimmung in der Bevölkerung weist ebenfalls in diese Richtung. Fast die Hälfte der Befragten einer Umfrage des Instituts für Demoskopie Allensbach gab an, sich gegängelt zu fühlen.[419] Viele hätten das Gefühl, sich gegen die soziale Kontrolle nicht wehren zu können, das Freiheitsgefühl der Bürger sei rückläufig.[420] Die Frage zum Thema Gendern (S. 5/9) beantworteten lediglich 19 % zustimmend, 71 % ablehnend (Frauen 65 %). Am größten war der Anteil der Befürworter des Genderns unter den Anhängern der Grünen, und zwar bescheidene 25 Prozent. 65 Prozent der Grünenanhänger waren dagegen.[421]

Ist die Gängelung nur ein Gefühl? Mitnichten. Der Soziologe Steffen Mau erzählt von der Einladung eines Bundesministeriums zu einem Vortrag. Als er ankam, sollte er einen Vertrag unterschreiben, in dem er sich verpflichtete, „geschlechtergerechte Sprache zu verwenden". Was er nicht wollte – und deshalb den Satz streichen ließ.[422] Andere hätten wohl die Kröte geschluckt. Ich gehe von einer sehr hohen Dunkelziffer aus. Doch es gibt auch mutige Bürger, die sich wehren. So die Autorin Sabine Mertens, die 2021 Klage gegen den Verlag *Manager*

Seminare einreichte, weil er eigenmächtig ihren Text gegendert hatte. Der Verlag habe gegen ihren „ausdrücklichen Willen die Gendersprachdoktrin durchgesetzt"[423].

Gewehrt hat sich auch Rudolf Stöber, dessen Texte vom Springer-Verlag ohne Rücksprache gegendert wurden, mit Genderstern und Binnen-I. „Erst auf meine Drohung hin, den Text zurückzuziehen, wurde der Ursprungszustand wiederhergestellt", sagt der Bamberger Professor, der eine „manipulative Tendenz" einer sprachpolitisch symbolischen Auseinandersetzung beklagt und einen „wachsenden Illiberalismus" heraufdämmern sieht[424]. Solche perfiden Methoden wendet nur an, der mit seinen verqueren Ansichten nicht überzeugen kann und seinen Willen dem ideologischen Gegner aufnötigt. Dieses Weltverständnis kennt man aus Diktaturen. Dort heißt es, „auf Linie bringen".

Wer sich nicht kleinkriegen lässt, zieht den Kürzeren. So zum Beispiel eine Mitarbeiterin des Belvedere-Museums in Wien, die wegen Kritik an gegenderten Texten für eine Kunstausstellung 2024 entlassen wurde.[425]

Nun zu den erfindungsreichen Strategien der Genderisten. Zum Repertoire gehören offensichtlich auch Bluff und Lügen (oder sollte man Tricks wie folgenden als postmoderne Putinsche Desinformation nennen?): Eine Schülerin aus Schleswig-Holstein beschwerte sich auf Twitter, sie müsse in den Aufsätzen im Deutschunterricht gendern. Wenn nicht, bekomme sie Punktabzug. Dies, so der zuständige Lehrer, auf Anweisung aus dem Landesbildungsministerium. Die Schülerin wollte nun von Bildungsministerin Karin Prien wissen, ob das stimme. Prien antwortete auf Twitter prompt, das sei „natürlich totaler Unsinn und wäre rechtswidrig. Bitte Schulleitung und Schulaufsicht sofort informieren".[426] Wen wundert es, dass Kinder neuerdings auch Unbelebtes gendern, weil die neue Referendarin an jedes zweite Wort seltsame Endungen anhängt. An der Grundschule in Lünen nehmen sich die Kleinen Beispiel an ihrem Vorbild und sprechen von Tischin und Stühlin. Erstaunlich aber, wie die Schulleitung darauf reagierte. Anstatt die neue Kollegin in die Schranken zu weisen, beschloss die Schulleiterin Iris Lüken, sich anzupassen – aus „Toleranz und Höflichkeit", obwohl das Gegendere anfangs „wahnsinnig genervt" habe.[427]

Zurück zum „Krieg der Sternchen". CDU-Chef Friedrich Merz, der das Gendern im ÖRR verbieten möchte, wird in Graverts Film wegen einer Petitesse, einer irrelevanten Verwechslung, lächerlich gemacht und damit disqualifiziert: Merz beruft sich auf den *Rat für deutsche Sprache*, aber so einen Rat gebe es ja gar nicht, sondern lediglich einen *Rat für deutsche Rechtschreibung*, moniert die Begleitstimme süffisant aus dem Off, ohne jedoch die Kompetenzen zu klären. Es geht um das Regelwerk der Standardsprache. Darf jeder darin herumpfuschen?

Anders als in Frankreich gibt es in den deutschsprachigen Ländern keine offizielle staatliche Instanz für die grammatische Richtigkeit des Deutschen. Die Standardsprache wird nach einer Norm gelehrt. „Allein die Existenz eines staatlichen Unterrichtswesens macht die Standardsprache im Sinne einer Überdachung notwendig", so der Sprachwissenschaftler Roland Kaehlbrandt, der die „Berechtigung der Sprachnorm" betont. „Die Norm hat ihren Sinn. Sie beschreibt das, was über Neigungen des Einzelnen hinausgeht".[428] Für die Erfassung der Normen bzw. die Normsetzung ist allein die Sprachwissenschaft zuständig. Bei den Bemühungen der Gendersprache, das biologische (oder soziale?) Geschlecht zu betonen, handelt es sich um einen „politischen Streit". Diese Bemühungen „sind ja auch deshalb so strittig, weil sie in die morphologische Struktur des Deutschen tief eingreifen".[429]

Josef Lange, Vorsitzender des Rates für deutsche Rechtschreibung, hält das Gendern für inkorrekt und lehnt es ab, weil es die Verständlichkeit beeinträchtigt. Diese Feststellungen werden im ZDF-Film „Krieg der Sternchen" bagatellisiert. Claus Kleber lässt Langes Einwände nicht gelten und jongliert mit dem Begriff der „Minderheiten", es gehe ja „nur" um ca. 20 Prozent der Bevölkerung mit Lese- und Schreibschwäche (das wären also mehr als 15 Millionen), vergisst aber darüber, dass es beim Gendern auch um marginalisierte Gruppen geht, bei den Diversen sogar im Promillebereich, was im Beitrag zwar auch erwähnt wird, allerdings mit der spekulativen Hochrechnung auf etliche Hunderttausend. Spielt man Minderheiten gegeneinander aus, ist die eine wichtiger als die andere? Ja, die identitären Minderheiten schon. Der springende Punkt ist: Die Genderproblematik

160

ist nicht alleine auf die Beeinträchtigung der Verständlichkeit reduzierbar. Dieser Aspekt ist eigentlich nebensächlich. Von den sprachwissenschaftlichen Einwänden erfährt man aber in diesem Beitrag praktisch nichts.

Die Genderbewegten kleben weiterhin krankhaft an ihrem fiktiven Narrativ einer genderwieauchimmerrücksichtsvollen Sprache und phantasieren eine Akzeptanz für diesen Neusprech herbei, die es nicht gibt. Nach der Entscheidung des *Rats für deutsche Rechtschreibung* im Juli 2023, an der Orthografie nichts zu ändern, reagierten manche ruppig wie Karin Dalka in der Frankfurter Rundschau[430]. Der Rat ignoriere „einen Wandel im gesellschaftlichen Bewusstsein, der längst stattgefunden hat". Nur nicht auf unserem Planeten[431]. In der Galaxie[432], in der sie lebt, kommt der Kulturkampf natürlich *von Rechts* (sic!). „Sprachreaktionär:innen" wollen in Dalkas alternativer Realität „überkommene und bereits aufgebrochene Machtverhältnisse restaurieren". Sie spricht vom Versuch der Rettung *männlicher Dominanzstrukturen*, „die aber längst nicht mehr zu retten sind". Oha. Das Gendern ist also eine Waffe gegen die männliche Dominanz. Aber wer will sie retten? Hat die angebliche *männliche Dominanz* das Mittelalter überlebt und ist in unserer modernen Demokratie immer noch tonangebend? Gibt es darüber Studien? Und wie definiert man den Begriff *Reaktionär*?[433] Ist das jemand, der auf negative politische Entwicklungen *reagiert* und sich dagegen wehrt? Oder sind vielleicht die Genderer *reaktionär*, weil sie die Gewissenspolitisierung vorantreiben und mit unlauteren, diktatorischen Mitteln eine totalitäre gesellschaftliche und sprachliche Ordnung einführen wollen, die den Willen und die Freiheiten der Bevölkerungsmehrheit einschränkt?

Den Ton und die Wortwahl des Dalka-Artikels empfinde ich als gehässig und unsensibel. Darf ich eigentlich etwas empfinden? Kann man ein Gefühl verbieten? Und gibt es etwa einen Leitfaden für korrektes Empfinden und korrektes Denken? Wer ist schließlich befugt zu bestimmen, was richtiges und falsches Bewusstsein sein soll?

Hm. Vorstellbar wäre die Position eines Bundesbeauftragten für Bewusstseinskorrektheiten. Und für neue Gesetze zur Ahndung von Gedankenverbrechen. Interesse, Frau Dalka?

Der Anfang einer Welle von Korrektheitsmanie? Wie wäre es mit einem Leitfaden zum dezenten Rülpsen?

Zur Erinnerung: Die chinesische Kulturrevolution wollte u.a. alte und falsche Denkweisen ausmerzen. Ihren Dogmen fielen schätzungsweise 20 Millionen Chinesen zum Opfer.

So, wir sind immer noch im „Krieg der Sternchen". In der Doku werden ohne Sinn und Verstand verschiedene Themen vermengt und nur oberflächlich angerissen. Wie im Titel angekündigt, geht es zum einen um die Gendersprache und um den Genderstern. Außerdem bekommt man auch Häppchen von der umstrittenen Gendertheorie. Beide haben, meines Erachtens (und wie unzählige Studien und Bücher eindeutig belegen), keine wissenschaftliche Grundlage, es handelt sich um *Glauben*, nicht um *Wissen*. Also um Aberglauben. In linksidentitären Kreisen sind diese Theorien nicht umstritten, sondern die einzig wahre, absolute, unhinterfragbare Wahrheit. Beweise? Hokuspokus, Verwirrung und Ablenkung von den Fakten. In diesen Sphären sind alle anderen Wahrheiten und Theorien *umstritten* und dürfen erst gar nicht gedacht werden. Dabei ist die Wissenschaft angeblich nur ein Machtinstrument und dient der Unterdrückung von Minderheiten. Die Konsequenz: die Abschaffung der Wissenschaft, aber nicht der Unterdrückung. Die Identitätspolitik will die Machtverhältnisse umkehren, d.h. die Unterdrückung beibehalten, aber anders herum. Und die Sprache soll dabei als Waffe dienen. Bei der Gendersprache handelt es sich „nicht um einen natürlichen Sprachwandel von unten, sondern um ein von oben diktiertes, pseudoreligiös betriebenes kollektivistisches Programm, das jeden Satz zum potenziellen Gesinnungstest macht und Unangepasste unter sozialen Druck setzt", so Claudia Wirz in „Gendern im Betrieb – warum die Gendersprache die Welt nicht besser macht".[434]

Gendersprache und Gendertheorien haben eine große Gemeinsamkeit: die krankhafte Fokussierung auf Genitalien. Eigentlich eine Obsession. Und aktivistisch ein demokratiefeindliches System des Vorschreibens, Verbietens und Verunglimpfens.

Im ZDF-Film wird kurz auch die Feministin Judith Butler eingeblendet, die zwar nichts sagt, über die aber die Off-Stimme aufklärt: Die feministische Philosophin beschäftige sich in ihren bahnbrechenden Schriften mit den unzähligen Geschlechtern, die es angeblich gibt, und halte auch das biologische Geschlecht für ein Konstrukt. Erzählt das mal der Oma von nebenan. Und verklickert ihr auch, dass alle, die zwischen Ei- und Samenzelle unterscheiden, Faschisten seien. Eine Biologin ist Judith Butler auf jeden Fall nicht. Kann man jemanden, der so was behauptet, ernst nehmen? Manche tun es offensichtlich. Ist nicht verboten.

Also merke: Dein Pimmel ist ein Phantom. Die Vulva eine Chimäre. Und *Weiblichkeit* ein sexistisches Unwort.

Als Gegner des Genderns beziehungsweise der Gendertheorien werden die AfD-Frau von Storch und kein Geringerer als Putin in Szene gesetzt. Als wäre Putin die ultimative Instanz in Sachen Genderdeutsch. Darüber sagt der Autokrat im ZDF-Beitrag im Übrigen gar nichts, er begnügt sich mit Plattitüden über den Genderwahn: „Der Kampf für gleiche Rechte und gegen Diskriminierung wird zu einem aggressiven Dogmatismus, der ans Absurde grenzt". Dabei erwähnt Putin Beispiele unsinniger Wortverdrehungen von Begriffen wie „Elternteil" oder „Muttermilch": „Sie sagen Elternteil Nummer eins oder gebärendes Elternteil anstelle von Mama. Der Ausdruck [das Wort] Muttermilch wird verboten und ersetzt durch Menschenmilch". Wozu diese Einspielungen im ZDF-Film? Was will man dem Zuschauer suggerieren? Dass der russische Präsident ein Feminist ist?[435] Und warum ausgerechnet Putin in einem Beitrag über das Gendern? Etwa um „umstrittene" Aussagen mit verächtlichen Personen in Verbindung zu setzen (typischer Fall von *Framing* als manipulative Methode[436]). Man könnte hier genauso gut die Harry-Potter-Autorin J. K. Rowling bemühen, die sich zu solchen Themen ähnlich äußert wie Putin. Sie sagt zum Beispiel, „Wenn das biologische Geschlecht nicht real ist, gibt es auch keine gleichgeschlechtliche Anziehung". Die Schriftstellerin war der Meinung, biologische Frauen sollte man auch als solche bezeichnen und nicht „Menschen, die menstruieren" – denn dies diene eigentlich nur dazu, Transfrauen mit einzuschließen. Aber Putin ist als negativ konnotierte Person natürlich zweckdienlicher. Was Putin erzählt, ist schon von vorne herein unwahr und abstoßend. Aber: Wenn Putin sagt, der Himmel sei blau, dann kann der Himmel alles Mögliche sein, nur nicht blau.

Es ist befremdlich, aberwitzige Behauptungen aus der gender-aktivistischen Ecke dadurch zu legitimieren, dass diese Ansichten von einem in der medialen Öffentlichkeit als Unperson geltenden Kriegstreiber missbilligt werden, und diese „falsche" Kritik dem Publikum vorzusetzen, um es mental und emotional zu erpressen: Was Putin sagt, kann nur falsch sein. Also ist, was die Gendertheoretiker behaupten, richtig.

Es gibt nun mal umstrittene Meinungen, die der Mainstream nicht teilt, unabhängig davon, wer sie für richtig hält und wer sie ablehnt. Etwa die Belehrung, Frauen nicht mehr als Frauen zu bezeichnen, sondern als Personen, die menstruieren. Eine Frau ist auch dann Frau, wenn sie in der Menopause ist und nicht mehr menstruiert. Und die Muttermilch bleibt Muttermilch, auch wenn Putin an der genderdogmatischen Umdeutung und Neuformulierung des Wortes Anstoß nimmt. Was aber, wenn ein Sympathieträger die Genderei ablehnt? Der Regisseur Werner Herzog zum Beispiel weigerte sich, in einem Film, wie ihm nahegelegt, junge Menschen anstatt „Mutter und Vater" „Erziehungsberechtigte" sagen zu lassen. Ist er deshalb ein Nazi? Mit solchen subtilen Einschüchterungsmethoden wird der Zuschauer unterschwellig mit einer belehrend-bedrohlichen Botschaft moralisch in eine schmähliche Ecke gedrängt: Weil Putin gegen die Genderideologie ist, ist die Genderideologie gut. Und wer gegen die Genderideologie ist, befürwortet den Putinschen Faschismus. Wer also das Gendern kritisch hinterfragt, befindet sich in *allerbesten* Gesellschaft. Das *Framing* dient auch hier dem perfiden Zweck, ein „manipulierbares Publikum so zu beeinflussen [...], dass es den Werten der »guten« Seite folgt".[437] Bedient sich der ZDF-Filmautor eigentlich des Framing-Manuals der ARD?[438]

Was aber, wenn diese verlogene propagandistische Strategie nach hinten losgeht? Was, wenn Unbedarfte sich denken, aha, der Putin sagt doch, was Sache ist, nennt die Dinge beim Namen, nimmt die Frauen, die durch verquere Sprache entmenschlicht werden, in Schutz, er kann folglich gar nicht so schlimm sein, wie in den Medien propagiert. Was, wenn auch der Krieg, den er in der Ukraine führt, gar kein Krieg ist, sondern nur die Inszenierung eines Komikers? Solche Sinnverdrehungen öffnen Tür und Tor für Mythen, die alles rechtfertigen können. Auch

Fabian Payr warnt davor, dass „bestimmte Formen linker Politik […] rechte Wähler generieren".[439]

Die genderidentitäre Ideologie relativiert die Realität ohne Sinn und Verstand und verstrickt sich ständig in Widersprüche. Einerseits propagiert sie die Gendersprache, um die Frauen angeblich sichtbar zu machen. Gleichzeitig weiß die linke Hand nicht, was die rechte tut. Denn es passiert oft genau das Gegenteil: Der Frau droht mitunter die Unsichtbarkeit durch die neue Sprache der Woken. Die *radikale Identitätspolitik* schafft sie als Frau und Mutter ab und degradiert sie zu einem gesichtslosen Wesen: Sie ist «Menstruierende», «gebärende Person» oder ein «Mensch mit Uterus».[440]

Vor dieser Art von sprachlicher Realität verschließen die links-progressiven Kreise die Augen, weil nicht sein kann, was nicht sein darf. Diese Geistesorientierung ist inkonsequent und zynisch, denn mit solchen Wortschöpfungen aus der transidentitären Trickkiste werden die Frauen auf ihre Biologie reduziert. Also: Ist die Anatomie ein Konstrukt – oder dann doch nicht?

Hier geht es nicht um Sachlichkeit, sondern um Rechthaberei. Es gilt, was dem magischen Diskurs dient. Argumente haben ein ungewisses Verfallsdatum, das davon abhängt, was gerade bewiesen werden soll. Die rhetorische Strategie des ZDF-Beitrags ist das Disqualifizieren und Deklassieren all jener, die nicht gendern wollen und die Gendertheorien nicht als einzig wahre Wahrheit akzeptieren. Kommunikation sollte ja spätestens seit Marshall B. Rosenberg gewaltfrei sein, doch in diesem Filmchen erzeugt das mit überheblichem Spott garnierte Framing eine besonders perfide Form von Gewalt.

Zum Zynismus der Methode gehört auch, dass man Promis, die (wie die Bevölkerungsmehrheit) das Gendern ablehnen, (nicht nur in diesem Film) mutwillig ignoriert. Berühmtheiten wie Elke Heidenreich, Senta Berger, Uschi Glas oder Monika Maron, ausgerechnet Frauen, sind für kritische Stellungnahmen offensichtlich die falschen Ansprechpartner, weil nicht geeignet für die *gendergerechte* Sache. Und somit eine peinliche Angelegenheit: Die Gehirnakrobatik, diese Berühmtheiten als Faschistinnen hinzustellen, würde zum medialen Genickbruch führen. Entertainer wie Dieter Nuhr[441] oder Harald Schmidt schweigt man auch tot.

Letzterer liest nach eigenem Bekunden keine gegenderten Texte. Darf man also insinuieren, dass sie Nazis sind? Bei dieser Unterstellung begibt man sich juristisch auf dünnes Eis. Warum aber nicht die Sprachwissenschaftler und Professoren befragen, die regelmäßig in den Printmedien über die Gendersprache kritisch berichten (s. Quellen)? Oder am besten Berufskollegen zu Wort kommen lassen, die das Gendern ablehnen, z.B. die Focus-Kolumnistin Nena Brockhaus[442] oder Julia Ruhs vom Bayrischen Rundfunk? Darum. Weil es nicht um Fakten und Wahrheiten geht, sondern um ideologische Korrektheiten und Indoktrination. Und unterschwellige Beeinflussung. Deshalb: lieber Putin in die Manege schicken. Ausgerechnet diesen Musterschüler der postmodernen Neuerfindung der Wahrheit. Mit seiner zynischen Weltdeutungsmethode gehört er eigentlich in die vorderste identitäre Reihe. Putin bestimmt, genauso wie die identitären Aktivisten, was wahr ist und was nicht. Er bestimmt, was Wörter bedeuten und was man sagen darf. Der Einmarsch in die Ukraine sei kein Krieg, sondern eine militärische Sonderoperation. Dort kämpften die Russen gegen Nazis. Dabei bedient er sich auch der kommunistischen Rhetorik aus der Stalin-Zeit, die die Schauprozesse als Kampf gegen die „Avantgarde des Faschismus" rechtfertigte. Ein Nazi ist für Putin ein Ukrainer, der sich weigert zu gestehen, dass er eigentlich ein Russe sei.

Klingt bekannt. Trump? Die gleiche faktenrelativierende Denke, wohl bei den Linksaktivisten abgekuckt. Und beim Gendern bestimmen nicht Linguisten und Sprachwissenschaftler, was korrekte Sprache ist, sondern ein paar Mädchen, die freche Lieder singen, und die Gendergescheithaferl: diese schreiben uns apodiktisch vor, was Wörter bedeuten und nicht bedeuten, was richtig ist und nicht mehr korrekt sein soll, was für Bilder im Kopf angeblich entstehen, wenn bestimmte Wörter bemüht werden. Das ist Bewusstseins- bzw. Gewissensmanipulation wie in totalitären Systemen. Dabei leistet die Psycholabor-Linguistik Schützenhilfe und erklärt die Menschen „zu willenlosen Opfern ihrer Bilder im Kopf".[443] Die rhetorische Taktik zur moralischen Delegitimierung Andersdenkender nennt man im Übrigen *Brunnenvergiften*.[444] Und wer waren bitte schön die sogenannten *Brunnenvergifter* im Dritten Reich?

In Baden-Württemberg sind die Brunnenvergifter die Eltern, die 200.000 Unterschriften gesammelt und protestiert haben gegen die Pläne der rot-grünen Landesregierung, die »Akzeptanz sexueller Vielfalt« generell in den Lehrplan aufzunehmen. Das Framing – das bewährte: „Die Guten waren selbstredend die Befürworter des neuen Bildungsplans. Weltoffen, tolerant und ganz sicher sexuell vielfältig. Die Bösen waren die Unterzeichner der Petition gegen den Bildungsplan, die Demonstranten, die Eltern, auch bekannt als Fundamentalisten, Toleranzgegner, Christen, Homophobe und irgendwie auch Rechtsradikale", so Birgit Kelle, die einige der Stigmata jener Gender-Gegner aufzählt, die in die „gesellschaftliche Strafecke" verbannt wurden.[445] Diese Indoktrinierungsstrategie nennt die Bestsellerautorin „Gesinnungsunterricht". Die Guten und die Schlechten, die Fortschrittlichen und die Rückständigen – das ist das selbstherrliche Hauptnarrativ der Genderbewegung. Positiv ist alles, was mit Vielfalt und Gender zu tun hat.

Mit einem speziell für die Kindergärten entworfenen Medienkoffer wollten die Genderpädagogen in Berlin Vierjährigen ein Spielzeug zur Verfügung stellen, mit dem »Rollensteoreotype« *endlich* durchbrochen werden können, „und zwar bevor sie überhaupt wissen, dass es sowas wie Rollensteoreotype gibt".[446] Na also, endlich, habemus Koffer, Halleluja! Federführend für die Koffer-Initiative war Conny Kempe-Schälicke, die ihre Aktion PR-wirksam inszenierte mit einem Duktus voller positiver Konnotationen: Es gehe um Vielfalt. „Weg von der klassischen Vater-Mutter-Kind-Familie", ja, weg damit, igittigitt, „hin zu Modellen, in denen Kinder auch glücklich sein können". Aha, ohne Sex-Koffer sind unsere armen Kinder todunglücklich. Jetzt wissen wir es, Gott sei Dank: die Erlösung der Menschheit steckt in einem geheimnisvollen Koffer, einer Art Bundeslade, auf die wir schon seit Jahrtausenden gewartet haben.

Schriftstellerin Juli Zeh findet Gender-Regeln übergriffig und warnt in einem Focus-Artikel vor einer Spaltung der Gesellschaft (die schon längst da ist). Links die „guten" Woken, rechts die Bösen. Das „Gendern" sei „ein Symbol" geworden. Manche dürfen sich für die Guten halten, andere sollen sich als die Bösen, Renitenten, Dummen fühlen. Gendern sei ein Ausweis dafür geworden, ob jemand „dazugehört". Wer es nutzt, sieht sich auf der Seite der „Fortschrittlichen, Aufgeklärten und Intelligenten, zu jenen, die für Sensibilität und Gerechtigkeit sind. Wer nicht mitmacht, gehört zu ‚den anderen'. Deshalb können solche Symbole enorme Aggression auslösen. Sie sorgen für Abgrenzung".[447]

Auf die Sprachregelungen im Dritten Reich oder im Kommunismus muss man hier nicht detailliert eingehen. Wir leben in einer Demokratie, noch. Aber die Vorstufen zum Faschismus sind in dem Versuch, durch Leitfäden und sonstige Vorschriften die Gendersprache an Unis oder in manchen öffentlichen Verwaltungen der Allgemeinheit sowie dem Zuschauer und Zuhörer aufzunötigen, bereits vorhanden. Russland ist schon einen Schritt weiter: Dort riskiert man Gefängnis, wenn man Wahres sagt, das nicht wahr sein darf. Bei uns riskiert man Nachteile an den Unis, im Beruf (mitunter Kündigung) oder den sozialen Tod durch Cancel Culture.

Die Deutungshoheit über Strafbarkeitsgrenzen und Rechtsbruch haben mittlerweile die *Anlaufstellen für Opfer von Diskriminierung* und die *Meldestellen für antifeministische Vorfälle*. Sie bestimmen, was als Norm zu gelten hat. Alles andere steht unter Beobachtung als latent kriminell.

Die Normsprache sei nach der Taxonomie der neuen Inquisitoren keine Norm, sondern eine antifeministische Sprache und Ausdruck einer antidemokratischen Ideologie. Die heilige Norm ist natürlich die Gendersprache. Wer gegen die Genderideologie mobilisiert und Kampagnen gegen *geschlechtergerechte* Sprache organisiert, sollte bei Meldestellen wie der *Amadeu-Antonio-Stiftung* angezeigt werden. Diese *Meldestelle* bewertet „die Ablehnung des Genderns als Indikator für Rechtsextremismus"[448] und sammelt Verstöße gegen das Gendern für denunziatorische Zwecke. Das heißt, sie hält 80 Prozent der Bevölkerung für rechtsextrem. Warum schlägt sich aber diese hohe Zustimmung nicht in den Wahlen nieder, beispielsweise zugunsten der AfD?

„Krieg der Sternchen - Die Debatte um gendergerechte Sprache" von Karsten Gravert ist ein linksidentitärer Propagandafilm. Wenn dies der Maßstab für journalistische Qualität und informative Ausgewogenheit sein soll, dann gute Nacht. Der zuständige Ressortleiter hätte diesen menschenverachtenden Beitrag so nicht freigeben dürfen.

Wir sind offensichtlich auf dem Weg in die fundamentalistische Genderrepublik Deutschland. Ich hoffe, dass dieser Film als moralische Bankrotterklärung des ZDF in die Geschichte des deutschen Journalismus eingehen wird.

Wir leben in einer Rechtfertigungsgesellschaft. Rechtfertigen müssen sich immer diejenigen, die die Absurditäten der Identitätspolitik und deren Auswüchse ablehnen und somit *unanständige* Wahrheiten aussprechen. Wenn es aber um „anständige" Wahrheiten geht, seien sie noch so unsinnig, braucht man keine Belege. Denn wer auf der moralisch richtigen Seite steht, hat immer recht. Doch das moralisch Richtige hat eine kurze Halbwertzeit. Die Grenzen zwischen Freund und Feind ändern sich wie die Jahreszeiten. Was heute korrekt ist, kann morgen einen Shitstorm auslösen – und eine Anzeige bei einer Meldestelle zur Folge haben.

Dieser Essay enthält neben wissenschaftlichen Fakten auch Meinungsäußerungen, also Kommentare. Sie beruhen auf Wissen und gesundem (!) Menschenverstand. Aber: „gesund" ist immer nur der eigene. Und jeder gehört zu den „Guten". Putin, nach seinem Verständnis, zweifelsohne auch.

27. Anatol Stefanowitsch – Was Frauen fühlen und was Männer denken sollen

Anatol Stefanowitsch ist Sprachwissenschaftler, profiliert sich aber medial vor allem als Moralprediger. In seiner Streitschrift *Eine Frage der Moral. Warum wir politisch korrekte Sprache brauchen* plädiert er für den Gebrauch einer nicht diskriminierenden oder abwertenden Sprache. Dieser Ansatz wirft viele Fragen auf, aber keine neuen. Ist unsere Standardsprache wirklich *diskriminierend* und *abwertend*? Grundsätzlich? Wer sagt das, woran macht man das fest? Gibt es dafür eindeutige Erkenntnisse, statistische Erhebungen? Sind Frauen eine bisher herabgewürdigte Gruppe, generell und systemisch? Und wer ist befugt, uns vorzuschreiben, was korrekt sei?

Zur Untermauerung seiner Thesen stellt er eine Auswahl abwertender Ausdrücke für verschiedene gesellschaftliche Gruppen zusammen. Damit will er beweisen, dass es für Frauen und Minderheiten eine wesentlich größere Auswahl an abwertenden Ausdrücken gibt. Aber: Sind diese Ausdrücke lückenlos gezählt und statistisch ausgewertet? Ist die *viel größere Zahl* als Fakt belegt?

„Frauen müssen nicht mitgedacht, sondern gleichwertig gedacht werden", mahnt er. Und maßt sich also an zu wissen, was jeder einzelne von uns denkt; dass wir Frauen nicht *gleichwertig* denken. Will er uns nun vorschreiben, was wir denken *sollen*? Ist er sich sicher, dass die Männer, und zwar alle, die Frauen nicht als *gleichwertig* betrachten? Eine weitere gedachte, aber nicht belegte Wahrheit: „Frauen fühlen sich mit dem generischen Maskulinum nicht mitgemeint". Wirklich alle Frauen? Wie will er das wissen? Wieviel Prozent der Frauen? Was hat so eine Behauptung für einen wissenschaftlichen Wert?

Außerdem wiederholt er längst widerlegte Thesen: „Wir wissen aus 20 Jahren Forschung, dass das generische Maskulinum als Maskulinum interpretiert wird und nicht generisch". Er weiß aber was anderes als die Sprachwissenschaft – und stellt sich somit ins Abseits. Er scheint sich nicht ganz bewusst zu sein, dass er eigentlich von einer Korrektheit gegenüber den Frauen spricht und sich damit auf das biologische Geschlecht bezieht, nicht auf die soziale Rolle.

Zum eigentlichen Gender äußert er sich in einem Interview mit dem Verlag Edition F erst auf Anfrage: man dürfe den „Kampf um das Mitdenken von Frauen und den Kampf um das Mitdenken von Menschen mit anderen Geschlechtsidentitäten" nicht voneinander trennen, auch wenn die meisten Menschen mit Gendersternchen und „anderen Geschlechteridentitäten" nicht viel anfangen können. Dafür aber sei das „Mitdenken von Frauen […] eigentlich eine sehr leichte Aufgabe". Denken light – Sapperment!

Eine weitere, durch nichts belegte Aussage (außer in fragwürdigen Studien): „Frauen wissen beim traditionellen, generischen Maskulinum *nie*, ob sie eigentlich mitgemeint sind. Das erzeugt eine *ständige, erhöhte* Anforderung an die Aufmerksamkeit von

Frauen". Will er damit sagen, dass die Frauen zu dumm sind, ihre eigene Muttersprache zu verstehen? Es kommt aber noch dicker: Das führe dazu, „dass Frauen sich *tatsächlich sehr häufig unbewusst* nicht mitgemeint fühlen, obwohl sie es *vielleicht* sind" [kursiv von mir hervorgehoben]. Mal *nicht*, mal *vielleicht*. Und auch noch *unbewusst*, und zwar *häufig*. Wie quantifiziert man die Häufigkeit? Das soll man ernst nehmen? Das ist mit Verlaub alles sehr vage (Kokolores?) und für wissenschaftliche Zwecke absolut unbrauchbar. Klingt wie *mind reading*. Hört der Professor auch Stimmen? Hier wird schon wieder das Unbewusste bemüht, indem man den Anschein zu erwecken versucht, man habe den Frauen der Bundesrepublik mit der Taschenlampe ins Hirn geleuchtet und dort Erstaunliches entdeckt. Von der Teufelsaustreibung trennt uns nur noch ein kleiner Schritt.

Die ultimative Fehlleistung: Als Hobbyhellseher kann Stefanowitsch, wenn ich ihn richtig verstehe, Gedanken lesen. Er behauptet nämlich, dass es auch Männer gebe, „denen es ganz doll wehtut, dass sie nicht mehr der Mittelpunkt der Welt sind". Und deshalb nicht gendern?! Woher weiß er eigentlich, was er über die Gedanken der Männer zu wissen vorgibt? Stefanowitsch will uns also weismachen, dass wir, Männer und Frauen, nicht das denken, was wir zu denken glauben, sondern was anderes, vielleicht sogar das Gegenteil. Praktisch sind wir am Ende alle verrückt, denken nur Unsinn und glauben, das Richtige zu denken, wobei wir fast immer falsch liegen. Na, ich glaub', ich sehe Pferde kotzen, und das ausgerechnet vor der Apotheke. Ist das Wissenschaft – oder Stammtischpsychologie? Ziel der Wissenschaft ist die Wahrheitsfindung und nicht die Wunschvorstellung von dem, was wahr sein *könnte* oder wahr sein *muss*, um jeden Preis, ohne es zu sein. Und auch nicht das Erfüllen einer moralischen Zielvorgabe, die alles ignoriert, das dem Wunschergebnis widerspricht. Ein Musterbeispiel postmodernen Phantasierens: Hier geht die emotionale Beweisführung mit der Bestätigungsverzerrung (*confirmation bias*)[449] Hand in Hand.

Wir verlassen kurz unseren Prof, um uns einer weiteren Person zuzuwenden, die glaubt, in Männerhirne sehen zu können.

Die Hellseherei scheint der letzte diskursive Strohhalm der Genderer zu sein. Petra Gerster, die ehemalige ZDF-

Moderatorin, klärt die Öffentlichkeit per Ferndiagnose auf und deutet „Zeichen" einer „tiefsitzenden Angst" des weißen Mannes, auf Privilegien und Macht verzichten zu müssen. Die Gender-Gegner hätten Angst vor einer multikulturellen Gesellschaft, in der „viel mehr Frauen mitsprechen" und teilweise „auch das Sagen haben".[450] Gut, dass sie meine Gedanken nicht lesen kann, denn ich denke das Gegenteil, wie die meisten meiner Generation, auf jeden Fall nicht diesen Stuss. In meinem Leben, privat wie beruflich, hatten meistens Frauen das Sagen (sie durften mehr als mitreden), und das fällt mir nur im Rückblick auf. Früher war ich mir gar nicht bewusst, dass meine Vorgesetzten überwiegend weiblich waren. Das spielte eben keine Rolle. Multikulti und Gendern? Der Zusammenhang ist wirklich weit hergeholt. Petra Gerster argumentiert kontrafaktisch. Sie plädiert für eine *geschlechtersensible Sprache*, um Menschen ernst zu nehmen, die sich *diskriminiert und beleidigt* fühlen. Auch hier trifft das Gegenteil zu: Wer gendert, beleidigt die Bevölkerungsmehrheit, verletzt das Sprachgefühl jener, die *normal* sprechen, das heißt nach den Regeln der *Norm*sprache. Nach Gersters Logik ist ein höflicher Mensch möglicherweise jemand, der in einem Restaurant pupst, um seine Tischnachbarn *nicht* zu beleidigen, weil das in manchen Kreisen zum guten Ton gehört. Also: *Warum rülpset und forzet ihr nicht?* Wer nicht furzt, ist ein Rassist!

Es geht „also nicht um die besten Argumente für eine gute Sprache, sondern um Moral und Gefühle", sagt Berliner-Zeitung-Autorin Birgit Walter – und kommt zur Sache: „Da kann ich mitreden. Denn ich fühle mich durch die Gender-Sprache diskriminiert und beleidigt. Die Erfinder unterstellen mir, dass ich mein Leben lang so dumm war, nicht zu bemerken, dass ich eine ungerechte männliche Sprache nutze, die mich als Frau nicht »sieht«. Dass ich bis heute unsensibel und diskriminierend schreibe, weil ich Konstruktionen wie *zu Fuß Gehende* und *Lokfahrende* ablehne".[451]

Noch schlimmer: Petra Gerster verkündet, „die rein männliche Pluralform für alle Geschlechter – das generische Maskulinum – hat nun eben auch ausgedient".[452] Wer hat das denn beschlossen? Und wenn sie ständig sagt, man müsse die Frauen *sichtbar* machen, könnte man sie bitte fragen, ob sie denn schon mal beim

Augenarzt war? Ich habe im Leben mehr Frauen gesehen als Männer, für mich waren die Männer praktisch unsichtbar. Und als weißer, nicht mehr ganz so junger Mann bin ich es sowieso, man geht praktisch durch mich hindurch. Also gut, man sollte sich nicht provozieren lassen, solche Polemik ist niveaulos. Aber leider typisch, wenn es ums Gendern geht: man reagiert auf die immer gleichen sinnfreien Gemeinplätze, die man eigentlich links liegenlassen sollte. Dieser Art von Polemik über angebliche Gefühle, schräge Vorstellungen und Ansichten, die man dem Durchschnittsbürger andichtet, fehlt die Plausibilität. Sie setzt etwas voraus, was man weder Frau Gerster noch Professor Stefanowitsch bei klarem Verstand abnehmen kann, und zwar, dass deutsche Frauen ihre deutsche Sprache nicht verstehen, am Sinn der Wörter zweifeln und sich nicht mitberücksichtigt fühlen. Und was manche Männer vielleicht denken, ist keine verifizierbare Erkenntnis, die weitreichende Schlussfolgerungen ermöglicht. Sondern wilde Spekulation, mehr nicht. Und Spekulationen rechtfertigen keine disruptiven Maßnahmen, die eine ganze Gesellschaft auf den Kopf stellen. Im Mittelalter sah man überall Hexen und Dämonen. Stefanowitsch sieht überall Inkorrektheiten, die eine Ausnahmesituation heraufbeschwören. Er will die Menschheit allem Anschein nach in eine Genderkongregation der Rechtgläubigen verwandeln, koste es, was es wolle.

Die Meinung eines Professors hat Gewicht. Für die Richtigkeit seiner Aussagen trägt er deshalb eine große Verantwortung. Natürlich darf ein Professor moralisch argumentieren. Er muss aber zwischen Meinung und evidenzbasierter Wahrheit unterscheiden. Seine Glaubwürdigkeit ist schnell verspielt, wenn er Begründungen vorschützt, die jeglicher Plausibilität entbehren. Das schadet nicht nur ihm, sondern auch seinen Berufskollegen. Es gibt zunächst nichts einzuwenden, dass er ein Buch schreibt mit dem Titel *Eine Frage der Moral. Warum wir politisch korrekte Sprache brauchen*. Politische Korrektheit im Sinne von Höflichkeit kann man als Argumentationsansatz durchaus gelten lassen. Sie ist aber keine grammatische Kategorie, sondern eine moralische. Seine Thesen kippen allerdings ins Abenteuerliche, wenn er seine moralischen Überzeugungen als wissenschaftlich begründete Erkenntnis zu verkaufen versucht. Endgültig unseriös wird es, wenn sich der Professor auf *Studien* beruft, die nach wie vor höchst umstritten und deren Ergebnisse erkenntnistheoretisch irrelevant sind (s. Kap. 10. Studien – das Totschlagargument). Denn Antworten auf suggestive Fragen haben keinen Wert, und fehlerhafte Versuchsanordnungen disqualifizieren eine Studie von vorne herein. Bluff erst recht. Typisch die Masche, die der Linguist Martin Neef beklagt: Durch die manipulative Fragestellung werde „in vielen Tests die männliche Lesart aktiviert". Das ist absichtliche Irreführung[453]. Und die Sprachwissenschaftlerin Gisela Zifonun vom Institut für Deutsche Sprache in Mannheim kann über die *Studien* zum generischen Maskulinum und die angeblichen mentalen Assoziationen, die es hervorruft, nur den Kopf schütteln: „Personenbezeichnungen mit grammatisch männlichem Geschlecht wie »der Mieter« sagen nichts über das biologische Geschlecht aus".[454] Niemand kann den Menschen ins Hirn schauen und feststellen, ob und was für Bilder im Kopf entstehen, wenn man Wörter wie *Experte* oder *Leser* hört. Der Versuch, das Wesen der Sprache mit bildgebenden Verfahren zu entschlüsseln, ist nicht neu. Die Neurowissenschaften nehmen immer wieder Anlauf, werden aber diesem Anspruch nicht gerecht, weil sie nichts Brauchbares vorweisen können: „Über die geistige Natur der Sprache, so Zifonun, besagen die »phantastischen bunten Bilder« so viel wie die Ausschüttung von Oxytocin über die psychische Natur der Liebe".[455] Es gibt auch kein Hightech-Gerät,[456] das über irgendwelche Messdaten ermitteln kann, an welches Geschlecht man denkt, wenn man Wörter wie *Zeuge* oder *Eigentümer* vorgesetzt bekommt. Doch genau dies versucht (nicht nur) Stefanowitsch, der Öffentlichkeit vorzugaukeln. Ist er wirklich so naiv zu glauben, dass man ihn nach all dem noch ernst nehmen kann?

Noch einmal kurz zusammengefasst: Die Sprachwissenschaft hat das Märchen vom generischen Maskulinum, das angeblich nur männliche Personen abbildet, schon längst entzaubert. Trotzdem halten psycholinguistische (oder pseudolinguistische) Studien nach wie vor an diesem Mythos fest. Mit dem Thema haben sich erneut die Sprachwissenschaftler Ewa Trutkowski und Helmut Weiß befasst. In dem Beitrag „Zeugen gesucht! Zur Geschichte des generischen Maskulinums im Deutschen"[457] gehen sie der Frage nach, inwiefern maskuline Personenbezeichnungen in früheren Jahrhunderten *generisch* verwendet wurden. Sie weisen mit zahlreichen Beispielen nach, dass maskuline Substantive bereits im Althochdeutschen für beide biologischen Geschlechter verwendet wurden. Diese Erkenntnis bestätigt auch der Sprachhistoriker Eckhard Meineke, der in einer „fakten-gesättigten Studie die Thesen und sprachlichen Eingriffe der Genderlinguistik und die ihnen zugrunde liegenden Argumentationsstrategien untersucht" hat. Das geschlechtsübergreifende Maskulinum sei seit zwölfhundert Jahren im Gebrauch; und das Gendern ein Missverstehen der Geschlechtsneutralität: Es passe nicht in die Agenda der Genderanhänger, dass ein Begriff ohne Geschlecht auskomme.[458]

Doch das scheint im genderistischen Lager kaum jemanden zu beeindrucken. Aus einschlägigen *Studien* wird nach wie vor mit monomaner Verbohrtheit zitiert und mit den immer gleichen nichtssagenden feministischen Grundannahmen jongliert. Stefanowitsch behauptet also, Frauen fühlten sich *tatsächlich sehr häufig unbewusst* nicht mitgemeint. Und im ZDF-Film „Krieg der Sternchen" behauptet er: „Da gibt es psycholinguistische Forschung [...] die ist inzwischen 20 Jahre alt [...] und sie hat in einem Experiment nach dem anderen gezeigt, dass die maskulinen Personenbezeichnungen spontan auf Männer bezogen werden und nicht generisch interpretiert werden". Genau das Gegenteil beweist eine unabhängige Studie 2012 (De Backer, De Cuypere): Probanden deuten Beispiele von generischem Maskulinum zu fast hundert Prozent geschlechts-neutral, Berufsbezeichnungen wie Ärzte, Apotheker, Politiker zu 94 Prozent (s. **Quellen**). Doch für Anatol Stefanowitsch ist das generische Maskulinum „eines dieser tief eingeschliffenen Sprachmuster, das leider dazu führt, dass nicht nur in der äußeren Welt, sondern auch in unseren Köpfen die Männer immer überrepräsentiert sind".[459] Eine Behauptung ins Blaue. Er macht sich gar nicht die Mühe, diese Hypothese zu erläutern, und belegen kann er sie erst recht nicht, weder wissenschaftlich noch empirisch. Lässt sich diese „Überrepräsentation" statistisch quantifizieren? Er bezieht sich möglicherweise auf die Annahme der unbewussten, sprachgenerierten Bilder im Kopf, die es nur in manchen Genderistenköpfen gibt. Kurzum, der Fall Stefanowitsch verschlägt mir die Sprache. Hat er wirklich keine Ahnung – oder blufft er? Es drängen sich auch andere Fragen auf, aber ich will ihm wirklich nichts Böses unterstellen. Doch zumindest weltfremd wirkt er auf mich schon. Seine Äußerungen implizieren, dass all die anderen Sprachwissenschaftler, die an den Genderstudien kein gutes Haar lassen, Lügner wären – oder zumindest inkompetent.

Stefanowitsch plädiert auch für Respekt, das will ich nun nicht unterschlagen. Dem kann sich jeder zivilisierte Mitbürger vorbehaltlos anschließen. Doch er selber macht sich über die vermeintlichen Gefühle seiner Geschlechtsgenossen lustig und paternalisiert die Frauen, als wären sie schwer von Begriff (s.o.). Respektvoll ist das nicht. Ich plädiere dafür, allen Menschen respektvoll zu begegnen und die Knigge-Regeln zu beherzigen, egal ob man Linken, Rechten, Verschwörungstheoretikern, Fanatikern oder Idioten gegenübersteht, man sollte mit allen rücksichtsvoll reden, niemanden ausgrenzen, schon gar nicht die Mitglieder einer demokratisch gewählten Partei. Das gilt aber auch umgekehrt.

Höflichkeit und Respekt darf man auch von den Minderheiten erwarten, deren kommunikativer Modus als *hate speech* bekannt ist. Höflichkeit beruht auf Gegenseitigkeit. Wer Genderdeutsch spricht mit jemandem, der nicht gendert, ist unhöflich. Ich spreche schließlich auch nicht bairisch mit meinen niedersächsischen Nachbarn. Vorher müsste man fragen, ob man einen von der Standardsprache abweichenden Jargon (eine nicht normgerechte Sprache bzw. einen Soziolekt) sprechen darf – genauso wie die Erlaubnis einzuholen ist, ob man rauchen darf. Aber genau das passiert nicht im ÖRR. Kein Wunder, dass sich die Bevölkerungsmehrheit derweil diskriminiert und bevormundet fühlt. Das Problem mit dem Glottisschlag ist eigentlich nicht diese alberne Unterbrechung mitten im Wort, sondern die großspurige Attitüde des (Be-)Knackers: Ich knack auf euch alle! Schwieriger wird es, wenn man sich trotz respektvollen Umgangs auf verletzte Gefühle beruft. Diese Gefühle der Verletztheit dürfen nur die Sensibelchen haben, auf keinen Fall der Durchschnittsbürger. Wie sollte man also mit Überempfindlichkeit umgehen?

Die Sensibelchen brauchen eine Resilienztherapie, um in unserer rauen Welt zu überleben. Diskriminiert wird schließlich jeder für irgendetwas. Hundehalter zum Beispiel haben bei der Suche nach einer Ferienwohnung selten eine Chance, sie werden (meistens) schon auf der Anbieterhomepage ausdrücklich ausgeschlossen, das heißt *diskriminiert*. Gegen kognitiv-emotionale Verzerrungen durch Überempfindlichkeit empfehlen der Psychologieprofessor Jonathan Haidt und der Journalist Greg Lukianoff in ihrem Buch *The Coddling of the American Mind* (s. Quellen, S. 36) *CBT – cognitive behavioral therapy (kognitive Verhaltenstherapie)*, denn die Ursache dieser Störungen sei lediglich „the surface manifestation of deeper problems, usually stretching back to unresolved childhood conflict".

Den Planeten, den Stefanowitsch beschreibt, kenne ich nicht. Wenn er in einem ZDF-Auftritt sinniert, er würde lieber in einer Gesellschaft leben, „in der sich auch diejenigen angesprochen fühlen können und dürfen, die wir viele Jahrhunderte ignoriert haben"[460], frage ich mich, ob er in unserem Jahrhundert lebt und ob er vielleicht seit Jahrhunderten durch deutsche Lande geistert und beobachtet zu haben glaubt, wie manche Personengruppen als Gespenster behandelt werden. Also: Ich wüsste nicht, dass *wir* sprachlich jemanden *seit Jahrhunderten ignoriert* hätten[461].

Wenn Sie mich fragen, ein dicker Hund.

Oder eine dicke Hünd*in?

In meinem persönlichen Umfeld gab es überwiegend Frauen, kluge Frauen, an der Uni, in Redaktionen, im Freundeskreis. Männer und Frauen sprechen die gleiche Sprache. Niemand gendert. Das Geschlecht ist kein Konstrukt, die KI kann mittlerweile männliche von weiblichen Hirnaktivitäten unterscheiden[462]. Die Frauen reden eher über Mode und Aussehen und haben einen Hang zum Spirituellen, die Männer über Sport und Technik und haben einen Hang zur Schnoddrigkeit[463]. Alle schimpfen. Jeder über jeden, natürlich auch über mich. Und das zu Recht. Ich bin nicht unbedingt ein netter Mensch, nicht um jeden Preis. Im Gegenteil: schon eher ein deppophober Rassist: Ich befürchte nämlich, die Dummheit der menschlichen Rasse (d.h. *human race*) ist die größte Gefahr für unseren Planeten.

Über Lästereien regt sich ansonsten kaum jemand ernsthaft auf.

Noch weniger über bairische Schimpftiraden. Die gehören eigentlich zum Weltkulturerbe. Gerhard Polt empfiehlt sogar ein Schulfach *Fluchen*.[464]

Inkorrektheiten? Ja, kenne ich zur Genüge, die ganze Palette der Sticheleien, da kommt niemand ungeschoren davon. Doch manche sozialen Gruppen erweisen sich als besonders dünnhäutig und interpretieren jede harmlose Taktlosigkeit als Mikroaggression. Jedes unbedachte Wort als böse Anfeindung und wie auch immer gearteten Rassismus anzuprangern, ist paranoisch, mitunter kindisch. Kritik ist für die soziale Gesundheit unerlässlich. Hannah Arendt plädierte dafür, „sich provozieren [zu] lassen und auch selbst [zu] provozieren, um die wirklich bedeutsamen Konflikte offen zu legen. Konflikte, die wir oft sorgsam ersticken mit »sinnlosen Artigkeiten« und jenem falschen Mitgefühl, das wir haben, wenn wir meinen, die Gefühle anderer nicht verletzen zu dürfen."[465] Fast prophetisch in der damaligen Zeit, als Wokeness noch völlig unbekannt war. Wirklich problematisch wird der mimosenhafte Umgang mit abweichenden Meinungen und Weltanschauungen, wenn intolerante Gesinnungswächter Kritik mit Krieg verwechseln und mit Kanonen auf Spatzen schießen, um ihre unanständig denkenden Feinde zu vernichten, sozial, mitunter auch physisch, und wenn doch nicht ganz tot, doch zumindest mundtot zu machen[466]. Die Zahl der unter Polizeischutz stehenden Intellektuellen (Autoren, Professoren u.a.), die linksidentitäre Standpunkte oder den politischen Islam kritisieren und deshalb um Leib und Leben fürchten müssen, geht mittlerweile in die Hunderte. Diesbezügliche statistische Erhebungen fehlen. Ein Staatsgeheimnis?

Im Privaten tobt sich die Kritik in einem robusteren Stil aus, das bisschen Schimpfen muss man eben aushalten. Der Rest ist Knigge. Nur: In manchen Kreisen gilt bereits das Aussprechen einer faktischen Wahrheit, die identitären Dogmen widerspricht, als Todsünde, die nach drastischen Konsequenzen verlangt.

Auch die Korrektheitsmaßstäbe, die man als *progressiv* feiert, gelten nicht für alle. Lästern gehört zum unbedingten guten Ton, wenn der alte abendländische Mann als Zielscheibe dient. Und der soll gefälligst auch die andere Wange hinhalten – und Reue zeigen. Das ist das neue Glaubensbekenntnis der *Guten* und

Anständigen, die gleicher sind als alle anderen und sich mit dem Attribut *progressiv* schmücken dürfen, weil sie sich auf dem einzig richtigen Weg zur Erlösung befinden: Progressiv ist, wer die Menschheit direkt ins Mittelalter führt. Die neue Ständegesellschaft mit neuen Adels*geschlechtern* sieht folgendermaßen aus: Es gibt keine Unschuldsvermutung, keine Anklage und keine Verteidigung, auch keine Beweisaufnahme, sondern nur Urteile ohne das Recht auf Berufung oder Revision, weil man die Wahrheit schon sowieso kennt[467], nämlich, dass die weißen Männer Ausgeburten der Hölle sind. Auch wenn sie sich dessen nicht bewusst sind und das Gegenteil beteuern. Diesen Unsinn glauben im Übrigen auch die weißen Progressiven. Na, immerhin. Gut für die Textilbranche, die Büßerhemden anbietet. Das heutige Strafrecht setzt die Unschuldsvermutung voraus und unterscheidet zwischen Vorsatz und Fahrlässigkeit. In der Welt des identitären Sendungsbewusstseins gibt es diese Unterscheidungen nicht. Den Weißen haftet die Ursünde der Heimtücke und bösen Begierlichkeit an, und dafür müssen sie büßen. Alles, was sie sagen und tun, ist Mikro- oder Makroaggression und dient der Irreführung und Knechtung der Unterprivilegierten. Sogar Wissenschaft und Erkenntnistheorie sind Spielarten des abendländischen Betrugs. Wahr ist nur das traditionelle Wissen. Lassen Sie also beim nächsten Mal Ihr Haus am besten von einem Schamanen oder Voodoo-Priester entwerfen und bauen, der mit wohlklingenden Zaubersprüchen, Geisterbeschwörungen und Ritualen ein paar schöne Tänze vollführt und bestimmt, wo das Haus stehen soll und wie die Statik mit Hilfe rauchender Stöckchen und luftgetrockneter Hühnerknochen ermittelt werden kann.

Genug der Albereien, kehren wir zurück zu unserem seriösen Professor, den ich durchaus ernst nehmen möchte, mir aber nicht ganz sicher bin, ob ich das wirklich kann.

Anatol Stefanowitsch plädiert für die Gendersprache, seine Verteidigungsrede beruht aber nicht auf sprachwissenschaftlichen Erkenntnissen, sondern auf seinem Verständnis von Moral – von Höflichkeit und politischer Korrektheit. Dabei führt er die vermeintliche Beweiskraft von Studien ins Feld, die nach allem mir derzeit zur Verfügung stehenden Erkenntnissen allesamt widerlegt sind, These für These[468].

Umfangreiche Zusammenfassungen von Tobias Kurfer[469] und Fabian Payr[470] belegen, dass diese genderlinguistischen Studien jeglicher Wissenschaftlichkeit entbehren. Und: was ist eigentlich von dieser vorgeschützten Minderheitenmoral zu halten, die alle verunglimpft, die dem einzig wahren Genderglauben nicht folgen? Ist diese intolerante Übergriffigkeit die neue *Korrektheit*? Auf Kritik an der politischen Korrektheit reagiert Stefanowitsch ansonsten recht patzig, aber wenig eloquent, und noch weniger überzeugend.[471]

Nun stehen folgende Fragen im Raum: Warum tut er das, der höfliche Professor? Hat er wirklich keine Ahnung? Oder blufft er, aus ideologischer Überzeugung? Hat er sich vergaloppiert? Sein Korrektheitszynismus wird offensichtlich zum Bumerang, er bekommt derweil viel Gegenwind und hat deshalb, wie auch viele seiner dünnhäutigen Leidensgenossen, mittlerweile ins „rhetorisch robuste Register" gewechselt[472]. Zu Recht fragt Fabian Payr: „Wie lässt sich ein solches Ausweichen auf unredliche rhetorische Kunstgriffe mit den hehren moralischen Ansprüchen in Einklang bringen, mit denen die Fürsprecher einer inklusiven und sensiblen Sprache angetreten sind?"[473] Mit seinem Genderlatein dürfte Stefanowitsch mittlerweile auch am Ende sein, sieht er doch seine akademischen Felle dahinschwimmen und die schwindelerregende Karriere als Chefkorrektologe der Nation beendet.

Vielleicht gibt es auch weitere Erklärungsansätze, warum er das tut und nun kräftig austeilt, zum Beispiel *virtue signaling*[474], aber ich kann Herrn Stefanowitsch nicht ins Hirn schauen, was er selber anscheinend sehr gut kann und uns weismachen will, dass in unseren Köpfen wundersame Dinge vorgehen. Und dass die Gefühle der Frauen, aber auch ihre Gedanken und was sie verstehen und nicht verstehen, wie auf einem Bildschirm anschaulich dargestellt werden können. Sei es drum.

Nun kommt es aber zur nächsten Sünde. Stefanowitsch *viktimisiert* die Frauen, macht sie zu einer Opfergruppe und entmündigt sie, spricht ihnen die Fähigkeit ab, sich des eigenen Verstandes zu bedienen und sich zu wehren.

Im allgemeinen Umgang von Anhängern einer Ideologie mit ihren Gegnern gibt es noch einige Sünden. Und zwar:

1. Entmenschlichung. Der Moralpsychologe Jonathan Haidt und sein Co-Autor Greg Lukianoff beschreiben dieses Phänomen als *dehumanizing*. Man spricht dem Gegner seinen Anstand ab und damit auch sein Menschsein, seine Menschlichkeit. Die Entmenschlichung des Gegners kommt durch die Hintertür, als Belehrung und Unterstellung. Wer nicht gendert, ist ein schlechter Mensch, fügt Frauen Leid zu, was als Gewalt auszulegen ist. Und Gewalt, auch wenn nur sprachlich, verlangt nach Gegengewalt, aber das darf auch physisch sein. Die These von Sprache als Gewalt stammt von Lisa Feldman Barrett: „If words can cause stress, and if prolonged stress can cause physical harm, then it seems that speech – at least certain types of speech – can be a form of violence."[475] Eine typische Form von kognitiver Verzerrung (*cognitive distortion*), die zur Selbstermächtigung führt, ist, „ideologisch motivierte physische Gewalt" auszuüben[476]. Der Soziologe Albert Bergesen führt diesen Gedanken zu Ende: „… anything that can be construed as an attack on a group can serve as an opportunity for collective punishment and the enhancement of group solidarity"[477].

Und noch eine Sünde: 2. Die *Dämonisierung des Gegners* erfolgt indirekt, durch die Gleichsetzung derjenigen, die nicht gendern wollen, mit bereits durch mediales Framing gründlich kompromittierten und *entmenschlichten* sozialen Gruppen. Die Methode der Verächtlichmachung ganzer Bevölkerungsgruppen kennen wir bereits aus propagandistischen Beiträgen wie u.a. der Kulturdoku „Krieg der Sternchen". Das hat bei uns Tradition, man denke nur an die NS-Propaganda.

Als entmenschlicht vorgeführt werden die AfD-Mitglieder sowie deren Sympathisanten, christlich-fundamentalistische Gruppen und sonstiger *Abschaum*, subsumierbar unter dem scheußlichen Begriff *alter weißer Mann*. Und das ist auch eine Form von Rassismus. Gehört dieser zynisch kaschierte Rassismus etwa zu den Grundsätzen der neuen Korrektheit? Wo soll das bitte hinführen? Nelson Mandela mahnte seinerzeit mit klaren Worten: „When we dehumanise and demonise our opponents, we abandon the possibility of peacefully resolving our differences, and seek to justify violence against them."[478] So weit kommt es noch. Und nicht zum ersten Mal.

28. Selbstgewissheit und Selbstüberschätzung – verhängnisvolle Nachahmung falscher Vorbilder

Der „Hart, aber fair"-Moderator Frank Plasberg äußerte sich bei seinem Abschied vom Berufsleben verwundert, aber auch besonders kritisch und besorgt über die Selbstgewissheit der jungen Redakteure.[479] Na endlich, dachte ich mir. Dieses ärgerliche Phänomen ist mir nicht neu. Im Medienbereich wird viel geschlampt, aus Selbstgewissheit und aus Selbstüberschätzung: *ich weiß es doch, es ist doch so, das weiß doch jeder* – so in etwa die Einstellung vieler Redakteure, die sich oft nicht die Mühe machen, Informationen zu prüfen, und beglücken damit die Welt mit Ungenauigkeiten oder falschen Nebensächlichkeiten. Meine Beobachtungen habe ich leider nicht archiviert, anbei lediglich einige Beispiele aus der jüngsten Vergangenheit.

Als Kanzlerin Merkel 2015 die Grenzen für Flüchtlinge öffnete, äußerte sich US-Präsident Trump unverblümt: sie sei „insane". Die US-Korrespondentin von ARD/ZDF nahm wohl an, ohne nachzuschlagen, wenn „sane" *gesund* bedeutet, so müsse „insane" *ungesund* sein. In diesem Sinne übersetzte sie die Äußerung Trumps. Nur: *Insane* hat mit allgemeiner Gesundheit rein gar nichts zu tun. Das Wort bezieht sich auf die geistige Gesundheit und bedeutet schlicht und einfach *verrückt* (s. Pons-Wörterbuch: **insane** *adj.* geisteskrank, wahnsinnig).

Als das Rolling-Stones-Album *Voodoo Lounge* 1994 veröffentlicht wurde, widmete das ZDF dem Ereignis einen Beitrag in *Aspekte*. Die Autorin nannte in ihrem Filmchen den Album-Titel etliche Male, aber, soweit meine Ohren damals nicht täuschten, kein einziges Mal richtig. Das heißt: mal [lo:nsch], mal la:nsch], aber kein einziges Mal [laundsch], phonetisch [laundʒ]. Mein damaliges Urteil: unseriös. Es ging schließlich nicht um die Aussprache eines beliebigen Wortes am Rande des Themas, sondern um den Titel des Beitrags bzw. des Albums, das vorgestellt wurde. Auch ein schlechtes Vorbild.

Mit schlechtem Beispiel geht Marietta Slomka (ZDF) voran. In der Abmoderation des *Heute-Journals* vom 15.9.2024 verweist sie auf die nachfolgende Sendung, eine britische Serie: *Beyond*

Paradise. Im Englischunterricht hat sie vermutlich nicht aufgepasst. Und in einem Wörterbuch nachzuschlagen war wohl unter ihrer Würde. Statt [biʼjond] sagte sie [baijond][480]. Und der Zuschauer, der sie für kompetent hält, ahmt sie möglicherweise nach. Tja, Englisch in den deutschen Medien – ein Trauerspiel.

Tagesschau-Moderator Marc Bator kaprizierte sich bei der Aussprache der Auszeichnung *Right Livelihood Award* jahrelang auf [livlihud]. Ob er nicht nachgeschlagen oder einfach nur falsch recherchiert hatte oder informiert war anhand fehlender Kompetenz? Das kann ich nicht beurteilen. Ich kann lediglich vermuten, dass – falls er doch nachgeschlagen hatte – sein Nachschlagewerk nicht die internationale phonetische Transkription verwendete, sondern eine eigene, was keine Seltenheit ist. So hat das Randomhouse-Wörterbuch auf jeder rechten Seite eine Referenzzeile für die Aussprache; für [i] steht das Wort *if*, für [ai] das Wort *ice*, wobei das i in *ice* mit einem Strich versehen ist – *īce* (statt mit einem Punkt). Die Aussprache von *livelihood* ist [laivlihud], im Randomhouse [līv-]. Sorgfalt als Tugend? Wohl nicht mehr zeitgemäß, eher uncool wie die deutsche Spießigkeit.

Was dies mit der Gendersprache zu tun hat? Es ist das gleiche Muster. Man übernimmt unkritisch Informationen, die irgendwo in den Medien ungeprüft in die Welt gesetzt wurden, und schon ist jeder Stuss *gewusste Wahrheit* (s.o. *narratives Wissen*[481]). Die verhängnisvolle Nachahmung falscher Vorbilder und die fehlende Bereitschaft (aus Bequemlichkeit oder Faulheit), Dinge nachzuprüfen, macht diese Überhandnahme falschen Wissens möglich. Irrtümer werden zur Norm, weil man sich keine Mühe macht, sich eine eigene Meinung anhand gründlicher Recherche zu bilden.

Brisanter aber die Nachahmung der identitär-ideologischen Haltung in den Medien. Das öffnet Tür und Tor für oktroyierte Normsetzungen. Der Journalist Ralf Schuler zeigt in seinem Buch „Generation Gleichschritt", wie die „radikale links-intellektuelle Normsetzung […] Medien und Politik infiltrieren", und prangert die süffisante Geisteshaltung der Medienvertreter an: „Es ist diese mediale Selbstgewissheit, dieses Voraussetzen der eigenen Maßstäbe als allgemeingültig und repräsentativ, was zu jenem dominant-überwältigenden Meinungsklima beiträgt, dem sich Menschen entweder entziehen oder anpassen, und das sich so ungut hemmend auf den eigentlichen freien Diskurs auswirkt".[482] Man gendert nicht, weil man weiß, dass das Gendern angeblich richtig sei, sondern weil die Vorbilder in Medien und Politik es tun. Dann muss es ja richtig sein, zu prüfen braucht man es nicht. Wie denn? Wer ist eigentlich kompetent zu sagen, was grammatisch richtig ist und was falsch?

Dem faulen Zauber falscher Vorbilder kann sich kaum jemand widersetzen. Früher führte man (gefühlt) nur in Bayern „Diskusionen am Ssontag". Heute praktisch überall.[483] Ein Rätsel, warum stimmhafte und stimmlose Konsonanten derzeit die Rollen tauschen.

Wer was glaubt oder nicht glaubt, wem man was unterstellt zu denken oder eher für ausgeschlossen hält, Unsinniges denken zu können – darüber folgende Anmerkungen: Es handelte sich im Grunde um Annahmen anhand logischer Schlussfolgerungen. Professor Stefanowitsch zum Beispiel. Er ist wie die meisten Professoren an westlichen Universitäten zweifelsohne ein überdurchschnittlich intelligenter und anständiger Zeitgenosse. Deshalb kann ich mir nicht vorstellen, dass er glaubt, was er sagt. So einfach ist das, mehr Logik braucht es nicht. Oder doch?

Es gibt viele gut dokumentierte Fälle über die Diskrepanz zwischen dem, was man öffentlich verkündet, und dem, was man privat beteuert. Zum Beispiel die Affäre Paul Rossi an der Grace Church School in New York, ausführlich geschildert in Douglas Murrays Buch „Krieg dem Westen"[484].

Eine kurze Zusammenfassung: 2021 wurden alle Studenten und Lehrer der Elitebildungseinrichtung zu einem *antirassistischen Training* verdonnert. In einer vertraulichen Runde äußerte sich der Mathematiklehrer Rossi kritisch über die Maßnahme. Seine Worte machten schnell die Runde und verursachten, wie es hieß, „neurologische Störungen" unter den Studenten. Es folgte ein demütigender öffentlicher Verweis. In einem Vieraugengespräch gab ihm der Rektor George Davidson allerdings recht in allen Punkten, was er später öffentlich bestritt (s. Fußnote, *kognitive Dissonanz*). Wer log, wer sagte die Wahrheit? Die Beweislage war eindeutig: Rossi hatte das Gespräch zum Glück aufgenommen. Geschasst wurde er trotzdem.

Professor Stefanowitsch verfällt in die Rhetorik der Verachtung und sitzt in einer kognitiven Identitätsfalle[485]. Im Streit um die Notwendigkeit des Genderns wäre zunächst die Frage zu klären, ob das Hervorheben des Geschlechts oft, manchmal oder überhaupt sinnvoll ist, und wenn u.U. ja, dann in welchen Fällen und in welchem Kontext.

Meine These bleibt: Das Geschlecht ist bei generischen Bezeichnungen (*die Sparer, die Italiener*) völlig irrelevant und überflüssig. Seine Hervorhebung ist vor allem aber albern. Spekulationen darüber, dass man generische Substantive plötzlich anders versteht oder verstehen könnte, und das bewusst oder unbewusst, haben sich als Irrtum erwiesen.

Der Grundton dieses Essays ist ironisch, mitunter gallig und wütend. Satire muss man ertragen. Dabei ahme ich lediglich die identitäre Geisteshaltung nach, die ohne Verachtung und andauernde Verletzung der Gefühle Andersdenkender nicht auskommt. Satire kann auch zeigen, wie es sich anfühlt, stigmatisiert zu werden. Wer das Gendern ablehnt, ist weder rassistisch noch frauenfeindlich (misogyn), schon gar nicht rechtsextrem, im Gegenteil, wie zahlreiche Statistiken belegen. Respekt ohne Gegenrespekt funktioniert nicht.

29. Die Methode – eine kritische Zusammenfassung

Das diskursive Verfahren der sprachlichen Normsetzung wird in der Genderdiktatur durch Glaubenssätze ersetzt. Diese erschleichen sich den Anschein von Seriosität und Wissenschaftlichkeit, indem sie sich einer dreisten Rabulistik bedienen. Die Methode der Genderaktivisten ist das Scheingefecht, eine taktische Verschränkung von Ablenkung und Scheindiskurs, der auf Scheinwahrheiten herumreitet.

Das sind in der Regel Nebensächlichkeiten und Petitessen, aus dem Zusammenhang gerissene Teilaspekte eines komplexen Themas, die alle Logik niederwalzen, ein Herumjonglieren mit pseudowissenschaftlichen Zauberformeln, das jeglicher Sachlichkeit entbehrt und für allgemeine Verwirrung sorgt, wie in einer Zirkusmanege. Man hangelt sich anhand oberflächlicher

Korrelationen von einem Bluff zum nächsten und erzeugt taktische Erfolge durch serielle Irreführungen. So entsteht eine Aneinanderreihung von Einzelaspekten, die alle Kohärenz auflösen und nur dazu dienen, vom Wesentlichen, d.h. von Inhalten abzulenken zugunsten von Formen oder Formalien, die nichts bedeuten. Diese Formalien finden eine Verkörperung in unsinnigen und überflüssigen Endungen und magischen Sonderzeichen, die angeblich was Unheimlich-Wundersames im Bewusstsein des Sprechers auslösen[486], Bilder und Visionen, die die Weltsicht verändern und nachhaltig prägen. Die ultimative Erleuchtung. Die Visualisierungen haben einen behaupteten Scheingehalt, der nur in der Phantasie mancher Menschen existiert und als allgemeine Objektivität nicht nachzuweisen ist – außer in Genderstudien. Nichts als Abrakadabra in den engen Schranken eines Tunnelblicks.

Eigentlich ein *klassischer Denkfehler*, wie der Sprachphilosoph Philipp Hübl anmerkt: „Einen Satz verstehen heißt nicht, Bilder im Kopf zu haben, sondern die Bedeutung zu verstehen, also wissen, was der Fall ist, wenn er wahr ist".[487]

Die Dekonstruktion von Bedeutung und Struktur ist eine Destruktion von Sinn und Logik. Das Liebäugeln mit der Magie ist kindisch. Sternchen und Sonderzeichen sind ein bemitleidenswerter Ausdruck von Infantilität. Oder von einer Art Vogel-Strauß-Politik: indem sie einer Reihe kognitiver Verzerrungen verfallen, suchen die Genderisten Zuflucht in einer alternativen Realität. Gad Saad nennt diese mentale Märchenwelt *Unicornia*. Zur Eigenart der am Vogel-Strauß-Syndrom Leidenden gehört, wie der Evolutionspsychologe hervorhebt, die Unart, sich hinter einer arroganten moralischen Überlegenheit zu verschanzen.[488]

Die identitären Illusionisten versuchen, ihre Dogmen und Geltungsansprüche durch ihren vermeintlichen Opferstatus zu legitimieren und damit auch ihre Disziplinierungs- und Diskriminierungsmaßnahmen gegen die angeblich *unterdrückende* Bevölkerungsmehrheit zu rechtfertigen. Die Gendersprache ist nur ein Baustein in dieser perfiden Strategie der Wahrheitsverdrehungen und der rhetorischen Gängelung.

Die Rabulistik gehört zum guten Ton der postmodernen Theorien. Gad Saad spricht von „gibberish" (Quatsch, Kauderwelsch) und der "illusion of explanatory depth". Postmoderne Philosophen wie Jacques Derrida, Jacques Lacan oder Michel Foucault bezeichnet er als "bullshitters", die erfolgreich waren mit ihrer Scharlatanerie, "because of the assumption that if something is nearly impossible to understand, it must be profound"[489]. Foucault bekannte sich offen zu dieser "vorgetäuschten Tiefe" (faux-profundity). In einem Gespräch mit dem Philosophen John Searle sagte er: "In France, you gotta have ten percent incomprehensible, otherwise people won't think it is deep."[490] Foucault war zudem der Meinung, "that Derrida pushed this strategy too far by engaging in *obscurantisme terroriste*."[491]

Auch der Buchautor Douglas Murray rechnet mit dem diskursiven Stil des aktivistisch-intersektionalen Feminismus ab, dessen Methode er als „camouflage" (Verschleierung) entlarvt und die Werke als unlesbar: „Their writing has the deliberately obstructive style ordinarily employed when someone either has nothing to say or needs to conceal the fact that what they are saying is not true".[492] Also einfach „intellektueller Unsinn", „Jargon-behaftet und nebulös".[493] Und der Soziologe Steven Pinker beklagt, dass der postmoderne Feminismus Logik und Anstand (civility) zum Fenster hinauswirft.[494] Die kleinste Abweichung von feministischen Dogmen, jede Nichtigkeit wird mit Giftpfeilen und hysterischem Kriegsgeschrei beantwortet[495].

Ob die Genderer wissen, dass ihre Argumente nichts taugen – oder nur in *Unicornia* ihre Gültigkeit haben, werden wir nie erfahren. Ihnen geht es nicht um evidenzbasierte Fakten, sondern um linksidentitäre Symbolpolitik, um ideologische Bekenntnisse – und Macht durch doktrinäre Deutungshoheit. Alice Schwarzer beklagt,[496] Gendern sei eine Sprache, „die das Leben verschleiert, es sind Codes unter Eingeweihten. So etwas ärgert mich, weil das die anderen ausschließt. Ich finde das elitär".

Mit dem Gendern wollen die linksidentitären Eliten der Öffentlichkeit mit überheblicher Geste demonstrieren, dass sie die Besseren sind. Diese Form von moralischer Hybris kommt als selbstverliebtes *virtue signaling* daher. Oder als *moralische Hypokrisie*[497]. Die *Guten* zeigen Haltung. Die Haltung wird als progressive Tugend zelebriert. Sie ist aber genau das Gegenteil: die Zwillingsschwester der ersten Todsünde *Superbia,* eine

Untugend, eine arrogante Geste moralischer Überlegenheit allen gegenüber, die eine andere Meinung vertreten. Man ersetzt „Wissen durch Haltung und Erkenntnis durch Betroffenheit" (Ewa Trutkowski)[498]. Die Abschaffung der moralischen Neutralität ist keine fortschrittliche Einstellung, sondern archaische Besserwisserei, die Zerstörung des zivilisierten Diskurses und somit zutiefst antidemokratisch und intolerant.

Diese Haltung ist eine giftige Mischung aus Geringschätzigkeit und Überheblichkeit. Wer Haltung zeigt, wähnt sich auf der *richtigen* Seite. Doch ist diese vermeintlich *richtige* Seite grundfalsch. Sie könnte den Präzedenzfall für weitere Begehrlichkeiten bieten. Fühlen darf man sich schließlich als was immer, verboten ist es nicht. Spekulativ zum Beispiel als Kaiser von China. Kein Problem. Huldigen muss man ihm trotzdem nicht. Was aber, wenn dieser eigenbildete Kaiser verlangt, als *Majestät* angesprochen zu werden? Das kann praktisch jeder. Auch ein Angehöriger sexueller Minderheiten, warum nicht? Die Mechanismen der Erpressung und esoterischen Beweisführung wären die Gleichen. Und ein paar schöne Studien würden *beweisen*, dass dieser Anspruch berechtigt sei. Genauso wie die Bezeichnung der großen heterosexuellen Mehrheit der Bevölkerung als Abschaum, Gesindel und Naturplage, denn diejenigen, die sich vermehren, tragen, klimatisch betrachtet, zur Zerstörung des Planeten bei. In etwa so könnte ich mir den Anfang einer genderideologischen Ständediktatur vorstellen.

Die Postmoderne argumentiert mit behaupteten Wahrheiten[499]. Und die beruhen auf dem *gesunden Volksempfinden* mancher Zeitgenossen, deren Menschenwürde höherwertiger ist als jene des Fußvolks. Genderstudien unterschlagen für gewöhnlich, dass die postmodernen Theorien nicht als Wissenschaft zu verstehen sind, sondern als *politische Bewegung*.

Die Grundlage der aktivistischen Propaganda ist nicht der wissenschaftliche Beweis, sondern die gefühlte Wahrheit, auch die nicht nachweisbaren Wahrheiten des Unbewussten. Die Argumentation muss weder rational, noch neutral (unbefangen) sein. Ihre wirksamste Keule ist die Wiederholung der immer gleichen unbelegten Behauptungen (z.B. über Studien). Das ist die Methode Goebbels (s.o. Kap. 26. „Krieg der Sternchen").

Einen Unsinn muss man so oft wiederholen, bis sich die Wahrheit in Rauch auflöst. Die penetrante Wiederholung sät Zweifel: vielleicht ist die Erde dann doch bloß ein flaches Fladenbrot.

Der Taschenspielertrick der Methode: der identitäre Aktivist ändert ständig die diskursiven Spielregeln und maßt sich dabei an, zugleich Spielteilnehmer und Schiedsrichter zu sein. Inhaltlich wird dabei alles ausgeblendet, was nicht ins ideologische Narrativ von Herr-und-Knecht-Unterdrückung und Rassismus passt[500]. Das nennt man Anarchie.

Anarchisch darf es durchaus in Komödien oder im Kabarett zugehen. In der satirischen Polemik braucht man keine wissenschaftlichen Argumente. Eigentlich. Was aber, wenn man sich welcher doch bedient, um Emotionen zu mobilisieren, wie neulich Max Uthoff in der Juliausgabe 2023 des „Schlachthofs" im BR?[501] Der Kabarettist referierte mit Glottisschlag über den „Kulturkampf, der gerade in diesem Land tobt". Er meinte das Gendern. „Vergessen Sie nicht, dass es gute Gründe dafür gibt, Frauen in der Sprache sichtbarer zu machen", mahnte er. „*Studien* haben gezeigt, dass kleine Mädchen sich schlechter vorstellen können, Rechtsanwältin oder Ärztin zu werden, wenn wir immer nur die maskuline Form dieser Berufe benutzen". Alter Essig in neuen Schläuchen.[502] Da ziehen sich einem alle Öffnungen zusammen. Mal davon abgesehen, dass *kleine* Mädchen fast ausschließlich *Prinzessinnen* werden wollen und sich alles andere wohl nicht nur *schlecht*, sondern eher *gar nicht* vorstellen können. Eine Studie könnte klären, was für Berufsvorstellungen kleine Mädchen haben und ob sie wissen, was eine Anwältin ist. Dabei sollte man differenzieren zwischen *schlechten* und *sehr schlechten* Vorstellungen. (s. 14. Konsequenzen)

Das Kabarett implodiert in dem Moment, in dem der Witz der Belehrung weicht und der ironische Abstand zu sich selbst verlorengeht. Was dann übrig bleibt, ist keine Satire, sondern eine dünkelhafte Moralpredigt. Max Uthoff, ob man ihn nun als umstritten[503] bezeichnen darf oder nicht, belehrte als Anwalt des Genderns das Publikum, dass nur Faulheit gegen das Gendern spricht. Richtig erkannt! Wir sind die faulste Nation der Welt, und ich bin die faulste Kartoffel von allen. Das hat was mit Sprachökonomie zu tun – und mit der universellen Gültigkeit des

189

lex parsimoniae naturae.[504] Dieses Naturgesetz (*Die Natur tut nichts Überflüssiges*) gilt auch für die Sprache. Die logische Konsequenz: Unter diesem Aspekt betrachtet ist das Gendern widernatürlich. Es nimmt viel Raum, Zeit und Energie in Anspruch zur Produktion sprachlicher Wucherungen ohne Informationswert. In der Natur ist es so: Was der Körper nicht braucht, nicht verdauen kann oder überflüssig ist, wird entweder erbrochen oder ausgeschieden. Hier wäre also noch die Frage zu klären: Ist das Gendern ein natürliches Endprodukt?

Uthoffs Auftritt wirft einige Fragen auf: Welche linguistischen *Studien* hat der studierte Jurist eigentlich gelesen? Karikierte er in seinem Auftritt die Genderverfechter? Oder war seine Nummer die Karikatur eines Juristen, der sich als Hobby-Linguist geriert und in einer Phantasiewelt lebt? Dass der Wokeismus[505] auch im Kabarett ankommen könnte, hielt ich für ausgeschlossen, ist er doch ein Feind des freien Denkens und des Humors.

Schließlich ein paar weitere Anmerkungen zur Methode der Studien. Die Genderlinguistik ist in einem Zirkelschluss gefangen. Die zu beweisende These wird in der Regel zur Grundvoraussetzung der Untersuchung umfunktioniert, zum eigentlichen Forschungsziel hochstilisiert. Das Ergebnis steht von vorne herein fest: Die Wahrheit ist das, was ich denke, und nicht das empirisch Nachgewiesene, schon gar nicht das faktisch Offensichtliche. Anders kann es einfach nicht sein. Deshalb muss man die Untersuchung des störrischen Themas so lange verfeinern, bis die *erwünschte Wahrheit* ans Licht kommt bzw. bis die Probanden die richtigen Antworten liefern. Eine aktuelle Studie des Leibniz-Instituts für Deutsche Sprache (IDS, Oktober 2024) über genderinklusive Sprache in Pressetexten, setzt beispielsweise kontrafaktisch voraus, dass der generische Plural ausschließlich männliche Wesen bezeichnet. Deshalb erfasst die Studie das generische Maskulinum statistisch als „männliche Form" und nicht so, wie sie von praktisch allen deutschen Muttersprachlern verstanden wird, nämlich als geschlechtsneutrale Bezeichnung.[506] Was man damit beweisen will? Wohl die alte Leier, dass die Sprache ungerecht und diskriminierend sei, irgendwie auch rassistisch. Auch dieser Studie liegt nämlich das Dogma zugrunde, dass die Sprache alle Geschlechter abbilden und *genderinklusiv* sein müsse. Beklagt wird, dass in DPA-Texten zu 80 Prozent Männer erwähnt würden. Und das liege angeblich am generischen Maskulinum. Der Sinn dieser Glaubenssätze erschließt sich mir nicht. Man hantiert mit unbewiesenen Thesen, die als in Stein gemeißelt vorausgesetzt werden und im akademischen Diskurs die Munition liefern für transzendentale Machtkämpfe. Genderinklusiv? Was soll das denn heißen? Dass die Normsprache gender*exklusiv* sei? Wozu soll die Sprache in ihrer Morphologie genderinklusiv sein? Wozu die Veranschaulichung sozialer Rollen? Wen interessiert das? Wo liegt die Relevanz? Wem nützt das? Wohl nur einem gruppenidentitären Kreis. Wir, die Öffentlichkeit, werden bei dieser wüsten Haarspalterei in einen polemischen *circulus vitiosus* hineingezogen. Die pseudowissenschaftliche Dogmatik verwickelt uns in ein Hütchenspiel, das Drehschwindel erzeugt, auch reichlich Verwirrung und Unruhe, aber keinen Erkenntnisgewinn. Null. Sprache dient der Informationsvermittlung, der Kommunikation und nicht der ideologischen Erbauung bzw. Erziehung. Die Genderlitanei gehört in Genderkirchen, die man gründen darf, wenn man will, die Verfassung garantiert ja die Religionsfreiheit. In der Öffentlichkeit ist das Gendern bloß ein Störfaktor.

Zusammengefasst: Im kontrafaktischen Diskurs der Linksidentitären herrscht die Schnurzbeliebigkeit der Argumentation. Diese dient nicht der Wahrheitsfindung, sondern der Bestätigung ideologischer Dogmen. Alles ist nach dem wiederbelebten Schema von These, Antithese und Synthese auch sein Gegenteil. Mit den Zaubermitteln soziolinguistischer Analyse und Verkehrung realitätsrelevanter Fakten feiert sich die zynische Postmoderne als wahre Hüterin von Gerechtigkeit und Demokratie. Olle Kamellen. Schließlich rühmten sich auch die totalitären Systeme des ehemaligen Ostblocks als einzig wahre Demokratien. Doch solche Deutungen von Wahrheit und Ethik entsprechen nicht der durchschnittsbürgerlichen Intuition von Freiheit. Zur Schnurzbeliebigkeit der Argumentation gesellt sich schließlich die Dialektik der polemischen Sinnverdrehung in der Auslegung von Umfrageergebnissen. Rechtsextrem ist oft alles, was von der links-woken Linie abweicht. So beispielsweise in der *Mitte-Studie* 2022-2023, die anhand abenteuerlicher Syllogismen zu *beweisen* suggeriert, dass große Teile der Bevölkerung fremdenfeindlich, nationalchauvinistisch und rechtsextrem seien.[507] Das gilt u.a. auch für jene, die den öffentlich-rechtlichen Rundfunk kritisieren. Die sind *per se* Nazis. In solchen Umfragen und Expertisen wird im Wesentlichen „die Zustimmung zu einer links-woken Ideologie abgefragt"[508]. Sie dienen anschließend als Referenz und Alibi für weitere Studien sowie die altbekannte Standardfloskel, „Studien haben bewiesen, dass …"

Wo das alles hinführt: Von München bis Münster glitzert es mittlerweile in praktisch allen Museen der Bundesrepublik vor lauter Gendersternen und Doppelpunkten wie an einem weihnachtlich geschmückten Abendhimmel. Etliche Info-Tafeln sind mit Sternen und Doppelpunkten tapeziert, sogar die Kunstsammler müssen die Hose runterlassen und ihr Geschlecht präsentieren, das ist ja essenziell, und siehe da, sie sind :innen.

Das Senckenberg-Museum in Frankfurt am Main belehrt das dumme, unsensible Publikum auf *facebook*: „Die Verwendung einer geschlechtergerechten Sprache ist wichtig, um Chancengleichheit zu gewährleisten. Schließlich drückt Sprache immer auch Norm- und Wertvorstellungen aus, prägt unsere Wahrnehmung und schafft – in letzter Konsequenz – Realitäten. Ein sensibler und bewusster Sprachgebrauch kann demnach auch zur Verbesserung der Chancengleichheit beitragen. Vor diesem Hintergrund hat unser Direktorium Anfang 2020 die Verwendung einer geschlechtergerechten Sprache für unsere interne und externe Kommunikation beschlossen." Wie bitte?! Ohne Gendersterne keine Chancengleichheit? Und was steht darüber in der Verfassung? Die Sprache drückt angeblich kontextfrei Wertvorstellungen aus, ein einziges Wort kann schon ein Pamphlet sein. Man spricht also sensibel und bewusst: Man kann ja nie wissen, was eine banale Endung alles anrichten kann, wenn sie sich als die falsche entpuppt oder fehlt, man überlege also ganz genau, was man sagt, noch bevor man den Mund aufmacht. Aber auch, bevor man Stuss schreibt. Diese Stellungnahme beinhaltet so gut wie jedes unbewiesene Klischee über die Gendersprache: Textbausteine in Endlosschleife ohne Sinn und Verstand.

Kurz und gut: Die genderidentitäre Öffentlichkeitspraxis kopiert die politischen Strategien von Religionen. Ihre postmoderne Sprache erschafft – in letzter Konsequenz – Schein-realitäten, weil sie die Ambivalenz und Komplexität der Wirklichkeit nicht erträgt. Die identitäre Gehirnakrobatik schlägt sich in den Methoden nieder: missionieren, mahnen, drohen, denigrieren, exorzieren und exkommunizieren. Zum Gruseln.

30. Nachwort – Resignation und Problemverdrängung
30.1 Demokratie mit Drehschwindel

Manche Umwälzungen gehen leise über die Bühne. Die ersten Anzeichen werden nicht ernst genommen, das böse Erwachen lässt aber nicht lange auf sich warten. Wie viele Menschen haben im Dritten Reich die Zeichen der Zeit zu spät erkannt und es versäumt zu fliehen – oder etwas dagegen zu unternehmen?

Viele Soziologen beklagen derzeit den desolaten Zustand der Demokratie. Liegt sie wirklich im Sterben? Vielleicht hat sie nur einen Schnupfen mit Lagerungsschwindel. Dafür spricht einiges. Zu den ersten Symptomen gehört die Spaltung der Gesellschaft in unversöhnliche Lager[509]. Das ist bei uns spätestens seit der Flüchtlingskrise 2015 der Fall. Die innere Verfassung unserer Demokratie hat sich seitdem dramatisch verschlechtert. Diese Verschlechterung wollen viele aber nicht wahrhaben und stellen sie infrage. Die Realitätsverweigerung hat viele Gesichter.

Die Bruchlinien, die entlang der Migrationspolitik, Identitätspolitik und einer inkonsequenten Innenpolitik entstanden sind, markierten erste Auflösungserscheinungen rechtstaatlicher Strukturen durch Überlastung und Überforderung des Systems. Allenthalben Alarmsignale, die man einfach überhört.

Der Historiker Hubertus Knabe sieht in den gegenwärtigen gesellschaftlich-politischen Entwicklungen „Mechanismen wachsen, die für Diktaturen charakteristisch sind"[510].

Die Abschaffung des Liberalismus hat viele Vorboten. Sie ist in der drohenden Auflösung der individuellen Autonomie und der Diversität der Meinungen und Lebensentwürfe zugunsten einer ideologischen Zwangshomogenisierung der Moralvorstellungen durch eine einseitige, restriktive Auslegung von Kategorien, die nicht zuletzt die Würde vieler Menschen verletzen, zu beobachten. Und auch in der Einschränkung des freien

Gedankenaustauschs. Die Gemeinsamkeit von Totalitarismen ist, dass sie sich auf eine einzige falsche Wahrheit festlegen. Wohlgemerkt: Die öffentlich gefeierte Diversität bezieht sich ausschließlich auf Gender und Herkunft, nicht auf Ideen und Meinungen. Die sollten gefälligst woke-konform sein.

Das Gendern ist eines der Hauptsymptome der neuen Korrektheitspsychose, die sich pandemisch ausbreitet. Benachteiligungsparanoia und Gerechtigkeitsmanie sind ihre prägnantesten Begleiterscheinungen. Sie setzen eine Radikalisierungsspirale in Gang, die die Gesellschaft in einen Strudel aus Schuldzuweisungen, Rechthaberei, Einschüchterung, Erpressung, Ausgrenzung und Diffamierung hineinreißt. Die Soziologen sprechen von einer *demokratischen Regression*, von *democratic backsliding*, begleitet von „Vertrauensverlust in die Funktionsfähigkeit der liberalen Demokratie" (Reckwitz) bzw. „Vertrauenskrise" (Ricarda Lang) und dem Verfall staatlicher Strukturen.[511]

Eine weitere Begleiterscheinung des drohenden Verfalls des Liberalismus ist ein Umgangston, der in Politik und Gesellschaft immer schriller wird. Gestritten und gepoltert wurde zwar schon immer, aber mit einem gewissen Stil und Unterhaltungswert[512]. Es ist jedem sein gutes Recht, eine eigene (mitunter originelle) Meinung, eigene (meinetwegen auch schräge) Vorstellungen zu haben und für diese Ansichten in einem diskursiven Prozess zu werben. Der Versuch jedoch, die eigene Anschauung der mündigen Bevölkerung als einzig wahre aufzunötigen, ist unzivilisiert und zutiefst undemokratisch. Mitunter primitiv.

Die dogmatische Denkungsart der neuen Moralprediger kennt man aus Totalitarismen. Deren fundamentalistische Weltbilder erlauben keinen „zivilisierten Streit der Überzeugungen" (Habermas[513]). All die gutmeinenden Mitläufer, die vor dem Mikrofon oder einer Kamera die Weltanschauung einer *umstrittenen* Minderheit teilen und deren Haltung zur Schau stellen, dürfen sich nicht wundern, wenn man ihnen mit Ablehnung begegnet, vielleicht auch mit Verachtung. Ob uns nun eine Diktatur von links oder von rechts droht, weiß heute niemand. Wer linken Wind sät, wird wohl rechten Sturm ernten. Wäre das Erstarken der AfD ohne die tatkräftige Unterstützung durch linksfundamentalistische Weltfremdheit überhaupt vorstellbar?[514]

Zunächst ist folgende Annahme plausibel: Wir sind möglicherweise auf dem Weg in eine linksidentitäre Diktatur.[515] Es handelt sich nicht um eine Verschwörung hinter den Kulissen (s. 30.6.1). Es passiert am helllichten Tag vor unser aller Augen – und kaum jemand wagt, den Mund aufzumachen. Jede Diktatur fängt klein an, breitet sich klammheimlich aus wie ein Spinnennetz, bis alle Machtstrukturen infiltriert sind, und das ganz legal.

Der *Wokismus* ist wohl nicht mehr aufzuhalten. Er ist „eine totalitäre Ideologie […] auf dem Weg zur Staatsideologie".[516] In einer nächsten Entwicklungsstufe werden *verhängnisvolle Bündnisse*[517] geschmiedet. Ein aktuelles Thema auch bei uns. Wer will, wer darf und mit wem – und wer hätte besser *lindnern* sollen.[518] Der französische Philosoph Michel Onfray warnt vor einem Bündnis des digitalen Überwachungskapitalismus mit dem linken Wokeismus. Eine Diktatur sei bereits im Werden – höchste Zeit, Widerstand zu leisten.[519]

Die Demokratie ist noch lange nicht tot. Nur etwas aus dem Gleichgewicht. Sie steckt in einer Identitätskrise (!): Sie weiß nicht mehr, was sie ist, weil sie sich im Zerrspiegel aggressiver Umdeutungen, Sinnverdrehungen und identitär zersplitterter Erwartungen nicht wiedererkennt. Erste Anzeichen einer milden Form von Schizophrenie machen sich unweigerlich bemerkbar, und das könnte böse enden. Die überforderte Demokratie steht unter Beobachtung und muss fürchten, eines Tages in einer Zwangsjacke zu erwachen. Bleibt zu hoffen, dass sie nicht als Wachsfigur im Schaufenster entsorgter Systeme endet. Den Verfall der westlichen Demokratien beklagen führende Intellektuelle nicht erst seit gestern. Peter Sloterdijk sprach bereits vor zwei Jahrzehnten davon[520], ebenso der Politologe Patrick Deneen in „Warum der Liberalismus gescheitert ist"[521].

Um die Demokratie aus ihrer Lethargie zu befreien, muss man sie einfach wachrütteln und sich ihrer Instrumentarien bedienen. Zum Beispiel Volksentscheide bzw. Volksbegehren. Als Vorbild könnte die Volksinitiative „Schluss mit Gendersprache in Verwaltung und Bildung" in Hamburg dienen[522]. Bei den Landtagswahlen sollte man auch über die ARD-Intendanten abstimmen, um sicher zu gehen, dass sie Verletzungen journalistischer Grundsätze nicht dulden und dafür sorgen, dass die Bevölkerung ideologiefrei und in der Normsprache informiert wird. Das ZDF wäre dann bei den Bundestagswahlen dran.

Wir brauchen in Fragen, die uns alle was angehen, demokratisch legitimierte Gremien. Für den demokratischen Rahmen für solche Entscheidungen muss die Politik sorgen. Es ist zwar schön, dass der *Rat für deutsche Rechtschreibung* die Gendersonderzeichen ablehnt. Eine gewisse demokratische Legitimierung kann man ihm nicht absprechen. Mit Blick aber auf das Debakel um die Rechtschreibreform darf man aber bezweifeln, dass so ein Rat das Sprachempfinden der deutschsprachigen Bevölkerung angemessen berücksichtigt, was 1998 mit der ersten Fassung der Rechtschreibreform nicht der Fall war und nach 2005 zu etlichen Korrekturen als Reaktion auf Kritik und offene Ablehnung durch Verlage und Politiker nach sich zog und jahrelang die Gerichte beschäftigte.[523] Mein Haupteinwand ist pragmatischer Art: Wie soll der *Rat für deutsche Rechtschreibung* über die Gendersonderzeichen entscheiden, *bevor* die Zulässigkeit einer oktroyierten Gendersprache überhaupt geprüft wurde? Außerdem wäre das Votum eines wie auch immer aufgestellten Gremiums über die generelle Einführung oder kategorische Ablehnung der Gendersprache wohl anfechtbar, da nicht repräsentativ.

In diesem Zusammenhang drängt sich eine weitere Frage auf, nämlich, ob wir ein Demokratiefördergesetz brauchen und wozu es dienen soll. Wollen wir die Demokratie neu definieren? Neu ausrichten und mit neuen Inhalten, Grundsätzen oder gar Dogmen *bereichern*, in einem sehr engen Rahmen ideologisch vereindeutigen und von der vorgegebenen Linie Abweichendes als ketzerisch brandmarken? Oder gar den jetzigen liberalen Rechtsstaat abschaffen[524] und durch einen anderen ersetzen, in dem alles, was rechts von der SPD angesiedelt ist[525] als rechtsextrem verteufelt wäre?

Im liberalen Lager regt sich Widerstand gegen dieses Projekt der Ampelkoalition (Stand 2024)[526]. Es besteht die Gefahr der Vereinnahmung und Zweckentfremdung nach bewährten Vorbildern. Scharfe Kritik üben vor allem FDP- und CDU-Politiker, der Bundesrechnungshof sowie der Wissenschaftliche Dienst: Das geplante Gesetz könnte verfassungswidrig sein.[527] Muss man dem Bürger die Demokratie wirklich neu erklären?

Der Bürger erwartet von der Regierung Respekt, auch wenn er andere Ansichten vertritt als jene der gerade Regierenden. Doch diese betrachten die Untergebenen offensichtlich nicht als gleichwertig, sondern *gefühlt* eher als erziehungsbedürftig, minderwertig und verachtenswert (s.u. *deplorables*).

Demokratie ist ein oft bemühter, für die eigene Argumentation leidenschaftlich beanspruchter und dehnbarer Begriff, der mitunter zur Verschleierung illiberaler Bestrebungen dient. Nichts leichter als zu erklären, im Namen der Demokratie zu handeln. Das kann jeder. Die proklamierte *Selbstlegitimierung*, gegen die Gegner der Demokratie aktiv zu werden, ist nicht selten billige Anmaßung, um den eigenen *Interessenstandpunkt* in den Vordergrund zu rücken. Die Definition der Demokratie wird zur *Machtfrage*. Sie geht dieser Tage mit dem Versuch einher, eine neue *normative Herleitung von Demokratie*[528] aus dem identitären Katechismus zu erzwingen, und wird zu einem Aspekt des wahren Glaubens stilisiert. Glaubenswahrheiten brauchen keine Legitimation, sie stehen neuerdings über den demokratischen Spielregeln und dem Gesetz.

Hier darf man den Verdacht der selbstermächtigenden Gesetzeswidrigkeit leise aussprechen. Denn „[i]nnerhalb eines politischen Gemeinwesens, dessen Bürger sich reziprok die gleichen Rechte einräumen, ist kein Platz mehr für eine Autorität, die eine Grenze des zu Tolerierenden *einseitig* festlegen könnte", mahnt Jürgen Habermas. Schließlich „besitzt niemand das Privileg, die Grenzen der Toleranz nur aus der Perspektive je eigener Wertsetzungen vorzunehmen."[529]

Derzeit erlebt die freie Welt tektonische Verschiebungen entlang der Definition von Demokratie, die an und für sich keiner Umdeutung bedarf – ebenso wenig wie die soziale Gerechtigkeit (s. Kap. 17. Epistemische Irreführung). Zentraler Bezugspunkt der freiheitlichen Demokratie sollte eigentlich die Verfassung sein. Wer z.B. die Gleich*berechtigung* durch Gleich*stellung* ersetzen will, denkt bzw. handelt verfassungswidrig. Gesellt sich am Ende zur illiberalen Demokratie eine identitäre Scheindemokratie der neuen Tugendhaftigkeit, in der manche gleicher sind als die anderen? Und in der eine Gesinnungspolizei über Recht und Unrecht entscheidet?

Die ersten Schritte in Richtung einer linksidentitären Diktatur sind schon getan – oder in Planung: Meldestellen zur Förderung des Denunziantentums, Verfolgung von staatskritischen Äußerungen, wohlgemerkt von solchen, die unterhalb der Strafbarkeitsschwelle liegen (s. Fußnote oben). Katarina Barley (SPD): „Organisierte Denunziation ist ein Mittel von Diktaturen".[530]

Gehirnwäsche durch Sensibilisierungsseminare für Mitarbeiter sind auch schon Realität, ebenso Entlassungen von Personal wegen inkorrekter Äußerungen, auch wenn sich die Betroffenen ihrer Schuld nicht bewusst sind und ohne jede Beleidigungsabsicht agiert haben.

Was folgt nach Rufmord, Karrierezerstörung, öffentlicher Anprangerung oder sozialer Isolation? Einweisungen in die Psychiatrie wegen falscher Gedanken, lückenlose Überwachung, Schauprozesse, Säuberungen, Straflager? Alles déjà vu. Wir haben keine politische Krise, sondern eine gesellschaftliche. Einer manipulativen feministischen Minderheit[531] ist es sonderbarerweise gelungen, mit rhetorischen Winkelzügen und einer perfiden Zermürbungsstrategie eine irrationale, wissenschaftsfeindliche Nonsens-Ideologie zum Mainstream zu verhelfen und den klassischen Liberalismus zu diskreditieren.

Nicht der Staat versagt, sondern die verantwortlichen Eliten, die sich von subversiven Kräften an der Nase herumführen lassen. Die Gefahr geht von dieser eingeknickten Elite aus, die die sozialdemokratischen Grundsätze aus den Augen verloren hat[532]. Die Gefahr geht auch vom identitären Aktivismus aus, der die Spielregeln der Demokratie außer Kraft gesetzt hat: Die Bevölkerungsmehrheit ist Geisel einer aggressiven Minderheit und tanzt nach deren falschen Pfeife – nicht, weil sie muss, sondern freiwillig. Noch.

Diese demokratiefeindliche Politik führt zu einer „schleichende[n] Entfremdung von dem, was einst Muttersprache, Lesesprache, Bildungssprache war", schreibt die Literaturwissenschaftlerin Dagmar Lorenz in der Berliner Zeitung[533]. Damit setze man „auch das Vertrauen in den Staat selbst aufs Spiel".

Eine paradoxe Entwicklung:

Die Menschen haben Angst vor der Demokratie. Frei äußern sie ihre Meinung nur noch beim Setzen des Kreuzes im

Wahlschein. Eine Demokratie, in der sich die Bürger nur in der Wahlkabine frei fühlen, sitzt auf dem Vulkan.

Und wovor haben sie denn Angst? Vor einer aggressiven und destruktiven Identitätspolitik, die alles plattwalzt.

Angst vor der Demokratie haben aber auch die Politiker: Angst vor einer Öffentlichkeit, die zum Minenfeld inkorrekter Korrektheiten geworden ist.

Die Medien sowieso. Aus Ahnungslosigkeit oder Überzeugung? Viele Journalisten verinnerlichen in vorauseilender Inkompetenz etliche identitären Narrative und thematisieren diese bei jeder sich bietenden Gelegenheit ohne Not und Verstand. Mittlerweile geht es bei jedem beliebigen Beitrag um facettenreiche Betrachtungsweisen auch unter dem Aspekt von Gender, Unterdrückung, Kolonialismus, Imperialismus und Macht. Ich vermisse derweil eine Studie über die abendländische Ehe als Keimzelle von Kolonialismus, Rassismus und Ausbeutung. Die Journalisten zittern auch vor dem woken Publikum. Harald Schmidt: „In den Redaktionen herrscht Angst".[534]

An den Unis haben Mitarbeiter unabhängig von ihrer Position in einer als *repressiv* empfundenen Hierarchie auch Angst und bevorzugen das schuldbewusste Schweigen einem aussichtslosen Kampf gegen rabiate Feinde, die nicht zu bremsen sind.[535] Deren vermeintlich *höhere Moral* steht über dem Gesetz. Sie entbindet sie von der Gesetzestreue und legitimiert den Gesetzesbruch, einschließlich Gewaltanwendung zur Durchsetzung ideologischer Ziele.

Und schließlich haben alle Angst – Angst vor einer identitären Theokratie, die den lieben ganzen Tag anscheinend nichts Besseres zu tun hat, als sich immer neuere Verbote und Vorschriften auszudenken, um die arglose Bevölkerung zu triezen und an die Kandare zu nehmen. Sie treibt ein Verwirrspiel mit perfider Methode[536]. Gewinner sind immer die Identitären, weil sie ständig die Spielregeln ändern und diese nach Gutdünken auslegen.

Die gegenwärtige soziale Angst grenzt an religiöse Furcht. Die Einschüchterung ist der Schlüssel zur Unterwerfung, Feigheit kommt vor der Kapitulation.

Derzeit erleben wir eine unheilvolle Hysterisierung des öffentlichen Diskurses. Die Genderisten rüsten auf und intensivieren ihre schmählichen Attacken gegen die Kritiker des Genderge-brabbels, wie Fabian Payr in der FAZ berichtet und anmerkt, den Genderbefürwortern seien derweil „mit hoher Wahrscheinlich-keit die Sachargumente ausgegangen". Sie greifen „zunehmend nicht mehr [den] Standpunkt" der Kritiker an, „sondern ihre Per-son" und stellen „unmittelbar ihre persönliche Integrität in-frage".[537] Sind die steigenden Zustimmungswerte für die AfD (2023) auf die Angst der Bevölkerung vor einem Linksfaschis-mus zurückzuführen? Eine unsinnige Frage, könnte man meinen.

Der Soziologe Michael Pauen findet es paradox, dass gerade die Klientel linker Parteien sich Rechtspopulisten zuwendet, die sich mit ihrer neoliberalen Agenda eigentlich *gegen* die Interessen der Arbeiterklasse, die sozial Schwachen und der *Ver-lierer* der Globalisierung positionieren[538]. Sozialpsychologisch ist das Phänomen allerdings alles andere als paradox. Pauen liegt wohl richtig, wenn er sagt, zu den psychologischen Faktoren gehöre, „dass Anhänger rechtspopulistischer Bewegungen häufig besonders emotional auf ihre eigene Lage reagieren – mit Angst, aber auch mit Aggressivität und Ressentiments". Pauen übersieht aber wesentliche Aspekte. Erstens die *Modernisierung* linker Parteien (nicht nur in Deutschland), die ihre Kernaufgaben durch identitäre Themen ergänzen oder gar verdrängen und ihre Hauptzielgruppe nicht mehr ernst nehmen, sogar verachten, siehe Hilary Clinton und die „deplorables"[539]. Der «Charlie Hebdo»-Anwalt Richard Malka, der sich politisch links verortet, bedauert: „Die Linken haben in ihrer Geschichte schon oft genug auf die falschen Themen und Freundschaften gesetzt".[540] Außerdem bzw. zweitens lässt Michael Pauen auch die Erkennt-nisse des US-Soziologen Thomas Frank außer Acht, der bereits 2005 den Kulturkampf zwischen Arbeiterklasse und Demokraten sowie die Ursachen der entfesselten *backlash culture* (Gegen-reaktion) analysiert hatte und fragte: „What is it about this culture war that made it compelling enough for the working classes to abandon their own economic interests?"[541] Die schlichte Antwort lautet „Indignation" – Entrüstung[542] als Folge von Entfremdung, Enttäuschung und sozialer Spaltung in einem Umfeld gesellschaftlicher Polarisierung. Entstanden ist sie, wie Andreas Reckwitz ausführt, durch die zementierte Dominanz einer linksliberal-kosmopolitischen Elite (*neue Mittelklasse*) gegenüber einer sogenannten *alten Mittelklasse* sowie einer *neuen Unterklasse (prekäre Klasse)* als einflussreiche Schicht, die den Ton angibt und den medialen Diskurs bestimmt. Hier spielt auch der *Profilierungswettbewerb*, der den *ökonomischen Strukturwandel* der Spätmoderne seit den 1990er Jahren vorantreibt, eine wesentliche Rolle. Von der Norm abweichende Lebensformen bzw. identitäre Minderheiten werden als *Besonderheiten und Einzigartigkeiten* aufgewertet[543], während der soziale Durchschnitt (die „traditionelle Mittelklasse") eine *kulturelle Abwertung* erleidet.[544] Die Elite steht den anderen Klassen „lebensweltlich wie politisch denkbar fern".[545] Man kann also die schleichende Entstehung von Standesstaaten beobachten, in denen ein einzelner Stand regiert.[546]

Schwerwiegender ist aber (drittens) folgender Aspekt, der in Pauens Analyse fehlt: Der unzufriedene Bürger konzentriert sich bei seiner Wahlentscheidung auf *ein* für ihn wichtig*stes* Anliegen, einen Hauptgrund. Er entscheidet sich folglich für Politiker, die sich am ehesten für die Lösung dieses einen Problems einsetzen. Alles andere tritt in den Hintergrund und wird praktisch ausgeklammert oder spielt höchstens eine nebengeordnete Rolle. Das zeigt die *behavioural decision theory*.[547] Die Wut dieser von der linksintellektuellen Elite verachteten[548] Wählergruppe ist hauptsächlich auf zwei Themen zurückzuführen: Identitätspolitik und Migration[549]. Die Linksliberalen nehmen diese Realität einfach nicht zur Kenntnis, nicht einmal nach den dramatischen Umwälzungen im Wahljahr 2024 in Europa wie in den USA, und kommen erst gar nicht auf die Idee, dass diese verheerende Entwicklung was mit der identitätspolitischen Geisteshaltung und aberwitzigen Diskursschwerpunktsetzung zu tun haben könnte – mit diffusen Weltbildern, Moralabsolutismus und antiaufklärerischen Diskursen, die kaum jemand ernst nehmen kann und will. Und auch nicht mit dem Gendern, dieser – wie Elke Heidenreich sagt – „aufgeblasenen und dummen" Sprache[550], die (nicht nur) sie einfach „scheußlich" findet.

Die einseitige Berichterstattung, vor allem im ÖRR, berücksichtigte 2024 weder vor noch nach den Wahlen die Auswirkung der link*regressiven* Ideologie auf die tektonischen

Verschiebungen in der Zusammensetzung der so entstandenen Regierungskonstellationen. Schuld an allem sei wohl wie immer das dumme Volk – vox populi, vox bovi[551]? Die autoritären Moralisten haben die Moral systematisch kompromittiert und die Welt zu einem ungemütlichen Ort der Vereinsamung und des Schweigens gemacht. Ihre übergriffige Intoleranz ebnet, wie die Realität zeigt, den Rechten den Weg zur Macht.

Bemühen wir an dieser Stelle noch einmal die Logik. Wenn man die Berichterstattung über den Rechtsruck in der Wählerschaft verfolgt (Sommer 2023), entsteht der Eindruck, dass man den AfD-Anhängern mentale Defizite unterstellt. Was stimmt nun? Es gibt, rein logisch betrachtet, zwei Möglichkeiten: Blöd ist … nein, sagen wir mal besser: *unvernünftig* ist entweder die Bevölkerung, die die falschen Parteien wählt, oder die Politik der Gegner dieser *falschen* Parteien, weil ihre Argumente auf wackligen Füßen stehen.

Wenn wir (der Bevölkerungsdurchschnitt) von Demokratie sprechen, ist eigentlich von etwas völlig anderem die Rede als in postmodernen Idiotologien, nur haben wir leider noch nichts kapiert, weil wir einfach zu dumm sind, um verborgene Wahrheiten zu erkennen. Das ist nicht das, was wir uns hier im Westen unter Begriffen wie Gleichheit und sozialer Gerechtigkeit vorstellen. Im Hütchenspiel der Umdeutungen haben redliche Menschen keine Chance: Alles, was sie sagen, ist falsch, kann in das Gegenteil verkehrt werden, je nach Gutdünken.

Den Fallstricken der identitär-illusionistischen Spitzfindigkeiten ist der Durchschnittsmensch nicht gewachsen. Oft begnügt sich der Geist mit dem reflexhaften Abrufen von Korrektheitsregeln und Dogmen, er unterwirft sich blindlings der ideologischen Tugenddressur, um Benachteiligungen, Konflikten und Anfeindungen zuvorzukommen. Gegen dieses zynische Spiel der öffentlichen Irreführung muss man sich wehren – durch Aufklärung.

Für den Anfang könnte ich mir folgende Szene im ÖRR vorstellen: Ein Nachahmer der mutigen russischen TV-Redakteurin Marina Owssjannikowa[552] stürmt eine Nachrichtensendung mit einem Plakat, auf dem steht: *Sie werden veroarscht! Stoppt den identitären Krieg gegen die Demokratie!*

Anzeichen für das Abdriften der Demokratie in eine Autokratie gibt es mehr als genug. Zum Beispiel undemokratische, eigenmächtige Entscheidungen, die den Willen der Bevölkerungsmehrheit missachten. Dazu gehört auch das generelle Aufnötigen des Genderns im öffentlichen Leben. Auch wenn viele beteuern, es gebe keinen Zwang. Wirklich? Wie sonst ist die Willkür an Unis zu qualifizieren, eine eingereichte Arbeit abzulehnen, nur weil sie nicht gegendert ist? Da kann man wirklich behaupten, es gebe keinen Punktabzug wegen Nichtgenderns – wo denn, wenn eine in der Normsprache abgefasste Arbeit erst gar nicht zugelassen wird?[553] Das Gendern im ÖRR ist auch Willkür. Eine Willkürherrschaft nennt man im Übrigen Tyrannei. Kann es sein, dass manche Medien – bewusst oder unbewusst – die Anarchie fördern, die Eigenmächtigkeit und die Missachtung geltender Regeln, indem sie den zivilen Ungehorsam schüren statt für einen demokratischen Diskurs zu werben? Für Fabian Payr steht es außer Frage, „dass der öffentlich-rechtliche Rundfunk auch in seiner Rolle als verbreitungsstarker Propagandist der Gendersprache viel Vertrauen in der Bevölkerung verspielt hat".[554]

Derzeit erleben wir eine schleichende Entzivilisierung, Illiberalisierung und Entdemokratisierung unserer heilen Welt, eine Reduktion der Meinungsvielfalt auf identitäre Korrektheiten als neue, auf Linie gebrachte taubstumme Demokratie, die Abweichungen konsequent indiziert, kriminalisiert und tabuisiert. Der «Charlie Hebdo»-Anwalt Richard Malka hofft, dass die westlichen Gesellschaften „den illiberalen Geist von Ideologien wie dem Wokeismus irgendwann erkennen"[555].

Mittlerweile kämpfen auch die Klimaaktivisten um die Deutungshoheit und wollen den Medien eine *klimagerechte Sprache* vorschreiben[556]. Das *Monitor*-Magazin (WDR) macht dabei mit und erteilt auf Instagram Sprachunterricht für unmündige Klimawandelverharmloser. Die korrekte Wirklichkeit sieht nämlich ganz anders aus: Im Klimaunterricht malt der WDR das Fegefeuer an die Wand: Die Pole brennen. Auweia! Im Religionsunterricht bleibt zur Rettung unserer Seelen nicht mehr viel Anschauungsmaterial übrig. Zu Wort melden sich derweil auch die Tierschützer. Sie fordern ein Verbot von Karusselltieren[557] und von Zoos sowieso[558], weil sie glauben, Kinder würden so lernen, dass Tiere sich den Menschen unterwerfen müssen. Also: auch hier geht es um Moral und Macht, Ausbeutung und Diskriminierung. Die Genderisten und die Klimapropheten verbindet vor allem das messianische Sendungsbewusstsein, ihre Strategie ist die totalitäre Gängelung der Öffentlichkeit. Beide Bewegungen stehen in der Tradition weltanschaulicher Glaubenskrieger[559] und sind postmoderne Spielarten der Gnosis (des Glaubens an die spontane übersinnliche Erkenntnis verborgener Mysterien und ultimativer Wahrheiten)[560]. Die Formen der Gewalt, die sie einsetzen, sind Gott sei Dank nicht so extrem wie in den vergangenen Jahrhunderten. Heute begnügen sich die Korrektheits-Inquisitoren mit Nötigung, Einschüchterung und Diffamierung. Noch. Was, wenn sie aber eines Tages an die Macht kommen?[561] Was die Klimaapokalyptiker von den Genderaktivisten unterscheidet: Für den Klimawandel gibt es durchaus wissenschaftliche Erkenntnisse, die für eine Bedrohung unseres Planeten sprechen: viele statistische Zahlen, viele schlüssige Auswertungen, aber auch reichlich *spekulative* Prognosen[562]. Die Genderideologie hingegen kann keine evidenzbasierten Beweise vorlegen. Die Erkenntnisse, die sie ins Feld führt, sind behauptete, aber nicht bewiesene soziale Kalamitäten.

Es gibt eine Reihe von Gender-Themen, die akademische Aufmerksamkeit verdienten, beispielsweise Gendermedizin oder Genderpsychologie. Nur: auch diesen Begriffen liegt ein Irrtum zugrunde. Die Medizin befasst sich bei Behandlungsmethoden mit den *biologischen* Unterschieden zwischen Mann und Frau und nicht mit den unterschiedlichen sozialen Rollen (Gender). Warum sollte in der Medizin die *soziale und kulturelle Geschlechtsidentität* Vorrang haben vor der biologischen Identität? Sachlich korrekt ist die Bezeichnung *Geschlechtermedizin*.[563] In der Politik geht es, wie in der Genderlinguistik, um eine typische Verwechslung von Kategorien: Das Selbstbestimmungsgesetz erlaubt die freie Wahl der „Geschlechtsidentität". Warum nicht des Genders, der sozialen Rolle? Wissen die Politiker eigentlich, wovon hier die Rede ist? Die Bundesregierung spricht sowohl von *transgeschlechtlichen* wie von *intergeschlechtlichen* Menschen sowie von *Nichtbinären* (s. bundesregierung.de). Hier vermengt man völlig verschiedene Themen, die Unterschiede verblassen: *transsexuell* und *nichtbinär* bezeichnen die *gefühlte* Identität, eine Frage der Psychologie; und *intersexuell* ist eine Frage der Biologie (Zwittrigkeit). Interessant am Rande folgende Bestimmung: „Geschlechtsangleichende medizinische Maßnahmen werden in dem Gesetz nicht geregelt". Hm. Was bedeutet das konkret? Mit Hormonen und Skalpell darf man also nach Herzenslaune an der Biologie herumbasteln? Relevant ist diesbezüglich der rechtliche Aspekt, nämlich, dass das Bundesverfassungsgericht das *entwürdigende* Transsexuellengesetz in wesentlichen Teilen für *verfassungswidrig* erklärt hat und die Politik handeln musste, um diese Personengruppen vor Diskriminierung zu schützen. Daran ist nichts auszusetzen. Wohl aber an der Umsetzung der Novellierung und deren weitreichende Folgen. Das Selbstbestimmungsgesetz ist ein typisches Beispiel für das Phänomen der progressiven Umdeutung der Welt und das Überschreiten roter Linien. Im Ansatz durchaus positiv, ist das Gesetz aber im Ergebnis eine Grenzüberschreitung. Die gravierendsten Konsequenzen (u.a. Verbot der Äußerung faktischer Wahrheiten) habe ich bereits im Kapitel 17 erörtert. Hier kommt noch ein heikler Aspekt hinzu, eine Nebensächlichkeit, die eigentlich niemandem wehtun dürfte: Betroffene können ihr Geschlecht jedes Jahr einmal ändern. Das Gender-Konstrukt verabschiedet sich von der Vorstellung einer *Veranlagung* und wird zu einer Frage der *Laune*. Seine Begründung ist inkonsistent und beliebig. Warum darf man eigentlich den Geschlechtseintrag nicht täglich ändern oder 24 Mal am Tag per App? Was spricht dagegen, gibt es erhellende Studien oder juristische Vorbehalte, oder spricht der Verwaltungsaufwand dagegen? Gefühle können sich schließlich von jetzt auf gleich ändern, nicht wahr? Und Gefühle darf man nicht verletzen, das wäre diskriminierend.

Nächster Punkt: Genderpsychologie? Relevant wäre eher die Geschlechterpsychologie: die Frage, in welchen Bereichen Frauen schlauer sind und in welchen die Männer. Und ob die *gefühlte Geschlechtsidentität* dabei eine Rolle spielt. Das Thema würde mich sehr interessieren, da ich als Pubertierender die Erfahrung gemacht habe, dass gleichaltrige Mädchen um Lichtjahre gescheiter waren als wir Jungen, die nur Fußball im Kopf hatten und außer Karl May und Mark Twain wohl kaum was gelesen hatten, während die (intelligenteren) Mädchen psychologische Romane verschlangen oder die Abende im Theater oder in der Philharmonie verbrachten. Ihre kulturelle Überlegenheit ist nicht von der Hand zu weisen, ihr Interesse an Kultur ist auf jeden Fall ausgeprägter. Literaturkreise bestehen fast ausschließlich aus Frauen. Und in Museen überwiegt der Anteil der weiblichen Besucher. Aber: „Junge linke Frauen sind weit mehr psychisch krank als der vielgeschmähte alte weiße Mann", sagt Holger Richter, leitender Psychologe des St.-Marien-Krankenhauses Dresden"[564]. Wie erklärt sich die intellektuelle Überlegenheit (mancher/vieler) Frauen gegenüber den Männern? Was sagt die Forschung?[565]

Aus den Pisa-Studien wissen wir, dass Jungen regelmäßig schlechter abschneiden als Mädchen. Und auch meine spätere Lebenserfahrung bestätigte das Vorurteil, dass (viele) Frauen intelligenter seien als Männer. Oft, meistens. Oder zumindest in manchen Sachen, und nicht nur, was die emotionale Intelligenz anbelangt. Das bestätigt sogar Schopenhauer, der als unverbesserlicher Frauenhasser verschrien ist – zu Unrecht[566].

Doch zuweilen scheint diese weibliche Überlegenheit zu kippen, wie manche empirischen Fakten nahelegen. An der Medizinischen Universität Wien gab es folgendes *Gender*-Problem: „Regelmäßig fielen mehr Frauen als Männer durch den Aufnahmetest", erzählt die in diesem satirischen Essay vielzitierte Birgit Kelle.[567] Deshalb entwickelte die Uni ein eigenes Konzept für *Gender*-Gerechtigkeit, indem sie die Zulassungskriterien der gefühlten und einzig korrekten Wahrheit anpassten: Frauen brauchten weniger Punkte, um den Test zu schaffen. Eine ernüchternde Bilanz. Deshalb wäre ich furchtbar neugierig, ob es statistisch geführte Tests gibt über den IQ von Frauen und Männern. Meine Recherche blieb leider ergebnislos. Dass Frauen in Mathematik nach wie vor schlechter abschneiden[568] als Männer, dürfte nicht am IQ liegen und eher ein Beweis dafür sein, dass Personen mit Penis eigentlich Fachidioten sind. Ups. Entschuldigung. Ich wollte die Gefühle meiner Geschlechtsgenossen nicht verletzen. (In Mathe war ich im Übrigen spitze …) Schließlich ist mittlerweile auch der vom Feminismus lange geleugnete Unterschied zwischen dem männlichen und weiblichen Gehirn nachgewiesen[569]. Transsexualität könnte auch ein großes Thema sein in Film und Literatur. Doch der identitär-belehrende, verklärende Unterton schreckt ab, macht das Thema ungenießbar und schadet den Betroffenen enorm. Ich stelle mir vor, das beklemmende Gefühl, in einem fremden oder falschen Körper zu stecken, muss ein existenzielles Drama sein, mitunter eine Tragödie. Das erinnert an Kafkas *Die Verwandlung* und macht neugierig. Doch der aggressiv-gehässige Aktivismus, der jedem die ewige Verdammnis androht, der die Trans-Szene nicht bejubelt und verherrlicht oder sich gar erdreistet, Zweifel anzumelden, erweist dem Anliegen dieser Menschen einen Bärendienst, vielleicht sogar einen irreparablen Schaden.

Die *Toleranz* gegenüber LGBTQ liegt in der Bevölkerung meines Erachtens bei gut 90 Prozent[570], aber die herbeigenötigte *Akzeptanz* ist verschwindend gering, weil Sympathien und Verständnis in selbstzerstörerischer Weise verspielt werden, u.a. mit einfallslosen Erbauungsspielfilmen, die lediglich dazu dienen, einen ideologischen Einheitsbrei schmackhaft zu machen. Ein positives Beispiel sollte nicht unerwähnt bleiben, der „Polizeiruf 110: Daniel A". vom 19.2.2023. Psychologisch ausgewogen, packend erzählt, entlockt die Geschichte auch dem kaltherzigsten Skeptiker am Ende Mitgefühl. Das gilt erst recht für den bewegenden Kinofilm „Porträt einer jungen Frau in Flammen" – ein Meisterwerk.

Der *moralische Rigorismus,* der in Medien und Gesellschaft grassiert, richtet irreparablen Schaden an. Er wirkt sich aus als „Beeinträchtigung des Urteilsvermögens"[571], des eigenen, aber auch der verwirrten Öffentlichkeit.

30.2 Identität: selbstbestimmt oder fremdbestimmt?

Wissen Sie eigentlich, wer Sie sind, oder muss man Ihnen verklickern, wer und was Sie sind?

Zur Ertüchtigung des Urteilsvermögens wage ich nun ein paar heikle Fragen zu stellen, die ich nicht in ein satirisches Umfragekästchen verbannen will. Es geht um die diskussionswürdige Unterscheidung zwischen Akzeptanz und Toleranz, die Birgit Kelle zur Sprache gebracht hat („Gendergaga"). Da ich etwas konfliktscheu bin, bevorzuge ich die Formulierung „respektvolles Hinnehmen" der individuellen Selbstdefinition als Akt der Selbstbestimmung. Ich bitte den werten Leser, die Fragen im Stillen zu beantworten im Geiste einer schonungslosen Ehrlichkeit sich selbst gegenüber. 1. Fällt es Ihnen schwer, eine Person mit Penis als Frau zu betrachten, wenn sie sich als Frau definiert? 2. Würden Sie eine Person mit afrikanischem Erscheinungsbild (Phänotypie) als deutschen Landsmann betrachten aufgrund des einfachen Bekenntnisses, „ich bin ein Deutscher"? In beiden Fragen geht es um Biologie und Psychologie. Und nicht zuletzt um die Autonomie des Individuums.

Da ich mich nicht als moralische Instanz inszenieren möchte, erkläre ich lediglich, dass ich zu folgenden Antworten neige:

1. *Nein*, es fällt mir *nicht* schwer, im Gegenteil. Es geht mich nichts an, welchem Geschlecht sich manche Zeitgenossen zuordnen, es fällt mir nicht schwer, dies *respektvoll hinzunehmen*.[572] Verstehen muss ich das nicht. Wie denn auch? Schließlich ist auch die LBGTQ-Szene tief zerstritten, Schwule des »Just Gay«-Vereins wollen mit LGBTI* nichts mehr zu tun haben[573], Feministinnen bekämpfen Feministinnen, Transaktivisten bekämpfen TERFs und jeden, der ihre Heiligenlehre nicht bedingungslos und ohne Abstriche akzeptiert, Beschimpfungen und Tätlichkeiten sind an der Tagesordnung, man spricht sogar von einem „Bürgerkrieg unter Linken"[574]. Die Betroffenen sollten deshalb auch *respektvoll* akzeptieren und einsehen, dass eine Person mit Penis nichts zu suchen hat in einer Frauenumkleidekabine oder u.U. einem Frauengefängnis (wie das schon oft der Fall war, mit verheerenden Folgen[575]). Das heißt, man sollte doch bitte auch die Gefühle von Personen mit Vulva *respektieren*. Die identitäre Szene gibt sich allerdings mit einem *respektvollen Hinnehmen* nicht zufrieden, sie will der gesamten Bevölkerung ein Glaubensbekenntnis abnötigen, das all die Dogmen über Geschlecht und Identität als wahr und heilig bestätigt, und verlangt, dass wir allen wissenschaftlichen Erkenntnissen abschwören. Renitenten droht die ewige Verdammnis – oder als rettende Alternative das Fegefeuer in einem Umerziehungslager nach kommunistischem Vorbild. Über die Notwendigkeit eines Selbstbestimmungsgesetzes sollte die Bevölkerung per Referendum entscheiden.[576]

Und die Politik über gendergerechte Toiletten, Umkleidekabinen und Gefängnisse. 2. Antwort: Ja. Wenn ein afrikanisch aussehender (oder aus Afrika stammender) Mensch sich anhand von Sozialisation, Kultur und Sprache als deutsch definiert, ist es nicht nur *kein* Problem, ihn als solchen zu betrachten oder zu akzeptieren, sondern sogar erfreulich, das nennt man im Übrigen *Integration* als Gegenteil von gönnerhafter Multikulti-Ausgrenzung und rassenfixierter Wokeness[577], und vor allem von Desintegration und identitärer Zersplitterung in verfeindete Grüppchen. Außerdem ist es übergriffig und unzivilisiert, Menschen zu etikettieren und zu belehren, was sie sind und was nicht – in linksprogressiven Kreisen leider gang und gäbe. Wir sollten die Gemeinsamkeiten feiern, nicht die Unterschiede und das, was uns auseinanderdividiert. Die Gemeinsamkeit nenne ich *soziale* Identität[578] und definiere sie als Verfassungstreue, Bekenntnis zur freiheitlichen demokratischen Ordnung und zur deutschen Kultur und Sprache, ohne dabei die gemeinsame europäische Identität aus dem Blick zu verlieren. *Privat* darf jeder sprechen, wie er will, glauben, was er will, und leben und lieben, wie er will. Wenn eine Frau sich als Mann fühlen darf, dann darf sich auch eine Person afrikanischer Abstammung als deutsch fühlen. Spricht die Biologie dagegen? Ein weites Feld, das die Grenzen dieses bescheidenen Essays sprengt. Nur eine Randbemerkung: Die Genetik kann zwar zwischen gefühlter und biologischer Identität unterscheiden. Ergebnisse genetischer Untersuchungen halten sich allerdings nur im Ungefähren. Allein anhand der Gene kann man beispielsweise zwischen einem Deutschen und einem seiner europäischen Nachbarn nicht unterscheiden. Ich kann nur dazu einladen, sich über die Ethnogenese unserer Nation kundig zu machen und z.B. das Buch von Dirk Hoerder „Geschichte der deutschen Migration" zu lesen. Friedrich Nietzsches Einschätzung der Deutschen als „ein Volk der ungeheuerlichsten Mischung und Zusammenrührung von Rassen, vielleicht sogar mit einem Übergewicht des vor-arischen Elements"[579] darf man als kulturgeschichtlich-philosophische Überspitzung interpretieren, ist aber als ethnologische Hypothese nicht ganz von der Hand zu weisen. Zurück zu unseren Fragen: Wenn Sie eine oder beide anders beantworten würden: Das ist Ihr gutes Recht,

Ihre Meinung muss man auch respektieren, Sie haben sicherlich Ihre guten Gründe, die Dinge anders zu sehen. Es gibt keine korrekten Meinungen. Sondern nur Korrektheitsfanatiker.

Meine Antworten berühren auch identitären Thesen, die biologische Merkmale zu sozialen Konstrukten deklarieren. Nun, eine Person mit Penis darf sich als Frau fühlen, bleibt biologisch (genetisch) aber ein Mann, auch wenn sie ihre Geschlechtsteile operativ entfernen lässt und Hormonbehandlungen macht: die Chromosomen würden ihn also männlich identifizieren. Zwischen dunkler Hautfarbe und Deutschtum hingegen gibt es keine Korrelation. Wo finge eigentlich die Unterscheidung der Hautfarbe an, wie hell bis wie dunkel gälte als europäisch, ab wie braun als afrikanisch? So betrachtet ist die ethnische Zugehörigkeit praktisch ein Konstrukt. Ein ungarischer Kommilitone dozierte in den 1980er-Jahren, die Nation bzw. Volkszugehörigkeit sei das Bekenntnis zu einer Kultur und einer Sprache und habe mit Biologie nichts zu tun. Ein Pole könne zum Beispiel Franzose werden oder ein Tscheche ein Amerikaner. Aber ein Deutscher könne man nicht werden, die deutsche Semantik als Spiegelbild der deutschen Mentalität sträube sich gegen diese Formulierung. Deutsch wird man geboren. Alles andere als das *Ius sanguinis* sei irgendwie unecht und suspekt. Leider bleibt in den meisten europäischen Ländern, auch hierzulande, der Blut-und-Boden-Glaube essenziell bei der völkischen Zuordnung. Es wäre schön, denke ich, zumindest so zu tun, als würde man das Deutschwerden als gleichwertig anerkennen und nicht unterscheiden zwischen Biodeutschen und *unechten* Deutschen[580].

Gemeinsamkeiten, die Seelenverwandtschaft und das Zugehörigkeitsgefühl (die Selbstdefinition) finde ich persönlich wichtiger als das Blut. Deshalb bevorzuge ich pragmatische und integrative Ansätze. Die Integration muss man aber auch wollen. Das gilt sowohl für die einheimische Bevölkerung wie auch für die Neuankömmlinge, d.h. Aufnahmebereitschaft einerseits, Anpassungsbereitschaft, Respekt und Akzeptanz der Gesetze und Alltagsregeln der neuen Wahlheimat andererseits. Ist das nicht selbstverständlich? Leider nicht. Die Soziologinnen Annette Treibel und Naika Foroutan fordern genau das Gegenteil: die deutsche Gesellschaft habe sich an die Eingewanderten anzupassen – u.a. durch Integrationskurse für Einheimische![581] Sind damit Zwangserziehungsmaßnahmen gedacht wie in manchen totalitären Diktaturen? Diese radikale Vorstellung von Konvivialität verstehe ich so: Wer nicht bereit ist, sich an die Migranten anzupassen und sich deren Moralvorstellungen zu unterwerfen, soll sich gefälligst eine neue Heimat suchen, am besten auf dem Mond. Moraldiktaturen fangen mit der Aufnötigung neuer, demokratisch nicht legitimierter Normen und der Umdeutung aller Selbstverständlichkeiten an.[582] Die Sache verhält sich eigentlich umgekehrt: Wer den Wunsch äußert, sich in einem anderen Land niederzulassen und entsprechende Anträge stellt, stimmt *explizit* dem vorgefundenen Rechtssystem und der *Fortführung eines vorgefundenen Verfassungsprojekts* zu.[583] Außerdem wären in einem Rechtsstaat Gruppensonderrechte „nicht nur unnötig, sondern normativ fragwürdig"[584].

Stellen Sie sich vor, Sie leben in Marokko. Ist es Ihre Pflicht, die Gesetze des Landes zu achten und sich den örtlichen Gepflogenheiten unterzuordnen? Oder müssen sich die Marokkaner an Europäer wie Sie anpassen und Integrationskurse absolvieren?

Um das Thema abzurunden noch eine Quizfrage. Stellen Sie sich vor, ein gerade aus Nahost eingereister Asylbewerber erklärt den Behörden gegenüber, er sei ein Deutscher, weil deutsch seine *gefühlte Identität* sei, und beantragt den deutschen Pass unter Berufung auf das Selbstbestimmungsgesetz. Wäre das konsequent und politisch logikkonform?

30.3 Wettrüsten im Verunglimpfen

Die Gesellschaft steckt in einer Sackgasse. Die Gender-Gegner wollen nicht gendern. Und die Genderbewegten versuchen, der Bevölkerungsmehrheit zu ihrem Glück zu verhelfen. Die diskursiven Druckmittel kennen wir bereits. Tumbe Schmähungen zu dulden ist verantwortungslos und setzt eine Diffamierungsspirale in Gang, die nicht mehr zu stoppen ist. Eine bedenkliche Situation, die Züge einer Massenhysterie annimmt: Hysterisch sind sowohl die aktivistischen Sittenwächter, die sich in moralischen Säuberungsphantasien ergehen, wie auch jene exponierten Vertreter aus Politik, Kultur oder Medien, die zu absolutem Korrektheitsgehorsam konditioniert sind und den Furor der

Gesinnungsinquisition fürchten wie der Teufel das Weihwasser. „Wo Moralismus ist, herrscht notwendig der Schrecken", mahnte Peter Sloterdijk in seiner *Kritik der zynischen Vernunft*.[585] Ein Wettrüsten im Verunglimpfen schadet allen: Sind Menschen, die gendern, im Umkehrschluss volksverachtende Linksfaschisten? So schaukelt sich die Verunglimpfungskultur hoch. Und so könnte es zu einer verhängnisvollen Eskalation kommen, schließlich zu einem kulturellen Bürgerkrieg[586] – es sei denn, die Politik erkennt die Gefahr und schreitet endlich ein. Jemanden aus nichtigem Grund als Nazi anzupöbeln, ist keine Meinung[587]. Sondern Hassrede in Reinkultur: überheblich, menschenverachtend und unzivilisiert.

Die Woken nennen Äußerungen, die ihre Gefühle verletzen, *hate speech*. Sie selber hingegen fühlen sich berechtigt, alles sagen und jeden mit Schmutz bewerfen zu dürfen, sie sind ja schließlich die Guten, nein, die *Besseren*, die auf der richtigen Seite stehen und denen folglich mehr Rechte zustehen.

Wie die woke Hassrede klingt? Ein paar Beispiele: „Sie sind ein Stück Scheiße", „verrückte alte Frau", „Nazi". So wurde die Wirtschaftsjuristin Alessandra Asteriti von Studenten der der Universität Lüneburg wegen angeblicher „Anti-Trans-Rhetorik" beschimpft. Die Juniorprofessorin erhielt nach eigenen Angaben auch Morddrohungen.[588]

Die Politik scheut offensichtlich die Konfrontation mit den identitären Kräften und ist derzeit nicht in der Lage, die Rechte der Bevölkerungsmehrheit gegen die Übergriffigkeit einer außer Rand und Band geratenen Minderheit zu verteidigen. Diese scheint in einem infantilen Tugendhaftigkeitsrausch gefangen zu sein, einer Art Gesinnungsprofilierung, die insbesondere unter Jugendlichen sowie junggebliebenen Intellektuellen, die wohl nicht erwachsen werden wollen, weit verbreitet ist. Ihr politischer Aktivismus ist Ausdruck einer tiefen Verachtung für wissenschaftliche Objektivität und liberale Grundsätze. Sie agieren und argumentieren wie Vorkämpfer einer Religionsgemeinschaft, die alles daran setzt, ihr Glaubenssystem Schritt für Schritt zu institutionalisieren. Der Wokismus hat alle Bereiche der Gesellschaft unterwandert[589]. Für diese schleichende Entwicklung müssen Politik und Gesellschaft endlich sensibilisiert werden.[590] Es droht die *Gefahr einer neuen Priesterschaft*.[591] Der Standpunkt, die postmodernen Theorien gehörten wie die Mariologie an private Theologiefakultäten, ist weit verbreitet, aber *umstritten*, weil eine Demokratie es sich nicht leisten kann, sich der gleichen verbotenen Waffen zu bedienen wie die linksaktivistische Front: „Governments should not be given control over what universities teach", meinen die Buchautoren Pluckrose und Lindsay, das käme der Gründung eines „Ministeriums der Wahrheit" gleich. Die postmodernen Theorien müssten auf dem „Marktplatz der Ideen" besiegt werden.[592]

Die Überlegung, die staatliche Förderung solcher Studiengänge einzustellen und in private Hände zu überführen, bleibt trotzdem eine ernstzunehmende Diskussionsgrundlage[593]. Es geht wohlgemerkt *nicht* um eine staatliche Lenkung der Wissenschaft und schon gar nicht um ein Verbot. Sondern um staatliche Finanzierung, um die gesamtgesellschaftlich-politische Erörterung folgender komplexen Fragen: Soll der Staat die Abschaffung unserer kulturgeschichtlichen Identität und u. U. unserer liberalen Werte mit öffentlichen Geldern finanzieren? (s. 30.4) Und was ist von einer aktivistischen Wissenschaft zu halten, die aus Dogmen besteht[594] und nicht falsifizierbar ist? Vielmehr darf sich der Staat Gedanken machen über die Wissenschaftlichkeit von Lehren, die beispielsweise behaupten, die weiße Hautfarbe sei per se ein Beweis für Rassismus.

Überlegenswert wäre auch zu prüfen, ob solche Aussagen rassistisch und volksverhetzend sind („gruppenbezogene Menschenfeindlichkeit"[595]) und somit strafrechtlich relevant. Schließlich verdient auch folgende Frage ein Quäntchen Aufmerksamkeit, nämlich, ob die postmodernen Gendertheorien das soziale Miteinander wirklich verbessern – oder es im Gegenteil vergiften. Ob sie der Demokratie dienen – oder der Abschaffung demokratischer Grundsätze zugunsten einer Neuinterpretation dessen, was wirklich demokratisch sein soll, was man vorschreiben darf und unter Umständen auch unter Strafe stellen soll, ob das evidenzbasierte Wissen weniger wert ist als die gefühlten Wahrheiten intoleranter Interessengruppen. Darf man den Bürger nötigen, unwahre Tatsachenbehauptungen zu verinnerlichen und als einzig wahre Wahrheiten zu zelebrieren?

Die identitäre Genderideologie rüttelt am Fundament der Rechtstaatlichkeit. Ihr aggressiver Aktivismus missachtet die demokratischen Spielregeln und führt zu einer Spaltung und schließlich Zersplitterung der Gesellschaft, zum Zerfall von Staatlichkeit und Rechtsordnung.

Spaltung ist als deskriptiver Begriff etwas irreführend. Unter Spaltung stellt man sich ein Auseinanderfallen in Einzelteile vor. Die Spaltung der Gesellschaft ist eher abstrakt, entlang thematischer Differenzen. Es handelt sich eigentlich um Polarisierung, mitunter Radikalisierung innerhalb gesellschaftlicher Gruppen, Milieus und Parteien. Befeuert wird die Polarisierung durch eine zunehmende mediale Hysterisierung und Fokussierung auf bestimmte Themen, die im öffentlichen Diskurs ein unangemessenes Übergewicht bekommen. In der Gesellschaft machen sich seit vielen Jahren Nervosität, Irritationen und Unbehagen breit. Es wird ungemütlich und frostig. Die neue mediale Wirklichkeit zeichnet ein verzerrtes Bild der Realität. Die Spaltung der Gesellschaft ist nur eine Scheinspaltung, die als Phantom einen immensen Schaden anrichtet. Die Menschen hierzulande sind in diesem ideologischen Zerrspiegel unverbesserliche Monster, die Migranten schutzbedürftige Engel, und ganz oben stehen verschiedene Minderheiten mit einem Heiligenschein über dem Kopf. Es gibt durchaus soziale Gruppen (s. Reckwitz[596]), die miteinander fremdeln, aber keine Spaltung. Denn das wäre eine Art Bürgerkrieg. Die Differenzen, die Einstellungen pro und contra (z.B. für/gegen die Migration, für/gegen das Gendern, für/gegen Waffenlieferungen) sind empirisch in allen Bereichen der Öffentlichkeit feststellbar. Ebenso findet man in allen Milieus und Parteien große Gemeinsamkeiten entlang demokratischer Leitplanken. Die Bevölkerungsmehrheit ist recht homogen in ihrer Mentalität und Gesittung. Sie ist liberal-konservativ, tolerant und zivilisiert. Das Bild, das die Identitären von der Bevölkerung zeichnen, ist eine maßlose Übertreibung, ja, ein Affront. *Struktureller* Rassismus, Unterdrückung und Benachteiligung von Minderheiten sind als allgegenwärtiges und immanentes Übel reine Hirngespinste. Sie sind durchaus real in Einzelfällen, nicht aber bestimmend im Gesamtbild. Leben und leben lassen ist die Grundeinstellung der Mehrheit. Religion, politische

214

Einstellungen, sexuelle Orientierung spielen im Alltag keine Rolle. Ich persönlich kenne die Parteipräferenz oder Konfession meiner Nachbarn und vieler Freunde nicht[597]. Das hat was mit Toleranz zu tun – auch mit Ambiguitätstoleranz. Wir wollen schließlich alle eine friedliche Einheit in der Vielfalt.

Die linkslastigen ÖR-Medien hingegen propagieren in einem Dauerlamento eher das Gegenteil. Das mutet an wie eine Art Einheit in der Einfalt im Geiste der Ambiguitäts*in*toleranz: alles muss eindeutig sein, Abweichungen von den neuen, durch nichts legitimierten Normen werden nicht geduldet. Die linksidentitär ge*pol*ten Medien *pol*arisieren, belehren und vergiften das soziale Klima, verlangen nach unbedingter Gefolgschaft und Anpassung an identitäre Gebote. Und dann gibt es noch die Sache mit der Hetze gegen Hass und Hetze. Oft weiß man nicht mehr, wer eigentlich gemeint ist und behetzt werden soll. Hauptsache, man hetzt richtig gegen die Falschen. Und das sind meistens jene, die schon etwas rechts von links stehen. Links tut sich selten was Böses. Und das gehört oft zu den anderen Wahrheiten, die totgeschwiegen und kaputtgegendert werden. Besinnen wir uns doch lieber auf die Verfassung. In einer Demokratie müssen alle Minderheiten geschützt werden, nicht nur die sexuellen. Vielfalt ist kein Selbstzweck. Geschützt werden muss auch die Bevölkerungsmehrheit vor dem Furor fundamentalistischer Fanatiker. Ein „Fundamentalismus, der zu einer intoleranten Praxis führt, [ist] mit dem Rechtsstaat unvereinbar" (Habermas)[598].

Die großen Kirchen bewegen sich mit ihrer Genderpolitik auf vermintem Terrain. Ave Vulva als Heilslehre? Mit Genderleitfäden, Genderzentren und Genderseminaren erreichen sie ihre Klientel wohl kaum.[599] Die Kirchen täten gut daran, sich den durchschnittsbürgerlichen Lebenswelten zuzuwenden – statt sich von den als *modern* verklärten Gendertheorien einwickeln zu lassen. Die steigenden Austrittszahlen rühren möglicherweise nicht nur von den Missbrauchsskandalen her, sondern auch von der unreflektierten Anbiederung an einen irrationalen Genderzeitgeist. Darüber vergisst oder verdrängt die Katholische Kirche zentrale Fragen wie den Zölibat und die Stellung der Frauen in der Kirche. Hier sollten alte Tugenden wiederbelebt werden, Abweichendes im Zweifel kommentarlos hinnehmen und dulden nach dem bewährten katholischen Ambiguitätskunststück *nihil esse respondendum*. Oder man folgt der Stimme der praktischen Vernunft und springt über seinen eigenen Schatten: Mit der Liberalisierung der Segnung gleichgeschlechtlicher und wiederverheirateter Paare geschah 2023 ein kleines katholisches *Weihnachtswunder*, die EKD diente wohl als Vorbild.

Die Genderbewegung leidet an einer besonderen Form von Sendungswahn. Entsprechend den Postmodernen Theorien unterstellt sie mündigen Bürgern bzw. Erwachsenen, sich nicht der eigenen Unterdrückung bewusst zu sein. Deshalb müssen sie *befreit* werden. So wird beispielsweise der Buchautorin Birgit Kelle bei einer Diskussionsveranstaltung des Wissenschaftszentrums Berlin von dessen Präsidentin Jutta Almendinger schlicht und einfach „jegliche Kompetenz" abgesprochen, ihren „Lebensentwurf frei gewählt zu haben", nur weil sie hauptberuflich gerne Hausfrau ist. Sie habe nicht frei entschieden, »das System« habe sie dazu gebracht »zu glauben«, dass sie es freiwillig sei.[600] Sie müsse also gerettet werden. Wie denn? Mit den Mitteln der Inquisition? Durch genderfeministischen Exorzismus? So weit kommt es noch. Das ist Paternalismus mit anderen Mitteln – oder der neue Maternalismus: die Menschen entmündigen, um sie von patriarchalischen Strukturen zu erlösen.

Der Glaube ist ein fester Bestandteil der Gendertheorien. Ihr Katechismus ist eine Sammlung von *Studien*, die lediglich Dogmen bestätigen (s.o. Kap. 10. Studien). Harald Martenstein: „Genderforschung ist wirklich eine Antiwissenschaft. Sie beruht auf einem unbeweisbaren Glauben, der nicht in Zweifel gezogen werden darf".[601] Die Sprachwissenschaft spricht über die gendersprachlichen Studien ein klares Urteil: „keine wissenschaftlichen Standards, unrealistische Laborsituationen ohne sprachlichen Kontext, Verwendung von nur drei bis zwölf Wörtern, falscher Gebrauch des generischen Maskulinums, Tests mit nur 20 Teilnehmern oder ausschließlich mit Studentinnen", fasst Birgit Walter zusammen.[602]

Ich persönlich vermisse eine Studie über das Geschlecht der Engel und die Bilder, die im Kopf entstehen, wenn man an diese himmlischen Wesen denkt. Sollte ich aufgefordert werden, mir vorzustellen, wie ein Engel (männliches Substantiv) aussieht, würde ich eher an eine Frau denken. Eine, die Bachkantaten singt. Und nicht gendert. Warum? Weil ein Mann kein Engel sein kann, schon von Natur aus. Eher ein Bengel. Wenn also auch der Erlöser gendertheoretisch auseinandergenommen wurde[603] und der liebe Gott auch eine Frau sein könnte, sollte man endlich auch die Engel einer gründlichen wissenschaftlichen Neubewertung unterziehen.

Als Instrument zur Bekämpfung angeblicher Unterdrückung und Benachteiligung ist die Gendersprache kein geeignetes Mittel. Im Gegenteil, sie ist kontraproduktiv, weil das penetrante Gendern dieses hehre Ziel entwertet. Sinnvoller wäre es, vor allem auch die Mütter dafür zu sensibilisieren, ihre Söhne im Geiste der Gleichberechtigung zu erziehen, da die Väter hier offensichtlich versagt haben. Dort müsste man ansetzen. Und Knigge nicht vergessen: In der Öffentlichkeit darf man nicht pupsen, gendern oder in der Nase popeln. Und auch keinen Müll hinterlassen in öffentlichen Verkehrsmitteln oder auf Gehsteigen. Als Lektüre Simone de Beauvoirs „Das andere Geschlecht". Bevor Sie in Schnappatmung verfallen und sich entsetzt fragen, ob der Vogelbach einen Vogel hat: Das Buch, das ich mit dreißig gelesen habe, ist ein völlig anderes als jenes, das die verschiedenen Feminismen vereinnahmt und zum ideologischen Surrogat entwertet haben. Auch die berühmten Zitate aus ihrem Hauptwerk werden falsch kontextualisiert und schamlos missinterpretiert. Es ist ein existenzialistisches Buch und keine genderidentitäre Esoterik.

Ob die emotionalen Entwicklungsstörungen und Erziehungsdefizite flächendeckend sind oder nur eine Ausnahmeerscheinung, wird laufend erforscht.[604] In meinem Umfeld gibt es im Vergleich zu früher eine steigende Zahl von Scheidungen oder Trennungen, nicht wegen Fremdgehens, sondern weil der Mann im Haushalt keinen Finger krumm macht.[605] Aber auch umgekehrt: weil die Frau auf der faulen Haut liegt. Schon seltsam: Mein Vater, Jahrgang 1941, war sich im Haushalt für keine Aufgabe zu schade, obwohl meine Mutter nur halbtags arbeitete. Ein wahres Vorbild. Was tun Mütter falsch, dass sich ihre Söhne der Jahrgänge 1970 bis 1990 als kleine Pa ... wie heißt es nur, ja, als kleine Patriarchen oder Prinzen gerieren, die keine Ahnung haben (wollen), wie man einen Staubsauger bedient? Erschreckend auch das Ergebnis einer Umfrage von *Plan International* zum Thema „Männlichkeit"[606]: „34 Prozent der befragten Männer gaben an, gegenüber Frauen schon mal handgreiflich geworden zu sein, um ihnen »Respekt einzuflößen«. Auch halten es 33 Prozent der Männer für akzeptabel, wenn ihnen im Streit mit der Partnerin mal »die Hand ausrutscht"". Das Bundeskriminalamt spricht von einem „Anstieg der häuslichen Gewalt gegenüber Frauen um 3,4 Prozent" bezogen auf die letzten fünf Jahre. Die Rede ist auch von der hohen Akzeptanz für „traditionelle Rollenbilder". Haben die Mütter in der Erziehung ihrer Söhne wirklich versagt? Und was hat das Gendern in den vergangenen fünf Jahren Positives bewirkt?[607] Noch deutlicher ist die Statistik: Einem ZEIT-Bericht zufolge hat die Zahl der Opfer häuslicher Gewalt in Deutschland „im vergangenen Jahr deutlich zugenommen"[608] (18. Juni 2023).

Um das Bild zu vervollständigen noch folgendes: Die Zahl der Männer, die wegen häuslicher Gewalt eine Männerschutzeinrichtung aufgesucht haben, ist 2022 im Vergleich zum Vorjahr um 67,7 Prozent gestiegen.[609] Und das trotz breit angelegter Gendererziehungszwangsmaßnahmen.

Eine vorläufige Bilanz fällt recht ernüchternd aus:

Schon vor zehn Jahren stellte Ingrid Thurner, Ethnologin und Lehrbeauftragte am Institut für Kultur- und Sozialanthropologie der Universität Wien, fest: „Ein Nutzen der allgegenwärtigen Beidbenennung ist vorerst nicht erkennbar. Drei Jahrzehnte sprachlicher Gleichbehandlung haben bloß unschöne Texte, aber keine gesellschaftliche Gleichstellung gebracht.[610]" Und jetzt, ein weiteres Jahrzehnt später – doch ein paar Millimeter vorgerückt? Vielleicht. Aber in die falsche Richtung.

Die heutigen jungen Männer sind „im Vergleich zu Frauen und sogar älteren Männern insgesamt patriarchalischer geworden", wie eine Glocalities-Umfrage ergab, und stehen „auch dem Feminismus skeptischer" gegenüber. Außerdem fühlen sich immer mehr junge Männer diskriminiert.[611] Neben Lesen, (genderfrei) schreiben und Mathematik wäre ein Schulfach Familienkunde (Mutter- und Vatersein, Ehefrau- und Ehemannsein bzw. Lebenspartnersein) wohl nützlicher als manche Fächer, die ein

Übergewicht im Stundenplan genießen. Die Idee einer sachlichen und ideologiefreien Aufklärung über Liebe, Partnerschaft und Familie ist nicht neu[612], wohl aber nicht *modern* genug für *progressive* Geister, die alles als Konstrukt relativieren: Echt ist nichts mehr, schon gar nicht die Liebe.

Ich fasse zusammen: Wir können eine gewisse Korrelation zwischen der immer rabiater verfolgten Durchsetzung des Genderns in Medien und Gesellschaft und einer wachsenden Aggressivität in Beziehungen beobachten, nicht nur gegen Frauen. Man darf allerdings die Begriffe *Korrelation* und *Kausalität* nicht miteinander verwechseln. Ob es tatsächlich einen *Zusammenhang* gibt zwischen pathologischer Entzivilisierung und der Genderpandemie? Das wissen wir nicht. Aber das Gendern hat die Situation der Frauen in dieser Hinsicht definitiv kein bisschen verbessert. Wie wäre es mit einer Studie? Das Patriarchat, das die Gendertheoretiker beklagen und im Diskurs als Katastrophisierungsbeschleuniger einsetzen, war in meinem Lebensumfeld unbekannt. Ein strukturelles Patriarchat haben wir in Deutschland ganz bestimmt nicht. Patriarchen vielleicht.

Aber das ist ein psychologisches Problem, kein soziales.

Ein weiteres Phänomen beschäftigt derzeit die Gazetten: *Gender-Disappointment*. Angeblich wollen immer mehr Frauen keine Jungs mehr gebären. Die Enttäuschung darüber, dass das Kind das *falsche* Geschlecht habe, wird derzeit unter psychologischen Gesichtspunkten, nicht aber soziologischen erforscht.[613] Und „viel mehr Mädchen wollen Jungen werden als umgekehrt"[614]. Bedenklich auch folgende Entwicklung: Viele junge Männer denken nicht im Traum an eine Partnerschaft, noch weniger, eine Familie zu gründen. Schon vor zehn Jahren befasste sich der US-Soziologe Philip Zimbardo mit diesem Rätsel. Nach seinen damaligen Erkenntnissen lebten viele junge Männer in einer glücklichen monogamen Beziehung mit ihrem Laptop und waren an Dates nicht interessiert.[615] Ein Zusammenhang zwischen dieser *Genderverwirrung* und dem Genderismus ist nach derzeitigem Wissensstand rein spekulativ.

Besorgniserregender ist folgende Entwicklung – wenn sie denn wirklich real ist: Junge Männer driften nach rechts ab, stellten die *Financial Times* und eine Reihe deutscher Medien Anfang

2024 fest[616]. Man spricht von einer *ideologischen Kluft* zwischen den Geschlechtern, weltweit. Naht zu allem Überdruss jetzt auch ein *Geschlechterkrieg*? Eine Frage der Definition, der Interpretation – und der Etikettierung: Was darf als progressiv bezeichnet werden, was als reaktionär? Sind 50 Prozent der jungen Männer wirklich Nazis und Incels[617]? Vielleicht lassen sich testosterongetriebene Wesen nicht domestizieren, schon gar nicht nach feministischen Zuchtmethoden. Auch hier gilt: Probleme sollte man schonungslos analysieren, aber nicht skandalisieren oder gar katastrophisieren. Also bloß nicht übertreiben. Möglicherweise haben sich nur die Ansprüche, die Erwartungen und der Deutungsrahmen verschoben: Mit einer falschen Brille nimmt man die Realität recht verzerrt wahr (s. Kap. 24. St George in retirement syndrome).

Wie dem auch sei: Ein handfestes Problem haben wir allemal. Realistische Lösungsansätze hingegen kaum. Daran hapert es. Ein feministisches Himmelreich wird es auf Erden wohl nicht geben. Eher eine feministische Diktatur. Wie die aussehen könnte? Fragen Sie Frau Stokowski[618].

Also gut: Was lehrt uns der Feminismus? Frausein ist eine Krankheit. Mannsein aber ein weit schlimmeres Übel. Hm. Die korrekte Antwort lautet wohl ein bisschen anders: Mannsein ist eine Krankheit. Und Frausein das einzig wirksame Mittel gegen angeborene Männlichkeit.

30.4 Was kosten die Gender-Studien?

Was der Gender-Spaß kostet, weiß niemand so genau. Um diese Frage zu beantworten, müsste man eine Studie durchführen, meint Buchautorin Birgit Kelle[619]. Es gibt vereinzelt Informationen, die als Puzzle-Teile einen vagen Eindruck über die maßlose Verschwendung von Steuergeldern für eine fragwürdige Forschung vermitteln.

Hier soll nicht das Recht auf Wissenschaftsfreiheit infrage gestellt werden (s. Grundgesetz, Artikel 5), sondern die Angemessenheit der staatlichen Förderung einer großen Zahl von Studiengängen, deren Wissenschaftlichkeit höchst umstritten ist. Vera Lengsfeld: „Wir leben in einer Zeit, da man sich ernsthaft fragen muss, was noch unter Wissenschaft verstanden werden kann. An den Universitäten wird sich zunehmend mit unwissenschaftlichen Zeitgeistthemen beschäftigt, ob es an der TU Dresden um schwangere Väter oder an der KMU Leipzig um eine angebliche globale Durchschnittstemperatur geht, die so hoch wie seit 120 000 Jahren nicht mehr sein soll".[620] Zu klären wäre also die Frage der Finanzierung von Gender-Studiengängen an Universitäten und Fachhochschulen. Darüber hinaus die Prüfung von Sinn und Unsinn von Studien zu den abenteuerlichsten Themen rund um die Gender-Eschatologie. Und schließlich die Förderung von Stiftungen, Interessensverbänden, Vereinen und Institutionen, die sich mit Genderfragen befassen.

Deutschland leistet sich gut 250 Lehrstühle für Gender Studies an Universitäten und Fachhochschulen (Stand 2023)[621]. Es handelt sich dabei um Studiengänge, deren theoretisches Fundament „sehr dürftig" sei, so Professor Peter Boghossian[622]. Zum Vergleich: Hierzulande gibt es 191 Pharmazieprofessuren und (nur noch) 8 Professuren für Kernforschung[623].

Wieviel Personal hierfür bezahlt werden muss, kann man nur vage erahnen. „Eine Berechnung der Ausgaben der Bundesländer für Genderprofessuren ist nicht möglich, da eine entsprechende Datenbasis nicht vorliegt", heißt es in der Dokumentation des Bundestags „Genderprofessuren an Universitäten und Fachhochschulen in Deutschland"[624]. Die Rede ist von C4/ W3-Professuren mit einer Durchschnittsbesoldung zwischen 4.470 und 4.880 Euro (W1); Real gewährte Durchschnittsbesoldung W2 6/2016 zwischen 6.160 und 6.360 Euro; und W3 zwischen 8.140 und 8.750 Euro; (alle Angaben für 2016).[625]

Einzelne Studien:

Mit den Kosten einzelner Studien hat sich die Autorin Birgit Kelle näher befasst.[626] Ein Beispiel: Die „Waldstudie" des Umweltministeriums NRW, in dem es um die Frage ging, wie im Nationalpark Eifel das Gender Mainstreaming umgesetzt werden kann, verschlang 27.000 Euro.[627]

Gender kann praktisch mit allem in Verbindung gebracht werden, die entfesselte Phantasie kennt keine Grenzen: mit Physik, Terrorismusforschung, Robotik, Agrarwissenschaften, Chemie, Gartenbau, Nautik, Paläontologie oder Theologie (z.B. Genderperspektive auf den Leib Christi), um nur einige zu nennen[628].

Zur Erörterung der Frage „Soziologische Explorationen zur (Neu-)Kodierung der Geschlechterdifferenz am Beispiel Schönheitschirurgie" flossen von der Deutschen Forschungsgemeinschaft DFG 232.000 Euro. Die Bundesstiftung Magnus Hirschfeld, die sich mit der Vielfalt der Sexualtypen befasst, hat ein Kapital von 10 Millionen. Das Gender-Institut EIGE der EU verfügte (Stand 2020) über „einen Etat von 50 Millionen", so Birgit Kelle; wofür, sei nicht so leicht herauszufinden. Der Europäische Sozialfonds gab zur Herstellung von Gender-Gerechtigkeit von 2007 bis 2013 3,56 Milliarden (sic!) Euro aus, wobei Frauenlobbygruppen beklagten, das sei zu wenig.[629] Verschiedene Netzwerke, Lobbygruppen oder Interessenverbände benötigen für die sexuelle Aufklärung in Kindergärten und Schulen, zur Vertretung von Trans-Interessen oder Opfergruppen Gelder aus Bundesstiftungen, Fördertöpfen, Familienministerien und staatlichen Behörden.[630]

Und auch im beitragsfinanzierten KIKA wird in Sendungen wie „Bist du bereit?" über das „erste Mal" geplaudert – mit einer Checkliste, um ja nichts zu vergessen und um sicher zu gehen, dass man schon wirklich reif ist für erste sexuelle Erfahrungen (Zielgruppe: Kinder zwischen 3 und 13 Jahren); und wenn nicht, dann nimmt man eben mit einem Quiz zum Thema Selbstbefriedigung vorlieb.

Die Amadeu Antonio Stiftung bekam 2023 vom Steuerzahler 6.055.277 Euro[631]. Diese Organisation beschäftigt „laut Kritikern Linksextremisten" und fällt „durch extreme Positionen" auf.[632] (s. auch Kap. 15 und Kap. 26: Denunziantentum, „Ablehnung des Genderns als Indikator für Rechtsextremismus".).

Nicht mit Genderthemen befasst sich eine Studie der Technischen Universität Berlin, sondern mit den Ursachen der Kriminalität durch arabische Großfamilien, mit dem sensationellen Ergebnis, dass schuld an diesem Phänomen die deutsche Gesellschaft sei, weil rassistisch. Die rassistischen Steuerzahler beteiligten sich an dieser Studie mit 660 000 Euro Fördergeld. Dieses Beispiel nur um zu veranschaulichen, um welche Größenordnungen es bei diesen Fördermitteln handelt. Damit ist das Thema noch nicht abgehakt: Denn darauf soll „eine «umfassende Evaluation» der Polizeiarbeit" folgen, also eine neue Studie.[633]

Und dann wohl noch eine über Diskriminierung und Stigmatisierung durch Begriffe wie «Clankriminalität».

Die Kosten für Regierungsbeauftragte (u.a. LGBTQI+-Community, Antidiskriminierung, Antirassismus, Tierschutz) belaufen sich auf 70 Millionen Euro jährlich.[634] Für das Programm *Demokratie leben!,* eine propagandistische Maßnahme zur Erziehung der Bürger, gibt das Bundesfamilienministerium 200 Millionen Euro im Jahr aus.[635]

Diese Zahlen sind aber nur Zufallstreffer. Die 136.000 Euro, die Außenministerin Annalena Baerbock für die Visagistin im Jahr ausgibt[636], sind im Vergleich Peanuts. Vom oberen Rand der bodenlosen Fördertöpfe blickt man also in die unergründliche Tiefe schwindelerregender Summen. Wofür?

Anhand der dürftigen Datenlage kann ich nur eine ungefähre Hochrechnung wagen, es geht allem Anschein nach um eine knappe Milliarde Euro jährlich. Sollte ich falsch liegen, bitte ich die zuständigen Ministerien, mir zu widersprechen und aktuelle Daten zu veröffentlichen. Die Politiker schulden der Öffentlichkeit Antworten: Wissen sie wirklich, was sie tun? Verteilen offensichtlich Gelder, die man nicht hat und die sehr knapp sind. Diese fehlen woanders: in den halbleeren Sozialkassen, in der Bildung, im Umweltschutz, Infrastruktur, Wohnungsbau, Kitas, einem magersüchtigen Gesundheitswesen und vor allem in der Landesverteidigung und Aufrüstung angesichts einer labilen Konstellation in einer Welt, in der immer mehr Autokraten, Terroristen und politische Strippenzieher die Menschenrechte missachten, hemmungslos aufrüsten, Nachbarn überfallen und auszulöschen drohen, das Staatsterritorium auf Kosten der anderen erweitern wollen und von einer mythischen Größe ihrer Nation oder identitären Gruppe träumen, als wäre das Leben auf unserem Planeten von Gottes Gnaden ewig. Haben wir denn wirklich nichts Besseres zu tun, als ständig die Genitalien ins Rampenlicht zu rücken, wo doch Anarchie[637] und Apokalypse drohen?

Die Beurteilung dieser Fragen berührt nicht zuletzt die Grenzen der Wissenschaftsfreiheit (s. 30.2), die missbraucht wird, um diese zur Narrenfreiheit umzufunktionieren, zum Instrument der Legitimierung einer Politik der Bevormundung durch

Interessengruppen, die sich einer Religion verschrieben haben und evidenzbasierte Fakten nicht anerkennen.

Besonders bedenklich, dass mittlerweile auch manche Unis Wissenschaftsfreiheit mit der Meinungsfreiheit verwechseln.[638] Den Unterschied zwischen Wissenschaft und Aktivismus, zwischen Wissenschaftsfreiheit und Meinungsfreiheit erklärt die Philosophin Sabine Döring mit bestechender Klarheit: „Die Wissenschaftsfreiheit schützt nicht jede Meinung. Und das setzt voraus, dass wir einen Begriff davon haben, welche Meinungen wissenschaftliche sind – und welche nicht. Wenn ich etwas tue, was nicht dem Zweck dient, Erkenntnisse zu gewinnen, dann ist es nicht mehr Wissenschaft und deswegen nicht mehr durch die Wissenschaftsfreiheit geschützt. Aktivismus fängt dann an, wenn Wahrheitssuche nicht mehr das primäre Ziel ist. Wenn ich Wissenschaft betreibe, muss ich offen sein für Gegenargumente, die mir politisch oder moralisch nicht passen. Meine politischen Werte können nicht die Wahrheitssuche dominieren."[639] Die gegenwärtige Lage erinnert mich oft an die „Hochschulen der Unvernunft" in Samuel Butlers Romansatire *Erewhon*. Aber auch an die Fortsetzung: In *Erewhon Revisited* bekommen die Kinder Prügel, damit sie lügen lernen. Na gut, so weit sind wir noch nicht. Mit der Frage, ob wir derzeit eine Vorstufe zum Linksfaschismus erleben, wird sich früher oder später die Soziologie befassen müssen. Ein Grundrecht auf staatliche Förderung für alles, was sich Wissenschaft nennt, gibt es nicht. Vielmehr hat der Staat die Pflicht, Steuergelder sinnvoll auszugeben.

Mit dem Haushaltskompromiss 2024 setzt die Bundesregierung die Wehrfähigkeit Deutschlands aufs Spiel. Für die vollmundig angekündigte Zeitenwende braucht die Bundeswehr mindestens 6,5 Milliarden mehr als zunächst vorgesehen. Verteidigungsminister Boris Pistorius wurde aber mit 1,2 Milliarden abgespeist. Fachleute warnen, mit dem derzeitigen Wehretat ließen sich nur noch die Inflationskosten und die Fixkosten der Bundeswehr decken[640]. Aber keine Bange: eine gendernde Bundesrepublik ist die beste Abschreckung gegen Putins Rote Armee. Auf die Idee, Ausgaben für Genderstudien oder woke NGOs zu kürzen, kommt offensichtlich kaum jemand. Und wer daran doch denkt, riskiert keinen dritten Genderweltkrieg. Man darf gespannt sein, was sich nach der Bundestagswahl 2025 in der Finanzpolitik ändert.

Genaue Zahlen über die staatlich bereitgestellten Unsummen für politisch-aktivistische NGOs, Vereine, Stiftungen und Aktionsprogramme nennt die Ethnologie-Professorin Susanne Schröter[641]. Es geht um Abermillionen von Euro. Sie spricht von einem „einträglichen Geschäftsmodell". Dazu gehört auch die regelmäßige Bestätigung von Thesen wie struktureller Rassismus, Islamfeindlichkeit oder systemische Diskriminierung als flächendeckendes bundesdeutsches Phänomen durch Studien, die genau das liefern, was man hören will. Und wenn mal eine Studie das Gegenteil beweist, hält man der Öffentlichkeit schwuppdiwupp eine Gegenstudie unter die Nase, die beispielsweise *belegt*, dass Personen, „die sich selbst nicht als rechtsextrem wahrnehmen, sich dessen nicht bewusst sind"[642]. Eben. Die Magie des Unbewussten ist ein unschlagbares Argument. Damit lässt sich bekanntlich viel Geld verdienen. Die „Antirassismusindustrie" ist zu einem „Milliardengeschäft" geworden, in dem „Tausende von Beschäftigungsverhältnissen an die Mär geknüpft sind, dass die deutsche Gesellschaft strukturell rassistisch sei"[643]. Der Anwalt und Journalist Joachim Steinhöfel wirft dem Staat vor, der mittlerweile noch autoritärer gegen Kritiker vorgehe als früher, staatsaffine NGOs mit Geld zuzuschütten, „die letztlich nichts anderes tun, als Meinungen, die nicht staatsaffin sind, zu delegitimieren oder in irgendeiner Weise unter Druck zu setzen"[644]. Hm. Denken Sie jetzt auch, was ich denke? Dann sagen Sie lieber nichts. Ein dicker Hund.

Seltsamerweise gibt es keine Studie über strukturellen Dämonismus. Weil er in Kreisen grassiert, die nicht kritisiert werden dürfen? Erlaubt sei auch folgende Frage: Wie würden all die Gender-Studies-Absolventen ihren Lebensunterhalt verdienen? Als Sittenwächter bei der Polizei, in Behörden oder Unternehmen könnte man nur einen Bruchteil unterbringen.

Ein Gender-Studiengang pro Bundesland wäre meines Erachtens mehr als genug und ein großzügiges Entgegenkommen. (Meine Einschätzung bitte ich durch eine Umfrage zu bestätigen oder zu widerlegen. Ich vermute, eine große Mehrheit würde die komplette Abschaffung postmoderner Studien befürworten.) Die

225

übrigen ca. 180 sollte man in private Hände übertragen. Begrüßenswert wäre auch eine strengere Prüfung, wofür denn Fördergelder ausgegeben werden. Und ob man all die Gleichstellungsbeauftragten wirklich braucht. Die Problematik von Gleichberechtigung und Frauenrechten ist eine Aufgabe für die Politik und wäre am besten in den Ministerien für Justiz, Finanzen, Familie und Bildung aufgehoben und nicht bei NGOs und fundamentalistischen Aktivisten. Die Deutungshoheit über Zahlen und Fakten darf man nicht an Dilettanten delegieren. Vielmehr sollte der Staat dafür sorgen, dass Hochschulen regelmäßig einer *Evaluation* unterzogen werden, „um zu überprüfen, ob [alle Fachbereiche] wissenschaftlichen Kriterien ausreichend genügen oder nur den Charakter einer ideologischen Schulung besitzen", mahnt Alexander Wendt, der dafür plädiert, Fachbereiche, die bei der Evaluation durchfallen, nicht mehr aus Steuermitteln zu finanzieren.[645] Apropos: Ein neues Amt für Beauftragte bräuchten wir doch, und zwar dringend, nämlich eines für Meinungsäußerungsfreiheit wie in Großbritannien.

30.5.1 Zwischen offener Gesellschaft und Tribalismus

Jeder Appell zur Besinnung verhallt unerhört. Ein Schulterzucken, und das Leben geht schon irgendwie den alten gewohnten Trott weiter. Alarmismus, Schwarzmalerei, Übertreibung – wer will und kann die Unkenrufe der Gender-Gegner noch hören? Schauen wir uns genauer um: wo stehen wir, wohin steuert das Abendland hin, was wird aus Europa? Die Medien bemühen oft den hehren Begriff der offenen Gesellschaft. Doch manchmal habe ich den Eindruck, diejenigen, die bei jeder sich bietenden Gelegenheit als Aufhübschung von Stellungnahmen die offene Gesellschaft in die Stellungnahme reinschmuggeln, haben eigentlich keine Ahnung, wovon sie reden. Denn sie verwenden den Begriff in einem verfremdeten, oft konträren Sinn. Absicht? Es hat den Anschein, die Redakteure wüssten gar nicht, was die offene Gesellschaft wirklich ist (nämlich eine, die offen ist für Kritik, Meinungsvielfalt und Aufklärung) und auch nicht, wer sie in den philosophischen Diskurs eingeführt hat.

Die Gendertheorie ist Teil der Identitäts-Eschatologie[646]. Und diese wiederum eine Form von Tribalismus[647]. Sie verabschiedet sich von der Integration und den gemeinsamen Interessen einer heterogenen Gesellschaft und zieht die demokratische Welt in den mittelalterlichen Abgrund einer totalitären Klassenherrschaft.[648] Maßlos übertrieben? Ich wünschte, ich irrte mich.

Karl Popper analysiert in seinem epochalen Buch *The Open Society and Its Enemies* nicht nur die offene Gesellschaft, sondern auch ihre Feinde. Und das sind die Tribalisten.[649] Eigentlich kein europäisches Problem, sondern das Ergebnis einer fehlgeleiteten linksintellektuellen Identitätspolitik sowie einer falsch verstandenen Toleranz gegenüber Intoleranten.[650] Falsch auch die dogmatische Verherrlichung des Multikulturalismus, der eine Gesellschaft nicht eint, sondern spaltet entlang kultureller Gräben. Und das steht im Gegensatz zur *multiethnischen* Gesellschaft wie etwa in den USA, die von einer „inklusiven gemeinsamen Kultur vieler Rassen" ausgeht[651], während der Multikulturalismus viele gegnerische Kulturen hervorbringt und die Bevölkerung nach Abstammung sortiert und segregiert. Als soziales Phänomen wird der Multikulturalismus immer mehr zum Synonym für Tribalismus,[652] der allen Regeln einer demokratischen und zivilisierten Welt widerspricht.[653] Stanford-Professor Hanson findet es recht seltsam, dass die *progressive* Elite der USA sich bedingungslos dem Tribalismus sowie der Selbstidentifikation durch ethnische und sexuelle Zugehörigkeit („primary self-identification by race and gender") zuwendet, einer durch und durch reaktionären Ideologie[654]. Sein Urteil ist vernichtend: „Identity politics is at its essence precivilizational".

Vor diesem Hintergrund spielen sich all die unsäglichen Diskussionen über Gendersternchen und Doppeltnennungen ab. Ein Verdacht, der im Raum steht, heißt, es gehe im Kern um die Umerziehung der Bevölkerung – die Schaffung des »neuen Homo Genderitikus«, wie einst der »neue sozialistische Mensch« im Kommunismus gezüchtet werden sollte und nun auf dem Friedhof der Geschichte als Missgeburt entsorgt wurde. In zivilisierten Ländern konnte der Kommunismus nie richtig Fuß fassen, ebenso wenig haben religiöse Ideologien in einer Zivilisation eine Chance, weil die „Bekehrung eines Menschen zu einer seinem Wesen fremden Moral"[655] schlichtweg *unmöglich* ist. Der Genderismus ist eine Mode, eine esoterisch-archaische

Gehirnakrobatik, die sich einer Morphologie der toten Inhalte bedient. Zugleich ein Atavismus[656], das Wiederaufpoppen stammesgeschichtlicher Merkmale, die die gesellschaftliche Evolution längst aussortiert hat, weil funktional hinderlich und überflüssig: Die Zivilisation kann zwar Rückschritte erleiden, aber nicht vollständig rückgängig gemacht werden.[657]

Anhand der vorliegenden Fakten könnte man sich zu einer weiteren Hypothese hinreißen lassen: Es gehe um das Abrichten der Gesellschaft auf die Ausführung unsinniger Anweisungen. Letztendlich um totale Kontrolle und Macht. So verwandelt man eigentlich Menschen in Zombies. Oder in „Marionetten", wie Hannah Arendt das totalitäre Menschenideal bezeichnete. Das Machtmonopol, das totalitäre Regime anstreben, „kann nur erreicht und bewahrt werden in einer Welt der bedingten Reflexe".[658]

Der Knacklaut könnte nur der Anfang sein. Bald werden wir an verpflichtenden Schulungen teilnehmen müssen, um zu lernen, wie man apportiert, wenn ein Stöckchen fliegt. Wie man bei bestimmten Wörtern mit den Ohren wackelt, um irgendwelchen Minderheiten die Ehre zu erweisen, bei anderen einzelne Silben jodelt oder mitten im Wort pfeift, um die korrekte Geistesausrichtung zu signalisieren. Alternativ bieten sich verschiedene Körpergeräusche an, die man genauestens einstudieren muss. Zum Beispiel A-Rülps, f-Rülpsi, D-Rülps, um ideologiesensibel Farbe zu bekennen. Eine genauere Vorstellung davon, wie das sein könnte, bietet der Kabarettist Volker Heißmann in einem seiner genialen Sketche.

Welche weiteren Ziele verfolgt die Genderbewegung? Es gibt Anzeichen, dass es den neuen Kulturkriegern ums Ganze geht. Um die totale Enthemmung und Entmoralisierung von Sexualität, konterkariert von der strengen Korrektheitsmoralisierung des Alltags. Die totale Gewissenskontrolle per Fernbedienung.

Die Postmoderne, die sich als *progressiv* feiert, ist im Begriff, die Ordnung der Welt auf den Kopf zu stellen. Das setzt die Entmündigung des Bürgers voraus. Diese Zielsetzung zeichnet sich als ultimativer Sündenfall ab. Was sich als Fortschritt beweihräuchert, ist ein Rückschritt, eine Rückabwicklung der Zivilisation, die Abschaffung der Vernunft. Die Weltwahrnehmung engt sich auf Belanglosigkeiten ein, auf den kurzsichtigen Verständnishorizont von Kindereien, was zu einer Vereinseitigung der Diskurse und des epistemischen Realitätsentwurfs führt.

Mit der identitären Politik setzen sich archaische, vorzivilisatorische Wert- und Weltvorstellungen durch. Zum einen wird die Unterscheidung zwischen Gesetz und subjektivem Recht aufgehoben und somit auch die Unterordnung des subjektiven Rechtsanspruchs unter das Gesetz. Davon betroffen ist auch die Rechtsgleichheit, d.h. die Gleichberechtigung, die zugunsten von identitären Gemeinschaften aufgeweicht oder am Ende wohl ganz aufgegeben wird. Mit der identitären Weltanschauung hält auch die Institutionalisierung von weltfremden Begriffen und archaischen Normen Einzug, die den Grundwerten einer liberalen Rechtsordnung widersprechen und die bürgerliche Demokratie infolge der Abschaffung des Unterschieds zwischen Recht und Moral in eine selbstzerstörerische Moraldiktatur verwandeln. Verblüffend und verstörend bei dieser mittlerweile besorgniserregend fortgeschrittenen Entwicklung ist die Bereitschaft der politischen und intellektuellen Eliten, sich vorauseilend einem identitären Diktat zu unterwerfen und unsinnige, geradezu weltfremde Thesen unreflektiert zu verinnerlichen. Sie opfern die Wissenschaft dem Aberglauben, die Logik dem magischen Wunschdenken, den Diskurs dem strukturellen Stuss – und lassen eine neue konfessionelle Taxonomie gelten.

30.5.2 Problematisierung der Banalität

Zur neuen Taxonomie der Identitären gehört u.a. die Klassifizierung des natürlichen Kultur- und Wissenstransfers als *Sünde* in Gestalt kultureller Aneignung. Dabei ist diese, kulturgeschichtlich betrachtet, eine *Tugend*, eine Grundvoraussetzung der sozialen Evolution und des zivilisatorischen Fortschritts. Ohne diese vermeintliche Sünde würde die Menschheit immer noch in der Steinzeit herumirren – ein Gemeinplatz der Menschheitsgeschichte, die eigentlich *Weltgeschichte der kulturellen Aneignung* heißen sollte.

Doch die Besserwisser unter den Halbgebildeten terrorisieren die Gesellschaften der zivilisierten Welt mit dem lächerlichen Vorwurf unrechtmäßiger kultureller *Aneignung*, die sie zu einem

Eigentumsdelikt erklären und unverzügliche Unterlassung fordern. Was sie übersehen: Kulturelle Errungenschaften sind nicht patentiert. Es gibt kein Urheberrecht auf Frisuren, Musikrichtungen, Sprachen oder künstlerische Stilmittel: jede Form der Mimesis ist erlaubt. Wer darf eigentlich Englisch sprechen und schreiben? Jeder, dem danach ist, oder nur bleichgesichtige Angelsachsen untereinander oder mit Fremden? Konsequent identitätspolitisch betrachtet wäre der Gebrauch der englischen Sprache in einem anderen kommunikativen Kontext unstatthafte sprachliche Aneignung. Mein Beitrag zum absurden Sammelsurium der kulturellen Aneignung ist ein Fall *geschlechtlicher* Aneignung. Frage: Darf eine Frau Werke von cholerisch-leidenschaftlichen, testosterongetriebenen Komponisten wie Beethoven spielen oder gar dirigieren? Nach identitärer Logik eigentlich nicht. Nach meiner schon. Viele Frauen tun es – und ich bin ihnen unendlich dankbar dafür! Denn das Geschlecht ist (auch in diesem Zusammenhang) völlig irrelevant.

Ebenso irrelevant ist die ständige Erwähnung der beiden Geschlechter, wenn immer von generischen Gruppen die Rede ist. Jeder Normalbürger versteht, ohne lange nachzudenken, was Wörter wie Nachbarn, Verbraucher oder Belegschaft bedeuten, und niemand denkt beim Erwähnen unbestimmter Sammelbezeichnungen oder generischer Kollektivbegriffe an Genitalien. Fast niemand. Ausnahmen: Genderfixierte, die wohl auch beim Vernehmen von Wörtern wie Weichmacher, Schattenspender oder Verbrenner nackte Unterleiber sehen.

30.5.3 Tugendbolde mit einem Esel auf den Schultern

Die Genderideologie infiltriert Politik und Gesellschaft. Sie nimmt überall Einfluss, mischt in allen Bereichen mit, in der Bildung, in den Behörden, in der Rechtsprechung.[659] Die Gendersprache ist nur ein Aspekt der postmodernen Indoktrinierung. Es fängt mit kleinen Schritten an, zunächst als Veräppelung, bevor es ungeheure Ausmaße annimmt und die Demokratie als reaktionäre Schrulle entsorgt. Ebenso Wissenschaften wie die Biologie, die dummerweise nur zwei Geschlechter kennt.

Wissenschaftliche Erkenntnisse werden heutzutage zu Meinungen degradiert, die erst gar nicht geäußert werden dürfen, wie der Fall der Biologin Marie-Luise Vollbrecht zeigt, die es gewagt hatte, *transfeindliche* Wahrheiten zu äußern und dem ÖRR vorzuwerfen, Kinder im Sinne der Trans-Ideologie zu indoktrinieren. Die empörte Studentenvertretung der HU Berlin stempelte die Doktorandin als *gemeingefährlich* ab.[660]

Man könnte an dieser Stelle den Spieß umdrehen und fragen, ob diese Bezeichnung nicht schon eher auf eine rabiate Minderheit zutrifft, die versucht, die objektive Realität abzuschaffen, und all jene mit Bannflüchen überzieht, die sich den Mund nicht verbieten lassen. Dieser Skandal ist kein Einzelfall.[661]

Eine Gesellschaft, die die Demontage bewährter Lebensweltgewissheiten zulässt, hat wohl nichts Besseres verdient.

Der gutmütige Bürger, der versucht, es jedem recht zu machen und alle Korrektheitsforderungen arglos erfüllt, endet wie die beiden Einfaltspinsel in Johann Peter Hebels „Seltsamem Spazierritt", die mit ihrem Esel unterwegs sind, mal der Vater auf dem Grautier sitzend, mal der Sohn, mal beide, je nachdem, wer ihnen begegnet und Vorhaltungen macht, was recht (korrekt) und vernünftig sei, wer reiten dürfe und ob man schließlich auch auf das (ausgebeutete) Langohr Rücksicht nehmen sollte. Am Ende tragen Vater und Sohn ihren Esel auf den Schultern nach Hause, um allen Erwartungen ihrer Mitmenschen gerecht zu werden, und dabei ihre eigenen Bedürfnisse hinten anstellen, um sich mit ihrem *Unverstand* bloß nicht lächerlich zu machen.

Ein vertrauter Anblick auch in unserer Zeit: Um vermeintliche Korrektheitsgebote zu erfüllen, ziehen viele Zeitgenossen mit einem Esel auf den Schultern durch die Gegend und kommen sich dabei verdammt tugendhaft vor.

Wir sind eine zerfallende Nation, das Abendland ist eine zerfallende Zivilisation. Die Identitären feiern die Auflösung der Gesellschaft in verfeindete Kulturen, den Ausverkauf der liberalen Demokratie, den Zerfall in abgeschottete Identitäten, die um die Hegemonie kämpfen, um die Unterdrückung aller anderen. Identitär ist nicht integrativ, sondern das Gegenteil. Multikulti züchtet verfeindete Spezies und schafft die Toleranz ab. Die Identitätsideologie beweihräuchert sich als *progressiv*, ist aber in Wirklichkeit *regressiv*, auch im psychoanalytischen Sinn. Freud würde wohl eher eine infantile Fortschrittlichkeit diagnostizieren oder eine fortschreitende Infantilisierung, die entwicklungspsychologisch irgendwo zwischen Latenzphase und genitaler Fixierung stecken geblieben ist.

Progressiv ist für meine Begriffe etwas anderes, nämlich das, was in unserer Verfassung steht. Eine Einheit der ethnisch-kulturellen Vielfalt kann es nur geben auf der Grundlage einer gemeinsamen sozialen Identität mit gemeinsamen liberal-demokratischen Werten. Davon sind wir leider meilenweit entfernt. Kurz und gut: Wer mit der identitären Postmoderne gemeinsame Sache macht, verrät die Demokratie. Oder will gar keine Demokratie, höchstens eine totalitäre nach DDR-Vorbild, in der eine selbstgeadelte Minderheit der *Anständigen* und Allesbesserwissenden über den unanständigen, dummen Pöbel herrscht.

30.5.4 Confirmation bias – verrückt ist immer der andere

Wer die Normsprache spricht, betrachtet diejenigen, die einen regelwidrigen Jargon sprechen, als *Abweichler*. Was von der Norm abweicht, ist im Volksmund *nicht ganz normal*. Für die Bevölkerungsmehrheit gelten die Regeln der Normsprache, die sprachwissenschaftlich ausführlich beschrieben und analysiert wurden.[662]

Die Genderanbeter erkennen diese Normen nicht an. Sie haben alternative Wahrheiten. Ihre Heiligen Schriften sind in *Studien* festgehalten, deren schräge Thesen bis zum Überdruss als unwissenschaftlich widerlegt wurden. Jeder hört nur die Argumente, die ihm in den Kram passen, alles andere wird ausgeblendet. Der *Bestätigungsfehler* liegt selbstverständlich beim Gegner: Verrückt ist immer der andere. Doch wer ist eigentlich der andere? Ein Blick in den Spiegel wäre allerdings nicht aufschlussreich. Im Spiegel sieht man immer die Guten.

Ich spreche die Normsprache. Die deutsche Sprache verfügt über einen enormen Reichtum an semantischen und grammatischen Mitteln, Gedanken genau auszudrücken. Klare Gedanken versteht jeder, und zwar so, wie sie gemeint sind. Ich sehe dabei meistens keine Bildchen, keine Geschlechtsteile, zumal wenn es um generische Bezeichnungen geht und nicht um einen pornografischen Witz. Anderssprechende hingegen haben Visionen. Sie beteuern, ständig Bildchen zu sehen, bei jedem Wort. Ihr gutes Recht. Wer aber keine Bildchen sieht, ist nach genderistischer Lesart ein Ignorant. Vielleicht auch ein Idiot.

30.6 Scheinwelten – Die behauptete Realität, die keine ist

30.6.1 Sprache, Gefühl, Erkenntnis – noch einmal rekapituliert

Dieser Abschnitt befasst sich mit der Diskrepanz zwischen politisch-medial verordnetem Weltbild und wahrgenommener Wirklichkeit. Hier kann man sich an das postmoderne Dogma halten, die Wahrheit sei ein subjektives Konstrukt. Der Schriftsteller Eugen Ruge hat uns bereits daran erinnert (Kap. 19), wie sich „an der Verfassung und der Rechtsordnung vorbei eine ganz andere Realität breit" macht.[663] Diese Realität ist eine Scheinwelt, ein Ganzjahresweihnachtsbaum, der sich mit einer Reihe hehrer Ideale schmückt, die eigentlich jeder normale Demokrat gut und schön findet: Gleichheit, Gerechtigkeit, Respekt. Diese Ideale werden aber ideologisch zweckentfremdet, missbraucht und moralisch pervertiert. Den postmodern-identitären Vorstellungen entspricht keine Wirklichkeit. Vielmehr ist ein Abdriften in eine Wahnwelt zu beobachten, in der alles umgedeutet wird nach den Gesetzen einer Magie, die sich auf Scharlatanerie reimt.

Eine der brisantesten und irritierendsten Erscheinungsformen dieser Parallelwirklichkeit ist eine Sprache, die sich von der Alltagsrealität der Durchschnittsmenschen immer mehr entfernt und einen „immensen emotionalen Hass"[664] hervorruft.

Mit dem Zauberwort Dekonstruktion wird alles niedergerissen. Und wir stehen wie ungläubige Trottel am Straßenrand und gucken verdutzt zu, wie unsere bewährten Gewissheiten wegen vermeintlich abgelaufener Haltbarkeit entsorgt werden müssen. Nichts mehr ist wahr. Überall Alternativwahrheiten. Geschlecht und Sexualität entpuppen sich als Alptraum, aus dem der dumme Bürger endlich erwachen sollte. Alles muss entkolonialisiert, enttabuisiert, entdiskriminiert, entwurmt, kontrolliert, exorziert und befreit werden. Wovon? Vom gesunden Menschenverstand. Von der praktischen Vernunft. Und, wie wir gesehen haben, von der faktenbasierten Wissenschaft.

Die elitäre Deutungshoheitsmaschinerie zelebriert die ausufernde Diversität unserer Gesellschaft als unhinterfragbare Bereicherung und Fortschritt. Dabei relativiert und blendet sie

233

konsequent die vielen Schattenseiten einer neuen Wirklichkeit aus, die allmählich aus dem Ruder zu laufen droht. Das neumodische epistemische Konstrukt der welterlösenden Vielfalt kommt belehrend-überheblich daher als einzig wahre Realität. Nur Alpträume sind realer.

Die Sorge um das Auseinanderdriften der Gesellschaft in unversöhnliche Lager wird in Politik und Medien beschwichtigend als Hysterie abgetan. Das einzige Problem unserer Gegenwart liegt angeblich in der Unfähigkeit der Massen, die Wirklichkeit richtig zu verstehen. Zwischen den mittlerweile verfeindeten sozialen Gruppen tun sich Gräben auf, jeder lebt in seiner Blase. Francis Fukuyama: "[T]hose on either side of the current political divide do not simply disagree on ideologies and policy preferences, but see different versions of reality. The progressive left has its own version of online Fantasy."[665]

Derzeit befasst sich die deutsche Politik zum Teil mit Donquichotterien. Die öffentliche Debatte wird von identitären Themen beherrscht, vom Gendern, von fluiden Geschlechtern und schutzbedürftigen Minderheiten, Unterdrückung und Diskriminierung als strukturellem Malheur, andererseits von der Bedrohung durch eine rechtsextreme weiße Mehrheitsbevölkerung und andere Schreckgespenster, die gebändigt und geschult werden müssen. Damit entfernt sie sich immer mehr von der gelebten Realität. Allenthalben Scheingefechte. Die allgegenwärtige Entblößung des Unterleibs und die trendige Sexualität der Abertausenden von Geschlechtern interessieren kaum jemanden – außer die woken Medien. Wirkliche Sorgen bereiten der Bevölkerung profane Dinge wie Wohnraum, Arbeit, Gerechtigkeit, Gesundheit, Zukunft, Krieg oder Frieden. Der politische Diskurs hingegen folgt blind dem radikalen Subjektivismus einer vermeintlich *progressiven* Ideologie. Politische und mediale Eliten wirken wie Schlafwandler auf dem Weg in den Abgrund.

Nach dem EU-Wahldebakel im Juni 2024 beherrschte die Migration die Aufarbeitungsdebatten, weil sie gut passt zum Rechtsextremismus, vor dem man zu Recht, aber auch vergeblich warnt, weil die Korrektheitsrichtlinien öffentlicher Verlautbarungen die Problematik reflexhaft relativieren, brisante Aspekte mitunter auch ignorieren oder banalisieren. Außerdem wird konsequent verschwiegen, dass unsere Verfassung sowie eine ganze Reihe internationaler Verträge Änderungen an der derzeitigen Situation praktisch unmöglich machen. Andere Themen wie die irrationalen Spielarten postmoderner Identitätspolitik werden erst gar nicht angeschnitten. Niemand stellt die richtigen Fragen, und so gibt es auch keine Antworten über Sachverhalte, die der Durchschnittsbürger mittlerweile als Schrullen abtut. Probleme, über die man nicht spricht, kann man nicht lösen. Der Diskurs läuft ins Leere, weil das Argumentationsnarrativ in einer Endlosschleife der Widersprüchlichkeiten gefangen ist. Und der Wähler hört erst gar nicht mehr zu, weil er der immer gleichen Antworten müde ist, und setzt sein Kreuz an der Stelle, an der die Wut am lautesten ist.

Der Wokismus erschafft sich eine eigene Wirklichkeit. „Die Denkschule der Wokeness [...] ringt nicht um Antworten, sondern verleugnet einfach die Fragen." Mit dem Zauberwort *Konstrukt* lässt sich alles nach Belieben verbiegen und neu interpretieren. Oder aber als „Produkt der kollektiven Fantasie" abtun.[666] Im politisch-medialen Diskurs erlebt man nicht erst seit gestern eine systematische (absichtliche?) Verwechslung und Vermengung von Begriffen und damit eine epistemische Verunsicherung, was beispielsweise Menschenrechte (Universalismus), internationales Recht und nationales Recht bedeuten. Francis Fukuyama schafft Klarheit und zeigt die Grenzen zwischen Idealismus und Machbarkeit auf[667]. Eigentlich Selbstverständlichkeiten, die in der sozialpolitischen Praxis nur selektiv gelten. Und manche Realitäten werden einfach negiert, andere im Vergrößerungsglas zu Kalamitäten aufgebläht.

Die Scheinrealität gedeiht in einem Dämmerzustand zwischen unbelegter Behauptung und Wunschdenken. Der Wahrheitsgehalt eines beteuerten Gefühls ist nicht verifizierbar. Zur Kenntnis nehmen kann man die Tatsache, dass ein Phänomen, eine sprachliche oder dargestellte Realität, aber auch eine Fiktion zarte Seelen in einen Ausnahmezustand versetzen können. Eine Halluzination ist als Erlebnis bzw. psychischer Vorgang auch real (subjektiv), ihr Inhalt jedoch nicht, z.B. der Drache im „Tatort" *Letzter Ausflug Schauinsland*, in dem zwei Protagonisten dank kreativer Medikation Monster sehen, die es in der objektiven

Welt nicht gibt. Real ist ihre Angst vor dem Drachen durchaus – und damit auch die Überzeugung, bedroht zu sein.

Was hat aber im ethischen Diskurs Vorrang – die Emotion oder die faktische Realität? Ein mit Horrorvisionen einhergehendes Erlebnis hat mit Bezug auf die objektive Welt keine epistemische Relevanz, weil es mit keinen Phänomenen oder Fakten aus der realen Welt korreliert. Der Auslöser des Frierens ist die objektiv messbare Kälte. Der Auslöser unangenehmer Gefühle, z.B. der Verletztheit, auf die sich manche Personen penetrant berufen, ist oft bloß reine Einbildung. Real ist auch das Gefühl eines Paranoikers, observiert zu werden, seine Verfolgung hat aber keine Entsprechung in der Realität. Die Behauptung eines Gefühls oder des spontanen Nichtverstehens der Muttersprache könnte man als Simulation interpretieren. Oder als psychologisches Rätsel. Aus einem diffusen Wahrnehmungskomplex lässt sich aber keine Diagnose herauslösen.[668]

Betrachten wir das Phänomen der subjektiven Realitäten aus der umgekehrten Perspektive. Ich könnte z.B. behaupten, die Identitären *wollten* uns mit ihren Theorien, Erlebnisberichten und Unterstellungen veräppeln. Diese Behauptung hätte aber keine empirische Grundlage, weil ich keinen Einblick habe in die innere Welt und Gedanken dieser Personengruppe, ich kann nicht wissen, was sie wirklich *wollen* und ob sie sich der Abstrusität ihrer öffentlich propagierten Pseudologie *bewusst* sind. Aber auch nicht, ob sie an Wahnvorstellungen leiden. Also: Ich maße mir nicht an, wie mancher Professor, zu wissen, was andere denken oder (nicht) verstehen. Äußerungen können nun mal Täuschungsmanöver sein oder die Simulation psychisch-kognitiver Vorgänge mit der Absicht, die Öffentlichkeit irrezuführen. Die bisher vorgelegten Studien können auch nichts beweisen. Vielleicht kennt unser Professor alternative Studien. Es wäre aber interessant zu erfahren, warum er diese nicht nennt.

Gegenschuss (d.h. von der anderen Seite betrachtet): Die Identitären glauben, anders als wir, zu wissen, also nicht nur unterstellen oder vermuten, sondern zu *wissen*, was andere, d.h. wir Ottonormaldeppen, denken, auch die Scheußlichkeiten, die uns *unbewusst* durch den Kopf gehen, und pathologisieren die weißen Menschen, sie seien krank im Kopf und böse, weil sie Böses denken, auch wenn sie vom Gegenteil überzeugt sind, nämlich, dass sie keine Rassisten und Unterdrücker seien. Diese Anmaßung ist kognitive Verblendung, eine Mischung aus Ignoranz, Dreistigkeit und Megalomanie. Denn im identitären Weltbild hat die Emotion den Status wissenschaftlicher Faktizität und steht als Argument auf der gleichen Stufe wie der Drache im Tatort.[669]

In diesem Bereich angesiedelt sehe ich auch die Irritationen mancher Studentinnen wegen des Gomringer-Gedichts an der Fassade der Alice-Salomon-Schule in Berlin, die meinten, die Zeilen würden „Angst vor Übergriffen" hervorrufen. Paranoia? Oder die Bronzefigur an der Europa-Universität in Flensburg, die entfernt werden musste, weil Studentinnen sich bei ihrem Anblick *unwohl* fühlten, die Skulptur reduziere Frauen auf ihre Gebärfähigkeit.

Ein öffentlich zelebriertes oder beklagtes Gefühl hat eine große moralische Macht. Es ist eigentlich eine entsicherte Waffe. Mit ihm kann man das Gegenüber, das Umfeld oder die ganze Gesellschaft in Schockstarre versetzen. Die Konfrontation mit dem Vorwurf oder Beschwerde, irgendetwas aus der sozialen oder diskursiven Realität würde Unbehagen auslösen oder gar (re-)traumatisierend wirken, kann man durchaus ernst nehmen. In solchen Fällen gälten zunächst die Knigge-Normen. Zu erwägen wäre außerdem, wie weit man dem Beleidigten bzw. Verletzten entgegenkommen kann oder soll. Der Vorwurf der Diskriminierung kann eine nachvollziehbare Ursache haben, wenn der Zusammenhang offensichtlich und objektiv begründbar ist. Er kann aber auch als Machtinstrument missbraucht werden, um die Umwelt zu erpressen mit dem Ziel, politisch-ideologische Ziele geltend zu machen.

Ausschlaggebend für die Einordnung solcher emotionaler Phänomene ist der Aspekt, ob hinter dem Auslöser einer Kränkung ein Vorsatz steckt, d.h. die Absicht, jemanden bewusst herabzusetzen oder zu beleidigen. Zum Beispiel wenn man Menschen mit dunkler Hautfarbe angeblich nicht korrekt bezeichnet, was jederzeit vorkommen könnte, weil die Vorschriften mittlerweile eine sehr kurze Halbwertzeit haben. Ebenso als Minenfeld erweist sich die Beschreibung jener Zeitgenossen, die sich als *trans* definieren: sind sie im falschen Körper *geboren*, oder haben sie im falschen Körper *gelebt* – oder einfach früher eine andere geschlechtliche Identität gehabt?

Schuldet man dieser Personengruppe unbedingte Folgsamkeit durch eine ständige Aktualisierung der Identitätsdefinition? Und darf diese Personengruppe jeden beschimpfen (als was auch immer), der ihre Befindlichkeiten nicht kennt und dem Trans-Diskurs nicht (mehr) folgen kann? Darf man uns außerdem alle unterschiedslos als Rassisten abkanzeln? Rassistische Menschen gibt es durchaus. Das bedeutet aber noch lange nicht, dass die Gesellschaft insgesamt rassistisch wäre. Schon gar nicht *strukturell*.[670] Diese Feststellung dürfte vielen Theoretikern der Migrationsgesellschaft allerdings sehr missfallen. Naika Forou-tan, Direktorin des Deutschen Zentrums für Integrations- und Migrationsforschung, behauptet zum Beispiel, Rassismus sei „Alltag in Deutschland". Ist diese Äußerung eine Meinung – oder eine Tatsachenbehauptung?[671] Traue keiner Studie, die du nicht selber gedrechselt hast. Man muss die Fragen so lange stellen, bis man die erwünschten *richtigen* Antworten bekommt.[672]

Die Gesellschaft, die Frau Foroutan untersucht hat, kenne ich nicht. Ich lebe wohl in einer Parallelwelt. Und dort bin ich in guter Gesellschaft[673]. Welche ist die reale?

Hier schließe ich mich noch einmal (und ausnahmsweise) der Kritischen Theorie an: Für Foroutans Erkenntnisse über unsere hoffnungslos widerwärtige Gesellschaft gilt die postmoderne Grundthese, dass man rationale Diskurse unmöglich führen kann und sogar faktische Beobachtungen schlussendlich subjektiv sind. Wenn sie recht hätte, müsste man sich fragen, warum so viele Menschen, sogar aus Afrika, bei uns leben wollen in einem ungerechten, rassistischen und inhumanen Land?

Durch selektive Wahrheitsaussagen und epistemische Relativierungen wird heutzutage viel Verwirrung gestiftet. Ein perfides, werteverdrehendes Vexierspiel, das zu Demoralisierung, Zermürbung und Desillusionierung führt. In einer subversiv unterwanderten Gesellschaft, in der gegenseitige Schuldzuweisungen und Vertrauensverlust[674] das soziale Wohlbefinden vergiften, folgen laut Ex-KGB-Mann Jurij Besmenov[675] die Destabilisierung der politischen Ordnung als vorletzte Stufe vor dem schleichenden Zusammenbruch staatlicher Strukturen.

Dem Kollaps leistet vor allem die selbstzerstörerische Geisteshaltung postmoderner Eliten Vorschub, gepaart mit der Selbstaufgabe und der Unterwerfung unter einen neuen, moralisch vermeintlich überlegenen Machtapparat. Ayaan Hirsi Ali hält eine Allianz aus identitären Marxisten und radikalen Islamisten[676] für plausibel. Michel Houellebeques Romanvision *Unterwerfung* von 2015 wäre in diesem Licht betrachtet gar nicht so abwegig. Die Bevölkerungsmehrheit ist, anders als wir es mit regelmäßiger Penetranz von Diskriminierungsbeauftragten oder NGOs vor die Nase geknallt bekommen, weder rassistisch noch rechtsextrem. Viele Menschen sind aber mittlerweile müde und haben es satt, mit dem immer gleichen postmodernen Humbug und belehrenden Gedankenverrenkungen belästigt zu werden. Ärgerlich auch die uneinsichtigen Verlegenheitserklärungen von Politikern und Journalisten für das Wahlverhalten der Bevölkerung. Was man verkennt: Viele entscheiden sich nicht *für* rechte Parteien, sondern *gegen* ein unablässig gefeiertes identitäres Weltbild, das von der Alltagsrealität radikal abweicht. Doch die Mainstream-Realität wird ignoriert, und zwar konsequent, ebenso wie die vielen eindeutigen Umfrageergebnisse, die nicht den Korrektheitserwartungen der Medien-Elite entsprechen.[677] Das heißt: Deine Wirklichkeit ist nicht wahr, alles ist anders, als du denkst, du lebst im falschen Leben, hast die falschen Ansichten, du bist dumm, böse und reif für die Besserungsanstalt.

Summa summarum: Die Identitätspolitik kündigt die Grundsätze der liberalen Demokratie. Gleichheit, Freiheit, Gleichberechtigung und gesellschaftliche Solidarität sind für sie Makulatur. Die Kritische Theorie begnügt sich nicht mehr mit der Kritik am Liberalismus, sie will ihn eigentlich ersetzen – durch eine „alternative illiberale Ideologie".[678]

Werfen wir einen Blick zurück auf Kapitel 24:

Ist die identitäre Subversion die eigentliche Verschwörung?

Ich bleibe bei meiner Einschätzung: Es gibt keine linksidentitäre Verschwörung. Viele arglose Wohlmeinende[679] sind in eine kognitive Falle getappt und ahnen nicht, wo die Reise hinführt, wenn man nicht rechtzeitig umkehrt. Die Gefahr besteht darin, dass extremistische Akteure das Momentum nutzen, um ihre reaktionären Ziele voranzutreiben. Anzeichen für Bestrebungen, eine Moraldiktatur zu errichten, gibt es bereits reichlich. Wer die Risse und das Knistern im politischen Gebälk weder sehen noch hören will, leidet an Realitätsverlust und dient sich einer Bewegung an, die die Gleichheit ablehnt[680].

Zur voraufklärerischen Selbstgerechtigkeit der Moralmonopolisten mit Absolutheitsanspruch gehört auch die Weigerung einzusehen, dass nicht immer die anderen an allem schuld sind und unrecht haben. Vor allem diejenigen nicht, deren Menschenwürde in der Moralhierarchie keinen Pfifferling wert ist. Um die liberale Demokratie zu retten, müsste folgendes recht banales Wunder passieren: Die liberal-konservative Mitte, die wohl Dreiviertel der Wähler ausmacht, einigt sich auf einen Konsens auf breiter Basis, und zwar auf pragmatische Lösungen ohne moralische Scheuklappen. Alle Dogmen müssen auf den Prüfstand, auch die Frage, ob es liberale Dogmen gibt, die revidiert werden müssen[681]. Oder die epistemische Ordnungsrelation zwischen Moral und Mathematik, wenn es um die Folgen unseres Handelns geht. Was ist wichtiger: Die unerschütterlichen Grundsätze – oder Zahlen und Fakten, die eindeutige Prognosen liefern über künftige Verdopplungswege ins Chaos[682]? Und welche Bündnisse überhaupt praktikabel sind. Allianzen mit den Rändern funktionieren nicht, weder mit den moderaten und schon gar nicht mit den extremen, weil diese auch innerlich zersplittert sind; faschistische Bestrebungen nach rechts wie nach links sind nicht von der Hand zu weisen. Außerdem verknüpfen und vermengen die Randideologien zu viele widersprüchliche, mitunter *abenteuerliche* Standpunkte, die die Öffentlichkeit nur verwirren; manche Ansätze mögen oberflächlich vernünftig klingen, die daraus zu ziehenden politischen Schlussfolgerungen stellen aber die Welt, wie sie die Wissenschaft versteht, auf den Kopf. Die Bevölkerung lehnt nun mal diese alternative Welt der *Regressiv-Progressiven*[683] ab, sie hat ihre woke Übergriffigkeit und die ständige Überschreitung roter Linien satt. Soll sich deshalb die unbelehrbare Bevölkerung ein anderes Land suchen? Oder die Woken ein anderes Volk? Auf diese spalterische Frage kommt es am Ende möglicherweise an. Noch einmal Mathematik und Moral. Wir müssen uns endlich Fragen stellen, die wehtun.

Zum Beispiel über Afrikas Bevölkerung, die sich nach derzeitigen Prognosen bis 2050 verdoppeln wird – oder könnte. Der schwarze Kontinent kann schon jetzt seine Bevölkerung von ca. 1,4 Milliarden nicht ernähren. Wie viele sind wir bereit aufzunehmen? Nur ein Zehntel davon?[684] Das wären immerhin 250 Millionen. Für wieviel Bevölkerung reichen unsere Ressourcen, unsere Infrastruktur, Wasserversorgung, Energieversorgung, Kanalisation, Gesundheitsversorgung, Bildungssystem, Verwaltungen, Verkehr, Agrarflächen für Landwirtschaft und Viehzucht, Wohnraum und Bauflächen?

Was dies mit dem Gendern zu tun hat?

Die Magie schöngeschwiegener Scheinwelten wäre noch einmal ein Anhaltspunkt. Ein Psychologe würde hier sicherlich tiefer graben und Symptome einer Sozialpsychose erkennen, in der sich masochistische Unterwerfung, Selbstaufgabe, bedingungslose Gefallsucht, gepaart mit Existenzangst, Vogel-Strauß-Instinkten und mentaler Überforderung manifestieren. An Sloterdijks Diagnose einer „Krise der innersten Vitalität" unserer postmodernen Zivilisation hat sich nichts geändert.[685] Unangenehme Wahrheiten, die an woken Dogmen rütteln, sollte man nicht ansprechen, darauf sind wir schon abgerichtet. Mit unanständigen Fragen kann man sich schließlich schnell die Finger verbrennen und den Boden unter den Füßen verlieren: Wer sich über die faktische Realität Gedanken macht, bestätigt indirekt den bösen Verdacht, dass er ein Rassist ist. Vor allem dann, wenn er aggressive Menschengruppen kritisch betrachtet, die durch besondere Gewaltausübung auffallen und wahllos Menschen töten. Die Bereitschaft, sich allen zu unterwerfen, die eine Gefahr für die Öffentlichkeit darstellen, könnte man *vorauseilendes Stockholm-Syndrom* nennen. Zum *Ödland* der Postmoderne gehören ein paar weitere Bereiche, die wir in den nachfolgenden Unterkapiteln vorsichtig betreten werden.

30.6.2 Von der Ideologie zur Diktatur

Ideal und Ideologie sind verwandte Begriffe. Sie sind Ausdruck der hehren Vision, unsere irdische Existenz oder Aspekte des Zusammenlebens einem Zustand absoluter Vollkommenheit zuzuführen. Eine Ideologie aber, die Pragmatismus als Schlüssel zur Lösung von Problemen verschmäht, ist schon eher mit dem Fanatismus verwandt als mit der Sittlichkeit einer zivilisierten Welt. Der größte Feind der Idealisten ist die Realität.

Politik ist die Kunst des Machbaren. Ideale sind Ziele, die man so gut wie nie erreicht, die uns aber trotzdem als Kompass dienen sollten. Ideale sind als Einzelgänger nicht lebensfähig. Sie brauchen als Begleiter die praktische Vernunft und eine Güterethik, die im Rahmen einer Schicksalsgemeinschaft als Leitidee gelten. Die Idee der Schicksalsgemeinschaft ist zwar identitär. Sie ist aber auch auf die Nation übertragbar – als geographisch-politische Einheit, die ein Gemeinschaftsgefühl stiftet. Ideale und Lebensträume, Universalismus, Rechtsstaat und Menschenrechte können nur auf dem nationalen Hoheitsgebiet verwirklicht beziehungsweise verteidigt werden und nicht über die Grenzen des eigenen Machtbereichs hinaus.[686] Die *richtige* Moral, das *korrekte* Denken, die humanistischen Werte und der Feminismus lassen sich nicht zollfrei exportieren.

Demokratie und Liberalismus sind untrennbar miteinander verwoben. Sie enden dort, wo die Freiwilligkeit aufhört und der Zwang beginnt. Wo bewährte Normen und Regeln einseitig gekündigt und durch neue Gebote ersetzt werden, die die Allgemeinheit ablehnt. Eine „Diskussion über eine gemeinsame Konzeption des Guten"[687] findet nicht statt. Spricht der Feminismus eigentlich im Namen aller Frauen dieser Welt? Oder maßt er sich diese Legitimität nur an – und verwandelt die Hälfte der Menschheit per Definition in eine unterdrückte Minderheit?

Übergriffigkeit und Eigenmächtigkeit bilden die *erste* Eskalationsstufe zur Abschaffung der liberalen Demokratie.

Die *zweite* Grenzüberschreitung haben wir auch schon hinter uns, nämlich die Sanktionierung, verbunden mit dem Ausschluss all jener aus dem öffentlichen Diskurs, die sich den neuen Geboten der Unvernunftmoral nicht unterwerfen. Sagen darf man natürlich alles, eingesperrt wird man dafür (noch) nicht, aber das Lebensplanungsrisiko ist unüberschaubar.

Derzeit treten wir bereits in eine *dritte* Phase der Demokratieabwicklung oder zumindest Schwächung und Aufweichung liberaler Grundsätzen wie der Meinungsfreiheit ein. Nun soll die Gesellschaft von der Richtigkeit der Politik überzeugt werden, als wäre die Bevölkerung bekloppt und mental nicht in der Lage, die Welt zu verstehen und zwischen Gut und Böse zu unterscheiden. Die Untergebenen brauchen keine Nachhilfe im korrekten Denken. Sie dürfen vielmehr auch *dumme* Fragen stellen, z.B. warum die deutsche Regierung den Ausbau der Radwege in Peru mit 44 Millionen Euro fördert, statt die eigene marode Infrastruktur zu sanieren. Erlaubt (und noch unterhalb der Strafbarkeitsgrenze) ist auch die Frage, ob sie dem Größenwahn frönt. Zumal das Bundesverkehrsministerium derzeit eine Kürzung der Mittel für die Autobahn GmbH des Bundes um rund 20 Prozent plant.[688]

Ansätze von Gehirnwäsche sind nicht mehr von der Hand zu weisen. Sie ist in Schulen und Universitäten, aber auch in Unternehmen bereits in vollem Gange, die Genderideologie wird mit aller Wucht durchgepeitscht und als Staatsideologie etabliert. Man darf (oder nicht?) auch sagen: Staatsreligion. Leben wir bereits in Umerziehungsanstalten? Solche Anstalten nennt man in totalitären Staaten Konzentrationslager. So weit sind wir noch nicht. Denn wir haben die Freiheit, unsere Umerziehungsanstalten zu verlassen. Noch.

Die Buchautorin Ayaan Hirsi Ali weist auf Parallelen zwischen der woken Gehirnwäsche und der kommunistischen Strategie der subversiven Manipulation und Unterwanderung westlicher Gesellschaften hin. Sie vergleicht die Methoden der psychologischen Kriegsführung sowjetischer Agenten mit der identitären Umgestaltung des Westens anhand der Schriften des KGB-Agenten Jurij Besmenov (engl. Transkription: Yuri Bezmenov), der in "Psychological Warfare, Subversion, and the Control of Society" schrieb: "Subversion refers to a process by which the values and principles of an established system are contradicted or reversed in an attempt to sabotage the existing social order and its structures of power, authority, tradition, hierarchy, and social norms. It involves a systematic attempt to overthrow or undermine a government or political system, often carried out by persons working secretly from within."

Das Denunziantentum ist auch schon Teil des Systems. Seine Instrumentarien haben wir bereits im Kap. 26 kennengelernt. Denunziert werden können auch Einzelpersonen, angeblich (noch) nicht öffentlich. Die Markierung des Regelbruchs stigmatisiert

„nicht den Rechtsbruch, sondern die Abweichung von der Norm", wie Pauline Voss anmerkt[689]. Man sollte sich schon jetzt Gedanken darüber machen, was mit den Erhebungen der Meldestellen passiert, wenn eine linksfaschistische Partei die Regierung übernimmt und den Datenschutz ignoriert oder abschafft.

Auf den Nägeln brennt nun die Frage: Wie sieht die nächste Eskalationsstufe aus? Zwangsmaßnahmen, strafrechtliche Verfolgung, Internierung in Umerziehungslager, Gesetze gegen alle Formen von abweichender Meinung? Orwells 1984 macht derzeit zu Recht die Runde angesichts einer rasanten Ideologisierung der Parteipolitik. Manche Parteien verwandeln sich in Religionsgemeinschaften. Wo das hinführt, wenn eine Glaubenslehre ein Land regiert, kann man sich derzeit im Iran anschauen.

Die Nationalsozialisten hatten auch Ideale und handelten in ihrem Geiste. Diese führten bekanntlich direkt in den Abgrund. Putin dürfte auch überzeugt sein, dass Krieg, Zerstörung und Massensterben einem höheren Zweck dienten und er als Lichtgestalt und größter Held in die Weltgeschichte eingehen würde. Er will natürlich auch Frieden, aber zu seinen Bedingungen. Ebenso die Mullahs, die nach den heiligen Regeln ihrer Religion handeln und schon jetzt wissen, dass sie als Belohnung für ihre Tugendhaftigkeit ein lauschiges Plätzchen im Paradies bekommen neben den vielen Helden im Kampf gegen Ungläubige, die den Märtyrertod sterben.

30.6.3 Gesellschaft als Scheinwelt und Dekonstruktion

Die statistische Identität wird hierzulande nach Abstammung und Geburtsort erfasst. Sie ist also unentrinnbar und in Stein gemeißelt. Der Mensch ist nach dieser Definition ein Golem, er wird aus dem Lehm (wahlweise Ton) eines gewissen Landes geknetet, in dem er geboren ist. Seine Abstammung, seine Eltern und die Erziehung spielen keine Rolle. Die Freiheit, sich zu einer wie auch immer definierten Nation zu bekennen, hat man nicht, auch nicht im Sinne des *Verfassungspatriotismus* (s. 30.6.4). Geschlechtliche Identität hingegen ist frei wählbar, das biologische Geschlecht ist irrelevant. Die Vermengung von physischer und ideeller Welt bewirkt eine Fiktionalisierung der Realität. Ein paar Beispiele. Ich habe einen bayrischen Vater und eine österreichische Mutter. Bin also ein hundertprozentiger Bajuware. Als deutscher Staatsbürger zähle ich aber statistisch zu den Menschen mit Migrationshinterteil, weil die Österreicher nun mal Wesen von einem anderen Stern sind.

Na und? Das kann mir schließlich egal sein. Nicht aber der diskursiv irregeführten Öffentlichkeit, die mit der korrekten Definition der Identität, mit unserer, aber auch mit der unserer Nachbarn, überfordert sind. Eins steht aber fest: Die Österreicher sind Ausländer, über die man nach Herzenslaune schimpfen darf, weil sie im Zweifel doch Deutsche sind. In manchen Kreisen gehört das schon längst zum guten Ton.

Mittlerweile spricht man von einem migrantischen Anteil der Bevölkerung von über 25 Prozent. Zu diesen gehören Millionen von Deutschen, die gar nicht ahnen, dass die Statistik sie als „Menschen mit Migrationshintergrund" führt. Zum Beispiel mein Freund Werner. Bei ihm ist es umgekehrt: er hat eine bayrische Mutter und einen donauschwäbischen Vater, der in Ungarn als Angehöriger der deutschen Minderheit zählte und als deutscher Spätaussiedler vor einem halben Jahrhundert in die BRD kam. Werner ist in Bayern geboren, spricht Hochdeutsch und Bairisch, aber keine weitere Fremdsprache, nicht einmal Ungarisch, und reagierte recht *stinkert*, als ich ihm eröffnete, dass er ein Kanake sei, statistisch betrachtet.[690] Er widersprach mir: „Das kann nicht sein, die Spätaussiedler sind Deutsche laut Verfassung. Die statistische Kategorisierung ist verfassungs-widrig.[691]" Werner definiert sich als bayrisch-deutsch und zählt sich nicht zu den sechs- bis achthunderttausend Ungarn, die in Bayern leben. Die Zahl kann ich nicht überprüfen, ist wohl auch hinfällig, da diese Gruppe unsichtbar ist und sich vermutlich auch nicht unbedingt sichtbar machen will.

Halb so schlimm, könnte man meinen, der Irrtum von Bürokra-ten, die an der Realität vorbeiwurschteln und nach unerfindlichen Alternativkorrektheiten handeln. Denn diese Taxonomie, die irgendwie an frühere Rassengesetze erinnert, wirft einige Fragen auf. Darüber kann man – und sollte man streiten. Die Rede ist von angeblich mehr als 22 Millionen Bürgern.[692] Denjenigen, die diese Zahlen nennen, ist kein Vorwurf zu machen. Sie berufen sich auf Angaben des Statistischen Bundesamtes, dessen

Kategorisierungskriterien etwas seltsam sind. So gilt beispielsweise ein Kind deutscher Eltern, die (beide oder ein Elternteil) im Ausland geboren sind, als Migrant.

Das Problem beginnt damit, dass Interessensvertretungen migrantischer Gruppen, vor allem muslimische, sich auf diese Zahlen stürzen und eine entsprechende Quote in Politik und Gesellschaft für sich beanspruchen: 25 Prozent. Auch das ZDF erwähnte diese Zahlen in seiner Sendung zur Bundestagswahl 2021 im Zusammenhang mit dem angeblich berechtigten Anspruch der Migranten auf eine dieser Prozentzahl entsprechende Repräsentationsquote im Bundestag.

Seltsam also, dass wir heute wissen, wer alles anhand der Abstammung stolzer Besitzer eines Migrationsahnenpasses ist oder anhand der Kulinarik zum exklusiven Klub der Veganer gehört, auf die Idee aber, die Zahl der in Deutschland lebenden Muslime zu erheben, scheint bei der jüngsten Volkszählung 2024 niemand im großen statistischen Datensortierungsapparat gekommen zu sein. Oder will das wirklich niemand wissen, weil der Islam eh schon längst zu Deutschland gehört?

Ich erlaube mir folgende Fragen: Warum sollten Deutsche von Muslimen oder anderen identitären Akteuren im Bundestag vertreten werden? Oder sollte man Quoten einführen für alle ethnischen Gruppen, die vor Jahrhunderten auf deutschem Boden *nicht* anzutreffen waren? Auch für Deutsche und deren Nachkommen, die außerhalb der Grenzen des Heiligen Römischen Reiches Deutscher Nation lebten? Das würde bedeuten: Quoten für BRD-Bürger deutscher oder anderweitiger Abstammung, für Sudetendeutsche, Donauschwaben, Russlanddeutsche, Siebenbürger Sachsen, Schlesier, eingebürgerte EU-Mitbürger, Südslawen, Albaner, Sunniten, Schiiten, Alewiten, Menschen mosaischen Glaubens, Buddhisten, Hinduisten, Schamanisten, Kurden, Jesiden, Lateinamerikaner, Polen und alle Osteuropäer, Afrikaner sowie orthodoxe Christen, die Zeugen Jehovas, Adventisten und die Hunderten von weiteren Konfessionen und Volksstämmen, die hier nicht aufgezählt sind? An dieser Stelle herzliche Grüße an all meine statistischen Schwestern und Brüder aus Afrika und der ganzen Welt.

Aus den Augen verliert man in dieser Debatte auch den wesentlichen Aspekt politischer Repräsentation, dass ein Abgeordneter nicht identitäre Interessen vertritt, sondern das Wohl aller Bürger in Deutschland.

Identitär-statistisch betrachtet bedeutet diese Schubladisierung folgendes: Religionsgemeinschaften, Ethnien und sonstige identitären Gruppen wollen in meinem und in Werners Namen Politik machen, zugleich im Namen all der Millionen von Deutschen, die nicht ahnen, dass sie in einer anderen Realität leben und nicht sind, was sie zu sein glauben.

Gefeilscht wird also um Quoten für unterprivilegierte Minderheiten. Dann aber bitte für alle, unbedingt und ohne Ausnahme. Wer ist in Deutschland eigentlich wirklich unterprivilegiert? Nur Frauen, Migranten oder Angehörige von LGBTQD+? Warum berücksichtigt man zum Beispiel nicht auch die vielen Menschen ohne Schulabschluss? Oder Analphabeten, deren Quote in Deutschland bei circa 12 Prozent liegt? Und jene mit Hauptschulabschluss, sind sie wirklich besser dran? Vergessen wir nicht die bereits in Kapitel 17. erwähnten Menschen mit Down-Syndrom. Und nicht zuletzt jene Unterprivilegierten, die wegen ihres Aussehens keinen Partner finden. Sind all diese Menschen weniger wert als die Schönen, Reichen und Erfolgreichen? Oder weniger wert als die identitären Minderheiten? Für all diese Menschen und weitere Gruppen müsste man nach identitären Grundsätzen Quoten im Sinne der Gleichstellung einführen, auch für Kandidaten bei Kommunal-, Landtags- und Bundestagswahlen. Sollte die in der Verfassung garantierte Gleichberechtigung der Gleichstellung geopfert werden? Wenn ja, dann wären manche Zeitgenossen gleicher als die anderen.

Die verquere Logik kennt auch folgende Spielart: Die Kriterien der statistischen Erfassung, die für die Gesamtbevölkerung angewendet werden, gelten nicht für die Identität von Straftätern. Deren *Migrationshintergrund* wird oft unter den Teppich gekehrt[693]. Das heißt: Einerseits sind im Ausland geborene Deutsche[694] statistisch gesehen Menschen mit Migrationshintergrund. Verbrecher ausländischer Abstammung mit deutschem Pass hingegen werden in der öffentlichen Kommunikation (Medien, Polizeiberichte) als Deutsche bezeichnet.[695]

247

Statistik hin oder her: Mich würde schon eher die gefühlte Identität meiner Mitbürger interessieren, wo sie sich selbst verorten, zu welcher Kultur, Sprache und welchem politischen System sie sich bekennen. Anders gesagt: relevant sind die subjektiven Selbstverständlichkeiten, nicht die bürokratische Fremdbestimmung.

Eine gewisse Ähnlichkeit mit der US-Taxonomie der *rassischen* Zugehörigkeit ist unübersehbar. Laut dem OMB Statistical Policy Directive No. 15 von 1977 gibt es in den USA fünf *Races*, die Weißen bilden nur eine von ihnen, die vier weiteren bezeichnet man als American Indian or Alaskan Native; Asian or Pacific Islander; Black; and Hispanic. Es handelt sich um theoretische Konstrukte, die, wie bei uns, mit der Realität wenig zu tun haben. Beispielsweise werden aus der Kategorie der *weißen Rasse* Menschen aus Südamerika ausgeschlossen, die ausschließlich deutscher Abstammung sind. Im US-Zensus ordnet man sie der *Hispanischen Rasse* zu.[696] Diese administrativen Maßnahmen wurden von den progressiven Demokraten getroffen. Hier drängt sich der Verdacht auf, dass sie politischen Zwecken dienten: Die Demokraten sehen sich als Schutzpatron der unterdrückten Minderheiten, die mit Begünstigungen für Unterprivilegierte und Diskriminierte bei Laune zu halten sind – in der Hoffnung, dass sie sich bei Wahlen erkenntlich zeigten. Was im Übrigen 2024 massenweise nicht der Fall war.

Fazit: Die Anwendung von Kategorien und Urteilen in der identitären Taxonomie ist beliebig und widersprüchlich.[697] Sie ist Ausdruck von ideologischem Wunschdenken. Die amtliche wie die politische Interpretation des Begriffs *Migrationshintergrund* kommt anhand willkürlicher *doppelter Standards* zustande. Höchste Zeit, diesen unsäglichen, die Realität verzerrenden Begriff in Gorleben zu entsorgen.[698]

30.6.4 Die Nation als Illusion

Über die Nation steht im Grundgesetz kein Wort. Es gibt also keine Anleitung, wie sie zu definieren oder zu verstehen ist[699]. Dafür ist im GG von *Deutschen* und *deutschem Volk* die Rede.

Was bedeutet eigentlich das Wort *Volk*? Gibt es für das woke Zeitalter eine neue, korrekte(re) Definition? Wir bewegen uns auf ideologisch vermintem Terrain. Werfen wir am besten einen Blick in den Brockhaus[700]. Über diesen *vielschichtigen, unterschiedlich definierten Begriff* lesen wir u.a. folgendes: „›breite Masse‹ der ›einfachen‹ Mitglieder einer Gesellschaft"; „die ethnisch-spezifische Einheit einer Gruppe von Menschen im Sinne von Ethnie"; „eine Gruppe von Menschen, die sich als ideelle Einheit begreift, d.h. als eine durch gemeinsame Herkunft, Geschichte, Kultur und Sprache, z.T. auch Religion verbundene Gemeinschaft. Im allgemeinen Sprachgebrauch ist dieses Verständnis von Volk nicht klar abgrenzbar von dem der Nation [...] Die Unbestimmtheit beider Begriffe fördert ihren demagog. Gebrauch, was zur Diskreditierung des Begriffs Volk (und bes. des Adjektivs ›völkisch‹) nach der nat.-soz. Zeit führte"; „staatsrechtlich Träger der Staatsgewalt (Staats-V.), in einer Demokratie Inhaber der Souveränität [...]". Über *Volksgemeinschaft* finden wir im Brockhaus nichts. Zurück zur Verfassung. Artikel 116 definiert, was ein Deutscher im Sinne des Grundgesetzes ist. Eins scheint klar: Die ethnische Abstammung dürfte kaum oder nur eine nebengeordnete Rolle spielen. Ausschlaggebend ist die deutsche Staatsangehörigkeit.[701] Das ist nur eine Seite der Geschichte. Wichtiger ist, was in diesem Zusammenhang vollständig ausgeblendet wird.

Die Nation fristet in der liberalen Welt ein gespenstisches Dasein, und in Deutschland erst recht. Während uns das Konzept der *Nation* Magengrimmen bereitet, weil das *Nationale* negativ konnotiert ist, betrachten unsere Nachbarn die Nation als etwas absolut Normales. Sie ist „Arm in Arm mit der Demokratie auf der Bühne der Geschichte erschienen", wie Dietrich Schwanitz schreibt, „und sie hieß damals »Volkssouveränität«".[702] Unsere „Zerknirschungsorgien" mit Blick auf die Geschichte verstehe im Ausland praktisch niemand.

In linksintellektuellen Kreisen gilt im Allgemeinen die Auffassung, es gebe gar keine Nation, vor allem keine deutsche Nation[703]. Die sei eine Fiktion. Sie tun sich schwer, sich als Teil einer Nation zu begreifen, und neigen sogar dazu, die Nation als Auswuchs rechter Ideologie zu skandalisieren oder zumindest zu bagatellisieren. Das spielt bekanntlich rechten Parteien in die Karten. Fukuyama: "National identity as a liberal and open society is something of which liberals can be justly proud, and their tendency to downplay national identity has allowed the extreme right to claim this ground."[704]

Während elitäre Bürger in liberalen Gesellschaften sich oft als „Weltbürger" betrachten und mit dem Patriotismus fremdeln, ist für die Bevölkerungsmehrheit die Nation eine selbstverständliche Realität[705]. Wer sich als Verteidiger von Universalismus und allgemeinen Menschenrechten versteht, ist oft unfähig, die Nation als „positive Vision" darzustellen[706]. Ebenso ist die internationale Solidarität linker Parteien grenzenlos, die nationale Solidarität hingegen steht unter Nationalismusverdacht und lodert nur auf Sparflamme. „Nationen sind sterblich", sagt der bulgarische Soziologe Ivan Krastev[707]. Und manche werden zu Grabe getragen, bevor sie gestorben sind.

Schon gruselig, lebendig begraben zu werden.

Das nationale Hoheitsgebiet muss man vernünftig und sparsam verwalten. Die liberale Elite bewegt sich leichtfüßig in der *metaphysischen* Welt der Ideen, Prinzipien, Überzeugungen, Tugenden und Universalismen, debattiert einfallsreich über die freie Wahl des Geschlechts, über Selbstverwirklichung, Freiheit und Ideale, Rechte ohne Pflichten, gerät aber ins Stottern, wenn es um die konkreten Probleme des Alltags geht – also um die *physische* Welt, wie Pauline Voss unsere in zwei Bereiche zerfallende Wirklichkeit erklärt. Die politischen Akteure verwalten die unbegrenzten immateriellen (metaphysischen) Güter und verteilen sie mit verschwenderischer Großzügigkeit, tun das aber dann auch mit den begrenzten Gütern der materiellen (physischen) Welt, mit den knappen Ressourcen, knappen Finanzen und dem knappen Raum, also den „natürlichen Bedingungen des menschlichen Lebens", die nicht unendlich zur Verfügung stehen.[708] Die Ideologie frisst die Realität.

Die intellektuelle Elite lehnt auch die Vorstellung einer deutschen Leitkultur ab (s. Kap. 17). Die Leitkultur, vom deutschen Soziologen Bassam Tibi geprägt, gebe es gar nicht. Die Öffentlichkeit tut sich in der Tat schwer mit einer Definition dieser sozialen Realität, deren Beschreibung schon deshalb schwierig ist, weil zu offensichtlich, zu selbstverständlich und allgegenwärtig. Sie gehört einfach zu den Automatismen des Alltags und zu unseren „gemeinsamen Hintergrundüberzeugungen"[709]: wie man mit Nachbarn, Kollegen, Verwandten plaudert, wie man Kontakte pflegt, wie man die Privatsphäre respektiert, wie viel Nähe und wie viel Abstand angebracht ist, wie man blödelt, witzelt, Späße macht und vor allem wie man schimpft und lamentiert. In der Leitkultur kommt auch unser Moralinstinkt zum Ausdruck. Besonders schwierig: die Ironie. Sie spielt mit Selbstverständlichkeiten, die jeder kennt, die man variiert, verzerrt, verhunzt und ad absurdum führt, um sich über die Widersprüchlichkeiten der Welt und der conditio humana abzureagieren. Noch schwieriger und in anderen Kulturen wohl nicht so ausgeprägt wie bei uns ist die Selbstironie. Hinzu kommen Sprache und Wortspiele, alliterative Redewendungen, Dinge, die man „laut sagen kann", leise Anspielungen auf schreckliche Zeiten, Krieg, Zerstörung, Hunger und Leid, Verfolgung und Bespitzelung, Trennung und Tod. Wer diese Selbstverständlichkeiten nicht kennt, tut sich schwer im Umgang mit den Einheimischen.

Man könnte natürlich einwenden, allgemeine Normen und Gepflogenheiten gelten schließlich nicht für alle *Kartoffeln*, manche Einheimischen scheren sich nicht um die Leitkultur. Hier muss man zwischen Nationalcharakter und Individualpsychologie unterscheiden. Ebenso wie man zwischen sozialer und privater Identität unterscheiden sollte, wovon bereits in Kap. 30.1 Demokratie mit Drehschwindel die Rede war. Was für eine integrative Identität können wir den Einwanderern bieten? Wie in den USA, Kanada oder Australien wäre bei uns das Bekenntnis zu gemeinsamen politischen Grundsätzen und Normen des Zusammenlebens unerlässlich (im Sinne von *Verfassungspatriotismus*[710]). Aber auch, wie in Frankreich, das Bekenntnis zu einer gemeinsamen Kultur und Sprache. Als bloßer Verwaltungsapparat der Diversität wäre der Liberalismus als politisches Leitprinzip zu schwach und dem Untergang geweiht.[711]

Verwalten müssen wir die Diversität aber doch. Das Verwalten allein ist allerdings keine Lösung.[712] Wir müssen die Menschen, die dauerhaft hier leben wollen, integrieren, damit wir alle die gleichen Werte teilen. Ohne Konsens kein Gemeinwesen, liebe Frau Foroutan. Dekonstruktion ist Desintegration und Selbstauflösung. Die Politik tut sich auch mit der unschönen

Erkenntnis schwer, dass manche Spielarten der kulturellen Autonomie mit liberalen Prinzipien inkompatibel sind, so z.B. die Nichtbeachtung der individuellen Autonomie in muslimischen Gemeinschaften, in denen Frauen weniger Rechte haben und u.a. zwangsverheiratet werden können.[713]

Wer die Identitätspolitik unterstützt, macht gemeinsame Sache mit den Feinden der offenen Gesellschaft und der liberalen Demokratie.[714] Die Identitätskultur ist mit der archaischen Autoritätskultur verwandt, mit dem Kollektivismus und dem Tribalismus. Das Individuum, seine Autonomie (Freiheit) haben in identitären Gesellschaftsformen keine Existenzberechtigung. Die Forderung nach einem liberalen Pluralismus nach identitären Kriterien setzt eine kulturelle Autonomie von Gruppen voraus (und nicht des Individuums wohlgemerkt), – mit dem Anspruch auf eine eigenständige soziale Kontrolle, Machthoheit über Bildung, Sprache, Sitten, Justiz und politische Identität innerhalb der Gruppe. Das würde u.a. die Einrichtung von Kalifaten oder Sektengemeinschaften mit eigener Gesetzgebung (z.B. Scharia), Sprache und politischen Repräsentation bedeuten. In der Identitätspolitik dient die Diskriminierungshypothese als Vorwand für eine Vielzahl von Vorwürfen und Forderungen an die Gesellschaft, sich vor allem sprachlich an die Ansprüche identitärer Gruppen anzupassen. Man bedient sich praktisch eines rhetorischen Tricks, um die Gesellschaft zu schikanieren. Das ist Teil der Methode. Und nur der Anfang. Pauline Voss beobachtet eine „Ausweitung der Diskriminierungshypothese auf alle gesellschaftlichen und politischen Bereiche".[715] Bei dieser diskursiven Instrumentalisierung gefühlter Wahrheiten kommt es zu einem „Wettbewerb des Klagens". Wer am lautesten klagt, gewinnt.

Die intensive Beschäftigung in Medien und Politik mit all den postmodern aufgeworfenen Fragen von Diskriminierung und Unterdrückung erzeugt eine „diskursivierende Macht", die in der zivilen Öffentlichkeit zunehmend auf Unverständnis und Irritation trifft.[716] Ärgerlich ist vor allem die unterkomplexe Vereinseitigung einer banalen Allerweltsweisheit: Das beklagte Phänomen kennt man unter einem anderen Begriff, schon seit Jahrhunderten und überall auf dem Planeten, nämlich als *menschliche Natur*. Deren Erscheinungsformen: Egoismus, Geltungssucht,

Habgier. Es liegt in der DNA des Homo sapiens, nach Macht, Vorteilen und Anerkennung zu streben. Unterdrückung und Ausbeutung sind so alt wie die Menschheit. In der Weltgeschichte, im Zusammenleben ging es schon immer um Macht, Hierarchien und Überlebenskampf. Die Identität der Opfer: einfach nur Menschen wie du und ich. Was wir heute haben, zumindest in den liberalen Demokratien, sind Gesetze, die jeden vor Ungerechtigkeiten schützt. Schon dumm, dass man dies hier ausdrücklich erwähnen muss.

Muss man wirklich jedem Unsinn widersprechen? Die Identitätspolitik ist das Glaubensbekenntnis von Selbstverliebten, die sich in der eigenen Scheinheiligkeit sonnen. Das könnte man als narzisstische Autoerotik parodieren. Oder pathologisieren.

Es spricht einiges dafür, dass die Gesellschaft mittlerweile völlig überfordert ist mit der Frage, was nun noch als korrekt gelten soll und was nicht, was man erwartet und was man sagen bzw. tun darf oder muss. Am deutlichsten zeigt sich diese Verunsicherung beim Gendern. Die vorgeschobenen Argumente für das Gendern sind epistemisch nicht verifizierbar und empirisch nicht nachgewiesen. Trotzdem wird das Märchen von der Diskriminierung, dem angeblichen Gefühl mancher Frauen und Angehöriger sexueller Minderheiten, in der Verwendung der Normsprache nicht sichtbar zu sein, ad absurdum geführt. Auf die sture Verabsolutierung einer Sprache, die angeblich versucht, alle Geschlechter sichtbar zu machen, die aber niemand sieht und wohl auch niemand mitdenkt bzw. mitdenken kann, reagiert die bockige Öffentlichkeit immer allergischer.[717]

Quo vadis, Abendland? Weist uns die Philosophie den Weg in eine friedliche Zukunft? Oder in eine identitäre Sackgasse?

Die Philosophie interpretiert die Aufklärung als Anfang und Grundvoraussetzung der Demokratie sowie als Abschied des Glaubens von der politischen Macht. Doch nun droht eine Rückabwicklung: Kritische Intellektuelle[718] erkennen in den Methoden und Dogmen der Identitätspolitik erste Symptome eines Rückfalls in eine voraufklärerische Zeit der Unmündigkeit.[719]

Sogar der Universalismus gilt in woken Kreisen mittlerweile als „Deckwort für Diskriminierung" und als Vorwand für die Relativierung von Rassismus und Kolonialismus.[720]

Jeder hat also seine eigene Wahrheit, seine private Wirklichkeit. Bleiben wir folglich getrennt in zwei Parallelgesellschaften, die sich nichts mehr zu sagen haben? Und hat die Philosophie überhaupt noch die Chance, irgendwann doch noch zu Wort zu kommen? Das bezweifle ich. Die Unvernunft hat dieser Tage Hochkonjunktur, mir schwant nichts Gutes. Als glühender Anhänger eines vereinten Europas mit liberal-demokratischer Verfassung stelle ich zutiefst enttäuscht fest, dass mein Traum von einem friedlich vereinten Kontinent in weite Ferne gerückt ist.

Er wird von einem Alptraum ungeheurer Ausmaße verdrängt.

Dieser Alptraum kennt viele Szenarien:

Putin dürfte sich eine Welt, in der ein russisches Imperium nicht der Herrscher des Universums ist, nicht vorstellen, und würde die Menschheit früher oder später in einen atomaren Untergang mitreißen. Genauso wenig können sich die Islamisten eine Welt vorstellen, in der nicht der Koran das Grundgesetz aller Länder ist, die künftig als Kalifate zu verwalten wären.

Auch die chinesische kommunistische Partei sieht die Zukunft des Planeten mit China als globaler Führungsmacht. Schöne neue Welt als Umerziehungsanstalt?

Die linksidentitäre Genderesoterik wiederum baut ihre Machtansprüche in der westlichen Welt aus und entwirft die Grundzüge einer feministischen Knusperhausidylle, die keine Meinungsfreiheit kennt und in der (mindestens) dreiviertel der Bevölkerung zu Bürgern zweiter Klasse degradiert werden.

Meine Prognose: Wenn die Welt nicht in einer atomaren Katastrophe untergeht, müssen künftige Generationen mit dem Zerfall der heutigen politischen Strukturen rechnen: der EU, aber auch der BRD. Im ehemaligen Ostblock einschließlich Ostdeutschland wäre eine illiberale Union unabhängiger Staaten vorstellbar. Der westlichen *postmigrantischen* EU droht möglicherweise eine linksidentitär-islamische Diktatur samt Bürgerkrieg und Abwanderung. Ich setze aber trotzdem (noch) auf die Kraft der Vernunft, auf *strukturelle Entblödung*[721], auf Habermas' *zwanglosen Zwang des besseren Arguments*. Dabei klammere ich die berechtigte Sorge, dass dem zwanghaften Zwang des stärkeren Arguments mancher Autokraten eine größere Zukunft bevorstehen dürfte, zunächst aus.

Die Hintergrundgewissheiten, auf die wir uns verlassen zu können glaubten, entpuppen sich in Zeiten von Wokeness-Hetze und Krieg als Chimäre.

30.7 Gibt es Auswege aus dieser verfahrenen Pattsituation?

Ja, gibt es. Jeder soll reden, wie es ihm beliebt. Wer unbedingt gendern will, soll doch damit selig werden. So viel Toleranz muss sein – und ist in der Mehrheitsbevölkerung durchaus vorhanden. Und umgekehrt? Was halten die identitären Minderheiten von Respekt, Toleranz und Gleichberechtigung?

Alle nicken, ja, selbstverständlich, das sind unsere gemeinsamen Werte. Doch die Zustimmung trügt. Denn manche verstehen unter liberalen Werten was anderes – und denken an ihre nicht verhandelbaren Korrektheiten.

Was ist eigentlich *Gender Mainstreaming*? Kaum jemand weiß es. Fragen Sie mal Ihren Nachbarn. Etwas mit Frauen, Gerechtigkeit und frei wählbarem Geschlecht. Oder die Aufhebung der biologischen Geschlechterunterschiede.

Hand aufs Herz: Wissen Sie wirklich, was *mainstream* genau bedeutet? Übersetzung: *Hauptrichtung* als Substantiv, und *die Hauptrichtung vorgeben* als Verb, zum Beispiel *to mainstream a worldview*. Das *Gender Mainstreaming* hat sich klammheimlich zum Hauptanschauungsgrundsatz der Politik gemausert. Der Wikipedia-Artikel definiert den Begriff nicht als weltanschauliche *Hauptrichtung*, sondern als *Strategie*, nämlich: „Gender-Mainstreaming ist eine Strategie zur Förderung der Gleich*stellung* der Geschlechter" (von mir hervorgehoben). Sie übersetzt *mainstream* als *Hauptströmung* und dann wieder als *Strategie* mit dem Ziel, „ein Thema in den »Hauptstrom« der Politik zu bringen". Im englischen Wikipedia-Eintrag hingegen ist das Mainstreaming auf eine „gender perspective" bezogen.

Noch Fragen offen? Oder eindeutig genug?

Dieser *Strategie* liegt der Anspruch zugrunde, das *zentrale* Thema der menschlichen Zivilisation zu sein. Das heißt: die *Haupt*sache. Die Gleich*berechtigung* unterschiedlicher Lebensentwürfe und die Toleranz für andere Lebensanschauungen, die von der durchschnittlichen abweichen, sind Selbstverständlichkeiten, die von keinem Demokraten infrage gestellt werden, über die man u.U. streiten darf, deren Existenz man aber auch schweigend hinnehmen kann.

Doch in der genderistischen Welt gibt es nichts zu diskutieren. Zur Durchsetzung der verfassungsmäßig garantierten Gleichberechtigung und Diskriminierungsfreiheit braucht die Politik keine Gender-Mainstreaming-Gebrauchsanweisung als Vorlage, die im Kleingedruckten die Minderheiten*sonder*rechte auf der Agenda hat. Vielmehr darf man die Frage aufwerfen, ob ein Kabinettsbeschluss mit weitreichenden Konsequenzen für den gesellschaftlichen Alltag demokratisch legitimiert ist, wenn er ohne vorherige parlamentarische Erörterung und ohne Parlamentsbeschluss in „Basta"-Manier und ohne das Volk zu befragen, wie Birgit Kelle zu Recht beanstandet, einfach verkündet und beschlossen wurde (so in der Novellierung der „Gemeinsamen Geschäftsordnung der Bundesministerien", Schröder-Regierung 2000)[722].

Ferner darf man sich fragen, ob dies etwa ein Akt der kollektiven Verantwortungslosigkeit und des kollektiven Versagens war. Was war eigentlich in dem Gendermainstreaming-Paket enthalten? Gleichberechtigung ist schön. Was noch, und wer hat darüber mit wem debattiert und für gut befunden? Spekulativ zu Ende gedacht: Wenn nichts mehr war, dann ist die forcierte Umsetzung identitärer Interessen einschließlich des Genderns mit nichts zu rechtfertigen. Wenn das Paket auch andere Punkte enthielt, haben die Entscheider möglicherweise nichts verstanden oder sich in Groupthink-Manier nicht die Mühe gemacht, den Sinn des Ganzen zu hinterfragen (s. *Gruppendenken*).

Kein Einzelfall. Auf dem Parteitag der Grünen 2023 meldeten 69 Mitglieder Bedenken am neuen noch zu verabschiedenden Selbstbestimmungsgesetz an und meinten, „nicht allen sei klar, was sie gerade zu verabschieden sich anschicken." Dafür wurden sie von ihren eigenen Partei-Kollegen mit einem veritablen Shitstorm geehrt und u.a. als „Arschlochnazis" beschimpft.[723] Die Grünen sind sich also auch nicht grün. Ist diese unnachgiebige Haltung eine *progressive* Tugend? Wer schimpft, dem sind die Argumente ausgegangen und rüstet verbal auf. Es gibt keine Gewähr dafür, dass die hehren Werte einer toleranten Demokratie als solche von allen tatsächlich auch akzeptiert, verinnerlicht und gelebt werden. So bleibt es bei gleisnerischen Proklamationen belächelter Fiktionen. In der postmodernen Gegenwart treffen Wahrheiten aufeinander, die sich gegenseitig ausschließen.

Sprache ist eine hochemotionale Angelegenheit. Die Vernunft kann Emotionen kaum oder nur geringfügig steuern. Mit effektvoll inszenierten Emotionen lässt sich vortrefflich moralisieren und Eindruck schinden. Die Reaktionen auf die unangemessene Sprache der Genderer können lustig anmuten, sind es aber nicht. Im Gegenteil. Sigmund Freud lehrte uns, dass Triebe stärker seien als Argumente. Fest steht: die Fronten sind verhärtet, das Adrenalin nähert sich dem Siedepunkt.

Die Logik im derzeitigen Kulturkampf entspricht der Vogel-Strauß-Strategie: Eine unangenehme Wahrheit kann per se nicht wahr sein. Sie ist auch unmoralisch, weil ein Gebot der Moral verlangt, Unangenehmes zu vermeiden, Gefühle nicht zu verletzen und keine Seelenpein zu verursachen. Unter dem Gesichtspunkt der Moral ist derzeit vor allem das Gendern unmoralisch, weil es unangenehme Gefühle hervorruft, mitunter auch Herzrasen oder Brechreiz. Dieser neue Kulturkampf ist eigentlich ein Glaubenskrieg. Wer glaubt, will nichts wissen.

Der israelische Schriftsteller Amos Oz hat eigene Vorstellungen, wie man Fanatiker kuriert. Das kann nur gelingen, wenn in einem Konflikt beide Parteien bereit sind, sich zu einigen, und zwar im Wissen, dass Kompromisse weh tun, dass es keine „glücklichen Kompromisse" gibt[724]. Das Entgegenkommen hat aber seinen Preis. Und die Währung heißt *demokratische Selbstbestimmung*. Um sich mit identitären Gruppen zu einigen, muss man auf Freiheiten, auf demokratische Grundsätze verzichten. Was nichts anderes bedeutet, als dass man vor einer aggressiven Mikro-Minderheit einknickt. Und wenn man nachgibt, folgt sogleich die nächste Identitätsgruppe mit ihren Forderungen. Und dann die übernächste, und dann weitere. Darauf folgen neue Kompromisse, die eine Erosion von Demokratie und Freiheit nach sich ziehen.

Man braucht demokratische Mehrheiten, die bereit sind, Minderheitenrechte zu akzeptieren und zu respektieren. Respekt ist aber keine Einbahnstraße, vor allem keine Unterwerfung: Minderheiten müssen in einer Demokratie die Entscheidungen der

Mehrheit akzeptieren. Andersrum: Die Herrschaft einer Minderheit nennt man Diktatur. Schon seltsam, solche Gemeinplätze ins Feld führen zu müssen – und symptomatisch für die schleichende Erosion der liberalen Demokratie. Der Kompromiss wäre im Streit um woke Weltbilder der falsche Ansatz[725] und demokratieschädigend, weil er den Irrsinn fördern würde. Die Genderverfechter wollen etwas ändern, etwas Neues und angeblich Besseres als soziale Norm durchsetzen. Ihr gutes Recht. Aber dafür müssen sie die Bevölkerungsmehrheit *überzeugen* – mit guten Argumenten – und um Akzeptanz werben. Doch sie tun das Gegenteil: Sie gehen mit dem Vorschlaghammer der Diffamierung vor, sie wollen keine Einigung, sondern Unterjochung. Und das, weil sie wissen, dass sie keine vernünftigen Trümpfe in der Hand haben, keine Argumente, die überzeugen könnten. Im Gegenteil.

Ihre Methoden sind antizivilisatorisch, man könnte sagen: barbarisch. Der Stil primitiv, setzt auf Verleumdung, Delegitimierung, Deklassierung, Kriminalisierung und Entmenschlichung des Gegners. Die Ideologie der Genderbewegten ist typisch fundamentalistisch. Sie duldet keine Ambiguität (s. Kap 4, 6 und 21).

Der „Fundamentalist leugnet [...] einfach, dass es Ambiguität gibt"[726] (Thomas Bauer). Für den Fundamentalisten muss alles eindeutig, rein und immun sein gegen Deutungsmöglichkeiten, also nicht interpretierbar. Denn für ihn ist „alles, was interpretiert und gedeutet werden muss, [...] nicht mehr rein". So auch das generische Maskulinum, besser gesagt der *generische Singular / Plural*. Für den *Normal*sprecher ist die Bedeutung von in der *Norm*sprache formulierten Aussagen eindeutig, für den Gendereiferer hingegen partout nicht, weil seine Ideologie etwas anderes predigt. Deshalb spricht er von „Mitgemeintsein" und setzt alles daran, jegliche Ambiguität auszuschließen. Für den Fundamentalisten löst sich die Ambiguität erst dann auf, wenn etwas „nur genau eine einzige Bedeutung hat", oder dann, wenn es „gar keine Bedeutung hat".[727]

Die Identitätspolitik vertritt Minderheiteninteressen auf Kosten der Mehrheit. Und das ist die Abschaffung der laut Verfassung garantierten Gleich*berechtigung*. Was die Gleich*stellung* tatsächlich bedeutet und welche Konsequenzen eine Politik hat, die sich diesem Ziel verschrieben hat, ahnt kaum jemand. Die

Gleichstellung ist eine Scheingerechtigkeit: eine Gleichheit im Ergebnis. Es zählt nicht die Leistung, sondern die Identität, der Opferstatus[728]. Auch die Wahrheiten haben eine Rangordnung: die gefühlte Wahrheit eines Benachteiligten wiegt schwerer als die faktische Wahrheit.

Die Verfassung der Bundesrepublik kennt keine Gleichstellung. Sondern Gleichberechtigung. Niemand darf wegen seiner wie auch immer gearteten Identität *benachteiligt*, aber auch nicht *bevorzugt* werden. (s. Artikel 3.3). Ein Lösungsansatz wäre eine Ergänzung dieses Grundgesetz-Artikels. Hier fehlt die ausdrückliche Erwähnung der sexuellen Orientierung bzw. der sexuellen Identität. Die Forderung des Lesben- und Schwulenverbandes, die Verfassung in diesem Sinne zu ändern, findet derzeit in der Politik keine Mehrheit, zumal die Erwähnung aller Identitäten, die sich oft unterhalb des Promillebereichs bewegen und deren *divergierenden Ansprüche* ins Astronomische schießen würden[729], ein Ding der Unmöglichkeit wäre. Eine Ergänzung würde andererseits eine Reihe von Problemen lösen und zugleich viele Instanzen, die sich mit realer oder imaginierter Benachteiligung befassen, überflüssig machen. Wir leben zwar in einem Rechtsstaat, es gibt aber kein Recht auf umfassende juristische Betreuung aller Benachteiligten oder Durchschnittsbürger, die Unrecht erfahren haben – als Privatpersonen, beispielsweise als Patienten, Bauherren, Bankkunden, Auftraggeber für Dienstleistungen, d.h. Bürger, die in irgendeiner Form eine Rechtsverletzung erlitten haben, z.B. wegen ungeeigneter Therapie oder mangelhafter bzw. nicht geleisteter, aber bereits bezahlter Dienstleistung durch einen Handwerker u.Ä. Für diese Personen gibt es (derzeit) keine Diskriminierungsbeauftragte oder NGOs, die ihre Beschwerden statistisch auswerten, höchstens Vereine oder eine Verbraucherzentrale, die sich – wenn man Glück hat – um individuelle Fälle (von allgemeinem Interesse) kümmern kann. Ansonsten ist der Bürger oft der Willkür der Umstände ausgeliefert und kann sich nur wehren, wenn er sich einen Anwalt leisten kann. Im Sinne der Gleichberechtigung müssten alle Personengruppen, die in irgendeiner Form Nachteile welcher Art auch immer erlebt haben, selbst um ihr Recht kämpfen, ohne dabei vom Staat rechtlich betreut zu werden[730].

Ebenso sollte die Gleichberechtigung als Grundprinzip im sozialen Dialog gelten, beispielsweise in der Kompromissfindung bei der Definition allgemeiner Normen, die derzeit oft umgedeutet werden – willkürlich und ohne jegliche Legitimation.

Der einzig zulässige Weg zur einvernehmlichen Änderung von Normen oder Einführung neuer Normen ist der »praktische Diskurs«, wie von Jürgen Habermas definiert: „Jeder Betroffene muss sich davon überzeugen können, dass die vorgeschlagene Norm unter den gegebenen Umständen für alle »gleichermaßen gut« ist. Und einen solchen Prozess nennen wir eben den praktischen Diskurs".[731]

Und nun die Schlussszene aus dem im Kapitel 18 skizzierten Drehbuch:

Es ist fünf vor zwölf. Mittagszeit.

Toni, der anti-woke Journalist, lädt seine Mitkämpferin Stefanie zum Mittagessen ein. Die beiden treffen sich in einem neu eröffneten Lokal und bestellen.

»Ich habe Lust auf eine Schwammerlsuppe, ein Altbayerisches Schnitzel, Schupfnudeln mit Sauerkraut«, sagt Toni.

»Als Nachtisch?«

»Marillenknödel. Und ein Bier sowieso. Und du?«

»Gerne das Gleiche. Schau, wir sind die Einzigen in dieser Gaststätte«, sagt Stefanie.

»Abgehört werden wir trotzdem«, flüstert Toni.

»Ich war wirklich naiv, ich wollte nicht glauben, dass Tausende von woken NGOs praktisch alle Schaltstellen der Gesellschaft unterwandert haben.«

»Und Abertausende von Korrektheitsaktivisten. Sie sitzen überall, in allen Gremien, ziehen die Fäden in Politik, Medien, Justiz. Du schämst dich, Stefanie, eine Verschwörung aufgedeckt zu haben?«

»Verschwörungstheoretiker sind nun mal einfach gestrickte Halbgebildete. Wir stehen kurz vor einer Machtübernahme.«

»Irrtum. Die woken Clerks haben schon längst das Sagen. Wir leben in einer anderen Republik. Die Jugend ist rettungslos indoktriniert.«

»Ja, fanatisch. Die Politiker sind Zombies, das ist mir auch schon aufgefallen. Und die Sittenpolizei sammelt die Renitenten

ein, noch im Verborgenen. Sind wir die nächsten, die spurlos verschwinden?«

»Ja, wenn wir nicht untertauchen. Wir müssen für unsere alte Welt, unsere aufgeklärte Demokratie kämpfen. Für unsere einzigartige abendländische Kultur.«

»Jeder reklamiert die Demokratie für sich, vereinnahmt sie für eigene Zwecke. Alle Parteien, Links- wie Rechtsfaschisten.«

»Aber niemand die Idiokratie.«

»Die Wahrheit ist pervertiert. Wer anders denkt, schweigt. Obacht, der Kellner kommt.«

Der setzt ihnen zunächst jeweils einen Teller Schlangensuppe vor. Dann bringt er Dackelschnitzel, dazu laktosefreie Katzenmilch. Und legt nebst Rechnung eine Studie auf den Tisch, die belegen soll, dass diese Speisen das Gesündeste seien auf Erden – und vor allem klimafreundlich. Die beiden lehnen entsetzt ab, stehen auf und wenden sich zum Gehen.

»Halt«, ruft der Kellner, »zahlen müssen Sie trotzdem, egal, ob Sie essen oder nicht«.

Dieses Lokal heißt ÖRR. Was die Abkürzung wohl bedeutet?

»Es erinnert an unseren öffentlich-rechtlichen Erziehungsrundfunk«, sagt Toni.

»Hörfunk und Fernsehen sind Teil der Verschwörung. Sie informieren uns nicht in unserer Muttersprache, sondern in einer ungenießbaren Trullasprache voller Doppeltnennungen, Wortverdrehungen, falscher Endungen und Sondergeräusche, die vom Inhalt der Beiträge ablenken und nerven.«

»Heute stört das niemanden mehr.«

»Auf den Sack gehen mir auch die vielen überflüssigen Anglizismen«, sagt Stefanie. »Und die Grammatik ist oft am Arsch.«

»Dieses Paket will ich nicht haben«, sagt Toni.

»Und für unbestellte Ware muss ich nichts zahlen. Sie geht retour.«

Toni schüttelt den Kopf: »Diesen Missstand hätte die Politik angehen müssen – im Geiste unserer Verfassung.«

» Verfassung, welche?«

Abspann.

Apropos Anglizismen. Eine Anglisierung der Sprache[732] als Ausweg aus dem Genderdilemma wäre wohl möglich und auch vorstellbar, weil unaufhaltsam, was ich als Anglist allerdings ablehne. Mich stört vor allem die oft völlig falsche Aussprache vieler englischen Wörter, die Lautfolgen beziehungsweise Phoneme enthalten, die im Deutschen unüblich sind. (s. Kap. 28. Selbstgewissheit und Selbstüberschätzung).

30.8 Dekadenz des Untergangs

Wir leben in einer dekadenten, untergehenden Zivilisation. Die Symptome sind unübersehbar: Wir befassen uns mit unsinnigen Problemen und verschließen die Augen vor einer Wirklichkeit, die uns nicht passt. Wir streiten eigentlich über Nichtigkeiten und Kindereien. Und das ist symptomatisch für die *strukturelle* Enthemmung der Welterlösungsneurosen. Unsere Welt ist lächerlicher und absurder in ihrer galoppierenden Irrationalität als Jonathan Swifts Kontinente in *Gullivers Reisen*. Das Gendern ist nur eine der vielen Begleiterscheinungen des intellektuellen Niedergangs im trüben Zeitalter des Wokeismus.

Gibt es wirklich keinen Ausweg aus dieser verfahrenen Situation? Mein Standpunkt steht unter dem unguten Stern des ethischen Skeptizismus und ethischen Relativismus. Warum so pessimistisch? Weil im Moment der weltanschauliche Konsens in den westlichen Demokratien mit einem Frontalangriff durch den identitären Totalitarismus konfrontiert wird, bei dem die Hüter liberaler Werte ins Hintertreffen geraten sind angesichts einer intellektuellen Elite, die zerstritten, eingeschüchtert und verunsichert ist und sich zu keinen Verständigungsansätzen über ethische Fragen durchringen kann – weder inhaltlich noch formal.

Vor diesem Hintergrund bleiben uns nur Kompromisse übrig. Habermas' visionäre Diskursethik bietet sich als vielversprechendes Lösungsmodell an, ist aber derzeit möglicherweise erst eine große Baustelle. Die von ihm und Karl-Otto Apel vertretene Position bietet „den Vorzug, dass sich die kognitivistischen, universalistischen und formalistischen Grundannahmen aus dem diskursethisch begründeten Moralprinzip ableiten lassen".[733] Jürgen Habermas definiert dieses Prinzip folgendermaßen: „Jede gültige Norm muss der Bedingung genügen, dass die Folgen und Nebenwirkungen, die sich aus ihrer *allgemeinen* Befolgung für die Befriedigung der Interessen *jedes* Einzelnen voraussichtlich ergeben, von *allen* Betroffenen zwanglos akzeptiert werden können".[734] Doch für diesen Konsens dürfte es in den heutigen, sehr heterogenen und zersplitterten Gesellschaften kaum Aussicht auf Erfolg geben. Der Konsens, den Habermas' Diskursethik anstrebt, ist zunächst eine Klärung der „streng normativen Fragen der Gerechtigkeit als argumentativ entscheidbare Fragen". Ein Schlüsselbegriff der Diskursethik ist der *Prozeduralismus*. Das bedeutet: „Die Diskursethik gibt keine inhaltlichen Orientierungen an, sondern eine voraussetzungsvolle *Prozedur*, die Unparteilichkeit der Urteilsbildung garantieren soll. Der praktische Diskurs als Verfahren dient nicht zur Erzeugung gerechtfertigter Normen, sondern zur Prüfung der Gültigkeit hypothetisch erwogener Normen".[735] Dieser Ansatz wird leider auf längere Sicht nicht zum Tragen kommen, weil jeder seine eigene Wahrheit hütet und mit Zähnen und Klauen verteidigt. An der Annahme der Unfehlbarkeit eigener Urteile hat sich seit dem Vatikanische Konzil von 1870, auf dem das Dogma von der Unfehlbarkeit des Papstes bei Äußerungen *ex cathedra* beschlossen wurde, nichts (oder nicht viel) geändert. Diese Infallibilität kennen wir auch aus dem Kommunismus: Die Partei, die Partei hat immer recht! (Jetzt bitte bloß nicht singen und klatschen.) Auch die Tribalisten und Woken haben immer recht und müssen nichts mehr beweisen[736], ihre Fallibilität steht nicht zur Diskussion. Sie ziehen alle Register, um die totalitären Normen ihrer sozialen Welt auf die Gesamtgesellschaft zu übertragen.

Beispielhaft sind die verhärteten Fronten in Hessen vor dem Hintergrund der *Volksinitiative gegen das Gendern*. Der Schriftsteller Bernd Fischer, einer der Initiatoren des Abstimmungsverfahrens, spricht von der „moralischen Dominanz der Befürworter des Genderns, obwohl sie eindeutig eine Minderheit bilden"[737] Viele Institutionen machten keine Anstalten, sich an die Regeln korrekter Rechtschreibung zu halten, und beklagten einen *Kulturkampf*, in dem sie sich natürlich auf der richtigen Seite wähnten. Dabei merkten sie gar nicht, dass sie diesen selbst heraufbeschworen haben: „Sie ersetzen Wissenschaft durch eine Glaubenslehre [... und] sind so von ihrer Gender- und Wokeness-Liturgie durchdrungen, dass ihnen gar nicht in den Sinn kommt, an ihrer Mission zu zweifeln", so Fischer.

Diese Geisteshaltung erinnert an religiös-fundamentalistischen Fanatismus: Radikale Diskursverweigerung verbunden mit dem blinden Glauben an die absolute Richtigkeit der eigenen und der absoluten Falschheit aller anderen Ansichten, Überzeugungen und Lebensentwürfe, die nicht geduldet werden dürfen, vielmehr unbedingt vernichtet werden müssen. Die gespaltene Gesellschaft war gestern. Heute ist sie zerrüttet.

Unter diesen Umständen sehe ich derzeit als einzige (provisorische) Lösung die konsequente Segregation: die Trennung der religiös-identitären Sphäre von der weltlichen – medial und, wenn es sein muss, auch strukturell: Jeder ist frei, in seiner privaten Welt so zu leben, wie er will.[738] Auch hierfür bedarf es einiger Mindestvoraussetzungen: die Akzeptanz demokratischer Spielregeln und der verfassungsmäßigen Ordnung. Nötigung, Sprachdiktate, Meinungsgängelung und die Auslöschungskultur gehören nicht dazu.

Segregation ist ein heikles, negativ besetztes Thema, aber kein Tabu. Formen der Segregation gibt es auch in demokratischen Staaten, und sie funktionieren gut, so z.B. das Bildungssystem in den Niederlanden: die Schulen sind nach Konfession getrennt und dürfen über die Unterrichtsmethoden frei entscheiden.

Segregation beinhaltet auch Kooperationsformen bei grundsätzlicher Trennung der Institutionen. Für Deutschland würde dieses Modell bedeuten, dass es atheistische Schulen, genderistische und/oder konfessionelle Schulen bzw. Bildungseinrichtungen geben würde sowie ÖRR-Medien für jede soziale Gruppe – gleichberechtigt und ohne Hierarchisierung. Segregation ist die Notbremse, um einen Bürgerkrieg zu vermeiden.

Die derzeitige Stimmungslage verlangt nach Lösungen. Die Woken dürfen die Gesellschaft nicht als Geisel nehmen und diese von unliebsamen Bürgern säubern.

Derzeit wird nicht nur in rechten Kreisen vom Ausschluss mancher Personengruppen fabuliert (Stichwort Remigration). Auch in linken Sphären kursieren Säuberungsphantasien. Diese beziehen sich auf ostdeutsche Bundesländer, in denen bei Wahlen rechte Parteien bevorzugt werden. Correctiv-Autor Marcus Bensmann z.B. regt an, über eine Trennung der ostdeutschen Bundesländer von der restlichen Republik nachzudenken[739].

Schräger Ansatz. Erinnert an die Remigration, aber irgendwie auf den Kopf gestellt. Darüber regt sich aber wohl kaum jemand auf. Anders formuliert – als Kalenderspruch: Eine Demokratie, die sich von Aktivisten terrorisieren lässt, hat vergessen, was Demokratie bedeutet – und hat ihre Zukunft verspielt.

Wie wäre es mit der alten Weisheit *Leben und leben lassen?* Fehlt uns die nötige Toleranz? Es spricht einiges dafür.

Deshalb ist es schwer vorstellbar, dass man sich auf absehbare Zeit auf formalistische Normen einigen wird: innenpolitisch mit dem Identitätsfundamentalismus oder antidemokratischen Bewegungen wie dem Reichsbürgertum, die das Grundgesetz offen oder indirekt durch gelebten Aktivismus ablehnen; und außenpolitisch mit Autokratien, die wie Pilze aus dem Boden schießen. Gerade in identitären Kreisen spielen logische Argumente und *performative Widersprüche* keine Rolle[740]. Im Gegenteil: Die *Simulation* demokratisch-liberaler Gepflogenheiten ist eine zynische Strategie der Verwirrung und Ablenkung von wahren Zielen[741].

Die politischen Entwicklungen der vergangenen Jahrzehnte haben gezeigt, dass in vielen Kulturkreisen keine ethischen Normen (mehr) gelten, sondern die Steinzeitmoral. Die sozialpolitischen Zukunftsvisionen stellen nicht die Verständigung in den Mittelpunkt, sondern die Unterwerfung, nicht die universalistische Ethik, sondern die universale Macht. In diesem Kontext führt man Gespräche gegen die leeren Wände. Denn die Annahme einer kooperativen Wahrheitssuche, „bei der einzig der Zwang des besseres Arguments zum Zuge kommen darf"[742], ist wohl nur Wunschdenken[743]. Derzeit setzen auch die Gegner der Demokratie voraus, dass sie die besseren Argumente haben. Auf die Bereitschaft, „über strittige moralisch-praktische Fragen ein rational motiviertes Einverständnis herbeizuführen"[744], wird man noch lange warten müssen. Wobei Rationalität und moralisches Handeln nicht unbedingt Hand in Hand gehen.

Derzeit erleben wir einen Bankrott der kommunikativen Vernunft – weltweit. Die intellektuelle Elite, die diese Entwicklung in einem schleichenden Prozess der vorauseilenden Unterwerfung zugelassen hat, muss sich den Vorwurf gefallen lassen, große Schuld auf sich geladen zu haben. Der intolerante Diskurs der Postmoderne zersetzt die zivilisierten Umgangsformen und vernichtet die Grundlagen unserer Kultur. Bluff, Dreistigkeit und Einschüchterung erzeugen noch mehr Dreistigkeit und versetzen die selbstgerechten Minderheiten, die auf geringen Widerstand stoßen und weiterhin mit dem Masochismus der Gutmeinenden rechnen können, in einen Machtrausch, der nach noch mehr Macht verlangt.

Noch ein paar theoretische Anmerkungen zu Habermas' *Diskursethik*. Die zentrale Frage seiner Überlegungen ist der Vorrang der Gerechtigkeit vor dem Guten[745] (s. Güterethik). Die postmodern-identitäre Bewegung stellt diese Relation auf den Kopf. Glaubenssätze haben Vorrang vor dem politischen Wert diskursethischer Grundsätze, das Weltbild ist das höchste Gut, Gefühl schlägt Vernunft. Damit setzt sie sich über unsere inter-subjektiv geteilte Hintergrundgewissheit einer liberalen Auffassung von politischer Kultur hinweg.

Die Analyse verwandter diskursethischer Theorien, u.a. von Charles Taylor, Thomas McCarthy und A. MacIntyre, lässt ebenfalls Zweifel anklingen an diesem Grundsatz. Interessant sind für uns die Einwände dieser Philosophen, weil sie die brisanten Spannungen zwischen ethischen Grundüberzeugungen, Kulturen und Systemen in den Brennpunkt rücken.

Die Gemeinsamkeiten der drei oben erwähnten Philosophen bzw. ihrer Ansätze, grob vereinfacht: Es geht um die Grenzen der Rationalität und den Wettbewerb des Irrsinns in einer heterogenen Weltgemeinschaft voller Gegensätze und ebenso zersplitterten Gesellschaften, die in Interessensgruppen zerfallen. Wie Charles Taylor lenkt auch Thomas McCarthy unser Augenmerk auf die neuen Herausforderungen der Moderne, die mit dem Pluralismus von Lebensformen und der wuchernden Individualisierung von Lebensentwürfen überfordert ist. Diese Gemengelage macht es „immer unwahrscheinlicher, dass wir uns in solchen Kontroversen auf gemeinsame Interpretationen einigen"[746]. Die Schnittmenge für Gemeinsamkeiten ist zu gering, jede Gruppe hat ihre eigene Deutung der Wirklichkeit, und dieser entsprechen individuelle Wahrheiten, die mit Mehrheitsauffassungen oft kollidieren. Während die Vielfalt (Diversität) an Lebensformen zunimmt, „schrumpft das Universum derjenigen

Fragen, die sich unter dem moralischen Gesichtspunkt rational beantworten lassen"[747].

Die Zunahme der Komplexität führt schließlich zum Chaos. Der Vorrang der Gerechtigkeit vor dem guten Leben dürfte vor diesem Hintergrund seine Relevanz verlieren. Und auch die Gerechtigkeitsbegriffe verlieren an Schärfe, wie die Untersuchungen von A. MacIntyre[748] zeigen. Die Rationalitätsprinzipien des Liberalismus offenbaren kommunikative Schwächen, die die Verständigung erschweren und Missverständnissen Tür und Tor öffnen. Diese beruhen auf Unschärfen, die sich aus der Innenperspektive von Gruppen oder ganzen Gesellschaften ergeben sowie aus der irrigen Annahme, dass rational begründete kommunikative Inhalte sich eins zu eins in andere Sprachen und Kulturen übertragen lassen. MacIntyre ging von der These aus, „dass es keine kontextübergreifende Rationalität gibt, sondern nur traditionsabhängige Rationalitäten".[749]

Charles Taylor betrachtet die moderne Gerechtigkeitsmoral als Ergebnis eines „selektiven Verständnis[ses] der modernen Identität"[750]. Das führt zu einem verhängnisvollen Problem der Rechtfertigung und der Unterordnung bzw. Hierarchisierung moralischer oder religiös-fundamentalistischer Ansprüche. Dieses Problem sei argumentativ nicht zu lösen. Vor diesem pluralistischen Hintergrund von Lebensentwürfen und Lebensformen „können Philosophen nicht mehr in eigener Regie *allgemeinverbindliche* Instruktionen über den Sinn des Lebens geben. Als Philosophen bleibt ihnen nur der Rückzug auf die reflexive Ebene einer Analyse des Verfahrens, womit ethische Fragen überhaupt zu beantworten sind", so Karl-Otto Apel.[751]

Ausblick: Das Ideal der *vernünftigen Freiheit* rückt in weite Ferne. Die Diskursethik hat nur im Rahmen einer kulturellen Gemeinschaft (*Lebenswelt*) eine Chance, in der die gleichen Wertvorstellungen und ethischen Grundsätze gelten. Die Akzeptanz liberaler abendländischer Werte und ethischer Normen ist in anderen Erdteilen gering bis inexistent. Von anderen Kulturen kann man leider kaum erwarten, dass sie unsere liberalen Werte übernehmen. Das gilt aber auch umgekehrt. Eine Konvergenz der Weltanschauungen wird vielleicht doch stattfinden, aber vermutlich sehr langsam, in einem Prozess, der Jahrhunderte dauert.

Die derzeitige Divergenz erkennt man, wie wir gesehen haben, bereits am polarisierten Diskurs, an einer falschen Phraseologie, die für Verwirrung und Irritationen sorgt, weil déjà vu: Wir erkennen intuitiv die typische „zynische Sprachstörung" aus den Totalitarismen des 20. Jahrhunderts. Diese Begleiterscheinung einer „gespaltenen Wirklichkeit" kehrt in neuem Gewand wieder. Peter Sloterdijk spricht in seiner Analyse des *Staats- und Vormachtszynismus* von „einer schwebend schizoiden Realitätsdiffusion", einer Welt, die „in zwei getrennte Dimensionen zerfällt". Zur Phänomenologie dieser Wiederkehr illiberaler Anschauungsmuster gehört nicht zuletzt ein Diskurs, der sich selbst entlarvt. „Denn jeder weiß, dass die Beziehung zwischen den »Wörtern« und den »Dingen« gestört ist, aber mangels öffentlicher Kontrolldiskussionen etabliert sich diese Störung als neue Normalität."[752]

Die gesellschaftliche Mitte schwindet, an den Rändern gedeiht der Faschismus, rechts wie links, nicht nur in Europa, sondern weltweit[753]. In den USA hat die Bevölkerung bereits wenige Wochen nach Trumps Amtsantritt die politische Hauptrichtung erkannt und ihrem Unmut über den neuen Präsidenten, seinen Vize Vance, über die Eklat-Inszenierung im Weißen Haus beim Selensky-Besuch sowie die *faschistische* Oligarchie[754] Luft verschafft. Demokratie, Gesetze, gerichtliche Anordnungen, Gewaltenteilung – all das steht zur Disposition[755], gute Argumente gelten nur im dehnbaren Rahmen des zynischen Merkantilismus. Diskurse auf Augenhöhe gehören in dieser nihilistischen Atmosphäre wohl der Vergangenheit an. Oder doch nicht?

Erinnern wir uns noch einmal an den *zwanglosen Zwang des besseren Arguments*, der, wie Habermas in seinem Alterswerk *Auch eine Geschichte der Philosophie* ausführt, „nur zum Zuge kommen [kann], wenn die Beteiligten eine Wir-Perspektive einnehmen, aus der sie [...] *unparteilich* beurteilen, was im *gleichmäßigen* Interesse *aller* Beteiligten [...] liegt".[756] Ob sich Trump, Putin oder ein Ayatollah davon beeindrucken lassen?

Überkommener Idealismus? Mitnichten. In kleinerem Maßstab, in unserer überschaubaren bundesdeutsch-europäischen Welt, lassen sich offene Argumentationsflanken vielleicht doch schließen, wenn man den Überblick und die Nerven nicht verliert. Habermas: „Solange der gemeinsame kulturelle Hintergrund fehlt, verlangt die Gleichstellung der Staatsbürger, also die »Moral« der rechtlichen Inklusion, die Ergänzung um die »Sittlichkeit« der politisch-kulturellen Einbeziehung".[757]

Deshalb sollte man am Entwurf einer modernen, zukunftsorientierten Diskursethik weiter feilen, in der die Bedingungen eines friedlichen Miteinanders zu formulieren und befolgen sind. Das *konstruktive Lernen*,[758] das zu den Schlüsselvoraussetzungen einer universalistischen Diskursethik gehört, ist ein Ideal, das künftige Generationen vielleicht verwirklichen werden. Wir wohl kaum. Denn wir befinden uns erst am Anfang einer langwierigen, möglicherweise verhängnisvollen Krise. Im aktuellen Streit um die verschiedenen Aspekte von Wokeness und Genderismus fehlen die Grundvoraussetzungen für ein argumentatives Verfahren auf Augenhöhe sowie die Basis für eine gleichberechtigte Verhandlungssituation. Die Bedingungen für die Teilnahme am gesellschaftlichen Diskurs werden erst gar nicht reflektiert, die Gegenseite bekommt keine Gelegenheit, eigene Standpunkte zu verteidigen. Die Öffentlichkeit wird praktisch überfahren und vor vollendete Tatsachen gestellt. Der subjektive Geist setzt den objektiven außer Gefecht. Absolut ist nur die eigene Wahrnehmung. Der diskursethische Ansatz verpufft, weil in einem multikulturell zersplitterten Umfeld, in dem der hehre liberale Grundsatz, dass jedes Individuum seine subjektiven Rechte „gegenüber anderen Individuen und dem Staat einfordern kann", an Grenzen stößt.[759] Andreas Reckwitz beschreibt die Krise des *apertistischen Liberalismus* als *demokratiepraktische* Krise (*apertistisch*: öffnend, als öffnend wirkend)[760]. Eines der „größten Defizite des apertistischen Liberalismus" bestehe darin, „eine Kultur der Reziprozität zu schwächen und stattdessen einseitig eine Kultur der subjektiven Interessen und subjektiven Rechte zu forcieren"[761].

Die liberale Öffnung der Gesellschaft hat einen komplexen Prozess in Gang gesetzt, der aus dem Ruder zu laufen droht und nicht mehr kontrollierbar ist. Der Überschuss an subjektiven Rechten auf Kosten der Allgemeinheit und der kulturellen Werte schafft eine Art Ständehierarchie und droht die Gesellschaft in eine Anarchie zu stürzen, weil das soziale Gleichgewicht zwischen Rechten und Pflichten kippt und die *reziproken Bindungen* im Auflösen begriffen sind.[762] Es herrscht der „Egoismus der Einzelnen" gegen die Allgemeinheit. Das birgt in sich das Risiko der „Erosion des kulturellen Konsenses hinsichtlich allgemeiner Normen des Zusammenlebens".[763] Diese werden, wie wir gesehen haben, ausgehebelt, neu interpretiert, verfremdet und auf den Kopf gestellt. Die Identitätspolitik widerspricht der europäischen Idee der Einheit von Gemeinsamkeiten und Werten in einer heterogenen Welt.

Zum Schluss eine letzte Anmerkung über das Gendern unter dem Aspekt des Vorrangs der Gerechtigkeit vor dem Guten. Diskursethisch betrachtet ist die forcierte Einführung eines demokratisch nicht legitimierten und sprachwissenschaftlich nicht anerkannten Idioms in Behörden, Bildungseinrichtungen und Medien verwerflich und eine Rückabwicklung rechtstaatlicher Normen. Dieses eigenmächtige Vorgehen verletzt das Gerechtigkeitsgefühl der Bevölkerungsmehrheit, die das Gendern ablehnt und sich mit fadenscheinigen Argumenten nicht zum Narren halten lässt. Und sie verletzt auch das Sprachgefühl der deutschen Muttersprachler. Begrüßenswert wäre eine juristische Prüfung der Frage, ob dieses Gebaren in öffentlichen Einrichtungen den Straftatbestand der Nötigung erfülle. Der Vorrang der Gerechtigkeit vor dem Guten hat hier eigentlich gar keine Relevanz, weil das Gendern auch in Hinsicht auf die Güterethik eine dramatische Verschlechterung des sozialen Wohlbefindens bedeutet. Diskursethisch gesehen ist das Gendern ein zivilisatorischer Rückschritt.

Das Gendern steht im Konflikt mit dem Wert der individuellen Freiheit und stellt sich in einer Werte-Hierarchie über die demokratische Selbstbestimmung. Die Kollision des woken Einheitsdenkens mit unseren liberalen Grundwerten macht eine Güterabwägung unter den derzeitigen Voraussetzungen unmöglich. Gendern ist sprachliche Verwahrlosung, ein Anschlag auf Kultur und Identität, eine totalitäre Grenzüberschreitung.

Das Gedankengebäude des postmodernen Denkens bröckelt. Seine Theorien werden Schritt für Schritt entzaubert – als zynische Parodie im Gewand einer naiven Utopie, die als Kinderspiel begonnen hat und als Alptraum enden wird. Übrig bleibt eines

Tages wohl nur die *hate culture*.[764] In der Hass-Demokratie sind wir bereits angekommen, spätestens im Herbst 2024. Jeder darf jeden hassen, in aller Öffentlichkeit, sogar sich selbst.

Zu Ende gedacht: Anhand der in diesem Buch vorgelegten Zahlen, Fakten und Argumente kann man folgendes feststellen: Wer in der Öffentlichkeit gendert, ist *un*demokratisch, auf jeden Fall kein Beispiel für gute Umgangsformen. Und wer andere zum Gendern zwingt, ist *anti*demokratisch, d.h. diktatorisch.

Am Ende des Weges begegne ich erneut Amos Oz, dem alten weisen Pragmatiker, von dem wir Optimismus lernen können, aber auch Demut und die Bereitschaft, die Grenzen unserer Handlungsmöglichkeiten zu erkennen. Die Erfahrung hat uns schon oft gelehrt: „Es gibt mehr Probleme als Lösungen". Und mehr Verrückte als Irrenanstalten. Aber auch denen sollte man sein Ohr leihen, wenn diese bereit sind und mental in der Lage, zwischen *diskutieren* und *diktieren* zu unterscheiden.

Die seltsame Moral von der Geschichte:

Die linksidentitäre Gender- und Opferkultideologie spielt den Rechten in die Hände.[765] Mit schlechten Argumenten kann man alles kaputtreden, auch eine gute Sache. Und halbkluge Argumente können eine dumme Sache auch nicht retten. Die Bereitschaft der eingeschüchterten Öffentlichkeit, sich täuschen zu lassen, ist phänomenologisch nichts weiter als eine vorgegaukelte Unterwerfung – vielleicht aus Bequemlichkeit, wohl eher aber aus Feigheit. Diese zeigt ihr wahres Gesicht nur im Verborgenen. Im Schutz der Dunkelheit verwandelt sie sich in ein Monster.

Im Verwirrspiel der Narrative stumpft die Bereitschaft der dressurmüden Gesellschaft, zwischen Gut und Böse zu unterscheiden, immer mehr ab, die zynische Beliebigkeit der richtigen Deutungen ebnet den Weg zur Trotzigkeit. Am Ende ist alles austauschbar, alles auch das Gegenteil – und schließlich auch egal: Frust erzeugt Gleichgültigkeit und seelische Ermüdung. Dem Leitwolf, der den korrekten Ton angeben will, hört keiner mehr zu. Wir befinden uns auf dem Verdoppelungsweg in die moralische Orientierungslosigkeit und erleben die Entzauberung der falschen Magie, den stillen Bankrott der postmodernen Subjektivität.

Errare humanum est, in errore perseverare stultum.

271

Quellen, Zitatverweise und weiterführende Literatur

Appelbaum, Anne: *Twilight of Democracy*. Anchor Books, 2021

Bauer, Thomas: *Die Vereindeutigung der Welt. Über den Verlust von Mehrdeutigkeit und Vielfalt*. Reclam 2020

Davidson, Donald: *Wahrheit und Interpretation*, Suhrkamp 2017

De Backer, Maarten and Ludovic De Cuypere: *The interpretation of masculine personal nouns in German and Dutch: a comparative experimental study* (UGent) 2012. biblio.ugent.be/publication/3197217

Bolz, Norbert: *Der alte weiße Mann. Sündenbock der Nation*. Langen-Müller-Verlag, München 2023

Finkielkraut, Alain: *Vom Ende der Literatur. Die neue moralische Unordnung*. LMV München 2023

Fukuyama, Francis: *Identity. Contemporary Identity Politics and the Struggle for Recognition* (deutsch: *Identität*)

Fukuyama, Francis: *Liberalism and Its Discontents (Der Liberalismus und seine Feinde)*. Profile Books 2022

Grau, Alexander: *Hypermoral. Die neue Lust an der Empörung*. Claudius Verlag München 2017

Haberich, Max: *Gerndern? Nein, danke! Wurzeln und Auswirkungen der Gender-Ideologie*. IFB 2022

Habermas, Jürgen: *Erläuterungen zur Diskursethik*. Suhrkamp 1991/2015

Habermas, Jürgen: *Moralbewusstsein und kommunikatives Handeln*. Suhrkamp 2018

Habermas, Jürgen: *Der philosophische Diskurs der Moderne*. Suhrkamp 1985-88

Habermas, J.: *Die Einbeziehung des Anderen*, Suhrkamp 1999-2022

Hansen, Victor Davis: *The Dying Citizen. How Progressive Elites, Tribalism, and Globalization Are Destroying the Idea of America*. Basic Books New York 2021

Hübl, Philipp: *Moralspektakel*, Siedler Verlag 2024

Kaehlbrand, Roland: *Deutsch – Eine Liebeserklärung*. Piper 2022

Kelle, Birgit: *Gendergaga: Wie eine absurde Ideologie unseren Alltag erobern will*. FBV FinanzBuch Verlag 2020

Kelle, Birgit: *Noch normal? Das lässt sich gendern*. FinanzBuch Verlag 2021

Levitsky, Steven, Daniel Ziblatt: *Wie Demokratien sterben*, DVA 2018

Lukianoff, Greg and Jonathan Haidt: *The Coddling of the American Mind. How Good Intentions and Bad Ideas Are Setting Up a Generation for Failure*. Penguin Books 2018

Lyotard, Jean-Francois: *Das postmoderne Wissen*, Passagen V., 2019

Meineke, Eckhard: *Studien zum genderneutralen Maskulinum*. Universitätsverlag Winter GmbH Heidelberg 2023

Mounk, Yascha: *Im Zeitalter der Identität. Der Aufstieg einer gefährlichen Idee.* Klett-Cotta 2024

Murray, Douglas: *The Madness of Crowds. Gender, Race and Identity* (deutsch: *Wahnsinn der Massen.* Die Seitenverweise beziehen sich auf die englische Ausgabe) Bloomsbury 2019

Murray, Douglas: *The War on the West* (deutsch: *Krieg dem Westen.* Die Seitenverweise beziehen sich auf die englische Ausgabe) HarperCollinsPublishers 2022

Pauen, Michael: *Macht und soziale Intelligenz – Warum moderne Gesellschaften zu scheitern drohen.* S. Fischer 2019

Payr, Fabian: *Von Menschen und Mensch*innen: 20 gute Gründe, mit dem Gendern aufzuhören.* Springer Fachmedien Wiesbaden, 2022

Pluckrose, Helen, James Lindsay: *Cynical Theories. How Universities Made Everything about Race, Gender and Identity - And Why this Harms Everybody* (Übersetzung: *Zynische Theorien.* Die Seitenverweise beziehen sich auf die englische Ausgabe.) Swift Press 2021

Popper, Karl: *The Open Society and Its Enemies.* Routledge & Kegan Paul 2002

Ramadani, Zana und Peter Köpf: *Woke – Wie eine moralisierende Minderheit unsere Demokratie bedroht.* Quadriga Verlag 2023

Reckwitz, Andreas: *Das Ende der Illusionen. Politik, Ökonomie und Kultur der Spätmoderne.* Suhrkamp 2019

Saad, Gad: *The Parasitic Mind. How Infectious Ideas Are Killing Common Sense.* Regnery Publishing 2020

Schuler, Ralf: *Generation Gleichschritt. Wie Mitlaufen zum Volkssport wurde.* Fontis Verlag 2023

Schröter, Susanne: *Der neue Kulturkampf: Wie eine woke Linke Wissenschaft, Kultur und Gesellschaft bedroht.* Herder 2024

Sloterdijk, Peter: *Zorn und Zeit.* Suhrkamp 2006

Sloterdijk, Peter: *Kritik der zynischen Vernunft.* Suhrkamp 1983-2023

Stegemann, Bernd: *Die Öffentlichkeit und ihre Feinde.* Klett-Cotta 2021

Teske, Alexander: *Inside Tagesschau. Zwischen Nachrichten und Meinungsmache.* LMV, 2025

Trutkowski, Ewa u. Helmut Weiß, „Zeugen gesucht! Zur Geschichte des generischen Maskulinums im Deutschen". Linguistische Berichte 273/2023. https://doi.org/10.46771/9783967692792_2

Ungar-Sargon, Batya: *Bad News. How Woke Media is Undermining Democracy.* Encounter Books 2023

Voss, Pauline: *Generation Krokodilstränen – Über die Machttechniken der Wokeness.* Europa Verlag 2024

Wendt, Alexander: *Verachtung nach unten. Wie eine Moralelite die Bürgergesellschaft bedroht – und wie wir sie verteidigen können.* Lau-Verlag 2024

Presse:

Beher, Stefan: „Gendern ist einfach, sollte eine Studie beweisen – das ging schief". 24.5.23 welt.de/kultur/plus245490480/Sprache-Gendern-ist-einfach-sollte-eine-Studie-beweisen-es-ging-schief.html

Bischof-Köhler, Doris: „Ist das Geschlecht ein soziales Konstrukt? – Wer das behauptet, muss sich fragen, was er unter ‹Forschung› versteht" Interview mit der Psychologin 02.05.2023 Birgit Schmid. nzz.ch/feuilleton/psychologin-doris-bischof-koehler-ueber-geschlechtsunterschiede-ld.1734997

Bolz, Norbert: „Gejammer des alten weissen Mannes ist unmännlich", nzz.ch › feuilleton › medienwissenschafter-norbert-bolz-cancel-culture-alter-weisser-mann-ld.1725899.

Diewald, Gabriele, Damaris Nübling: „Genus und Sexus: Es ist kompliziert" nzz.ch/feuilleton/gendern-genus-und-sexus-sind-eng-miteinander-verbunden-ld.1578299

Drag-Lesung in München: Geplante Drag-Lesung für Kinder sorgt für Kulturkampf in München. br.de/nachrichten/bayern/geplante-drag-lesung-fuer-kinder-sorgt-fuer-kulturkampf-in-muenchen,TdfbJOM / und nzz.ch/meinung/der-andere-blick/drag-lesung-fuer-kinder-in-muenchen-die-grenzueberschreitung-ld.1737042 / und abendzeitung-muenchen.de/muenchen/rote-linie-ueberschritten-debatte-um-kinderlesung-mit-drag-queens-in-muenchen-art-898883

Eisenberg, Peter: „Gendern - Die Zerstörung des Deutschen". 10.8.2021 welt.de/kultur/plus233017189/Gendern-und-Standardsprache-Die-Zerstoerung-des-Deutschen.html

Eisenberg, Peter: „Debatte um den Gender-Stern: Finger weg vom generischen Maskulinum!" Tagesspiegel, 08.08.2018. tagesspiegel.de/wissen/finger-weg-vom-generischen-maskulinum-5929225.html

Engelken, Eva: Dossier „Ideologie statt Biologie im ÖRR" evaengelken.de/dossier-ideologie-statt-biologie-im-oerr/ und „Aufruf: Schluss mit der Falschberichterstattung des öffentlich-rechtlichen Rundfunks!"

Fennert, Dana: „Das generische Maskulinum: Ein Auslaufmodell?" kas.de/documents/252038/16166715/Das+generisches+Maskulinum+-++ein+Auslaufmodell.pdf/34ecd5fe-37ab-36b1-89b4-a7954a55a2a3?version=1.1&t=1648199709872

Fragen Sie Dr. Bopp! Wie aufgebläht ist vorprogrammiert? https://blog.leo.org/2013/01/09/wie-aufgeblaeht-ist-vorprogrammiert/

Gehrke, Christian: „Sprachpapst Wolf Schneider wettert gegen das Gendern". 03.08.2022 berliner-zeitung.de/news/gendersprache-debatte-sprachpapst-wolf-schneider-wettert-gegen-das-gendern-li.253002

Gerster, Petra übers Gendern: „Veränderung macht vielen älteren Männern Angst" hr-inforadio.de/programm/das-interview/petra-gerster-uebers-gendern-veraenderung-macht-vielen-aelteren-maennern-angst,petra-gerster-108.html

Gerster, Petra: „Gendern macht Frauen sichtbar". 28.11.21 Martin Weber, morgenpost.de/vermischtes/article233962771/petra-gerster-moderatorin-heute-gendern-buch.html

Grundgesetz für die Bundesrepublik Deutschland, Artikel 3
(1) Alle Menschen sind vor dem Gesetz gleich.
(2) Männer und Frauen sind gleichberechtigt. Der Staat fördert die tatsächliche Durchsetzung der Gleichberechtigung von Frauen und Männern und wirkt auf die Beseitigung bestehender Nachteile hin.
(3) Niemand darf wegen seines Geschlechtes, seiner Abstammung, seiner Rasse, seiner Sprache, seiner Heimat und Herkunft, seines Glaubens, seiner religiösen oder politischen Anschauungen benachteiligt oder bevorzugt werden. Niemand darf wegen seiner Behinderung benachteiligt werden. bpb.de/themen/

Hirsi Ali, Ayaan: „In Amerika greift die Ideologie des Wokeismus um sich. Wir Europäer erhalten eine Anschauung davon, was uns erst noch bevorsteht", 18.07.2023. nzz.ch/feuilleton/in-amerika-greift-die-ideologie-des-wokeismus-um-sich-ld.1745600

Kaeser, Eduard: „Einen Diskurs totschlagen – was man tun kann, damit man auf die Argumente eines anderen gar nicht erst eingehen muss". 18.01.2023. nzz.ch/meinung/kleiner-leitfaden-wie-man-einen-diskurs-totschlaegt-ld.1715487

Kahle, Ingo: „Gender – Kulturkampf um das Sagbare". ingo-kahle.de/ik/wp-content/uploads/2022/07/Blog_Gender_Biologie_Ideologie_07_22.pdf

Krischke, Wolfgang: „Wer *man* sagt, verbindet damit noch nicht den Mann". 10.12.2021. faz.net/aktuell/feuilleton/buecher/rezensionen/sachbuch/das-deutsche-als-europaeische-sprache-gisela-zifonun-kritisiert-gendern-17675686-p2.html

Kurfer, Tobias: „Lehrer" war nie ein Wort bloß für Männer. Berliner Zeitung 5.6.2022. berliner-zeitung.de/open-source/streit-ums-gendern-lehrer-war-nie-ein-wort-bloss-fuer-maenner-li.232900

Kurfer, Tobias: „Nein, die deutsche Sprache diskriminiert Frauen nicht". Berliner Zeitung 22.7.2022. berliner-zeitung.de/open-source/streit-ums-gendern-nein-die-deutsche-sprache-diskriminiert-frauen-nicht-li.246245

Martenstein, Harald: „Genderforschung: Schlecht, schlechter, Geschlecht". Die Zeit 6. Juni 2013

Meyer, Axel: „Die Geschlechterillusion". nzz.ch/feuilleton/gender-studies-die-geschlechterillusion-ld.155119

Meyer, Ingo: Interview mit Schlussredakteur: „Das Gendern sexualisiert die Sprache", Berliner Zeitung 21.06.2022 berliner-zeitung.de/kultur-vergnuegen/redakteur-der-berliner-zeitung-das-gendern-sexualisiert-die-sprache-li.238790

Payr, Fabian: „Wie falsche Erzählungen die Karriere des Genderns beförderten". 10.12.2022. berliner-zeitung.de/open-source/streit-ums-gendern-wie-falsche-erzaehlungen-die-karriere-des-genderns-befoerderten-li.294922

Payr, Fabian: „Im Sprachkampf können die Waffen nicht schmutzig genug sein". 29.08.2023. faz.net/aktuell/feuilleton/medien/gendern-die-schmutzigen-waffen-der-befuerworter-im-sprachkampf-19134066.html

Ruge, Eugen: „Gendergerechte Sprache - Eine Frage der Endung". 20. Januar 2021 / Die Zeit

Schmid, Birgit: „Frausein als Doktrin". 9.11.2019. nzz.ch/feuilleton/gender-studies-frausein-als-doktrin-ld.1520200

Schulz, Sophie-Marie: „Repräsentative WDR-Umfrage: Die Mehrheit der Deutschen will nicht mehr gendern" 06.02.2023 Berliner Zeitung. berliner-zeitung.de/politik-gesellschaft/wdr-umfrage-die-mehrheit-der-deutschen-will-nicht-mehr-gendern-li.314735

Schwarz, Gerhard: „Studie zu Frauen und Karriere: schockierende studentische Zensurmentalität". 30.5.2023 nzz.ch/wirtschaft/studie-zu-frauen-und-karriere-schockierende-studentische-zensurmentalitaet-ld.1740088

Sick, Bastian: vorprogrammiert/programmiert 19.8.2004. https://bastiansick.de/kolumnen/abc/vorprogrammiertprogrammiert/

Stefanowitsch, Anatol: „Frauen müssen nicht mitgedacht, sondern gleichwertig gedacht werden" editionf.com/anatol-stefanowitsch-eine-frage-der-moral-politsch-korrekte-gendergerechte-sprache/

Stöber, Rudolf: „Genderstern und Binnen-I – Zu falscher Symbolpolitik in Zeiten eines zunehmenden Illiberalismus". https://fis.uni-bamberg.de/entities/publication/44eb1030-27e6-417c-869e-586d2cd09cd2/details

Trutkowski, Ewa: „Vom Gendern zu politischen Rändern". nzz.ch/feuilleton/gendergerechte-sprache-die-diskussion-ist-politisch-vergiftet-ld.1567211?reduced=true

Vukadinović, Vojin Saša: „Warum Gender-Theoretikerinnen oftmals frauenfeindlich agieren" nzz.ch/feuilleton/gender-theoretikerinnen-warum-sie-oft-frauenfeindlich-agieren-ld.1527480

Walter, Birgit: „Gender-Terror: Die Erziehungsmaßnahmen der Sprachpolizisten nerven!" Berliner Zeitung, 10.05.2023 berliner-zeitung.de/kultur-vergnuegen/gender-terror-die-erziehungsmassnahmen-der-sprachpolizisten-nerven-li.346021

Wirz, Claudia: „Mit den Methoden der Moralisierung schafft man den korrekten Menschen: Über Meerjungmänner und Gebärende".

31.5.2019   nzz.ch/meinung/kolumnen/identitaetsoekonomie-statt-identitaetspolitik-ld.1487462

Wirz, Claudia: „Gendern im Betrieb – warum die Gendersprache die Welt nicht besser macht". 25.10.2022. nzz.ch/wirtschaft/gendern-im-betrieb-warum-das-problematisch-ist-ld.1708785

Zifonun, Gisela: „Die demokratische Pflicht und das Sprachsystem" https://ids-pub.bsz-bw.de/frontdoor/deliver/index/docId/8290/file/Zifonun_Die_demokratische_Pflicht_2018.pdf

Auflösung der Umfragen

Umfrage 1 A 10 Punkte B 10 C 2 Punkte

Umfrage 2 A 5 Punkte B und C 2 Punkte

Umfrage 3 A 10 Punkte B 2 Punkte

Umfrage 4 A, B und C: 2 Punkte

Umfrage 5 A 10 Punkte B 2 Punkte C 2 D 2 Punkte

Umfrage 6 A 2 Punkte B 5 Punkte

Umfrage 7 A 10 Punkte, B 3 Punkte, C 2 Punkte

Die Auswertung ist nicht wissenschaftlich, sondern satirisch-intuitiv:

1. Wenn Sie alle Fragen korrekt beantwortet haben, sind Sie woke – unabhängig von der Punktezahl.

2. Wenn Sie mehr als 53 Punkte haben: Ihr Taschenrechner ist kaputt.

3. Weniger als 15 Punkte: Sie sind ein eigenständig denkender, aufrechter Demokrat.

4. Mehr als 16 Punkte: Glauben Sie nicht alles, was man Ihnen sagt. Und hören Sie auf, bedingungslos nett zu sein.

[1] „Deutsche Wirtschaft: Im Schlaffenland" (sic!). 3.8.2023. Von Max Hägler, Dr. Kolja Rudzio und Marc Widmann. zeit.de/2023/33/ deutsche-wirtschaft-rezession-fachkraeftemangel-energiepreise

[2] „In der Altersgruppe zwischen 5 und 9 Jahren ist der Prozess des Spracherwerbs abgeschlossen." Jürgen Habermas: *Moralbewusstsein und kommunikatives Handeln.* Suhrkamp 2018, S. 154

[3] Manchmal überlegen sich nicht einmal die Journalisten, ob sich Grammatik (Kongruenz) und Gendern vertragen, z.B. ARD-Chef Kai Gniffke: In der Tagesschau vom 27.9.2024 verwandelt er die Länder in weibliche Wesen; s. Kap. 16

[4] Ein Suffix (eine Nachsilbe) ist in der Sprachwissenschaft ein Affix (unselbständiger Wortbestandteil), das seinem jeweiligen Wortstamm bzw. seiner Basis nachfolgt. s. https://de.wikipedia.org/wiki/Suffix

[5] Das Suffix *–er* ist nur ein Beispiel für die große Vielfalt von Bedeutungen, die eine Endung haben kann und trotzdem je nach Kontext verstanden wird, mühelos, von allen, auch von Kindern. Die Endung *–er* als Morphem: s. wortbedeutung.info/-er/ oder https://de.wikipedia.org/wiki/-er

[6] Spracherwerb, s: https://de.wikipedia.org/wiki/Spracherwerb

[7] Manche Kinder beugen unregelmäßige Verben wie regelmäßige. s. Quellen, Roland Kaehlbrandt: *Deutsch – Eine Liebeserklärung,* S. 118. Erwachsene haben auch Probleme: mit dem Genitiv und der schwachen n-Deklination, diese Schwäche grassiert leider auch im medialen Bereich. In der ZEIT-online-Ausgabe sind die Texter Weltmeister im Gendern und Neusprech, ihre sprachliche Kompetenz lässt aber zu wünschen übrig. Beliebiges Beispiel *Lisa Hegemann: Hass im Netz: Wir wissen, wo du wohnst.* 9. April 2021, Die Zeit. Fündig wird man auch auf der n-tv.de-Seite. Beispiel: „35. Jahre ist es her, dass Bruce Willis alias John McClane im Nakatomi-Plaza aufräumte. Grund genug, dem Actionfilm-Klassiker "Stirb Langsam" zu gedenken." (16.07.2023) Es handelt sich um punktuelle Beobachtungen, die nicht verallgemeinerungsfähig sind. Über die Sprachkompetenz in Redaktionen gibt es leider keine Studie.

[8] s. **Quellen**. Ewa Trutkowski: „Vom Gendern zu politischen Rändern".

[9] In diesem Essay ist mit Gendern das Sprachgendern gemeint. Als Genderist oder Genderer bezeichne ich Menschen, die sich für das Sprachgendern einsetzen. Genderist reimt sich auf Idealist und ist nicht pejorativ gemeint.

[10] Die Sprachwissenschaftlerin Ewa Trutkowski erwähnt einen Artikel von Luise Pusch aus dem Jahr 1980, in dem sich die Autorin „über eine potenzielle, aber eben nicht existente «Staubsaugerin» lustig macht". „Vom Gendern zu politischen Rändern". nzz.ch (s. Quellen)

[11] „Dass gerade beim generischen Maskulinum natürliches und grammatisches Geschlecht voneinander losgelöst sind und deshalb Frauen bei seiner Verwendung nicht diskriminiert werden, machte als erster Hartwig Kalverkämper, der spätere Professor für Romanische Philologie und angewandte Linguistik, in seinem 1979 erschienenen Artikel »Frauen und die Sprache« deutlich." s. „Das generische Maskulinum: Ein Auslaufmodell?" von Dana Fennert, S.18 (s. Quellen)

[12] Victor Davis Hanson: *The Dying Citizen. How Progressive Elites, Tribalism, and Globalization Are Destroying the Idea of America,* S. 79, "linguistic gymnastics", eigentlich *Sprachakrobatik* oder *sprachliche Verrenkungen*

[13] Interview mit Jürgen Habermas in *Philosophie in Zeiten des Terrors*, Europäische Verlagsanstalt, 2006, S. 56

[14] Die Begriffe *identitär* bzw. *Identitätspolitik* beziehen sich ausschließlich auf die linksidentitären, postmodernen und woken Bewegungen, auf die Gruppenzugehörigkeitspolitik. Für die Rechtsidentitären sehe ich hier keine Relevanz. Der Philosoph Philipp Hübl meint, »Identitätspolitik« sei oft nur ein edles Wort für »Stammesdenken«; s. *Moralspektakel*, Siedler Verlag 2024, S.264

[15] Zum Beispiel die Focus-Kolumnistin Nena Brockhaus. Ihre Äußerung, „Ich halte unsere fehlende Debattenkultur für gefährlicher als die AfD", ließ Professor Jürgen Zimmerer von der Universität Hamburg, zu folgender Tirade hinreißen: „Das Recht auf rassistische, antisemitische, misogyne, islamophobe oder allgemein menschenfeindliche Sprache ist schließlich deutsche Leitkultur, seit 1000 Jahren! Der Beweis, dass alte weiße Männer auch weiblich sein können...." s. *Nena und die andere Meinung: „Islamophob, rassistisch": Wegen meiner AfD-These beleidigt mich jetzt ein Professor*. 23.3.2024
focus.de/politik/meinung/islamophob-rassistisch-wegen-meiner-afd-these-beleidigt-mich-ploetzlich-ein-professor_id_259784818.html

[16] Yascha Mounk, S. 139, s. Quellen

[17] Laut UNICEF-Bericht 2024 ist die Zahl der genitalverstümmelten Mädchen und Frauen „weltweit auf mehr als 230 Millionen gestiegen. ... Die meisten betroffenen Mädchen und Frauen leben mit mehr als 144 Millionen in afrikanischen Ländern, gefolgt von Asien (80 Millionen) und dem Nahen Osten (sechs Millionen)."
https://www.n-tv.de/panorama/Mehr-als-230-Millionen-Frauen-erleiden-Genitalverstuemmelung-article24791785.html

[18] Birgit Walter: „Gender-Terror: Die Erziehungsmaßnahmen der Sprachpolizisten nerven!" Berliner Zeitung, 10.05.2023 (s. Quellen)

[19] s. Kap. **18. Epistemische Irreführung – gendergerecht, gendersensibel**

[20] Auf Englisch formuliert: "sex is assigned (zugewiesen) and gender is a social construct". Noch Fragen? S. Ben Kawaller: *Should Fifth Graders Learn What It Means to Be Transgender?* 30.12.2024, The Free Press, über die *National Sex Education Standards* USA. thefp.com/p/should-fifth-graders-learn-about-transgender-ideology

[21] s. Quellen, Birgit Schmid: *Frausein als Doktrin*

[22] In ihrem Buch *Generation Krokodilstränen – Über die Machttechniken der Wokeness* zeigt Pauline Voss auf, „warum Foucaults Theorien keineswegs als Legitimation für die totalitäre Wokeness dienen können, sondern – im Gegenteil – diese vielmehr delegitimieren." Und Jürgen Habermas zeigt auf, wie Foucaults Machttheorien sich als „Sackgasse" erwiesen haben; s. Quellen: *Der philosophische Diskurs der Moderne*, S. 346.

[23] Habermas warnt vor dem Irrationalismus der Postmoderne, der uns „verwundbar macht gegenüber einer faschistischen Bedrohung". s. Interview in *Philosophie in Zeiten des Terrors*, Europäische Verlagsanstalt, 2006, S. 107; und Jürgen Habermas: *Der philosophische Diskurs der Moderne*, Suhrkamp 1985-88, S. 156, Kap. V

[24] J. Habermas: *Der philosophische Diskurs der Moderne*, s. Quellen, S. 323-330

[25] P. Voss, S. 19, s. Quellen

[26] Alexander Grau: *Hypermoral. Die neue Lust an der Empörung*, S. 14, s. Quellen

[27] Rudolf Stöber: „Genderstern und Binnen-I – Zu falscher Symbolpolitik in Zeiten eines zunehmenden Illiberalismus". (s. Quellen)

[28] „Sprachwissenschaftler hält Gendern für männerfeindlich" 2021 Die Welt.
welt.de/vermischtes/article227668755/Gendern-Sprachwissenschaftler-Martin-Neef-haelt-das-fuer-maennerfeindlich.html

[29] Es besteht aber in Akademikerkreisen durchaus die Einsicht, dass geschlechtsneutrale Personenbezeichnungen wie Kind nicht gegendert werden sollten; s. Gabriele Diewald »Das „generische Maskulinum"«. sprache-und-gendern.de/beitraege/das-generische-maskulinum

[30] „Bei einem Maskulinum vom Typ Lehrer tritt wieder der Fall ein, dass die spezifische Bedeutung einen bestimmten männlichen Lehrer bezeichnet („Dieser Lehrer gibt zu gute Noten"), die generische aber die Gattung der Personen mit Lehrereigenschaften umfasst („Lehrer verdienen zu wenig"). Dasselbe Wort wird in beiden Bedeutungen verwendet." Peter Eisenberg: *Gendern - Die Zerstörung des Deutschen*. 10.8.2021 (s. Quellen)

[31] Birgit Kelle: *Noch normal? Das lässt sich gendern,* S. 204, s. Quellen

[32] s. VDS-Infobrief 29.8.2021

[33] „Gender-Wahnsinn an Berliner Uni: Sprach-Experten lachen über *Mitarbeita* und *Doktoxs*". Focus, 23.4.2014. focus.de/familie/studium/gender-wahnsinn-sprach-experten-lachen-ueber-mitarbeita-und-doktoxs_id_3791712.html

[34] In ihrem Buch «Gender Trouble» schafft Judith Butler die Unterscheidung zwischen Sex (biologischem Geschlecht) und Gender (sozialer Geschlechterrolle) ab. Als Konsequenz postuliert sie die These, dass es erkenntnistheoretisch mehr als zwei Geschlechter geben könnte. s. auch Kap. 26, 29; In ihrem aktuellen Buch »Who's Afraid of Gender?« (2024) beklagt Judith Butler, ihre Kritiker hätten die Definition von Sex als *sozialem Konstrukt* missinterpretiert, sie halte das biologische Geschlecht doch für „real" (zumindest *irgendwie*), auch wenn es variabel sei („mutable"). s. Kathleen Stock: *What is Judith Butler afraid of? The academic's new book conjures enemies at every turn.* 12.3.2024 https://unherd.com/2024/03/what-is-judith-butler-afraid-of/

[35] Bernd Stegemann: *Die Öffentlichkeit und ihre Feinde*, S. 113

[36] s. Fußnote 29, Gabriele Diewald »Das „generische Maskulinum"«

[37] Ewa Trutkowski, „Vom Gendern zu politischen Rändern": „Institutionen sind einfach keine belebten Entitäten, und insofern ist es auch keine Überraschung, dass ihre Sexualisierung der Intuition von Sprachnutzern widerspricht." nzz.ch (s. Quellen). Für diese Art von Kongruenz gibt es laut Duden (Zweifelsfälle, 1972, S. 412) keine feste Regel.

[38] „Was bedeutet eigentlich «sexuelle Identität»? Was «misgendern»? – Wie Aktivisten die Sprache umkrempeln" 13.9.22: nzz.ch/meinung/sexuelle-identitaet-wie-aktivisten-die-sprache-umkrempeln-ld.1701766

[39] s. *Harassment and Concept Creep*, in: *The Coddling of the American Mind* von Greg Lukianoff und Jonathan Haidt, S. 206; auch *Bedeutungswandel* oder *Begriffserweiterung* (Philipp Hübl); oder *Bedeutungsverschiebung* (s. Kap. 17.)

[40] s. Quellen: Ewa Trutkowski u. Helmut Weiß

[41] Donald Davidson, *Wahrheit und Interpretation*, S. 372, bezugnehmend auf David Lewis: *Languages and Language*.

[42] Tarski, A.: *The Semantic Conception of Truth*; in *Wahrheit und Interpretation* von Donald Davidson. S. 374

[43] Dietrich Schwanitz: *Bildung. Alles, was man wissen muss.* Eichborn / Libelle / RM Buch und Medien Vertrieb 1999, S. 409

[44] Als Aufmacher dient folgendes Zitat des Soziologen Pierre Bourdieu: „Tatsächlich üben Worte eine typisch magische Macht aus: sie machen sehen, sie machen glauben, sie machen handeln." Diese Aussage ist metaphorisch zu interpretieren und nicht als wissenschaftlich bewiesene Tatsache. Die Argumentation der Leitfaden-Verfasser wärmt alte unbewiesene Thesen auf und bemüht die übliche soziologische Terminologie, die lediglich Verwirrung stiftet und den unbedarften Leser einschüchtert: Sprache sei „nicht nur ein Abbild der Wirklichkeit, sie schafft/verändert Wirklichkeit." Über solche zusammengeschusterte Texte über *strukturelle Diskriminierung* und den Einfluss der Sprache auf *unser Denken, Fühlen und Handeln* kann ich nur den Kopf schütteln. Den Kampf gegen Diskriminierung wird man mit Sprachregelungen und Magie nicht gewinnen. Das Gendern wird kaum jemanden für etwas sensibilisieren, aber sehr viele irritieren und unnötig gegen sich aufbringen. S. Kap. **11. Psychologie.** uni-osnabrueck.de/universitaet/organisation/zentrale-verwaltung/gleichstellungsbuero/verknuepfte-seiten/sprache-und-geschlecht/

[45] Peter Eisenberg: „Debatte um den Gender-Stern: Finger weg vom generischen Maskulinum!" 08.08.2018 (s. Quellen)

[46] In: „Wer *man* sagt, verbindet damit noch nicht den Mann". Wolfgang Krischke, FAZ 10.12.2021 (s. Quellen)

[47] Dagmar Lorenz: „Die bisher gründlichste Widerlegung der *gendergerechten Sprache*" 26.10.2023. welt.de/kultur/plus247401844/Gendern-Die-bislang-gruendlichste-Widerlegung-der-gendergerechten-Sprache.html. Außerdem:

„Roman Jakobson: Hinter dem generischen Maskulinum steckt ein Strukturprinzip". https://theoblog.de/roman-jakobson-hinter-dem-generischen-maskulinum-steckt-ein-strukturprinzip/40156/ sowie VDS 28.10.2023

[48] „Warum Audi beim Gendern den Rückwärtsgang einlegt". Diese gute Nachricht hätte mich umstimmen können, aber die Würfel sind bereits gefallen; s. 6.2.25 Focus https://www.focus.de/auto/news/leitfaden-sorgte-fuer-furore-warum-audi-beim-gendern-den-rueckwaertsgang-einlegt_id_260697092.html

[49] s. Kaehlbrand: *Deutsch - Eine Liebeserklärung*, S. 22

[50] Donald Davidson: *Wahrheit und Interpretation*, Suhrkamp 2017, S. 104

[51] ebenda, S. 100. Davidsons Ansatz ist „holistisch" (d.h. „ganzheitlich", S. 9 und 47), d.h., die Bedeutung eines Wortes hängt von dem Satz ab, in dem es verwendet wird, und damit auch von der Gesamtheit der Sätze, in denen es eine Rolle spielt.

[52] D. Davidson, S. 47, unter Berufung auf Frege.

[53] Dabei ist Wahrheit „keine Eigenschaft von Sätzen, sondern eine Beziehung zwischen Sätzen, Sprechern und Zeitpunkten." S. 77. Anmerkung: Den Zusammenhang zwischen Sprache und Bedeutung, Äußerung und Sinn möchte ich am Beispiel von Übersetzungen veranschaulichen. Ein Dilettant würde die Aufgabe gleich mit der Übersetzung der einzelnen Wörter angehen, daraus Sätze bilden, Absätze usw. Damit zäumte er das Pferd am Schwanz auf. Für jedes Wort gibt es mehrere, oft unzählige Synonyme. Um das richtige auszuwählen, muss man zunächst einmal den Sinn des Ganzen kennen, die Aussage des Textes. Davon hängt es ab, welche Wörter die geeignetsten sind für die geschilderten Inhalte, erst recht wenn es um ein literarisches Werk geht. Vom Sinn der Abschnitte (der einzelnen Kapitel oder Absätze) hängen die Feinheiten der Formulierungen und schließlich die Bedeutung der einzelnen Sätze ab. Anders gesagt: Man übersetzt nicht einzelne Wörter, sondern Bedeutungen, damit das Ganze in einem spezifischen Kontext Sinn ergibt.

[54] s. Jürgen Habermas: *Auch eine Geschichte der Philosophie*. Bd. 2, Suhrkamp 2019, S. 440-450. Und: Sprache als Kommunikation „konstituiert [...] einen intersubjektiv [...] geteilten Bedeutungszusammenhang". S. 445

[55] „Wer *man* sagt, verbindet damit noch nicht den Mann". Wolfgang Krischke, FAZ 10.12.2021. Und: „Für Zifonun setzt eine aufs Psycholabor fixierte Linguistik nicht nur die Einsicht in diese semantische Verschiedenartigkeit aufs Spiel. Sie erklärt die Menschen auch zu willenlosen Opfern ihrer Bilder im Kopf." (s. Quellen)

[56] O. Spengler: *Der Untergang des Abendlandes*, dtv 1972, S. 726

[57] s. Donald Davidson: *Modi und performative Äußerungen*, in *Wahrheit und Interpretation*, S. 167-9

[58] Illokution: Zweck einer Aussage, die kommunikative Funktion eines Sprechaktes; es geht nicht nur darum, *was* man sagt, sondern vor allem, *warum* man etwas sagt, also um die *Intention*.

[59] Bitte rechtliche Konsequenzen beachten. Beispiel: „AfD-Mann als *Nazi-Schwein* beleidigt: Student muss zahlen". nordbayern.de › region › hoechstadt › afd-mann-als-nazi-schwein-beleidigt-student-muss-zahlen-1.7199255. Nicht unbestraft sollten alle verunglimpfenden Anfeindungen bleiben, die Gendergegner in die rechte Ecke stellen. Die Politik-Professorin Dorothee de Nève von der Justus-Liebig-Universität Gießen kommentierte beispielsweise das Volksbegehren gegen Gendersprache in Hessen, den Gender-Gegnern gehe es gar nicht um Sprache, sondern um einen Kulturkampf, „der von unterschiedlichen radikalkonservativen und rechtsextremen Kräften lanciert wurde." (VDS 22.10.2023). Auf pauschalisierende Behauptungen falscher Tatsachen dieser Art sollte man robust reagieren, mit einer Strafanzeige und/oder einer Verleumdungsklage.

[60] Mal von Schimpfwörtern wie Arschgesicht abgesehen. Auch hier gilt der Kontext, denn auch ein Hund kann nun mal ein Arschgesicht haben oder *sein*. Seine Hundewürde ist in unserer Verfassung (noch) nicht als unantastbar geschützt.

Info (ohne Gewähr und auf eigenes Risiko): „Diskriminierungsfreies Beleidigen" https://taz.de › Diskriminierungsfreies-Beleidigen › !5027687 Und zum Thema Kontext und generische Bedeutung: Das neue Buch des Sprachwissenschaftlers Eckard Meineke, s. Quellen, zeigt, „dass lauter Irrtümer für die Verwechslung des grammatischen mit dem biologischen Geschlecht sorgen. Vor allem sei die Annahme falsch, Frauen würden durch das generische Maskulinum nur *mitgemeint*, denn im generischen Maskulinum werden auch Männer unsichtbar: So sei Lehrer »ein ‚Lexem' mit geschlechtsübergreifender Bedeutung, das genderneutral ist.« Dazu komme, dass Aussagen und Bedeutungen häufig erst aus einem inhaltlichen Kontext heraus verstanden werden können, der intuitiv meist richtig gedeutet werde, da die Sprecher über ein selbstverständliches »Weltwissen« verfügten." (welt.de, VDS 24.9.2023)

[61] s. Ewa Trutkowski u. Helmut Weiß, „Zeugen gesucht! Zur Geschichte des generischen Maskulinums im Deutschen". In: Linguistische Berichte 273/2023. https://doi.org/10.46771/9783967692792_2

[62] Pauline Voss im Zusammenhang mit der sexuellen Befreiung vor Unterdrückung: „Es ist eine Strategie des absichtlichen Missverstehens: Die sexuellen Befreier unterstellen jedem, der ihren Befreiungskampf empfinden, sich für die Unfreiheit einzusetzen. So soll Widerspruch unmöglich gemacht werden … Wer widerspricht, wird zum Reaktionär erklärt." Das kennen wir zur Genüge: In Sachen Gendern ist es nicht anders. In: *Generation Krokodilstränen*, S. 69, s. Quellen

[63] http://www.bayrisches-woerterbuch.de

[64] Recherche-Stichwort: Kehlkopfverschlusslaut, Knacklaut, glottal stop.

[65] https://de.wikipedia.org/wiki/Buchstabenh%C3%A4ufigkeit und https://de.wikipedia.org/wiki/Lauth%C3%A4ufigkeit

[66] Nikolaus Lohse »*Vorbilderinnen* & Co. Es gibt kein richtiges Gendern". welt.de/kultur/plus232622995/Es-gibt-kein-richtiges-Gendern.html

[67] Visite, NDR, 5. Sept. 2023, 20:15 Uhr, ab Minute 8. Mediathek: ndr.de/ratgeber/gesundheit/Hueft-TEP-Wann-ist-ein-Austausch-der-Hueftprothese-noetig-,hueftgelenk126.html

[68] zdf.de/nachrichten/heute-journal/heute-journal-vom-14-april-2024-100.html (Minute 7:15)

[69] zdf.de/gesellschaft/markus-lanz/markus-lanz-vom-10-april-2024-100.html und VDS-Infobrief 15.4.2024

[70] Die Referenz entsteht durch das Grundwort des Kompositums, d.h. das Zweitglied oder Determinatum. https://grammis.ids-mannheim.de/terminologie/374

[71] VDS-Infobrief, 2. Okt. 2022

[72] Von Opferfetischismus sprechen auch Norbert Bolz, Professor für Medienwissenschaft, und Buchautor Alexander Grau (*Hypermoral*); s. https://www.die-tagespost.de/kultur/literatur/norbert-bolz-herold-des-normalen-art-236885

[73] Newsletter R21 2022-01-01

[74] Interview mit Serap Güler, 12. April 2018. Emma. emma.de/artikel/es-handelt-sich-um-eine-sexualisierung-335591. s. auch: spiegel.de/thema/kopftuchdebatte/

[75] Rieke Hümpel: „Gendern – das erinnert mich inzwischen an einen Fleischwolf", 24.02.2021. welt.de/debatte/kommentare/article227000843/ Sprache-Gendern-das-erinnert-mich-inzwischen-an-einen-Fleischwolf.html

[76] s. Alexander Grau, S. 123, s. Quellen

[77] Interview mit Schlussredakteur Ingo Meyer „Das Gendern sexualisiert die Sprache", Berliner Zeitung 21.6.2022 (s. Quellen)

[78] s. Steven Nadler, Lawrence Shapiro: „When Bad Thinking Happens to Good People"

[79] ZEIT online vom 1.5.22.

[80] In Anlehnung an ein Beispiel von Sprachwissenschaftler Franz Rainer

[81] s. Kap. 4. Nur mitgemeint?

[82] Noch ein paar gescheite Beispiele gefällig? Am 25. Juli 2023 auf BR24:

Rechtsstreit um schwimmende Barrieren auf dem Fluss Rio Grande, um „Migrantinnen und Migranten" am Überqueren des Flusses zu verhindern. Frage: Hätte das generische Migranten bedeutet, dass die Barrieren so gebaut waren, dass sie durch Telepathie oder KI erkannten, ob Männchen oder Weibchen versuchten, in die USA zu gelangen und nur die Männer davon abgehalten wurden? Am selben Tag informiert derselbe Sender, dass wegen der Brände in Griechenland (Rhodos) auch die Urlauberinnen nach Hause gebracht werden. Denn die Urlauber, das wären ja nach genderistischer Lesart nur die Männer gewesen, nicht, dass die dummen Radiohörer glauben, die Frauen habe man ihrem Schicksal überlassen. BR24 am 21.9.23: „Testerinnen und Tester". Worum es ging, weiß ich nicht. Ich schaltete gleich aus, weil ich dachte, jemand, der so spricht und von mir erwartet, dass ich die Geschlechtsteile von Personen, die Tests durchführen, mitdenke, mich verarschen will.

[83] Rudolf Stöber: Individualität und Diversität ständig zu markieren „beleidigt den gesunden Menschenverstand und die vorhandene Toleranz. Wenn meine Intelligenz und meine Toleranz permanent unterschätzt werden, weil man glaubt, mich ständig an Selbstverständlichkeiten erinnern zu müssen, ärgert mich das irgendwann." (s. Quellen)

[84] Strawson: *„Freedom and Resentment"* in *„Moralbewusstsein und kommunikatives Handeln"* von Jürgen Habermas, S. 55

[85] s. **Quellen**, Birgit Walter: „Gender-Terror"

[86] Jürgen Habermas: *„Diskursethik – Notizen zu einem Begründungsprogramm"*, in *Moralbewusstsein und kommunikatives Handeln*, S. 55. Eine Kränkung wegen Nichtgenderns ist in der Geschichte der deutschen Sprache unbekannt. Dieses Gefühl wird heutzutage der weiblichen Bevölkerung aktivistisch eingeredet mit dem Argument, die deutsche Sprache sei ohne passende Endungen diskriminierend, wobei ignoriert wird, dass die Mehrheit der Frauen das Sprachgendern ablehnt. (s. Statistiken, Kap. **16.** sowie Fußnote 424 über aktuelle Umfrage des RTL/n-tv-Trendbarometers)

[87] Habermas, ebenda, S. 59

[88] Peter Sloterdijk: *Kritik der zynischen Vernunft*. Suhrkamp 1983-2023. S. 249

[89] Vorschreibend, Normen setzend

[90] Habermas, ebenda, S. 65. Und weiter heißt es: „Deshalb muss sich in der Unterstellung, dass es so etwas wie »moralische Wahrheiten« gebe, eine vom intuitiven Alltagsverständnis suggerierte Täuschung ausdrücken."

[91] s. § 51 UrhG und VDS 9. Okt. 2023. Und auch der Deutschlandfunk fälscht Zitate, 1.1.2024, Erdbeben in Japan; die Behörden warnten „Bürgerinnen und Bürger" vor weiteren Gefahren; oder am 19.2.24 in der Presseschau um 13.45 in einem Beitrag über den Tod des russischen Oppositionspolitikers Alexej Nawalnyj, da ist in einer japanischen Pressestellungnahme vom „Mut der Bürgerinnen und Bürger" die Rede; dies suggeriert, seine da, sogar die Japaner gendern; aber: die japanische Sprache kennt kein Geschlecht. An der journalistischen Qualität des Deutschlandfunks gibt es ansonsten (aus meiner Sicht) nicht viel zu beanstanden.

[92] Gegen die Erwähnung von Soldatinnen ist eigentlich nichts einzuwenden: Es ist nicht selbstverständlich, dass an solchen Einsätzen auch Frauen in Uniform beteiligt sind. Frauen bei der Armee sind nun mal weltweit eher die Ausnahme. Diesen Aspekt mit einem gegenderten Substantiv abzufertigen ist nüchtern betrachtet respektlos, die Information hätte einen eigenen Satz verdient – mit Angaben z.B. über den Anteil der Frauen bei diesem Einsatz.

[93] Warum Evelyn Fischer aufgehört hat, ist nicht klar. TAG24 meldete am 15.1.2022, sie habe im vergangenen Jahr u. a. die Sendung "titel thesen temperamente" (ttt) verlassen und beklagte gegenüber der "Freien Presse" "einen Mangel der Vielfalt an Perspektiven". Das klingt sehr vage. Ich unterstelle, weil sie nicht gendern wollte. Doch darüber berichtet nicht einmal ihre Fanpage. https://evelyn-fischer-fanpage.jimdofree.com/ Ihre sympathische Nachfolgerin gendert penetrant - und

seitdem schaue ich mir dieses durchaus gut gemachte TV-Magazin nicht mehr an.

[94] Fabian Payr: „Wie falsche Erzählungen die Karriere des Genderns beförderten", Berliner Zeitung, 10.12.2022 (s. Quellen)

[95] Hart aber fair, ARD, 29.4.2024. Braucht Deutschland eine konservative Wende? ardmediathek.de/video/hart-aber-fair/braucht-deutschland-eine-konservative-wende/das-erste/Y3JpZDovL3dkci5kZS9CZWl0cmFnLXNvcGhvcmEtZDI2MGYzYjYtY2FiMi00NDNhLWE2MTEtYTYJkNDk5ZmY5M2Rh

[96] Ralf Schuler: *Generation Gleichschritt*, S. 89

[97] Birgit Kelle, *Gendergaga*, S. 107

[98] Birgit Kelle, *Noch normal?* S. 185

[99] ndr.de/kultur/Generisches-Maskulinum-Was-sagt-die-Sprachwissenschaft,gendern126.html / VDS 30.1.23

[100] Birgit Kelle: *Noch normal? Das lässt sich gendern*, S. 250

[101] In: „Wer *man* sagt, verbindet damit noch nicht den Mann". Wolfgang Krischke, FAZ 10.12.2021 über das Buch von Gisela Zifonun *Das Deutsche als europäische Sprache. Ein Porträt.* Walter de Gruyter Verlag, Berlin/Boston 2021. faz.net/aktuell/feuilleton/buecher/rezensionen/sachbuch/das-deutsche-als-europaeische-sprache-gisela-zifonun-kritisiert-gendern-17675686-p2.html

[102] Visite, 16.7.24 ndr, ardmediathek.de/video/visite/visite-oder-16-07-2024/ndr/Y3JpZDovL25kci5kZS9wcm9wbGFuXzE5NjM1Njc3N19nYW56ZVNlbmR1bmc

[103] Helen Pluckrose, James Lindsay: *Cynical Theories. How Universities Made Everything about Race, Gender and Identity - And Why this Harms Everybody* (s. Übersetzung: Zynische Theorien), S. 61-62: „make oppression visible"

[104] Pluckrose / Lindsay, S. 61: "… applied postmodernism focuses on controlling discourses, especially by problematizing language and imagery it deems Theoretically harmful." (sic!)

[105] https://de.wikipedia.org/wiki/Generisches_Maskulinum

[106] Am Ende des Absatzes verwendet der Wikipedia-Autor den korrekten Konjunktiv I, weiß also, was korrekt ist und was nicht.

[107] Carolin Müller-Spitzer: „Zumutung, Herausforderung, Notwendigkeit? Zum Stand der Forschung zu geschlechtergerechter Sprache". (2021/2022) bpb.de/shop/zeitschriften/apuz/geschlechtergerechte-sprache-2022/346089/zumutung-herausforderung-notwendigkeit/#footnote-reference-11

[108] VDS-Infobrief 25.6.22

[109] „Ratgeber: Neue Straßenschilder". 9.3.23 n-tv. Die Stimme aus dem Off spricht durchgehend von Autofahrern (ungegendert). n-tv.de/mediathek/videos/ratgeber/Neue-Strassenschilder-ntv-Service-erklaert-weniger-eindeutige-Schilder-im-Strassenverkehr-article23969526.html

[110] „Polizei meldet acht Festnahmen: Störaktion am Start des Berlin-Marathon verhindert". 24.09.2023. Übrigens: Fehler wie im letzten Absatz des Artikels werden Sie auch in diesem Buch sicherlich finden, es ist weder redigiert noch lektoriert. n-tv.de/sport/Berlin-Marathon-Stoeraktion-und-Protest-der-Letzten-Generation-von-Polizei-verhindert-article24419169.html

[111] Rudolf Stöber: „Genderstern und Binnen-I" (s. Quellen)

[112] Ralf Schuler: *Generation Gleichschritt*, S. 206. Anlass war die Teilnahme an einem Seminar des Studiengangs der Kommunikationswissenschaften an der Universität Erfurt. „Viel verstörender fand ich allerdings die inhaltliche Erfahrung des Seminars", schreibt der Journalist. Es ging um die These der „False Balance", eine „völlig abwegige Theorie".

[113] Die Gräben verlaufen hauptsächlich zwischen Germanisten und Genderlinguisten. „Unhaltbare" Thesen und Methoden, z.B. Marcus Lorenz, Von männlichen Chirurgen und anderen Gender-Legenden. 28.4.2021 welt.de/kultur/plus230693487/Gendern-Maennliche-Chirurgen-und-andere-Gender-Legenden.html; oder Tobias Kurfer, 22.7.2022 berliner-zeitung.de/open-source/streit-ums-gendern-nein-die-deutsche-sprache-diskriminiert-frauen-nicht-

li.246245. Eine Statistik, eine Umfrage oder sonstige Erhebung, die eine Quantifizierung von Gendergegnern und Befürwortern unter den Linguistik-Professoren darstellt, ist mir nicht bekannt. Man kann allerdings davon ausgehen, dass die meisten Gender-Studies-Dozenten, die sich auch mit sprachwissenschaftlichen Themen befassen, das Sprachgendern befürworten; s. Kap. 22.1

[114] s. Edition F, Stefanowitsch

[115] „Debatte um den Gender-Stern: Finger weg vom generischen Maskulinum!" tagesspiegel.de/ (s. Quellen)

[116] „Bislang ist wenig bekannt, dass es vonseiten der Wissenschaft erhebliche Kritik an den Studien zum generischen Maskulinum gibt, wie die WELT vor einigen Monaten zusammengefasst hat. Linguisten bezweifeln ihre Aussagekraft stark; die These von der vorwiegend „männlichen Assoziation" betrachten sie als mindestens nicht belegt – oder unhaltbar. Gründe sind unter anderem gravierende methodische Mängel, die oft geringen Effekte »geschlechtergerechter Sprache« in Experimenten sowie die fragwürdige Interpretation der Ergebnisse." s. Marcus Lorenz: „Von männlichen Chirurgen und anderen Gender-Legenden". welt.de/kultur/plus230693487/Gendern-Maennliche-Chirurgen-und-andere-Gender-Legenden.html

[117] Die Welt 7.10.2020

[118] „Schummeln schadet der Sache": Oliver Baer (Verein Deutsche Sprache) kommentiert einen Beitrag von Tobias Kurfer aus der Berliner Zeitung: „Befürworter des Sprachgenderns zitieren häufig linguistische, eher psycholinguistische Studien, die uns Laien anscheinend schlagkräftig beweisen sollen, dass das generische Maskulinum die Gerechtigkeit unter den Geschlechtern verhindert. Dass da nicht auf Taten, sondern auf Sprachkosmetik gezielt wird, ist für alle, nicht nur für Sprachfreunde, ärgerlich genug. Uns Laien plagt indes schon lange der Verdacht, dass bei der Beweisführung geschummelt werde. […] Tatsächlich handelt es sich bei der gesamten Forschung zum Gendern um eine Handvoll Untersuchungen, die aber so häufig zitiert werden, dass man schon deshalb glauben könnte, da müsse was dran sein. […] Wem soll es nützen, wenn die Geschlechtergerechtigkeit aus der Debatte gekegelt wird, weil Trickser ähnliche Methoden verwenden wie die notorischen, weltbekannten Lügner, die mehr an Verwirrung als an einem wahrhaftigen Umgang mit Problemen interessiert sind?" (s. Berliner Zeitung: „Streit ums Gendern: Nein, die deutsche Sprache diskriminiert Frauen nicht", s. Quellen)

[119] s. Quellen: Tobias Kurfer

[120] Philipp Hübl: *Moralspektakel*, Siedler Verlag 2024, S. 257

[121] Doppelt gelogen? 25. Juni 2023 SZ. sueddeutsche.de/wissen/ doppelbetrug-ehrlichkeit-forschung-1.5961073?reduced=true

[122] Ebenfalls aktuell: Auch Ginos Kollege Dan Ariely, einer der bekanntesten Verhaltensforscher, steht seit längerer Zeit unter Fälschungsverdacht. s. „Bullshit-Forschung in den Verhaltenswissenschaften". Mathias Binswanger 26.07.2023: „Man «experimentiert» so lange herum, bis man die gewünschten Resultate erhält. Das ist Bullshit-Forschung." Praktisch lässt sich „jede Hypothese durch ein ausgeklügeltes Experiment bestätigen. Und wenn das Experiment nicht zum erwarteten Ergebnis führt, wird das Setting so lange angepasst, bis sich das Wunschresultat doch noch einstellt. Nicht überraschend kommt deshalb bei praktisch allen Experimenten immer das heraus, was die Forscher vorher als Hypothese formuliert haben." Und: „Vor allem mit der Psychologie ist so zu einem Massenprogramm von beliebigen Experimenten verkommen. Eine großangelegte Analyse unter der Leitung des Psychologen Brian Nosek hat im Jahr 2015 das Problem in einem Artikel in der Zeitschrift «Science» beziffert, Resultat: Von 100 Studien, die 2008 in drei Psychologie-Journalen erschienen waren, ließen sich nur 39 bestätigen." nzz.ch/meinung/bullshit-forschung-in-den-verhaltenswissenschaften-ld.1747725

[123] Gesunde Ernährung - Was dürfen wir essen? swr 2018. ardmediathek.de/ Die AIDS-Verschwörung beruhte auch auf einer *Studie* („bogus research"), die in den Medien weltweit zitiert wurde, s. Niall Ferguson: *Doom*, S. 241

[124] Stefanie Kara: „Macht Lächeln gute Laune?" Die Zeit 10/2024, S. 25

[125] Rainer Schnell: „Wie man sich eine Studie backt", Die Zeit 34/2023 vom 10.8.2023. Das Interview befasst sich mit einer ganzen Reihe von Faktoren, die eine Umfrage verfremden. „Zu den notwendigen Minimalinformationen jeder Erhebung gehören: das Umfrageinstitut, der Auftraggeber, die Zahl der Befragten sowie Zeitraum und Art der Befragung. ... Zusammensetzung der Grundgesamtheit ...wie die Teilnehmer gefunden wurden ... Das Wort *repräsentativ* allein sagt nichts aus. ... Um die Aussagekraft der Ergebnisse einschätzen zu können, sind auch die Fragen und ihr genauer Wortlaut wichtig. Einzelne Formulierungen können das Antwortverhalten verändern, genau wie die Reihenfolge der Fragen." ... Dazu gehörten auch Vergleiche mit „anderen Erhebungen zum selben Thema." *Was gute Befragungen ausmacht*, ebenda.

[126] am 8.4.2021

[127] VDS, 31.7.22 mit Verweis auf die Berliner Zeitung, 22.7.2022

[128] *Gendergaga*, S. 165-168

[129] *Gendergaga*, S. 172

[130] Gendern ist einfach, sollte eine Studie beweisen – das ging schief (s. Quellen)

[131] Gerhard Schwarz: *Studie zu Frauen und Karriere: schockierende studentische Zensurmentalität*. 30.5.2023. nzz.ch (s. Quellen)

[132] Nonsens-Studien (Hoax-Artikel) von Professoren und Autoren wie Peter Boghossian, James Lindsay und Helen Pluckrose, s. Sokal Squared, Wikipedia

[133] Als Beispiel Gabriele Diewald: *Das „generische Maskulinum":* „Auch Merkmale der Wortgestalt weisen darauf hin, dass die Maskulinformen schon immer primär spezifisch männliche Bedeutung hatten." sprache-und-gendern.de/beitraege/das-generische-maskulinum

[134] s. Kap. **23. Fazit und Quellen:** Ewa Trutkowski und Helmut Weiß sowie Meineke, Eckhard: *Studien zum genderneutralen Maskulinum*. Universitätsverlag Winter GmbH Heidelberg 2023

[135] *Sprache als Machtinstrument* war eine der zentralen Thesen von Michel Foucault, s. *Wahnsinn und Gesellschaft* oder *Überwachen und Strafen*.

[136] *Bonusloch* (engl. *bonus hole*) – „solle das weibliche Geschlechtsorgan künftig genannt werden, um Transmänner oder nicht-binäre Personen nicht vor den Kopf zu stoßen." Die Zeit, 12. Juli 2023. https://www.zeit.de/news/2023-07/12/debatte-um-bonusloch-empoerung-im-britischen-kulturkrieg. Als *girldick* bezeichnet man in überkorrekten Kreisen den Penis einer Transfrau.

[137] VDS-Infobrief 30.10.33

[138] Jürgen Habermas: *Der philosophische Diskurs der Moderne*, Kap. VIII: Zwischen Erotismus und Allgemeiner Ökonomie: Bataille, S.270

[139] *Bulle Summis desiderantes affectibus*, von Papst Innozenz VIII. 1484 unterzeichnete apostolische Bulle, die dem Inquisitor Heinrich Kramer als Rechtfertigung für seinen Hexenhammer diente. Dort heißt es: „Es ist eine sehr große Häresie, nicht an das Wirken von Hexen zu glauben." Heute ist es eine Häresie, nicht an die woke Ideologie zu glauben.

[140] Ayaan Hirsi Ali spricht von der Abschaffung elterlicher Autorität und deren Ersetzung durch eine staatlich geförderte Ideologie als Teil einer systematischen Strategie der subversiven Unterwanderung westlicher Gesellschaften. Ayaan Hirsi Ali: "We Have Been Subverted". The Free Press, June 4, 2024. https://www.thefp.com/p/ayaan-hirsi-ali-we-have-been-subverted

[141] Birgit Schmid über Sandra Newmans Roman «Das Verschwinden» in „Um 19 Uhr 14 verschwinden alle Männer von der Erdoberfläche – was solche Phantasien über unser Männerbild aussagen". 15.05.2024 nzz.ch/feuilleton/eine-welt-ohne-maenner-feministische-visionen-und-ihre-auswirkungen-ld.1830210

[142] Pauline Voss: *Generation Krokodilstränen*. S. 41-70, s. Quellen

[143] Die Bürgerinnen können natürlich machen, was sie wollen …

[144] ebenda, S. 55

[145] faz.net, VDS 4.12.22

[146] Philipp Hübl: *Moralspektakel*, Siedler Verlag 2024, S. 202 und „Gendern ist das Latein der neuen Eliten", 11.10.2023. wissenschaftskommunikation.de/gendern-ist-das-latein-der-neuen-eliten-71125/

[147] Und das ist offensichtlich bereits der Fall: Die Buchautoren Zana Ramadani und Peter Köpf haben 2023 einen ChatGPT-Text generieren lassen, und zwar über die Gendersprache. Die schlimmsten Befürchtungen wurden bestätigt: Das künstliche Multitalent „scheint bereits von der woken Ideologie infiziert zu sein". Zana Ramadani und Peter Köpf: *Woke*, S. 118, s. Quellen. Besonders lesenswert vor allem Kapitel 5: Gendern: Gleich, gleichwertig, gleichberechtigt dank Sternchen?

[148] VDS-Infobrief 18.2.24: „Schon gar nicht zu gebrauchen ist künftig eine Sprache, die man – und sei es aus gut gemeinter Absicht – mit verkopften Begriffen, Wörtern, Endungen, Sonderzeichen, rücksichtslosen Verdrehungen der Grammatik und spracherzieherischen Stilverkrampfungen verstopft. Derlei Manipulationen erschweren, was viele heute schon nicht fertigbringen: das Echte vom Geschwindelten zu unterscheiden."

[149] Murray, Douglas: *The Madness of Crowds*, S. 110 f (s. Quellen)

[150] Harald Clahsen, Professor für Psycholinguistik an der Universität Potsdam, in „Sprachwunder Mensch. Mein Körper - Meine Worte", ARD

[151] Arthur C. Danto: *Analytische Philosophie der Geschichte*. Suhrkamp 1980, S. 151. Der Übersetzer Jürgen Behrens hat die Begriffe *literat* und *illiterat* aus dem Englischen so übernommen; literat: lese- und schreibkundig; engl. *literate* ['lɪtərɪt oder 'lɪtərət]: alphabetisiert; gebildet; auf einem bestimmten Gebiet bewandert; illiterat, engl.: *illiterate* [i'lɪtərət]: des Lesens und Schreibens nicht kundig; ungebildet. In diesem Kontext hätte auch das Wort *bewandert* gepasst. Die Begriffe dürften der deutschsprachigem Öffentlichkeit seit der Pisa-Studie 2018 bekannt sein, die sich u.a. mit dem Thema *reading literacy* ['lɪtərəsi] befasste, also Lese-kompetenz bzw. Fähigkeit, gelesene Texte zu verstehen, zu nutzen und über sie zu reflektieren (damals sprachen die meisten Medienvertreter das Wort falsch aus, s. auch: n-tv.de/leute/Plasberg-Verstehe-Selbstgewissheit-junger-Kollegen-nicht-article23711515.html und Kap. 28. Selbstgewissheit und Selbstüberschätzung).

[152] Kate Summerscale: *The Book of Phobias & Manias*, S. 147: „An onomatomane ascribes magic force to certain words."

[153] »In den Vernünftigen Tadlerinnen von 1725 finden sich tatsächlich die „Bekannt-innen" und die „Verwandtinnen", also weibliche Plurale, die in der Zwischenzeit ausgestorben sind. […] Und 1767 benutzte Gotthold Ephraim Lessing noch die „Be-kanntinnen", und zwar in seiner Hamburgischen Dramaturgie in einer Besprechung des Stücks *Die kranke Frau* von Christian Fürchtegott Gellert.« In: Angela Steidele: „Klassisch Gendern: Gottsched, Lessing, Goethe und ihre Bekanntinnen und Verwandtinnen". Deutschlandfunk 29.12.2024. deutschlandfunk.de/gottsched-lessing-goethe-und-ihre-bekanntinnen-100.html

[154] Kenntnis habe ich lediglich von zwei weiblichen Penis-Substantiven in euro-päischen Sprachen, die ich nicht verifizieren kann, da die Recherche zu umgangssprachlichen Bezeichnungen der Geschlechtsteile ins Leere läuft. An-sonsten wäre dieses Thema eine spannende Angelegenheit für Gender-Studien.

[155] Eugen Ruge: „Eine Frage der Endung". Die Zeit, 4 / 2021. Das Substantiv Mann verdankt im Russischen sein weibliches Geschlecht der Endung *a*. Der Schriftsteller erzählt auch von einer frischgebackenen Literaturpreisträgerin, die gendert, weil sie glaubt, *dämlich* leite sich von *Dame* ab.

[156] VDS 31.7.22, Berliner Zeitung, 22.7.2022 und Oliver Baer: Schummeln schadet der Sache

[157] „Ist das Geschlecht ein soziales Konstrukt?" s. Quellen

[158] V.D. Hanson, S. 252-260, s. Quellen

[159] Wann klingt eine Sprache schön? Spektrum 43/24.
spektrum.de/news/fremdsprachen-welche-sprachen-schoen-klingen/2220734

[160] Jürgen Habermas über den Begriff der Naturwüchsigkeit der Gesellschaft bei Hegel und Marx in *Auch eine Geschichte der Philosophie*, Bd. II, S. 646. Und: „Der kritische Begriff der Naturwüchsigkeit fließt mit dem deskriptiv verwendeten Begriff der Überkomplexität zusammen, weil das überwältigende Komplexitätswachstum moderner Gesellschaften mit der Repressivität gesellschaftlicher Gewalt- und politischer Herrschaftsverhältnisse verschmilzt." S. 647

[161] Italienisch ist ein Beispiel für Harmonie und Einfachheit. Praktisch alle Substantive, die auf -o enden, sind männlich: Ragazzo - ragazzi (Junge, junger Mann, Ez., Mz.). Männlich ist auch der Zucchino (Mz. Zucchhini). Substantive, die im Singular auf -a enden, sind i.d.R. weiblich: Ragazza - ragazze für Mädchen (junge Frau, Ez., Mz.), Die Ausnahmen sind überschaubar, s. grammatiken.de/italienisch-grammatik-online-lernen/italienische-substantive-geschlecht-maennlich-weiblich-erkennen-an-endungen-faustregeln-ausnahmen.php

[162] Rudolf Stöber: „Genderstern und Binnen-I" (s. Quellen)

[163] Michael Wolffsohn: „Der Verein Deutsche Sprache ist kein Hort des völkischen Wahns. Ich schäme mich nicht, Mitglied zu sein". 18.01.2024 NZZ

[164] Erfundener Name.

[165] Douglas Murray: *The War on the West*, S. 38: "… the Arizona Department of Education recently declared, babies are able to become racist by the age of three months old. And, according to the "equity toolkit" published by the department … it is white babies that are the problem." Anmerkung: Was dieses CRT-basiertes "equity toolkit" sein soll, dazu fehlt mir die Phantasie. *Equity*: Fairness, Billigkeit, Gerechtigkeit, Gruppengerechtigkeit, [Gleichstellung; Wikipedia: Equity (Recht), im angloamerikanischen Recht Regeln zur Ergänzung des Common Law]; „toolkit": Werkzeugkasten, also eine Art Leitfaden; CRT: Critical Race Theory; s. auch: bizpacreview.com/2021/03/03/az-dept-of-ed-equity-toolkit-tells-white-parents-to-address-racism-with-children-as-young-as-3-mos-1037478/

[166] „Regenbogen auf dem Dach". Von Mariam Lau und Martin Spiewak. 12. Juli 2023. Die Zeit 30/2023

[167] Geplante Drag-Lesung für Kinder sorgt für Kulturkampf in München. br.de/nachrichten/bayern/geplante-drag-lesung-fuer-kinder-sorgt-fuer-kulturkampf-in-muenchen,TdfbJÖM

[168] Framing: Deutungsrahmen; s. Holger Schmitt: *Das Framing der Linken*

[169] Anmerkungen: s. Kap. 26

[170] GAG: Gays aganist Groomers – Homos gegen Kindsbelästiger; s. Zana Ramadani und Peter Köpf: *Woke – Wie eine moralisierende Minderheit unsere Demokratie bedroht*, S. 71

[171] „Die Gender-Sprache ist eine Top-down-Veranstaltung" von Susanne Gaschke und Jacques Schuster am 26.05.2021, Die Welt. Und: „Die Annahmen der Gender-Verfechter erweisen sich bei genauerer Betrachtung als haltlos", 11.3 2025. welt.de/kultur/plus255602134/Sprache-Die-Annahmen-der-Gender-Verfechter-erweisen-sich-bei-genauerer-Betrachtung-als-haltlos.html. Und: Gegen das Gendern sprach sich auch der grüne Ministerpräsident Kretschmann aus. n-tv.de/politik/Gendersprache-im-Unterricht-Kretschmann-will-Schueler-nicht-ueberfordern-article23829343.html und welt.de/politik/deutschland/article 212887708/Gendern-Natuerlich-nicht-verboten-Damen-und-Herren-zu-sagen.html

[172] Birgit Walter: „Gendersprache - Rumgeheule und andere Gemetzel". berliner-zeitung.de/kultur-vergnuegen/debatte/gendersprache-rumgeheule-und-andere-gemetzel-li.353689

[173] Die Zeit Nr. 49 vom 21.11.2024, S. 38: Die Mehrheit der Männer gendert selten (22%) oder nie (55%), Frauen gendern noch weniger: 23% selten, 59% nie. Mehr als die Hälfte der Grünen-Anhänger gendert nie (53%) oder nur selten (18%).

[174] s. Quellen: Repräsentative WDR-Umfrage: Die Mehrheit der Deutschen will nicht mehr gendern

[175] VDS 14.5.2023

[176] *Noch normal?*, S. 248, s. Quellen

[177] ebenda, S. 248

[178] Mounk, Yascha: *Im Zeitalter der Identität*, S. 162, s. Quellen

[179] VDS, 31.7.22

[180] Max Haberich: *Gerndern? Nein, danke! Wurzeln und Auswirkungen der Gender-Ideologie*

[181] Nikolaus Lohse »*Vorbilderinnen* & Co. Es gibt kein richtiges Gendern". welt.de/kultur/plus232622995/Es-gibt-kein-richtiges-Gendern.html

[182] Bernd Stegemann: *Die Öffentlichkeit und ihre Feinde*, S. 21-23

[183] „»Ich finde das alles total gaga, sowohl das Binnen-I als auch das Gender-Sternchen«, sagte die Bundestagsabgeordnete und Staatsministerin im Kanzleramt für Digitalisierung dem Redaktionsnetzwerk Deutschland. »Dass man Sprache so verhunzt und vergewaltigt – da halte ich gar nichts davon.«" Die Welt 07.03.2019

[184] Nikolaus Lohse „Vorbilderinnen" & Co. Es gibt kein richtiges Gendern. 21.7.2021 welt.de/kultur/plus232622995/Es-gibt-kein-richtiges-Gendern.html

[185] Tagesschau 27.9.2024

[186] VDS 9.10.2022

[187] s. Münchner Merkur, 17.8.22

[188] VDS, 14.8.22

[189] bild.de / VDS 30.1.23

[190] Oliver Baer: Problemzonen des Sprachgenderns: Was bringt's den Frauen? 14.09.2023. baerentatze.de – Die Seite von Oliver Baer wartet mit vielen guten Argumenten gegen das Gendern auf: kurz und bündig, witzig formuliert, genial.

[191] n-tv.de/technik/Warentest-findet-Webcams-ab-80-Euro-gut-article23866246.html

[192] Das den weiblichen Sexus anzeigende Suffix «-in» kann sich „nur mit belebten Nomen verbinden"; die Sexualisierung abstrakter Begriffe widerspricht der „Intuition von Sprachnutzern". s. Ewa Trutkowski: „Vom Gendern zu politischen Rändern". nzz.ch (s. Quellen)

[193] Frei nach Guillaume Paoli: „Erpresst wird nur, wer die Erpressung annimmt". *Die lange Nacht der Metamorphose*, S. 60. Alternativ: Beschissen wird nur, wer sich bescheißen lässt. (Leider ein Massenphänomen)

[194] S. 206-210

[195] „weiße Vorherrschaft" oder Vorherrschaftsanspruch der Weißen

[196] Douglas Murray: *The War on the West*, S. 198-199 über "antirassistische Mathematik": »Others claimed that it was obvious that 2+2 cannot equal 4 and gave a variety of reasons. These included "hegemonic narrative," that the people who make such narratives should not get to decide what is true, that 2+2 should equal whatever people want it to equal, and that making such a definitive statement excludes other ways of knowing.«

[197] Zana Ramadani und Peter Köpf: *Woke*. S. 103, s. Quellen

[198] Douglas Murray: „a pathological desire for destruction", S. 207, s.o.

[199] Macht und soziale Intelligenz, S. 206-208

[200] Auf die Frage, ob man hierzulande wirklich frei, ganz und gar frei seine Meinung sagen dürfe, antwortet Dieter E. Zimmer, in den siebziger Jahren ZEIT-Feuilletonchef, mit einem klaren Nein. Bei jedem Thema herrsche „tugendterroristischer Anpassungsdruck, der jeden originellen Gedanken im Keim ersticke". In: „Vom Medienphantom zum rechten Totschlagargument. Die sonderbare Geschichte der Political Correctness", Die Zeit, 19. Januar 2017 zeit.de/2017/04/politicial-correctness-populismus-afd-zensur/

[201] Der Begriff *links* erlebt heute eine Bedeutungsverschiebung. Die Philosophin Susan Neiman erzählt, viele ihrer „Freunde, die sich immer als links verstanden

haben, sagten in der letzten Zeit, sie seien es nicht mehr, weil links jetzt mit woke gleichgesetzt wird. ... Dafür hat sich im öffentlichen Diskurs der Ausdruck woke breitgemacht, auch wenn kaum jemand sich selbst so bezeichnet." In: „Ist das links oder woke?" Interview, Die Zeit 35/2023. Ich verstehe dies so: Nicht alle, die sich politisch links verorten, sind woke. Aber wer woke ist, dürfte schon mit hoher Wahrscheinlichkeit links sein. zeit.de/2023/35/ susan-neiman-links-ist-nicht-woke-aufklaerung-menschenrechte-philosophie

[202] s. Quellen, S. 141

[203] Birgit Walter: „Gendersprache - Rumgeheule und andere Gemetzel". berliner-zeitung.de/kultur-vergnuegen/debatte/gendersprache-rumgeheule-und-andere-gemetzel-li.353689

[204] „Gendern. Auf Teufel*in komm raus?" Kulturverlag Kadmos Berlin 2024, Herausgeber: Ewa Trutkowski und André Meinunger. Als Zitat gilt hier nur, was in Anführungszeichen steht, die komprimierte Formulierung ist keine indirekte Rede. Auch VDS 7. Juli 2024

[205] Fabian Payr: „Wie falsche Erzählungen die Karriere des Genderns beförderten", Berliner Zeitung, 10.12.2022

[206] Eine beeindruckende psychosoziale Bestandsaufnahme liefert das hervorragende Buch von Philipp Hübl: *Moralspektakel*, S. 205 – 211 sowie 23, 28; s. Quellen

[207] VDS-Infobrief vom 3. Juli 2022: Schüler schneiden schlecht ab

[208] Peter Eisenberg: *Gendern - Die Zerstörung des Deutschen* (s. Quellen)

[209] s. Sprachmagie, Kap. 23, 26 und 29

[210] R21-Newsletter 2022-01-01

[211] Trutkowski, Ewa: „Vom Gendern zu politischen Rändern". (s. Quellen)

[212] Die Autorin Mai Linh Tran spricht von *Sprachverstümmelung*; s. *Ich bin nicht woke: Eine Widerrede gegen Gendern, Woke, Cancel Culture und anderes Gedöns*. DC Publishing, 2023

[213] s. Interview mit Schlussredakteur Ingo Meyer „Das Gendern sexualisiert die Sprache", Berliner Zeitung 21.06.2022

[214] VDS, 24.9.22

[215] „Und jetzt machen wir alle noch den «Doppelwumms» – wie die deutsche Politik infantilisiert", 25.10.2022 NZZ

[216] https://www.augsburger-allgemeine.de/bayern/interview-bayerns-wissenschaftsminister-blume-wir-dulden-keinen-genderzwang-id69396346.html

[217] Ein Irrtum, weil der Begriff *Beidnennung* irreführend und sachlich falsch ist: Im generischen Plural sind bereits *beide* Geschlechter semantisch enthalten; in den Doppelnennungen sind die Frauen doppelt genannt; s. Kap. 4. Nur mitgemeint? Ein Missverständnis – und eine Verwechslung von Kategorien.

[218] Ende Juni 2023 vergleicht der ÖRR-Online-Kanal *Funk* in dem Instagram-Video „Was ist rechts?" die Union mit der AfD. Kein Wunder, dass die CSU in Bing-Suchergebnissen im Januar 2024 als "rechtsextrem" bezeichnet wurde. Schuld daran war wohl die politisch befangene Microsoft-KI. Focus-Kolumnistin Franca Bauern-feind: „Die »fehlerhafte« Instagram-Story ist auch nicht auf eine Unachtsamkeit im journalistischen Gewerbe zurückzuführen. Dort arbeiten offensichtlich Personen, die der Überzeugung sind, dass Politiker der Union rechts im Sinne von rechtsextremistisch sind." Kolumne von Franca Bauernfeind, 24.5.2024 Focus. https://www.focus.de/politik/meinung/kolumne-von-franca-bauernfeind-ich-wollte-gegen-afd-demonstrieren-dann-schlug-die-cancel-culture-gnadenlos-zu_id_259967805.html

[219] Pauline Voss: *Generation Krokodilstränen*, S. 103-4, s. Quellen

[220] ebenda, S. 111

[221] Pauline Voss, S. 101, s. Quellen

[222] Jean-Francois Lyotard: *Das postmoderne Wissen,* Passagen Verlag, S. 57

[223] Altgriechisch: Meinung (Parmenides, Xenophanes). Stegemann, S. 46. *Doxa* laut Plato das *schwankende Meinen*. Wikipedia: „Doxa bezeichnet [laut Pierre

Bourdieu] alle Überzeugungen und Meinungen, die von einer Gesellschaft unhinterfragt als wirklich oder wahr angenommen werden. Diese Überzeugungen werden in einer Gesellschaft oder in einem Feld nicht infrage gestellt, sondern gelten als selbstverständlich oder offensichtlich"; in der griechischen Philosophie: Meinung, Fürwahrhalten, purer Schein (Parmenides)

[224] Lyotard, S. 77

[225] ebenda, S. 77

[226] s. Zusammenfassung unter https://de.wikipedia.org/wiki/Gottesbeweis

[227] Pauline Voss: *Generation Krokodilstränen*, S. 108-9, s. Quellen

[228] Nobelpreisträgerin Christiane Nüsslein-Volhard: „Beim biologischen Geschlecht [gibt es] nur weiblich oder männlich ... Aus. Ende." n-tv.de/sport/fussball/Eklat-in-Fussballstadien-Zwei-Geschlechter-darf-es-nicht-geben-article24731758.html

[229] Trans-Personen betrachten die Vorsilbe *trans* als Adjektiv, was sich der sprachlichen Logik nicht fügt; analog: Trans-Formation (Verwandlung)

[230] Douglas Murray: *The War on the West*, S. 205-6

[231] s. Kap. 3. Fußnote: Methode der Bedeutungsverschiebung; und Friedrich Nietzsche: *Genealogie der Moral*

[232] Kontextuell ist davon auszugehen, dass mit diesen Begriffen im neuen woken Diskurs nur das gemeint ist, was links von der SPD angesiedelt ist.

[233] s. Fußnote Kap. 30, Douglas Murray: *The Madness of Crowds*, S. 100-105

[234] Polarisierung in Deutschland und Europa. Eine Studie zu gesellschaftlichen Spaltungstendenzen in zehn europäischen Ländern. Von Maik Herold, Janine Joachim, Cyrill Otteni, Hans Vorländer. Technische Universität Dresden, Stiftung Mercator. Zentrum für Verfassungs- und Demokratieforschung. https://forum-midem.de/wp-content/uploads/2023/08/TUD_MIDEM_Studie_2023-2_Polarisierung_in_Deutschland_und_Europa.pdf; eine Zusammenfassung auch unter nzz.ch/meinung/toleranz-in-zuerich-die-staedtische-linke-hat-ein-problem-kommentar-ld.1754743

[235] Henning Beck: „Bildung schützt vor Dummheit nicht: Warum Elite-Zirkel gefährlicher sind als Stammtische". Und: „Ein ganzer Haufen an Studien hat mittlerweile belegt: Mit zunehmendem Bildungsgrad, mit besserer wissenschaftlicher Ausbildung, mit besseren Rechenkenntnissen, mit besseren Fähigkeiten, analytisch zu denken, werden Menschen politisch intoleranter und radikaler." 1.7.24. focus.de/politik/deutschland/von-lernen-zum-dogmatismus-bildung-schuetzt-vor-dummheit-nicht-warum-elite-zirkel-gefaehrlicher-sind-als-stammtische_id_260089188.html

[236] Ayaan Hirsi Ali: „Ein […] wichtiger Grund für den Erfolg des Wokeismus liegt darin, dass er echte Missstände anprangert." Aber: „Die Woke-Definition von Antirassismus ist die einzig gültige Definition, und ebenso ist es die Woke-Definition von Gleichheit. Es kümmert [die Wokeisten] nicht, wenn der Rest von uns denkt, dass ihre Definitionen vielmehr Perversionen dieser Konzepte sind." (s. Quellen, s.u.)

[237] *Liberalism and Its Discontents*, S. 85: "[T]his critique [of liberal ideas] lands us in a cognitive wasteland where, in Peter Pomerantsev's words, »nothing is true and everything is possible«"; S. 86: "Postmodernism ... has moved us further, from moral to epistemic or cognitive relativism, in which even factual observation is regarded as subjective." s. Quellen

[238] Alexander Wendt: *Verachtung nach unten*. Lau-Verlag, 2024, S. 68: „Exakt durch diese Verdrehung definiert sich die Moralelite […]. Sie hält es für selbstverständlich, selbst nach ganz anderen Regeln zu leben als der Rest."

[239] A für Asexuelle, eine Minderheit in der Minderheit, die stiefmütterlich behandelt – oder gar diskriminiert? – wird, wohl weil sie sich nicht über *sexuelle Präferenzen* definiert. Die Asexuellen gehören nicht zu den Queeren. Für *queer* (Sammelbegriff für nicht heterosexuelle Orientierungen) gibt es keine einheitliche Definition. F steht für Furry, Menschen, die glauben, ein Tier zu sein oder sich zu solchen hingezogen fühlen (s. erotic target indentity inversion – ETII), z.B. eine Katze; aber auch für

291

Feathery (hier dient Geflügel als Identifikationsfigur) und D für Diverse, die weder *queer* noch LGBT sind. Als längste Abkürzungsformel taucht gelegentlich auch das Buchstabenkonglomerat LGBTQIA+ auf – I für Intersexuelle und A für *asexuelle, agender* und *aromantische* Personen. Ein LGBTQI-Glossar in der Süddeutschen Zeitung, 1.9.2016, klärt über die phänomenale sexuelle Vielfalt menschlicher Gesellschaften auf; s. Quellen, P. Voss, S. 37-53

[240] Gilt in der Phonetik als Mitlaut (Konsonant), der durch die plötzliche, stimmlose Lösung eines Verschlusses der Stimmlippen gebildet wird.

[241] s. Quellen, S. 10

[242] Die Genderisten sind um keine Absurdität verlegen: Das Zentrum für Lehrerausbildung (ZLB) an der Universität Kassel scheint das Genitalisierungsproblem erkannt zu haben und will, da Genderzeichen in Hessen nicht mehr erlaubt sind, anders formulieren, z.B. so: statt „Schülerinnen und Schüler" soll es nun heißen „Schülerinnen, Schüler, nicht-binäre Lernende an Schulen sowie solche, die sich keiner geschlechtlichen Kategorie zuordnen möchten". Sascha Zoske: „Substantivbandwurm soll für Gendergerechtigkeit sorgen", 11.03.2025, FAZ faz.net/aktuell/rhein-main/region-und-hessen/uni-kassel-substantivbandwurm-soll-fuer-gendergerechtigkeit-sorgen-110347363.html

[243] in: Jürgen Habermas: *Der Philosophische Diskurs der Moderne.* S. 206-207

[244] Eigentlich nicht. Diese auffällige Eigenschaft würden viele Menschen am liebsten unsichtbar machen und stören sich an Begriffen wie Migrationshintergrund. Der Journalist und Sachbuchautor Philipp Gessler fragt sich im Deutschlandfunk: „Wie kann es sein, dass diese Hautfarbendiskussion von links geführt wird?" Azadê Peşmen und Philipp Gessler: „Critical Whiteness" Diskriminierung im Alltag – unbewusst und mächtig, 19.07.2017 deutschlandfunkkultur.de/critical-whiteness-diskriminierung-im-alltag-unbewusst-und-100.html; und: Azadê Peşmen: Fünf Gründe gegen das Wort „Migrationshintergrund" deutschlandfunkkultur.de/debatte-ueber-begriff-fuenf-gruende-gegen-das-wort-100.html

[245] Die durchschnittliche Häufigkeit liegt bei 0,125 bis 0,2 Prozent, alleantworten.de/wie-viele-menschen-haben-down-syndrom. Jene der Trans-Menschen bei ca. 0,35 Prozent, s. stern.de › gesellschaft › wie-viele-trans--menschen-leben-eigentlich-in-deutschland--31810658.html. Bei diesen Zahlen ist zu berücksichtigen, dass jede zweite Schwangerschaft nach pränataldiagnostischem Befund Trisomie abgebrochen wird. trisomie21.de › down-syndrom › praenataldiagnostik

[246] »Auffallend viele Menschen mit Down-Syndrom haben besondere Fähigkeiten im Bereich des Sozialverhaltens und der Emotionalität, die bereits im Kleinkindalter beobachtet werden können. So wurde in Studien festgestellt, dass „viele dieser Kinder deutliche Stärken im sozialen Funktionieren" zeigen und „öfter eine aufgeweckte Stimmungslage haben, mehr auf Musik ansprechen und weniger anstrengend sind als gleichaltrige andere Kinder".« Deborah J. Fidler: Das Entstehen eines Syndromspezifischen Persönlichkeitsprofils bei kleinen Kindern mit Down-Syndrom, s. Wikipedia

[247] Zum Beispiel der Fall der Focus-Kolumnistin Nena Brockhaus, s. Fußnote Kap. 1: https://www.focus.de/politik/meinung/islamophob-rassistisch-wegen-meiner-afd-these-beleidigt-mich-ploetzlich-ein-professor_id_259784818.html

[248] Susan Neiman: „Was mich an den heutigen Identitätspolitik der Woken so ärgert, ist die Festlegung auf nur zwei Identitäten, die uns vermeintlich bestimmen, das sind *race* und *gender*: also diejenigen Eigenschaften, die am meisten determiniert sind, weil wir sie mehr oder weniger umstritten qua Geburt haben. In diesem Denken der Woken sind wir nicht, was wir uns ausgesucht haben oder wozu wir uns gemacht haben. Das halte ich für eine Verarmung." In: „Ist das links oder woke?" Interview, Die Zeit 35/2023. zeit.de/2023/35/susan-neiman-links-ist-nicht-woke-aufklaerung-menschenrechte-philosophie/

[249] Ayaan Hirsi Ali: „In Amerika greift die Ideologie des Wokeismus um sich. Wir Europäer erhalten eine Anschauung davon, was uns erst noch bevorsteht",

(s. Quellen): „Diesen zerstörerischen Utopismus und vieles andere mehr teilen die Anhänger des Wokeismus mit den Islamisten. Für Klima-Apokalyptiker, Gender-Fanatiker und Vertreter der Critical Race Theory war und ist der Westen ein unterdrückerisches Gebilde, das die Schwachen ausbeutet und darum zerstört werden muss". Abgesehen haben es die Wokeisten „auf die Pfeiler der westlichen Gesellschaft, einschließlich der Religion, der Monogamie, des Nationalstaates, des Kapitalismus und der Kultur. Herkömmliche Religionen sind eine Bedrohung für die neue Religion des Wokeismus. Die monogame, heterosexuelle Ehe stellt eine heteronormative Unterdrückung von Frauen und sexuellen Minderheiten dar. Der moderne Nationalstaat besteht auf der Trennung von Kirche und Staat, während die Woken ihren eigenen Gottesstaat anstreben." nzz.ch/feuilleton/in-amerika-greift-die-ideologie-des-wokeismus-um-sich-ld.1745600

[250] Nach wie vor aktuell, Friedrich Nietzsche: *Zur Genealogie der Moral*, 1887, und *Jenseits von Gut und Böse*, 1886

[251] Alexander Wendt: *Verachtung nach unten*. Lau-Verlag, 2024, S. 67

[252] linguistik-vs-gendern.de/ und in den Nürnberger Nachrichten am 1.8.2022

[253] Ralf Schuler: Generation Gleichschritt, S. 85

[254] Wie existenzbedrohlich der Flirt mit dem Gender Mainstreaming sein kann, zeigt das Beispiel Budweiser. Nach einer Transgender-Werbeaktion brachen die Umsätze des Brauereikonzerns Anheuser-Busch InBev im zweiten Quartal 2023 dramatisch ein. „Das wird teuer – Budweiser versucht nach Pleite mit Genderwerbung die vergraulten Stammkunden zurückzugewinnen". nzz.ch/wirtschaft/das-wird-teuer-budweiser-versucht-nach-pleite-mit-gender-werbung-die-vergraulten-stammkunden-zurueckzugewinnen-ld.1750495

[255] s. Fußnote 7

[256] s. Kap. 24

[257] Als subjektive Handlungsregel: hält sie dem Grundprinzip der Verallgemeiner-barkeit stand?

[258] Der Trend setzte sich im Januar 2025 fort: manche Londoner testeten die Winterkälte erneut unten (fast) ohne.

[259] Steven Levitsky und Daniel Ziblatt: *Wie Demokratien sterben*, S. 119-120; DVA 2018

[260] Eine Susanne beschwert sich auf der Gutefrage-Plattform über das Gendern im ÖRR und fragt nach Alternativen: „Ich halte es nicht mehr aus. Egal welchen Radiosender ich einstelle, immer geht spätestens nach ein paar Minuten die Genderei los, und ich muss umschalten. Im nächsten Sender nach ein paar Minuten das Gleiche. Manchmal wechsele ich zwanzig Mal am Tag den Sender, manchmal reicht es mir auch völlig, und ich ertrage lieber eine Stunde Stille. Reine Musiksender öden mich an, sind also keine Alternative. Ich würde gern Nachrichten, Berichte aus aller Welt und Hintergrundinformationen hören. Ist mir aber inzwischen versperrt, weil ich die ständige schwachsinnige Genderei nicht ertrage. Kennt vielleicht jemand hier irgendeinen deutsch-sprachigen Sender ohne das Gendersprech? Oder fast ohne? Dann kaufe ich mir ein Internetradio und kann endlich wieder vernünftig Radio hören." Lesenswert auch die vielen Antworten und Stellungnahmen: gutefrage.net/ frage/gibt-es-einen-gendersprechfreien-deutschsprachigen-radiosender

[261] s. Fußnoten Kap. 11 Arthur C. Danto: *Analytische Philosophie der Geschichte*

[262] Die Suchzeile *Linkslastigkeit der öffentlich-rechtlichen Medien* ergibt unzählige Treffer, z. B. „Wenn Politik auf das wahre Leben trifft", 16.7.23 SZ sueddeutsche.de/bayern/bayern-politik-landtag-demokratie-aigner-1.6034657?reduced=true. Oder: Alexander Teske: *Inside Tagesschau. Zwischen Nachrichten und Meinungsmache*. Langen-Müller-Verlag, München 2025

[263] „Publikumsverachtung – wie das Fernsehen mit seinen Zuschauern umgeht". Hans-Hermann Tiedje 16.07.2023: „Statt öffentlich ist [der ÖRR] voller Mauscheleien, Tricksereien und undurchsichtig, was die Besetzung von Posten und

Räten anbelangt. Rechtlich? Eher rechthaberisch, fragwürdig, zweifelhaft. ... Aus Umfragen ist bekannt: 70, eher 80 Prozent der Zuschauer lehnen, wie auch die Gesellschaft für deutsche Sprache, das Gendern rundweg ab. Sie empfinden diesen falschen Neusprech als Zumutung. Trotzdem werden in den Nachrichtensendungen die Zuschauer und Hörer mit Gendersprache geradezu angehustet. Warum soll das Publikum den Kakao, durch den es gezogen wird, weiter bezahlen? ... Ganz ernsthaft wird inzwischen die Frage gestellt, ob der öffentlichrechtliche Rundfunk ein System außer Kontrolle, eine Gefahr für die Meinungsfreiheit darstellt. ... Immer mehr Menschen geraten in Rage angesichts der Anmaßung von Welterklärern, die ihre Medienmacht missbrauchen."
nzz.ch/meinung/publikumsverachtung-wie-das-fernsehen-mit-seinen-zuschauern-umgeht-ld.1741128

[264] VDS, 14.8.22

[265] „Gendergerechte Sprache - Eine Frage der Endung". 20.1.2021 / Die Zeit

[266] Die Analogie zwischen Gleichschritt und Konformitätsbereitschaft fiel mir bei einer Dokumentation über Diktaturen (Herbst 2022) auf. Zu sehen waren Soldaten, die im *Stechschritt* paradierten, was die Gedanken auf die heutige Zeit lenkte und die Metapher erzeugte „Stechschritt der Korrektheiten". Doch im gesellschaftlichen Kontext fand ich das Wort *Gleichschritt* passender. Die Urheberschaft für diese Metapher liegt gemäß Veröffentlichungschronologie bei Birgit Kelle („Noch normal?" 2020, S. 41) und Ralf Schuler („Generation Gleichschritt", 2023). Oder bei Alain Finkielkraut, Éditions Stock, 2021 (deutsch 2023) S. 85 (s. Quellen)

[267] s. Ingo Kahle: *Gender – Kulturkampf um das Sagbare*, S. 7 (s. Quellen)

[268] Dietrich Schwanitz: *Bildung. Alles, was man wissen muss.* S. 444-445

[269] Francis Fukuyama: Human beings „cannot be individually happy without the support and recognition provided by their peers. In this they are driven not so much by their rationality and material desires as by their emotions. ... [The] human propensity to follow norms is genetically hardwired into all but the most hardened sociopaths." In: *Liberalism and Its Discontents*, S. 41, s. Quellen

[270] Kolumne vorprogrammiert/programmiert 19.8.2004,
https://bastiansick.de/kolumnen/abc/vorprogrammiertprogrammiert/

[271] https://blog.leo.org/2013/01/09/wie-aufgeblaeht-ist-vorprogrammiert/

[272] s. Peter Eisenberg im Gespräch mit Britta Fecke. Deutschlandfunk, 8.3.2017. deutschlandfunk.de/linguist-kritisiert-geschlechtergerechte-sprache-ein-100.html

[273] VDS 8.1.23/Die Welt

[274] Letzte Juniwoche 2023 mit Andreas Wunn.

[275] Nach wie vor aktuell und lesenswert: Meike Lobo: „Geschlechterdebatte: Die feministische Selbstdemontage". Die Zeit, 7. März 2016. zeit.de/kultur/2016-03/feminismus-kritik-debatte-frauen

[276] *Gender* wird heute auch als *soziale und kulturelle Geschlechtsidentität* interpretiert; s. Anna-Lena Scholz: „Der unscharfe Blick", Die Zeit 30 / 2023; s. auch: Judith Butler: *Das Unbehagen der Geschlechter* (*Gender Trouble: Feminism and the Subversion of Identity*) sowie *Bodies That Matter: On the Discursive Limits of Sex (Körper von Gewicht)*

[277] Zum Beispiel Edward O. Wilson, dessen Werke im Wikipedia-Artikel als *umstritten* bezeichnet werden (vom wem denn?), u.a: *Sociobiology: The New Synthesis* oder *On Human Nature*; s. auch Kap. 10, 16

[278] Harald Martenstein: „Genderforschung ..." s. Quellen

[279] Theologischer Lehrsatz, der nicht zur eigentlichen Glaubenslehre gehört; Episteme: rationales Wissen, s. Fußnote 336 *Episteme*

[280] 17.12.2020 NZZ

[281] sprache-und-gendern.de/beitraege/das-generische-maskulinum (abgerufen 28.08.2023). Mein Essay enthält keine Zitate aus diesem lizensierten Aufsatz.

[282] Ich würde hier eine argumentativ-strategische Absicht unterstellen, also Bluff. Verwechslung aus Ahnungslosigkeit oder Inkompetenz schließe ich aus.

[283] Die Zeugen Jehovas könnten am Beispiel der Genderideologie ebenfalls auf die Idee kommen, die eigenen religiösen Lehrsätze zur Wissenschaft zu erklären und ihre Anerkennung vor der UNO als *Jehovas Mainstreaming* zu verlangen. Warum ich den Themenkomplex Gendern nicht als Wissenschaft betrachten kann: weder die theoretischen noch die empirischen *Beweise* kann ich als solche gelten lassen, sie überzeugen ebenso wenig wie die zahlreichen philosophischen Gottesbeweise. Glauben darf jeder, an was auch immer. Ich persönlich glaube, dass die Genderprediger nicht glauben, was sie verkünden. Diese Glaubensüberzeugung beruht auf einem Syllogismus. Zum Thema Gleichberechtigung: s. Kap. 30.7

[284] *Gendererin* ist als generisches Femininum zu interpretieren.

[285] Ja, mit Deppenapostroph, s. Kap. 17.

[286] s. „DFB-Direktor polarisiert: Völler findet Gendern und die Klimakleber blöd". n-tv, 28.03.2023

[287] Quelle: https://synonyme.woxikon.de/synonyme/gleitsegler.php
s. auch Synonyme für Trottel / Depp

[288] Aus *Und erlöse uns von den Blöden* von Monika Gruber, Andreas Hock, S. 79.

[289] http://www.bayrisches-woerterbuch.de

[290] s. „scrambling device", Douglas Murray: *The Madness of Crowds*; Kap. 23 und *scrambler*: Fußnote 324

[291] Die Buchautoren Pluckrose und Lindsay bezeichnen diese dekonstruktive sprachliche Methode als „nit-picking": „In practice, deconstructive approaches to language therefore look very much like nitpicking at words in order to deliberately miss the point." S. 41 / nit-picking: kleinlich, pingelig; to knit-pick: sich mit irrelevanten, unlogischen und unbedeutenden Details befassen.

[292] zdf.de/dokumentation/dokumentation-sonstige/die-streitrepublik-45-minuten-100.html

[293] Bullshitters: s. Gad Saad, Kap. 29

[294] Jürgen von der Lippe: *Gendern „verhunzt" die Sprache, ist „schlicht falsch" und „kontraproduktiv"*. Merkur, 30.08.2023, merkur.de/welt/nach-sender-hecheln-der-jugend-92483368.html

[295] ardmediathek.de/video/alles-wissen/gendergerechte-sprache-was-bringt-das/hr-fernsehen/Y3JpZDovL2hyLW9ubGluZS8xODY1ODk

[296] „Alles Wissen", Nov. 2022

[297] Das ist die typische Judith-Butler-Methode: ihren Widersachern unterstellt sie i.d.R. Dummheit, moralische Verkommenheit, mitunter Weigerung, rational zu diskutieren oder genderistische Texte angemessen zu verstehen und zu interpretieren; s. Kathleen Stock: unherd.com/2024/03/what-is-judith-butler-afraid-of/

[298] Isabel Collien (HCU Hamburg), Inga Nüthen, Heike Pantelmann und Ulla Bock echauffieren sich über das „plumpe Halbwissen" des begnadeten Kolumnisten und finden es problematisch, dass er „sich nicht vollkommen blöd anstellt", (also nur halbwegs *blöd*?). Am Ende ihrer Replik fragen sich die Damen, ob der Artikel „im Kontext eines vielschichtigen Backlashs" zu lesen sei, „der nicht nur sexistische, sondern auch rassistische Abwertungen und Diskriminierungen unter dem Deckmantel der Meinungsfreiheit schleichend zuspitzt"? Die Frage ist grundfalsch. Die Autorinnen verstehen erstens die Ironie des Textes nicht und können zweitens nicht ertragen, dass ein Mann widerspricht und sich nicht für dumm verkaufen lässt. Die Genderesoterik übersteigt zwar das Fassungsvermögen der meisten Männer, aber nur, weil sie zu faul sind, sich mit der (*blöden?*) Materie zu befassen. Eher würden sie sich mit Theologen über die genderistische Interpretation der Dreifaltigkeit unterhalten als über den subtilen misogynen Rassismus der Normsprache und die diskriminierenden Bilder, die sie angeblich erzeugt. mvbz.fu-berlin.de/ueber-uns/team/pantelmann/replik_martenstein/index.html

[299] s. ekd.de oder Wikipedia: Im Christentum gilt das Kreuz als ein dreifaches Symbol. Es ist ein Zeichen für Jesus Christus, für sein Leiden und Sterben, seine Auferstehung, und damit für den Glauben selbst. Das Kreuzzeichen umspannt den

Beter und ist somit symbolischer Ausdruck der Zugehörigkeit des ganzen Menschen – mit Leib und Seele – zu Jesus Christus. Ferner soll der Glaube an den dreifaltigen Gott zum Ausdruck gebracht werden. Es ist gleichzeitig Lobpreis Gottes und Gebet um seine Gaben.

[300] *Das Kreuz: Eine Objektgeschichte des bekanntesten Symbols von der Spätantike bis zur Neuzeit* Buch von Kathrin Müller. Herder Verlag, 2023

[301] Was Markus Söder mit der „identitätsstiftenden" Bedeutung des Kreuzes meint, kann Kathrin Müller nicht verstehen, wie sie im Capriccio-Beitrag zu ihrem Buch beteuert. ardmediathek.de/video/capriccio/das-folterinstrument-als-manifest-christlicher-leitkultur/br-fernsehen

[302] Das Abendland ist mittlerweile auch negativ konnotiert, als rassistisch, kolonialistisch, imperialistisch, ausbeuterisch, überheblich und unmenschlich. (S. Josef Joffe: Ist der Westen der Urquell allen Übels? Die Zeit 28/2023) zeit.de/2023/28/westen-verantwortung-imperialismus-kolonialismus

[303] Capriccio, 20.4.2023 BR: Das Folterinstrument als Manifest christlicher Leitkultur.

[304] s. Kap. 4. Nur mitgemeint? und Kap. 14, Signifikat, Signifikant.

[305] Mit der Ambiguitätsintoleranz der „literaturblinden" Woken geht auch die Journalistin Susanne Gaschke (SPD) hart ins Gericht. Sie kritisiert den Säuberungswahn der Korrektheitsfanatiker, die Kinderbücher wie jene von Michael Ende oder Astrid Lindgren auf Korrektheitslinie bringen wollen oder Autoren wie Otfried Preussler canceln: „Auf jeden Fall ist der Zeitgeist so, dass er mit der Mehrdeutigkeit von Literatur, mit Mehrdeutigkeit überhaupt, mit der Wandelbarkeit des Lebens, mit biografischen Brüchen, mit Ironie und Witz immer schlechter zurechtkommt. Alles muss eindeutig sein, geradeaus, humorfrei, sauber. Geschichte wird lieber überschrieben und wegzensiert, als sie zu erklären." s. „Kinderbücher fallen dem Säuberungsdrang zum Opfer: Der politisch korrekte Zeitgeist kann Mehrdeutigkeit nicht ertragen" 28.2.2024 nzz.ch/der-andere-blick/auf-dem-holzweg-ein-otfried-preussler-gymnasium-braucht-keinen-neuen-namen-ld.1819736

[306] Die Staatssymbole sollen „die grundlegenden Traditionen und Werte eines Staatswesens verdeutlichen und vermitteln. Staatssymbole sind »geronnene Werte« der politischen Kultur. Das traditionsreichste Staatssymbol Deutschlands ist der Bundesadler." bundestag.de/resource/blob/503720/5216085202f5 da34d401e637d9cbe9f1/staatssymbole---der-bundesadler-data.pdf / bundestag.de/parlament/symbole/adler

[307] Der französische Philosoph Alain Finkielkraut beklagt die Gefühlsverarmung, die der Neofeminismus bedingt, und setzt diesen mit dem Vandalismus gleich: „Unter dem großtönenden Vorwand, das Privileg der Männlichkeit abzuschaffen, wird die Sprache entstellt - bis zur Unleserlichkeit und Unaussprechlichkeit." Vom Ende der Literatur, LMV 2023, S. 53

[308] Der Buchautor Douglas Murray beklagt in *The Madness of Crowds*, dass die Suchmaschinen mittlerweile auf Wokeness und politische Korrektheit programmiert sind – KI für identitäre Gehirnwäsche. (S. 112-120: Machine Learning Fairness, selection bias)

[309] *Wahrheit und Interpretation*, S. 343: „Was die Metapher dem Gewöhnlichen hinzufügt, ist eine Leistung, die keine semantischen Mittel verwendet, die über diejenigen hinausgehen, auf die das Gewöhnliche angewiesen ist." So funktioniert eine lebendige, gesunde Sprache. Die Gendersprache hingegen kennt leider keine Metaphern, sondern nur den blanken Hintern schlichter Wörter. Sie ist eine primitive Sprache.

[310] *Noch normal? Das lässt sich gendern,* S. 250

[311] Alain Finkielkraut: Vom Ende der Literatur, LMV 2023, S. 53

[312] „Linguist kritisiert geschlechtergerechte Sprache »Ein Säugling ist nicht dasselbe wie ein Gesäugter«" Peter Eisenberg im Gespräch mit Britta Fecke. Deutschlandfunk, 8.3.2017.

deutschlandfunk.de/linguist-kritisiert-geschlechtergerechte-sprache-ein-100.html

[313] Jürgen Habermas: *Rekonstruktive vs. verstehende Sozialwissenschaften*. In *Moralbewusstsein und kommunikatives Handeln*. Suhrkamp 2018. S. 33.

[314] s. Ewa Trutkowski u. Helmut Weiß, „Zeugen gesucht! Zur Geschichte des generischen Maskulinums im Deutschen". In: Linguistische Berichte 273/2023. https://doi.org/10.46771/9783967692792_2

[315] Dorothee Bär, s.o., oder Birgit Kelle, s. Quellen

[316] VDS-Infobrief vom 16.10.22 (Bezug: faz.net)

[317] Philipp Hübl: *Moralspektakel*, Siedler Verlag 2024, S. 195

[318] Wesentlich dezidierter äußert sich Fabian Payr in „Wer seiner Bevölkerung die Sprache nimmt, raubt ihr auch ein Stück Heimat: Die unterschätzten Kollateralschäden der Gendersprache". nzz.ch/meinung/ unterschaetze-kollateralschaeden-der-gendersprache-ld.1762201

[319] Rudolf Stöber: „[W]er Regeln befolgt, muss sich nicht rechtfertigen, steht aber inzwischen unter latentem Rechtfertigungsdruck. Das ist bezeichnend und bestätigt in jedem einzelnen Fall von Rechtfertigungszwang das inzwischen in bestimmten Milieus verbreitete illiberale Klima."   (s. Quellen)

[320] Jürgen Habermas: *Die Einbeziehung des Anderen*, Suhrkamp 1999-2022, S. 7, 42

[321] Birgit Kelle *Noch normal? Das lässt sich gendern,* S. 252

[322] *Noch normal? Das lässt sich gendern,* S. 251

[323] „Genderbewegte widerlegen die ausführlichen Einwände renommierter Sprachwissenschaftler nicht, sie **hören** sie gar **nicht** erst." Oliver Baer: Problemzonen des Sprachgenderns: Was bringt's den Frauen? 14.09.2023 baerentatze.de

[324] „Ist das Geschlecht ein soziales Konstrukt?" s. Quellen

[325] Philipp Hübl: *Moralspektakel*, Siedler Verlag 2024, S. 244. Der Autor beschreibt diese Methode als Taktik der *Selbstimmunisierung*: „Jemand wählt sein Vokabular und sein Weltbild so, dass es für andere nicht mehr möglich ist, mit Kritik, Argumenten oder objektiven Kriterien zu zeigen, dass er falschliegt."

[326] Douglas Murray: *The Madness of Crowds*; s. Kap. 23.

[327] Telekommunikationsgerät, das verwendet wird, um ein Signal für unbeabsichtigte Empfänger unverständlich zu machen. (*Scrambling device* erinnert auch an *scrambled eggs* – Rührei). In telecommunications, a scrambler (randomizer) is a device that manipulates a data stream before transmitting.

[328] Eve Kosofsky Sedgwick: accepting many perspectives all at once, even when they are mutually contradictory – and in *incoherence* – not attempting to make rational sense of anything. s. Pluckrose / Lindsay, 104-107. Oder Queer-Theoretikerin Gale Rubin: "… we should believe ... not because it's necessarily true, but because it's easier to politicize them", Pluckrose / Lindsay, S. 99

[329] "Blurring of boundaries". Pluckrose / Lindsay, u.a. S. 59 oder 254; blur: verwischen, verschmieren, verschleiern, verschwommen bzw. undeutlich machen; S. 59: This theme is most evident in postcolonial and queer Theories, which are both explicitly centred on ideas of fluidity, ambiguity, indefinability and hybridity – all of which blur or even demolish the boundaries between the categories; "disrupting binaries" follows from Derrida's work on the hierarchical nature and meaninglessness of linguistic constructions.

[330] „Es herrscht bei den Befürwortern der Gendersprache eine Art magische Vorstellung, dass man die Sprache ändert und, voilà, die Gesellschaft wird besser." Ingo Meyer in der Berliner Zeitung 21.06.2022)

[331] Yascha Mounk, S. 300, s. Quellen. Und Wikipedia: „Institutioneller Rassismus ist eine Form von Rassismus, die von gesellschaftlichen Einrichtungen ausgeht, unabhängig von individuellen Vorurteilen." / Philipp Hübl im Deutschlandfunk: „Inspiriert von der *Critical Race Theory* ist im Extremfall jetzt jeder ein Rassist, wenn er einer Gruppe angehört, die im Mittel sozioökonomisch bessergestellt ist als eine nicht-weiße oder zugewanderte Minderheit. Daraus folgt oft der Fehlschluss, jeder Weiße würde vom *System* irgendwie *profitieren*."

deutschlandfunkkultur.de/struktureller-rassismus-ein-irrefuehrender-begriff-100.html

[332] Philipp Hübl: *Moralspektakel*, Siedler Verlag 2024, S. 53,55

[333] Philipp Hübl: *Moralspektakel*, Siedler Verlag 2024, S. 80

[334] Peter Köpf „Die Macht der Woken: Warum die Öffentlich-Rechtlichen wie Erziehungsanstalten wirken". https://www.berliner-zeitung.de/open-source/ard-und-zdf-die-macht-der-woken-warum-die-oeffentlich-rechtlichen-wie-erziehungsanstalten-wirken-li.2157743 und VDS-Infobrief 19.11.23

[335] Douglas Murray: *The Madness of Crowds*, S. 243

[336] Laut FAZ am 11.9.2023 liegt der durchschnittliche Stundenlohn von Frauen 18 Prozent unter demjenigen von Männern. In: *„Warum sind Löhne und Einkommen immer noch vom Geschlecht abhängig?"* Außerdem ausführlich in *Woke* von Ramadani/Köpf, S. 26, s. Quellen

[337] Viele Frauen arbeiten in Branchen und Berufen, in denen weniger verdient wird, z.B. im öffentlichen Dienst, und oft in Teilzeit. Hinzu kommen Erwerbsunterbrechungen aufgrund von Schwangerschaft oder der Pflege von Angehörigen; s.: „Warum der Lohnabstand zwischen Männern und Frauen schrumpft". 13.02.2025 faz.net/aktuell/wirtschaft/arm-und-reich/gender-pay-gap-warum-die-lohnluecke-zwischen-maennern-und-frauen-kleiner-wird-110295067.html Ausführliches über Chancengleichheit und *Gender Pay Gap* u.a. in *Woke* von Zana Ramadani und Peter Köpf, S. 22-26, s. Quellen; manche Studien beweisen das Gegenteil, nämlich, dass Frauen nicht diskriminiert werden, s. Philipp Hübl: *Moralspektakel*, S. 250-1;

[338] Zeit-Autorin Meike Lobo beklagt eine „Übererregbarkeit" weiter Teile der feministischen Bewegung. „Die Zuspitzung jeder minimalen Abweichung vom eigenen Standpunkt zu seinem kompletten Gegenteil ist derzeit in vielen Diskursen zu beobachten, es ist die Diskurskrankheit des 21. Jahrhunderts." Und: „Die empfindlichen Teile der Frauenbewegung sind laut, paranoid und nicht im entferntesten an einer Welt, in der alle Geschlechter friedlich und ebenbürtig miteinander leben, interessiert." 7. März 2016. zeit.de/kultur/2016-03/feminismus-kritik-debatte-frauen

[339] Die Buchautoren Pluckrose und Lindsay sprechen von einer „mythology of *systemic* and *structural problems*", S. 16. Die republikanische Vorsitzende des Bildungsausschusses des Repräsentantenhauses, Virginia Foxx, beklagt, die „Universitäten hätten seit langem die Flammen einer Ideologie geschürt, zu der Antirassismus, Antikolonialismus und Critical Race Theory gehörten. [...] Das an den Universitäten gelehrte Wertesystem sei 99 Prozent der Amerikaner völlig fremd [...] Es definiere Identität aufgrund von unveränderlichen rassischen und sexuellen Merkmalen. Es teile die Gesellschaft je nach Hautfarbe und Chromosomen in Unterdrückte und Unterdrücker ein." s.: David Signer: „Abgeordnete nehmen die Präsidentinnen dreier amerikanischer Eliteuniversitäten wegen des grassierenden Antisemitismus in die Mangel" 7.12.2023. https://www.nzz.ch/international/us-unis-praesidentinnen-wegen-antisemitismus-in-die-mangel-genommen-ld.1769287

[340] Episteme: rationales Wissen (laut Plato *das unfehlbare Wissen*); vom griechischen Wort für *Erkenntnis*, *Wissen* oder *Wissenschaft*; → *epistemologisch*: wissenschaftstheoretisch, erkenntnistheoretisch; epistemisch und epistemologisch sind laut Duden-Fremdwörterbuch identisch; Foucault definiert die *Episteme* als Machtwissen, ein System aus Ideen und Werten, die bestimmen, was wir als Erkenntnis identifizieren und wie Erkenntnis mit Wissen interagiert. Grob vereinfacht: wer die Macht hat, bestimmt, was wahr ist, eine objektive Wahrheit gibt es nicht.

[341] VDS 14.5.23

[342] Polenz, Peter von: *Deutsche Sprachgeschichte vom Spätmittelalter bis zur Gegenwart*, Berlin, New York, De Gruyter, 1999, S. 331; aus: „Das generische Maskulinum: Ein Auslaufmodell?" von Dana Fennert. Und: In der Reportage *Winter im Allgäu* (Reihe *Bayern erleben*, 2022) wird u.a. das Ehepaar D. vorgestellt. Verena D. erzählt von ihrem Beruf und sagt: „Ich bin Projektleiter." Ist die

Aussage klar genug? Ja. Ich möchte gar nicht wissen, was für unbewusste Neigungen oder anatomische Besonderheiten die Genderidentitären dieser ganz normalen, bodenständigen Frau andichten würden. Die Formulierung ist korrekt mit oder ohne Endung: Die Berufsbezeichnung ist generisch, der Bezug spezifisch und eindeutig. (s. Diewald, Subjektsausdruck, S. 82)

[343] Pauline Voss, S. 97, s. Quellen

[344] Philipp Hübl: *Moralspektakel*, Siedler Verlag 2024, S. 234-5

[345] Alexander Wendt: *Verachtung von oben*, s. Quellen, S. 247

[346] ebenda, S. 246-251

[347] Stegemann: *Die Öffentlichkeit und ihre Feinde*, S. 160

[348] Matthias Heine: „Das sind die sieben Fronten, an denen das Deutsche attackiert wird". 12.3.2025 https://www.welt.de/kultur/literarischewelt/plus255621480/Nicht-nur-Gendern-Die-sieben-Fronten-an-denen-das-Deutsche-attackiert-wird.html?icid=search.product.onsitesearch

[349] s. Andreas Reckwitz: *Verlust. Ein Grundproblem der Moderne*. Suhrkamp Verlag, 2024 (Sinnverlust und Erfahrungsverlust, S. 72)

[350] A. Reckwitz, ebenda, S. 72-74; *kulturelle Obdachlosigkeit* in Anlehnung an die *transzendentale Obdachlosigkeit* von Georg Lukács.

[351] „Gendern ist ein Verlust von Sinnlichkeit", man müsse nicht jede Mode mitmachen, sagt Nadja Uhl im Nordkurier, 8.11.2024

[352] Die Urheberschaft dieser Metapher (in einem thematisch verwandten Kontext) liegt bei jl, dem Autor des Focus-Artikels „Gender-Wahnsinn an Berliner Uni: Sprach-Experten lachen über *Mitarbeita* und *Doktoxs*". focus.de/familie/studium/gender-wahnsinn-sprach-experten-lachen-ueber-mitarbeita-und-doktoxs_id_3791712.html

[353] Stegemann: *Die Öffentlichkeit und ihre Feinde*, S. 159

[354] Von „Zwangsgebühren" spricht u.a. der bayrische Ministerpräsident Markus Söder; s. Quellen, A. Teske: *Inside Tagesschau*, S. 191

[355] Batya Ungar-Sargon: „This progress is something postmodernists can never recognize. […] It's that they don't believe in equality at all. Like Marx and Hegel before them, postmodernists believe that history itself is just a revolving door of masters and slaves …" In: *Bad News. How Woke Media is Undermining Democracy*, S. 159

[356] Douglas Murray: *The Madness of Crowds*, S. 94: [After the second wave of feminism,] succeeding waves have suffered severe symptoms of 'St George in retirement syndrome'. … The claims of first-wave feminism were defined by the demand for equal legal rights. … The wave of feminism which began in the 1960s addressed the priorities that remained unresolved … such as the rights of women to pursue their desired careers … [education, maternity leave; abortion; the safety in-side marriages] … By the 1980s the feminist movement splintered and fell out over niche issues such as what attitudes feminists should take towards pornography.

[357] Ayaan Hirsi Ali: „Die Woken sind sehr geschickte Aktivisten. Sie haben die in Alinskys Buch «Rules for Radicals» beschriebenen Methoden sehr effektiv umgesetzt. Alinskys erste Regel lautet: «Es gibt nicht nur die Macht, die man besitzt, sondern auch jene, von der der Feind glaubt, dass man sie besitzt.» Das ist der Grund, warum die Woken so mächtig erscheinen. Sie sind zahlenmäßig keineswegs überwältigend. Vielmehr verstehen sie es, den öffentlichen Diskurs so effektiv zu dominieren, dass ihr Einfluss in keinem Verhältnis zu der Zahl der Menschen steht, die ihre Ansichten vertreten. In diesem Sinne beruht ihre Macht teilweise auf einer Täuschung – und trotzdem ist sie sehr stark." („In Amerika greift die Ideologie des Wokeismus um sich. Wir Europäer erhalten eine Anschauung davon, was uns erst noch bevorsteht", s. Quellen, s.o.)

[358] Soziologe Wilhelm Heitmeyer: „Soziale Desintegration und gruppenbezogene Menschenfeindlichkeit". https://www.deutschlandfunk.de/zeitzeugen-im-gespraech-der-soziologe-wilhelm-heitmeyer-dlf-50c8a33a-100.html

[359] Philipp Hübl: *Moralspektakel*, Siedler Verlag 2024, S. 28-32

[360] Vince Ebert: *Lichtblick statt Blackout*. Alle Zitate aus *Generation Gleichschritt* von Ralf Schuler, S. 127-129

[361] Philipp Hübl *Moralspektakel*, Siedler Verlag 2024, S.28

[362] Noch schlimmer kommen die Nobelpreisträger weg: Diese „liegen in ihren Einschätzungen der Weltlage noch weiter daneben als Durchschnittsbürger." Philipp Hübl: *Moralspektakel*, Siedler Verlag 2024, S. 38

[363] Ralf Schuler: *Generation Gleichschritt*, S. 72

[364] deutschlandfunk.de/kulturwissenschaftlerin-leder-verurteilt-glorifizierung-des-terrors-durch-einen-teil-der-deutschen-k-100.html 5.11.2023: Es sei *unredlich*, wenn [linke Intellektuelle] den Terror der Hamas nicht als solchen benannten. Ähnlich in den USA. Rund hundert Uni-Dozenten unterschreiben einen unter dem Titel «Philosophy for Palestine» veröffentlichten offenen Brief, der Israel wegen Genozids verurteilt und die Gräueltaten der Hamas zu einem Akt legitimen Widerstands erklärt. Die politische Philosophin Seyla Benhabib wirft ihren US-Kollegen intellektuellen Bankrott vor. nzz.ch/feuilleton/philosophy-for-palestine-wenn-philosophen-zu-agitatoren-werden

[365] Martin Grichting: *Religion des Bürgers statt Zivilreligion. Zur Vereinbarkeit von Pluralismus und Glaube im Anschluss an Tocqueville*. Schwabe Verlag Basel, 2024. Und: „Das deutsche Woke-Milieu und seine Liebe zum Islam", 13.06.2024 nzz.ch/meinung/die-woke-liebe-zum-islam-ist-gefaehrlich-ld.1834437. Außerdem: Hans Magnus Enzensberger: *Schreckens Männer*

[366] Oswald Spengler: *Der Untergang des Abendlandes*. Drittes Kapitel: Probleme der arabischen Kultur. II. Die magische Seele, S. 840-880, S. 843; vorislamische arabische Wissenschaft, S. 789; Erkenntnis und Wahnwitz, S. 843; über den freien Willen: „An einen eigenen Willen auch nur zu denken, ist sinnlos, denn *Wille* und *Gedanke* im Menschen sind schon Wirkungen der Gottheit auf ihn."

[367] *La trahison des clercs*, 1927; aus *Twilight of Democracy* von Anne Appelbaum, Anchor Books, 2021, S. 17-29; Eine ähnliche These vertritt Joel Kotkin in seinem Sachbuch „The New Class Conflict". Er meint, die akademische Elite in den westlichen Gesellschaften erfülle eine vergleichbare Funktion wie der Klerus im Mittelalter. Der deutsche Publizist Kolja Zydatiss, der diese Einschätzung teilt, hebt hervor: „In westlichen Staaten, so mein Eindruck, liegen die Verteilung von Ressourcen und institutioneller Macht zunehmend in den Händen einer neuartigen *Vielfalts-Bürokratie*. Wer durch seine Meinungsäußerungen in Frage stellt, dass der Durchschnittsbürger im Westen, wie von dieser Bürokratie behauptet, zutiefst rassistisch, sexistisch, homophob, provinziell und fremdenfeindlich ist und daher der ständigen Umerziehung bedarf, bedroht deren Pfründe und zieht ultimativen Zorn auf sich." achgut.com/artikel/zehn_thesen_zur_cancel_culture

[368] Anne Appelbaum: *Twilight of Democracy*, S. 18. "*Clerk*" bedeutet im Englischen Büroangestellter, Schriftführer, Protokollführer; *Clergy*: Klerus. In ihrer weiteren Analyse verwendet Appelbaum das französische Wort *clerc*: Geistlicher, Schreiber, Anwaltsgehilfe oder *ehem*. Gelehrter; gemeint ist also eine Art Funktionär, der einer Ideologie dient, letzten Endes ein Apparatschik. S. auch: Niall Ferguson: *The Treason of the Intellectuals*. https://www.thefp.com/p/niall-ferguson-treason-intellectuals-third-reich

[369] Der Buchautor und ehemalige Herausgeber der «FAZ» Hugo Müller-Vogg sieht Anzeichen dafür, dass manche Entwicklungen in Deutschland „in gewisser Weise an die «illiberale Demokratie» à la Viktor Orban" erinnern. In: *Deutschland erinnert immer mehr an eine illiberale Demokratie. Maßgeblich verantwortlich für dieses Klima sind Politiker und Journalisten.* 22.05.2023 NZZ. nzz.ch/feuilleton/medien/meinungsklima-linksgruene-minderheit-schuechtert-die-mehrheit-ein-ld.1738540

[370] "All of them seek to redefine their nations, to rewrite social contracts, and, sometimes, to alter the rules of democray so that they never lose power". Appelbaum, S. 21

[371] s. Quellen, S. 118-121. Kontext: „Halbwahre Anschuldigungen" im Zusammenhang mit einer Penny-Umfrage, bei der eine WDR-Mitarbeiterin als Kundin zu Wort kommt.

[372] Oswald Spengler: *Der Untergang des Abendlandes.* dtv 1972, S. 1139-1141

[373] „Im Wunderland der Korrektheit". Die Zeit, 2. Februar 2017. zeit.de/2017/06/political-correctness-moral-gesellschaft-gleichstellung-korrektheit/komplettansicht

[374] „a malicious form of bullying", Cynical Theories, S. 15

[375] Steven Levitsky und Daniel Ziblatt: *Wie Demokratien Sterben*, S. 136.

[376] Susanne Schröter: *Der neue Kulturkampf: Wie eine woke Linke Wissenschaft, Kultur und Gesellschaft bedroht.* S. 56 (s. Quellen)

[377] ebenda, S. 52-3, 60

[378] „Bildung schützt vor Dummheit nicht: Warum Elite-Zirkel gefährlicher sind als Stammtische".1.7.24 focus.de/politik/deutschland/von-lernen-zum-dogmatismus-bildung-schuetzt-vor-dummheit-nicht-warum-elite-zirkel-gefaehrlicher-sind-als-stammtische_id_260089188.html

[379] n-tv 28.2.23. Political correctness und Gendern werden in dieser Umfrage des AXA-Versicherungskonzerns als Ursache der Unzufriedenheit nicht ausdrücklich genannt. Dafür in der Bestandsaufnahme des Publizisten und Politik-wissenschaftlers Wolfram Weimer zum politischen Klima in Deutschland 2023: „Fünf Gründe, warum die AfD immer stärker wird" (30.05.2023 n-tv). Zentral sind in seiner Analyse der Unzufriedenheit mit der grünen Klima- und Identitätspolitik, das Gendern (das *Angendern* der Bevölkerung „in politisiertem Deutsch") und die „politisch korrekten Meinungskorridore". Außerdem das Mediensystem, das konfliktreiche Themen tabuisiere und rechte Opposition stigmatisiere. CDU-Veteran Wolfgang Bosbach: „Mit ihren politischen Schwerpunkten und einer Sprache, die allenfalls in der rot-grünen Szene auf Begeisterung stößt, entfernt sich die Ampel immer mehr von den ganz alltäglichen Sorgen der Menschen."

[380] siehe: „Ideologie statt Biologie im ÖRR" (s. Quellen)

[381] Susanne Schröter: *Der neue Kulturkampf*, S. 37, 75 (s. Quellen)

[382] ebenda, S. 78

[383] ebenda, S. 78

[384] ebenda, S. 80

[385] ebenda, S. 89

[386] Zum Beispiel den Sozialistisch-Demokratischen-Studierendenverband (SDS), der u.a Israelhass propagiert; ebenda, S. 49

[387] Alexander Wendt: *Verachtung nach unten.* Lau-Verlag, 2024, S. 171-172

[388] ebenda, S. 189

[389] ebenda, S. 190

[390] Die Zeit, 22.01.2025, S. 1 und 6

[391] s. Birgit Kelle: *Noch normal?* ... S. 63-76 und Kap. 8, ab S. 165

[392] s. Interview mit Politologieprofessor Eric Kaufmann: „Die Universitäten sind das Zentrum der Verrücktheit. Ideologien werden den Studenten als Wahrheiten vermittelt". Birgit Schmid, Lucien Scherrer 16.11.2023, nzz.ch/feuilleton/eric-kaufmann-wokeness-hamas-universitaeten-ld.1764342

[393] Ungar-Sargon, Batya: *Bad News.* (s. Quellen) S. 8

[394] Douglas Murray: The War on the West. S. 135-150: Reparations

[395] Batya Ungar-Sargon: *Bad News.* (s. Quellen). S. 12: [National liberal media] „has mainstreamed a moral panic around *the very idea of race*, one that goes well beyond covering real problems, proposing a culture war rather than real solutions."

[396] 27.01.2024 nzz.ch/schweiz/forensik-professor-jerome-endrass-zum-zunehmenden-antisemitismus-ein-teil-der-woke-bewegung-wird-zur-gefahr-fuer-das-zusammenleben-ld.1775058

[397] Die Anmerkungen in diesem Abschnitt beziehen sich auf das Buch von Alexander Grau: *Hypermoral – Die neue Lust an der Empörung*, s. Quellen

[398] Peter Sloterdijk: *Kritik der zynischen Vernunft.* Suhrkamp 1983-2023. S. 248

[399] „Moralisierung gefährdet die Demokratie", nzz.ch/meinung/moralisierung-gefaehrdet-die-demokratie-ld.1847266

[400] Peter Sloterdijk, *Zorn und Zeit,* S. 261 und 270, s. Quellen

[401] d.h. gegen die Leistungsgerechtigkeit

[402] VDS-Infobrief 16. Juni 2023

[403] https://www.zdf.de/kultur/kulturdoku/krieg-der-sternchen-100.html

[404] Die Linkslastigkeit der öffentlich-rechtlichen Medien ist mittlerweile ein Gemeinplatz, wurde in den vergangenen Jahren oft genug thematisiert und beklagt. Als Beispiel: Ralf Schuler *Generation Gleichschritt,* S. 107; s. CDU-Positionspapier ÖRR. „Die Grenzen des Wachstums sind erreicht". faz.net/aktuell/feuilleton/medien/sparplaene-fuer-ard-und-zdf-so-will-die-cdu-die-oeffentlich-rechtlichen-umbauen-19374529.html und.cdu-fraktion-sachsen.de/fileadmin/user_upload/Positionen/Erweitertes_Positionspapier-CDU-Fraktion_OERR-Reform_06112023.pdf

[405] VDS-Infobrief, 2.1.2022

[406] siehe > Belege. linguistik-vs-gendern.de/medien-bsp/

[407] „Gendern? Nein danke!": CDU setzt in Thüringen brisanten Antrag durch – mit AfD-Hilfe. 12.11.2022. merkur.de/politik/gendern-antrag-nein-danke

[408] VDS, 23.10.22

[409] Susan Neiman: „Die Woken haben sich dem Stammesdenken zugewandt, also einer Sortierung von Menschen nach Gruppenmerkmalen, doch Menschen handeln oft aus Gründen, die nichts mit Stammeszugehörigkeit zu tun haben. ... Ich wähle den Ausdruck bewusst, um deutlich zu machen, dass es da eine Ähnlichkeit mit den Konservativen gibt, wenn nicht sogar mit den Reaktionären. Wie viele Konservative glauben die Woken, dass wir nur tiefe, echte Verbindungen mit denjenigen haben, die unserem Stamm angehören. Und wie die Reaktionären richten sie ihre Aufmerksamkeit auf die Macht und nicht auf Gerechtigkeit." In: „Ist das links oder woke?" Interview, Die Zeit 35/2023.
s. auch: Ijoma Mangold: „Das Ende von woke". Die Zeit Nr. 4 / 2024, S. 41

[410] Ewa Trutkowski: „Die «friedliche Koexistenz», also das gelegentliche Einstreuen von «*in»-Formen, wie es zum Beispiel Claus Kleber im ZDF-«Heute-Journal» praktiziert, ist ein logischer Widerspruch: Wer gendert, entledigt das Maskulinum seiner generischen Bedeutung – wo «Expert*innen» sind, sind «Experten» nur Männer. Hier gibt es kein Ab-und-zu und Von-Fall-zu-Fall, sondern nur ein Ganz-oder-gar-nicht." In: „Vom Gendern zu politischen Rändern". nzz.ch (s. Quellen)

[411] Edition F, 2019; s.u. Kapitel über Anatol Stefanowitsch

[412] «Sprachliche Gleichberechtigung!», fordern die einen, «Gender-Gaga!», meinen die andern (s. Quellen, Birgit Kelle). Ein Aufruf zum kollektiven Durchatmen. 14.07.2022 NZZ

[413] Die Welt, 19. Nov. 2014

[414] Ausgabe 7, 2023: „Gendern an Hochschulen: Zwingen die Unis zum Gendern? Die Zeit, 15.2.2023, von Anant Agarwala

[415] Ein weiterer Fall von Genderzwang beschäftigte die Medien in Österreich im Herbst 2024: Einer Studentin der Privaten Pädagogischen Hochschule Burgenland, die sich weigerte, wie vorgeschrieben zu gendern, wurden „zunächst 25 % ihrer Bewertungspunkte abgezogen, nach einem fruchtlosen Gespräch mit der Professorin sogar 50 % der Punkte. Die Professorin habe angekündigt, ihr auch künftig immer mehr Punkte abzuziehen bzw. nicht gegenderte Arbeiten gar nicht erst anzusehen." VDS-Infobrief 18.10.2024

[416] Tim Schröder: „Entlarvende Innenansichten – Die Macht einer Minderheit beim Genderzwang" 8.9.2023
welt.de/kultur/plus247296962/Gendern-Entlarvende-Innenansichten-Die-Macht-einer-Minderheit-beim-Genderzwang.html

[417] Jürgen Plöhn: „Wie ich mich gegen Gendersprech an meiner Universität zur Wehr setzte". 11.10.2023. corrigenda.online/kultur/juergen-ploehn-wie-ich-mich-gegen-gendersprech-meiner-universitaet-zur-wehr-setzte

[418] Tim Schröder: „Wenn ich auf korrekte Grammatik poche, werde ich an der Uni als rechts bezeichnet". 30.01.2025 welt.de/kultur/plus255273428/Gender-Zwang-Wenn-ich-auf-korrekte-Grammatik-poche-werde-ich-an-der-Uni-als-rechts-bezeichnet.html

[419] Institut für Demoskopie Allensbach: Die Mehrheit fühlt sich gegängelt. Eine Dokumentation des Beitrags von Dr. Thomas Petersen in der Frankfurter Allgemeinen Zeitung Nr. 136 vom 16. Juni 2021

[420] ebenda, S. 2/6 Paginierungsseite/Dateiseite

[421] ebenda, S. 5/9 - 6/10

[422] Studie zur gesellschaftlichen Spaltung: Einiger als gedacht. 27. September 2023 Die Zeit, von Anant Agarwala und Anna-Lena Scholz. zeit.de/2023/41/gesellschaft-spaltung-konflikte-studie-steffen-mau/komplettansicht

[423] „Autorin klagt gegen Gendern ihres Textes". Die Welt, 27.10.2021. welt.de/vermischtes/article234675322/Autorin-klagt-wegen-Gendern-ihres-Textes-gegen-Verlag.html. Gegen Sabine Mertens, Sprecherin der Hamburger Volksinitiative „Schluss mit Gendersprache in Verwaltung und Bildung", wurde Anfang 2023 Strafanzeige wegen Beleidigung erstattet. Was man ihr vorwirft: Sie sagte, „dass sich normalerweise Männer und Frauen zum anderen Geschlecht hingezogen fühlen." Und: „Wenn wir jetzt alle schwul, lesbisch und trans werden sollen, dann ist die Evolution zu Ende." s. „Polizei ermittelt gegen Gender-Gegnerin Sabine Mertens". Hamburger Abendblatt, 01.03.2023. abendblatt.de/hamburg/kommunales/article237776421/ gendern-anzeige-gegen-sprecherin-der-anti-gender-initiative.html

[424] Rudolf Stöber: „Genderstern und Binnen-I". (s. Quellen)

[425] https://www.servustv.com/aktuelles/v/aa34g2fcl4pw8h8r7ciw/

[426] VDS 20.11.2022

[427] Sylvia vom Hofe: *Gendern an Schulen „Plötzlich sprachen Kinder von Tischin und Stuhlin"* 29.04.2024 ruhrnachrichten.de/luenen/alles-sagen-gendern-geschlechtergerechte-sprachgrundschule-probleme-chancen-abitur-hessen-nrw-luenen-w871222-2001185818/

[428] Kaehlbrandt: *Deutsch – Eine Liebeserklärung*, S. 111-117

[429] ebenda, S. 116

[430] Karin Dalka, 17.07.2023 Frankfurter Rundschau: Rat für deutsche Rechtschreibung ignoriert, worum es beim Genderstern und Doppelpunkt geht. fr.de/meinung/kommentare/schrift-entscheidung-rat-fuer-deutsche-rechtschreibung-gender-stern-doppelpunkt-sprache-92402695.html

[431] Eine aktuelle Umfrage des RTL/n-tv-Trendbarometers (Sommer 2023) zeichnet ganz ein anderes Bild als Karin Dalka in der FR: „Fast drei Viertel der Befragten [lehnen] die Sonderzeichen im Wortinneren ab: Sternchen, Unterstrich, Doppelpunkt, auch die Sprechpausen. Das Ergebnis bezieht sich sowohl auf den Schriftverkehr als auch das gesprochene Wort. Der prozentuale Unterschied bei Männern und Frauen ist gering. 77 Prozent der Männer und 70 Prozent der Frauen empfinden das Gendern als störend. Gendersprache in öffentlichen Verwaltungen wird von 75 Prozent der Befragten abgelehnt." (stern.de und VDS 23.07.2023)

[432] Für jemandem, der in einer Blase lebt, gab es früher einen schönen Spruch, den man heute nur noch selten hört: *Er scheint auf dem Mond zu leben.* Der Spruch ist verwandt mit dem englischen *lunatic, lunacy*, kommt vom lateinischen *luna* für Mond (nicht zu verwechseln mit dem Lunatismus).

[433] s. o. Fußnote 402 Susan Neiman: „Ähnlichkeit [der Woken] mit den Konservativen…, wenn nicht sogar mit den Reaktionären".

[434] Claudia Wirz: Gendern im Betrieb – warum die Gendersprache die Welt nicht besser macht. (s. Quellen)

[435] Diese abwegige Frage drängt sich im Kontext der haarsträubenden Widersprüche der postmodernen Theorien und der transaktivistischen Argumentationen durchaus auf; mehr in den nächsten Absätzen; s. auch: Beatrice Achterberg: „Eingewanderte Sexualgewalt und Männer, die sich für Frauen halten: Auch im Westen muss der Feminismus wieder kämpfen" 8.3.2024
https://www.nzz.ch/meinung/frauentag-der-westen-meint-den-feminismus-durchgespielt-zu-haben-doch-er-irrt-ld.1820555

[436] Ralf Schuler: Framing als „negativ markierte Signalwörter". In *Generation Gleichschritt*, S. 81

[437] Stegemann, S. 90

[438] „Framing-Manual: Wie die ARD den öffentlichen Diskurs bestimmen will." stern.de/wirtschaft/-framing-manual---wie-die-ard-den-oeffentlichen-diskurs-bestimmen-will-8587050.html

[439] s. Fabian Payr: „Wer seiner Bevölkerung die Sprache nimmt, raubt ihr auch ein Stück Heimat: Die unterschätzten Kollateralschäden der Gendersprache".
nzz.ch/meinung/unterschaetze-kollateralschaeden-der-gendersprache-ld.1762201

[440] Beatrice Achterberg: „Eingewanderte Sexualgewalt und Männer, die sich für Frauen halten: Auch im Westen muss der Feminismus wieder kämpfen" 8.3.2024
https://www.nzz.ch/meinung/frauentag-der-westen-meint-den-feminismus-durchgespielt-zu-haben-doch-er-irrt-ld.1820555

[441] Lesenswert: „Sprache verbindet", die kurze Stellungnahme des Kabarettisten auf der Web-Seite https://stoppt-gendern.de/

[442] Nena Brockhaus: „Ich halte Gendern schlicht für antifeministisch. Warum diese Haltung rechts sein soll, ist mir schleierhaft."
focus.de/politik/meinung/islamophob-rassistisch-wegen-meiner-afd-these-beleidigt-mich-ploetzlich-ein-professor_id_259784818.html

[443] „Wer *man* sagt, verbindet damit noch nicht den Mann". Wolfgang Krischke, 10.12.2021. faz.net (s. Quellen)

[444] „Einen Diskurs totschlagen – was man tun kann, damit man auf die Argumente eines anderen gar nicht erst eingehen muss" von Eduard Kaeser (s. Quellen)

[445] Birgit Kelle, *Gendergaga*, S. 93

[446] Birgit Kelle, *Gendergaga*, S. 101

[447] focus.de, Oktober 2022

[448] Susanne Schröter: *Der neue Kulturkampf*. S 180, s. Quellen

[449] Bestätigungsfehler: Neigung, nur jene Informationen zu berücksichtigen, die den eigenen Erwartungen oder Vorurteilen entsprechen. „Confirmation bias ... inclines us to look for confirming evidence of an initial hypothesis, rather than falsifying evidence that would disprove it" (Niall Ferguson: *Doom. The Politics of Catastrophe*. Penguin Books 2022, S. 62); auch Bestätigungsirrtum oder Urteilsverzerrung (Myside bias: identitätsschützender Denkfehler)

[450] hr-Interview: Petra Gerster übers Gendern: „Veränderung macht vielen älteren Männern Angst" (s. Quellen)

[451] Birgit Walter: „Gender-Terror: Die Erziehungsmaßnahmen der Sprachpolizisten nerven!" (s. Quellen)

[452] „Gendern macht Frauen sichtbar". 28.11.21 Morgenpost (s. Quellen)

[453] Auch der Publizist Ralf Schuler spricht von „absichtlicher Irreführung" als Methode identitärer Aktivisten am Beispiel der Reform des Transsexuellengesetzes. Die Interessenvertreter transsexueller Kreise schreckten auch „vor dem Verbiegen höchstrichterlicher Beschlüsse nicht zurück": sie beriefen sich auf ein Urteil des Bundesverfassungsgerichts von 2017, in dem es nicht um Transsexuelle ging, sondern um intersexuelle Menschen (Zwitter). Somit hat das eine mit dem anderen nichts zu tun, es ging mitnichten darum, „den Geschlechtseintrag zu wechseln". (Generation Gleichschritt, S. 70-72). Schlicht gelogen ist in einer Veröffentlichung der Friedrich-Ebert-Stiftung unter dem Titel „Nicht in die Falle gehen! Wie die extreme Rechte Narrative gegen das neue Selbstbestimmungsgesetz

schürt", die Buchautorin Birgit Kelle propagiere „transfeindliche Verschwörungsmythen". In der Broschüre werden weder die angeblichen Verschwörungsmythen noch die Publizistin erwähnt. Dafür wird aber kontrafaktisch behauptet, „Wissenschaftlicher Konsens in der Biologie ist längst, dass sich Geschlecht auf einem Spektrum abspielt. Der Übergang zwischen ‚männlich' und ‚weiblich' ist fließend, wird aber als Norm betrachtet, obwohl viele Menschen nicht diesen Körpernormen entsprechen." Genannt werden aber weder Wissenschaftler noch Quellen für die Behauptung eines angeblichen Konsenses. S. „Die böse Transfeindin Birgit Kelle" v. Gerd Buurmann. achgut.com/artikel/Die_boese_Transfeindin_Birgit_Kelle

[454] In: „Kritik an Gender-Sprache. Abenteuerliche Duden-Kreationen". Der Spiegel 14.02.2021 spiegel.de/kultur/kritik-an-gender-sprache-abenteuerliche-duden-kreationen-a-846e042d-dfa9-4077-a16d-9adb2f258322

[455] In: „Wer *man* sagt, verbindet damit noch nicht den Mann". Wolfgang Krischke, 10.12.2021. (s. Quellen)

[456] Stand 2023: An einer KI-Technologie wird noch gearbeitet, erste Erfolge wurden im Mai 2023 gemeldet, allerdings mit „recht vielen Fehlern", wie das Fachblatt *Nature Neuroscience* meldet. Mit Hirnscanner und KI haben US-Forscher bestimmte Arten von Gedanken „zumindest grob" erfassen können. „Noch recht viele Fehler" – Forscher lassen Gedanken in Textform auslesen. 01.05.2023 ntv n-tv.de/wissen/Forscher-lassen-Gedanken-in-Textform-auslesen-article24090778.html.

[457] Linguistische Berichte, Heft 273, 2022

[458] Wolfgang Krischke: „Grammatik als Motor der Weltverbesserung?" 01.09.2023. faz.net/aktuell/feuilleton/buecher/rezensionen/sachbuch/gendern-buch-studien-zum-genderneutralen-maskulinum-von-eckhard-meineke-19141489.html

[459] „Aufruf gegen das Gendern – Sprache als Schlachtfeld". Anatol Stefanowitsch im Gespräch mit Michael Köhler. Deutschlandfunk, 9.3.2019. deutschlandfunk.de/aufruf-gegen-das-gendern-sprache-als-schlachtfeld-100.html

[460] zdf.de/nachrichten/heute-journal-update/rechtschreibreform-gendern-stefanowitsch-100.html

[461] Schon gut: das *wir* als Stilmittel lasse ich gelten. Die Behauptung als sachlich richtig jedoch nicht, s.: Ewa Trutkowski u. Helmut Weiß, „Zeugen gesucht! Zur Geschichte des generischen Maskulinums im Deutschen". In: Linguistische Berichte 273/2023. https://doi.org/10.46771/9783967692792_2

[462] siehe Fußnoten, Kap. 30.1 Demokratie mit Drehschwindel

[463] Die Unterschiede zwischen Mann und Frau sind nicht unser Thema. Weitere Aspekte: s. Kap. 30.1

[464] „Fluchen lernen mit Gerhard Polt", Die Zeit, 16/2023

[465] Hannah Arendt, Waldemar Gurian, in H.A., Menschen in finsteren Zeiten, S. 319; Quelle: Alois Prinz: Hannah Arendt, Insel Verlag 2012, S. 205

[466] Die britische Autorin J. K. Rowling zum Beispiel wurde wegen ihrer kritischen Haltung zu Gender-Themen schon oft mit Anschlägen auf ihr Leben bedroht. Sie hofft, „dass die Linke aufwacht und erkennt, dass ihre faule Umarmung einer quasireligiösen Ideologie katastrophale Folgen hat." Marion Löhndorf, 25.06.2024, nzz.ch/feuilleton/rowling-versus-labour-die-faule-umarmung-einer-quasi-religioesen-ideologie-ld.1836496

[467] Der Verleumdungsfall des Grünenpolitikers Stefan Gelbhaar bietet einen Vorgeschmack auf diese, wie die Realität zeigt, illiberale, männer- und menschenverachtende Praxis. Entlarvend ist die Stellungnahme der Vorsitzenden der Grünen Jugend Jette Nietzar: Eine feministische Partei könne sich keine Unschuldsvermutung leisten; s. Jan Fleischhauer: „Das Ende der Unschuldsvermutung: Die Grünen haben das Tor zur Hölle geöffnet". focus.de/politik/deutschland/schwarzer-kanal/focus-kolumne-von-jan-fleischhauer-das-ende-der-unschuldsvermutung-die-gruenen-haben-das-tor-zur-hoelle-geoeffnet_id_260663942.html; Die Zeit, 22.01.2025, S. 6

[468] Eine aktuelle Zusammenfassung der Gutachten, die die Gender-Theorien ent-zaubern, fasst Stefan Beher in der WELT zusammen (11.3.2025). Darin heißt es u.a.: Die Frontlinie verlaufe „zwischen einer extremen Minderheit von linken Aktivisten und dem großen Rest der Gesellschaft." In: „Die Annahmen der Gender-Verfechter erweisen sich bei genauerer Betrachtung als haltlos". welt.de/kultur/plus255602134/Sprache-Die-Annahmen-der-Gender-Verfechter-erweisen-sich-bei-genauerer-Betrachtung-als-haltlos.html; VDS 16.3.2025

[469] s. Quellen: „Nein, die deutsche Sprache diskriminiert Frauen nicht"

[470] Fabian Payr: „Wie falsche Erzählungen die Karriere des Genderns beförderten", Berliner Zeitung, 10.12.2022

[471] Beispiel: „Sprachverbote", 23. Apr 2010. Spektrum. In diesem Beitrag verreißt Stefanowitsch einen Artikel von Josef Joffe, „Political Correctness: Im Wun-derland der Korrektheit", Die Zeit, 2. Februar 2017, auf recht unelegante Art – nämlich mit unverhohlener Verachtung. Ein Gentleman scheint er nicht zu sein. Kostprobe: „Er schafft es immer wieder, uninformiert kontroverse Meinungen zu vertreten." Joffe und *uninformiert*?! Man bekommt fast den Eindruck, Stefano-witsch würde sich gleich übergeben, denn Joffes Text macht Korrektheitsapostel wie Stefanowitsch überflüssig und vor allem unglaubwürdig. Kurz und gut, der Professor versucht, den (damaligen) ZEIT-Herausgeber auf jede erdenkliche Weise zu disqualifizieren, und das mit einer nichtssagenden Belehrung voller Plattitüden. Und auch die Genderverweigerer kanzelt er mit einer kontrafaktischen Argumen-tation ab: „Wer heute noch durchgängig Maskulina verwendet, outet sich damit mindestens als jemand, der sich für einen Querdenker hält obwohl er (und es ist ja meistens ein „er") eigentlich nur ein Reaktionär ist." Ei, ei: Politisch korrekt ist das nicht. Die Tugend, die Stefanowitsch predigt, ist wohl jene der Doppelmoral. Bei der Lektüre musste ich mich im Übrigen immer wieder fragen: Hat diesen Text voller Tipp- und Rechtschreibfehler wirklich ein Professor geschrieben? Machen Sie sich selbst ein Bild und achten Sie auch auf die Interpunktion: https://scilogs.spektrum.de/sprachlog/sprachverbote/ Den lesenswerten Artikel von Josef Joffe finden Sie hier: zeit.de/2017/06/political-correctness-moral-gesellschaft-gleichstellung-korrektheit/komplettansicht

[472] Fabian Payr: „Im Sprachkampf können die Waffen nicht schmutzig genug sein". 29.08.2023. (s. Quellen)

[473] ebd. und VDS-Infobrief 4.9.2023

[474] Tugendhaftigkeitsscheinheiligkeit, Tugendhaftigkeitsselbstbeweihräucherung, Tugendprotzerei, *Tugendhafterei.*

[475] s. Quellen: Lukianoff, Haidt, S. 95

[476] Haidt, Lukianoff, S. 86

[477] Haidt, Lukianoff, S. 105

[478] Lukianoff, Haidt, S. 81

[479] Bei der beanstandeten *Selbstgewissheit* geht es in erster Linie um Welt-anschauliche Bequemlichkeit. In der Süddeutschen sagte Plasberg: „Ich verstehe nicht, wie man – statt neugierig zu sein – versucht, seine Weltsicht zu stärken, mit passenden Geschichten. Ich verstehe nicht, woher dieses verdammte Gefühl kommt, immer auf der richtigen Seite zu stehen, wo man sich wohlig zunickt und sagt, jawohl, wir sind die Guten!" n-tv.de/leute/Plasberg-Verstehe-Selbstgewissheit-junger-Kollegen-nicht-article23711515.html

[480] UK [bɪˈjɒnd], US [biˈjɑːnd]; ɒ = offenes o wie in *doch.*

[481] Zu dieser Bezeichnung passt auch das Attribut *narrativ* ausgezeichnet, es erinnert indirekt an *narren.*

[482] Ralf Schuler, s. Quellen. S. 206

[483] Zweimal allein in der Tagesschau vom 10.11.2024

[484] Douglas Murray, *The War on the West*, S. 53-54: In 2021, Grace Church School forced all its Students and teachers to participate in "antiracist training". Hier geht es u.a. um eine weitere Spielart der kognitiven Dissonanz („saying one thing in

public and another in private. This was once the basis of life in communist systems all over the world", so Niall Ferguson in *Doom. The Politics of Catastrophe*. Penguin Books, 2022, S. 63.) Ergänzend kann man hinzufügen: Und nun im identitären Totalitarismus. Solche Gehirnwäsche-Seminare waren im Kommunismus gang und gäbe und könnten auch uns blühen in einer identitären BRD.

[485] s. Yascha Mounk, S. 17, s. Quellen

[486] Das Argument, dass Sprache das Bewusstsein prägt, „wird besonders gerne von einer winzigen Minderheit gendersensibler Eiferer ins Feld geführt, die einer schweigenden Mehrheit ihre Terminologie diktieren will. Was sie verheimlicht: Es gibt mindestens ebenso viele Forschungsergebnisse, die keine Einflüsse oder nur sehr schwache konstatieren", so der Philosoph Reinhard K. Sprenger in „So funktioniert der neue Behauptungsdespotismus – Man zitiert ein paar wissenschaftliche Studien, und dann ist Ruh." 10.12.2020 nzz.ch/feuilleton/wissenschaft-sie-ist-ein-neues-todschlagargument-ld.1590871

[487] s. „Gendern ist das Latein der neuen Eliten", 11.10.2023. wissenschaftskommunikation.de/gendern-ist-das-latein-der-neuen-eliten-71125/ und Kap. 4. Nur mitgemeint? Bedeutung

[488] Gad Saad: S. 123-4, s. Quellen

[489] Sinngemäß: „In der Annahme, dass etwas kaum Verständliches etwas Tiefsinniges sein müsse."

[490] Frei übersetzt: „In Frankreich muss man zehn Prozent Unverständliches [schreiben], anderenfalls würde man denken, es sei nicht tiefsinnig genug."

[491] Meinung, „dass Derrida mit dieser Strategie des terroristischen Obskurantismus zu weit ging". (Das heißt, wenn Derrida mit Kritik konfrontiert wurde wegen der Unverständlichkeit seiner Thesen, entgegnete er: „Sie haben mich missverstanden. Sie sind ein Idiot.")

[492] *The Madness of Crowds*, S. 60; hier steht auch ein Judith-Butler-Zitat als Beispiel für *gibberish*. Douglas Murray, frei übersetzt: „Sie schreiben vorsätzlich in einem obstruktiven (hemmenden, verschlossenen) Stil, den man für gewöhnlich dann anwendet, wenn man entweder nichts zu sagen hat oder verbergen will, dass man die Unwahrheit sagt."

[493] Axel Meyer: *Adams Apfel*, S. 358; in Ingo Kahle: *Gender – Kulturkampf um das Sagbare* (s. Quellen)

[494] *The Madness of Crowds*, S. 59

[495] Meike Lobo: „Die feministische Selbstdemontage". 7. März 2016 Die Zeit: „Die empfindlichen Teile der Frauenbewegung sind laut, paranoid und nicht im entferntesten an einer Welt, in der alle Geschlechter friedlich und ebenbürtig miteinander leben, interessiert."

[496] Interview NZZ, Dez. 2022

[497] Nietzsche: „eine Art, sich durch Moral auszeichnen zu wollen". *Der Wille zur Macht*, S. 22

[498] Ewa Trutkowski, „Vom Gendern zu politischen Rändern". nzz.ch (s. Quellen)

[499] Der Philosoph Reinhard K. Sprenger spricht von einem „Behauptungsdespotismus" und „methodische[m] Geschwurbel" von „unsäglicher Vorurteilshaftigkeit"; s. nzz.ch/feuilleton/wissenschaft-sie-ist-ein-neues-todschlagargument-ld.1590871

[500] s. Ungar-Sargon, Batya: *Bad News*. (s. Quellen) S. 225

[501] ardmediathek.de/video/schlachthof/mit-max-uthoff-miss-allie-und-philipp-weber/br-fernsehen. Juli-Ausgabe 20.07.2023. Uthoffs Glottisschlag-Beispiel *Spiegelei* ist unsachlich, weil falsch betont. / Wokeismus ist im Kabarett keine Seltenheit. Ein gewisser politischer Aktivismus war auch im *schlachthof* bereits nach der Übernahme des Formats (nach dem Abschied von Ottfried Fischer 2012 von *Ottis Schlachthof*) auffällig. Der Orienthelfer Christian Springer hatte von Anfang an seine eigenen heiklen Themen, die er meiner Meinung nach oft recht witzlos vortrug, der Zweck heiligte die Mittel. Und Michael Altinger tat sein

Bestes, um die Qualität der Sendung zu retten. Am 21.12.2023 war im Schlachthof u.a. Theresa Reichl zu Gast. Ihr Auftritt „Markus Söder und das Genderverbot" hatte nach meinen Standards mit Kabarett nichts zu tun, da völlig einfallslos, fad und ohne Tiefgang, eher mit aktivistischer Propaganda. Mit ihrer identitären Belehrungsnummer warb sie für *sensibles* „Tschendern" und stellte Söder an den Pranger. Das Narrativ: die übliche Unterstellung, wer das Gendern ablehne, sei ein Handlanger der AfD. Humor, Esprit, Sprachwitz? Fehlanzeige. Dabei ist Markus Söder für kabarettistische Seitenhiebe eigentlich ein dankbares Opfer (s. Wolfgang Krebs). Überzeugen Sie sich selbst: ardmediathek.de/video/schlachthof/kabarett-mit-michael-altinger-und-christian-springer/br-fernsehen

[502] s. Psychologin Doris Bischof-Köhler in Kap. 14. Konsequenzen

[503] s. Rechtsstreit gegen Zeit-Herausgeber Josef Joffe: „Zeit-Journalisten ziehen gegen Kabarett-Beitrag vor Gericht". Hamburger Abendblatt, 29.07.2014. abendblatt.de/kultur-live/article130688057/Zeit-Journalisten-ziehen-gegen-Kabarett-Beitrag-vor-Gericht.html; oder Uthoffs Ausführungen zum Thema Ukraine: „Ukraine-Krieg bei »Die Anstalt« (ZDF): Selbstreflexion und moralisches Fastfood". Frankfurter Rundschau 09.03.2022, Moritz Post. fr.de/kultur/tv-kino/ukraine-krieg-bei-die-anstalt-zdf-selbstreflektion-und-moralisches-fastfood-91397779.html und wikipedia.org/wiki/Max_Uthoff

[504] Das Gesetz der Sparsamkeit der Natur – natura nihil facit frustra; s. A. Schopenhauer: *Die Kunst, Recht zu behalten*; oder Aristoteles' *Topik* (im *Organon*): Grundsatz, dass die Natur immer die einfachsten Lösungen sucht.

[505] s. Kap. 17. Epistemische Irreführung – gendergerecht, gendersensibel

[506] VDS-Infobrief 11.10.2024, deutschlandfunkkultur.de, mdr.de, ids-mannheim

[507] Susanne Schröter: *Der neue Kulturkampf,* S. 186-190 s. Quellen

[508] ebenda, S. 194

[509] „Wenn die Zusammenbrüche von Demokratien in der Geschichte uns eines lehren, dann, dass extreme Polarisierung für Demokratien tödlich sein kann." Steven Levitsky, Daniel Ziblatt: *Wie Demokratien sterben,* S. 19, DVA 2018

[510] Susanne Schröter: *Der neue Kulturkampf,* S. 196, s. Quellen

[511] S. Niall Ferguson: *The Great Degeneration*; und: *Die demokratische Regression* von Armin Schäfer und Michael Zürn, in *Verlust. Ein Grundproblem der Moderne* von Andreas Reckwitz, Suhrkamp 2024, S. 344-346 und Ricarda Lang: „Wir erleben gerade eine tiefe Vertrauenskrise der Demokratie." Die Zeit 31.12.2024, S. 40

[512] Erinnert sei hier z.B. an Herbert Wehner (SPD) oder Franz Josef Strauß (CSU).

[513] Jürgen Habermas: *Die Einbeziehung des Anderen,* S. 262

[514] Die liberale deutsche Öffentlichkeit übe sich in Selbstkritik, sagt ZEIT-Autor Christian Staas, (in „Political Correctness. Vom Medienphantom zum rechten Totschlagargument. Die sonderbare Geschichte der Political Correctness",19. Januar 2017): „»Wir haben es übertrieben mit der politischen Korrektheit«, beichten Journalisten von taz bis ZEIT und Politiker von grün bis schwarz. So habe man sich mitschuldig gemacht am Aufstieg der AfD, die ein Ventil biete für den Überdruck, der sich unter dem Deckel dogmatischer Sprechvorgaben angestaut habe." zeit.de/2017/04/politicial-correctness-populismus-afd-zensur/komplettansicht. Und: zeit.de/2017/06/ political-correctness-moral-gesellschaft-gleichstellung-korrektheit/

[515] Der Politikwissenschaftler Wolfgang Bok sieht es pessimistischer und mahnt: „Wer der woken Umgestaltung der Gesellschaft nicht klar widerspricht, macht sich indirekt mit ihr gemein." In: „Deutschland steht unter wokem Diktat – in der Regenbogenrepublik setzt eine Minderheit die Themen und verteilt Haltungsnoten". 01.08.2023. nzz.ch/meinung/deutschland-steht-unter-wokem-diktat-in-der-regenbogenrepublik-setzt-eine-minderheit-die-themen-und-verteilt-haltungsnoten-ld.1749048

[516] Susanne Schröter: *Der neue Kulturkampf,* S. 196, s. Quellen

[517] Steven Levitsky und Daniel Ziblatt: *Wie Demokratien sterben.* ab S. 20

[518] Politik steht nicht im Fokus dieses Essays, berührt aber das Thema, weil das Gendern als Erscheinungsform einer illiberalen Haltung zum Politikum geworden ist. Es ist mittlerweile ein Symbol der Aushöhlung der Bürgerrechte und der Meinungsfreiheit. Christian Lindners Entscheidung 2017, „besser, nicht zu regieren, als falsch zu regieren" war nicht falsch. Ebenso war unter theoretischen Gesichtspunkten die Bereitschaft der FDP 2021, eine Koalition zu bilden, auch nicht falsch. Levitsky und Ziblatt: „Mainstreamparteien [müssen], wenn Extremisten als ernstzunehmende Wahlrivalen auftauchen, eine geschlossene Front bilden, um sie zu schlagen. Sie müssen sich, mit Linz' Worten, »mit Gegnern zusammentun, die ihnen ideologisch fernstehen, die aber die demokratische Ordnung aufrechterhalten wollen«." *Wie Demokratien sterben*, S. 36, bezugnehmend auf Juan J. Linz: *The Breakdown of Democratic Regimes*

[519] Michel Onfray: *Theorie der Diktatur*. Jungeuropa Verlag 2021; Schreibweise: Wokeismus oder Wokismus

[520] s. Quellen, *Zorn und Zeit*, S. 293: Spätere Historiker „werden zu rekonstruieren haben, wie es zu dem Verfall der westlichen Demokratien kam, die sich nach 1990 und stärker noch nach 2001 mehr und mehr einer neo-autoritären, teilweise neobellizistischen Wende verschreiben sollten."

[521] Patrick Deneen, *Why liberalism failed*. Yale University Press, New Haven 2018, Übersetzung: Muery Salzmann Verlag 2019; s. auch Peter Naumann: „Was ist denn Aristopopulismus?", Die Zeit 30.10.2024 Nr. 46, S. 56

[522] VDS-Infobrief 27. August 2023: „Die Initiatorin der Hamburger Volksinitiative gegen das Gendern, Sabine Mertens, hat sich mit sofortiger Wirkung von der Arbeit in der Initiative zurückgezogen. Grund seien gesundheitliche Probleme, die auch durch die Anfeindungen gegen sie im Rahmen der Volksinitiative aufgekommen wären."

[523] s. Rat für deutsche Rechtschreibung, Service: Sprachreport-Extraausgaben und Bibliographiedatenbank mit Publikationen zur Rechtschreibung. rechtschreibrat.com/service/ und wikipedia.org/wiki/Rat_f%C3%
BCr_deutsche_Rechtschreibung

[524] Zeit-Kolumnist Harald Martenstein war „erschrocken, als die Ministerin Lisa Paus ... zu einer Art Mobilmachung gegen ihr missliebige Gedanken aufrief, die »unterhalb der Strafbarkeitsgrenze« sind und »gerade noch so unter Meinungsfreiheit fallen«. Regierungsnahe Organisationen sollen Millionen bekommen, um Regierungsgegner zu bekämpfen, die von ihren Grundrechten Gebrauch machen. Man soll in Zukunft nicht mehr »den Staat verhöhnen«, so Paus' Ministerkollegin Nancy Faeser. Was für ein Staat wäre das wohl, der nicht mehr verhöhnt werden dürfte?" Zeit-Magazin 11/2024, S. 6.

[525] Die steuerfinanzierten Demokratiebündnisse, die zu den aktuellen Demos «gegen rechts» aufrufen, wollen „entweder gar keine Parteienvertreter auftreten lassen" oder lehnen „wie etwa in München, die Beteiligung von CDU- oder CSU-Politikern" ab. Mittlerweile verdichtet sich der Eindruck, „dass im Programm «Demokratie leben!» vor allem Initiativen aus dem rot-grünen Milieu gefördert werden". Christoph de Vries (CDU) beanstandet, dass auch „Vereine unterstützt werden, die aufgrund ihrer Nähe zum radikalen Islam vom Verfassungsschutz beobachtet werden". Susanne Gaschke über das Demokratiefördergesetz, 6.3.2024 nzz.ch/international/das-fragwuerdige-demokratiefoerdergesetz-her-mit-der-staatsknete-gegen-rechts-ld.1820574

[526] Die FDP äußert Bedenken, „dass mit den Geldern vor allem linke identitätspolitische Projekte gefördert würden, die alles, was nicht linksprogressiv ist, als rechts und rassistisch einstufen." Ijoma Mangold, Die Zeit, 9 /.2024, S. 47,

[527] „Das neue Demokratiefördergesetz soll mit rund 200 Millionen Euro Steuergeld im Jahr Initiativen finanzieren, die sich für «Vielfalt, Toleranz und Demokratie» einsetzen. ... Bei 350 der 600 Träger ... handelt es sich um sogenannte «Partnerschaften für Demokratie» ... – nicht alle haben mit der Bekämpfung von

Rechtsextremismus zu tun. In ... Kiel etwa fand vor kurzem eine Veranstaltung zur «Gender-Apartheid» in Afghanistan statt. In Kassel gab es im vergangenen Sommer ein «Queer-Spektakel» für Kinder und junge Menschen, auf dem die Teilnehmer unter Anleitung des «Queer-Referats» der Stadt Stofftaschen, Buttons und Sticker gestalten konnten." Susanne Gaschke, 6.3.2024 (s.o.) nzz.ch/international/das-fragwuerdige-demokratiefoerdergesetz-her-mit-der-staatsknete-gegen-rechts-ld.1820574

[528] „Selbstlegitimierung", „Interessenstandpunkt" und „normative Herleitung von Demokratie": s. Philip Manow: *Unter Beobachtung. Die Bestimmung der liberalen Demokratie und ihrer Freunde.* Suhrkamp, 2024, S. 32-33

[529] Interview mit Jürgen Habermas in *Philosophie in Zeiten des Terrors*, Europäische Verlagsanstalt, 2006, S. 67

[530] Harald Martenstein: „Über das Denunziantentum", ZEIT-Magazin 37/2023. Es handelt sich um das Hinweisgeberschutzgesetz, das am 2. Juli 2023 in Kraft getreten ist – zum Schutz von Whistleblowern. Das Gesetz verpflichtet alle Unternehmen und öffentlichen Einrichtungen ab 50 Beschäftigten zum Einrichten einer Meldestelle. Gemeldet werden können auch Publikationen, in denen die Gender-Ideologie kritisiert wird – also auch dieses Buch, wenn Sie finden, dass es antifeministisch ist.

[531] Die Autorin Sophia Fritz beschreibt in ihrem Buch *Toxische Weiblichkeit* typische manipulative Verhaltensmuster der Feministinnen. Hanser Verlag, 2024

[532] Das Unbehagen mit der aktuellen Orientierung der linken Elite rührt in der westlichen Welt wohl daher, dass sich die linke Politik immer mehr oder zumindest zum Teil von ihrer Stammklientel entfernt und sich identitären Themen zugewandt hat. Das gilt auch für die SPD, die das Godesberger Programm (das später vom Berliner Programm, in dem von *Gleichberechtigung* von Männern und Frauen die Rede ist, und dann vom Hamburger Programm abgelöst wurde) vergessen zu haben scheint und sich lieber mit vermeintlich *modernen, progressiven* Trends profiliert. Symptomatisch die abfällige Sprache von Politikern wie Hilary Clinton, wenn es um sozial Schwache und die Arbeiterklasse geht: „It was no acccident that national Democratic leaders such as Barack Obama, Hillary Clinton and Joe Biden now employed the vocabulary of working-class disparagement [Verunglimpfung], speaking of *clinger* [Klammerer] to their religion and guns, illiberal *deplorables* [Erbärmliche, Jämmerliche] and *irredeemables* [rettungslos Verlorene, Unverbesserliche], the losing bottom class of *dregs* [Abschaum] to be shunned for their supposed cultural and racial insensivities." Victor Davis Hanson: *The Dying Citizen*, p. 50; s. auch Interview mit Bernie Sanders, Die Zeit 43/2023, S. 12. Mit diesem Thema befasst sich auch das Buch von Batya Ungar-Sargon: *Bad News* (s. Quellen) sowie Christopher R. Martin, Professor für Kommunikation: *No Longer Newsworthy: How the Mainstream Media Abandoned the Working Class.* Cornell University Press, Ithaca, NY, 2019

[533] https://www.berliner-zeitung.de/kultur-vergnuegen/debatte/neusprache-des-genderns-die-vertreibung-aus-der-sprachheimat-li.365608 / Quelle: nzz.ch/meinung/unterschaetze-kollateralschaeden-der-gendersprache-ld.1762201

[534] Der WDR zeigt im Sommer 2023 alte Folgen der Show *Schmidteinander* mit dem Warnhinweis, die Sendung enthalte „Passagen, die heute als diskriminierend betrachtet werden." Harald Schmidt: „Das sagen mir Redakteure: »Wenn wir ein neues Format entwickeln, müssen wir immer überlegen, welche Shitstorms das auslöst. Und wie wir dann darauf reagieren.« Als wir *Schmidteinander* gemacht haben, gab es keine Angst [...]" In: Interview mit Harald Schmidt: „Haltung zeigen kostet gar nichts. Null". 30.08 2023 Die Zeit

[535] Susanne Schröter: *Der neue Kulturkampf*, S. 73. „Treibende Kräfte des woken Mainstreaming sind Aktivisten, Studenten und Professoren, die sich bei ihren Angriffen [auf unliebsame Wissenschaftler] auf eine vermeintlich höhere Moral und einen absoluten Wahrheitsanspruch berufen." S. 63

[536] s. Kap. 3. Grammatik und Biologie, Kap. 17. Epistemische Irreführung, Kap. 22. Biologie, Linguistik und Postmoderne, Kap. 23. Fazit

[537] Fabian Payr: „Im Sprachkampf können die Waffen nicht schmutzig genug sein". 29.08.2023. (s. Quellen)

[538] Pauen, Michael: *Macht und soziale Intelligenz – Warum moderne Gesellschaften zu scheitern drohen.* S. Fischer 2019, S. 192 f

[539] Victor Davis Hanson: *The Dying Citizen,* p. 50 (s. Fußnote 523) und Gad Saad: *The Parasitic Mind. How Infectious Ideas Are Killing Common Sense,* S. 31; sowie Ungar-Sargon, Batya: Bad News. How Woke Media is Undermining Democracy. Encounter Books, 2023: „contempt for the working class" und "class warfare by elites on the working class", S. XVI.

[540] Richard Malka, Anwalt von «Charlie Hebdo»: „Es gibt eine Linke, die sich leider immer irrt, sie hat sich bei Stalin geirrt, bei Pol Pot, und sie irrt sich auch jetzt". 11.09.2023. nzz.ch/feuilleton/richard-malka-anwalt-charlie-hebdo-terror-paris-karikaturen-ld.1754543

[541] Thomas Frank: *What's the Matter with Kansas? How Conservatives Won the Heart of America.* Henry Holt, New York 2005. In: Ungar-Sargon, Batya: *Bad News. How Woke Media is Undermining Democracy.* S. 9-10. Frei übersetzt: „Worum geht es eigentlich bei diesem Kulturkampf, der zwingend genug war, die Arbeiterklassen zur Aufgabe ihrer eigenen ökonomischen Interessen zu bewegen?"; und: Christopher R. Martin: *No Longer Newsworthy: How the Mainstream Media Abandoned the Working Class.* Cornell University Press, Ithaca, NY, 2019

[542] Ungar-Sargon, Batya: *Bad News* (s. Quellen) S. 10: "Indignation is the great aesthetic principle of backlash culture."

[543] Was Andreas Reckwitz als „Prämierung von qualitativen Differenzen, Individualität, Partikularität" bezeichnet bzw. *Einzigartigkeit als Singularität.* Und: „Dass der Singularismus der spätmodernen Gesellschaft am Ende auch zu Polarisierungen im Feld des Politischen führt, ist nur folgerichtig." Das Ende der Illusionen. Politik, Ökonomie und Kultur in der Spätmoderne. Suhrkamp 2019, S. 19, S. 24, 102-107; alle in diesem Absatz *kursiv* hervorgehobenen Begriffe aus diesem Buch.

[544] ebenda, S. 23 und 100. Dazu gehört auch die „Abwertung der niederen und mittleren Bildungsabschlüsse".

[545] ebenda, S. 107

[546] Oswald Spengler: „Es gibt nur Standesstaaten, Staaten, in denen ein einzelner Stand *regiert.* Man verwechsle das nicht mit dem Ständestaat, dem der einzelne nur vermöge seiner Zugehörigkeit zu einem Stande *angehört." Der Untergang des Abendlandes,* dtv 1972, S. 1016

[547] Gad Saad, ebenda, S. 31-32: "a much simpler decision process, the Lexicographic Rule, which states that a voter will solely examine the issue most important to him and choose the candidate who scores higher on it."

[548] ebenda, S. 31: „[…] I witnessed innumerable people, many of whom are supposedly rational and educated individuals, aping Hillary Clinton's »deplorables« position. According to this viewpoint many of the nearly 63 million people who voted for Donald Trump are racist, toothless, redneck simpletons who sleep with their siblings. Of course, nowhere was this perspective more rampant than in the halls of academia. It is bafflingly moronic that sophisticated intellectuals could actually believe such nonsense."

[549] Populismusforscher Philip Manow: „Bundesweit findet die Flüchtlingspolitik bei zwölf Prozent der Befragten Zustimmung - zwölf Prozent!" Das heißt, fast neun von zehn Bundesbürgern lehnen die aktuelle Flüchtlingspolitik ab. Die Zeit 8/2024, S. 9.

[550] 10.11.2024, https://www.faz.net/aktuell/gesellschaft/menschen/elke-heidenreich-findet-gendern-aufgeblasen-und-dumm-110101974.html

[551] *Vox populi, vox Rindvieh.* Parodie des Spruchs *vox populi, vox dei - Stimme des Volkes, Stimme Gottes.*

[552] n-tv.de/politik/Owssjannikowa-muss-wieder-vor-Gericht-article23224098.html

[553] s. *Gendergaga,* S. 179

[554] s. Fabian Payr: „Wer seiner Bevölkerung die Sprache nimmt, raubt ihr auch ein Stück Heimat: Die unterschätzten Kollateralschäden der Gendersprache". nzz.ch/meinung/unterschaetze-kollateralschaeden-der-gendersprache-ld.1762201

[555] Richard Malka, Anwalt von «Charlie Hebdo»: „Es gibt eine Linke, die sich leider immer irrt, sie hat sich bei Stalin geirrt, bei Pol Pot, und sie irrt sich auch jetzt". 11.09.2023. nzz.ch/feuilleton/richard-malka-anwalt-charlie-hebdo-terror-paris-karikaturen-ld.1754543

[556] „Problemgerechte Klima-Sprache wird eingeführt!" Presseportal 24. Juli 2023. presseportal.de/pm/158050/5565292. Und Tierschutzaktivisten wollen Redewendungen wie „ein Hühnchen rupfen" verbieten. SZ 10.01.2024

[557] Florian Thalmann: „Karussell-Pferde verbieten? Blödsinn! Respekt vor Tieren lernen Kinder nicht auf dem Rummel". 15.2.24. berliner-kurier.de/tiere/karussell-pferde-verbieten-bloedsinn-respekt-vor-tieren-lernen-kinder-nicht-auf-dem-rummel-li.2187675

[558] „Soll man Zoos verbieten?" Die Zeit 14/2024, S. 9

[559] Der Klimaaktivismus bedient sich aus „mythischen Erzählungen von Apokalypsen und Erlösungen", so die taz: „Klimaschutz als Religion: Klima unser im Himmel". https://taz.de/Klimaschutz-als-Religion/!5626370/

[560] Eric Voegelin: *The New Science of Politics. An Introduction*. University of Chicago Press, 1962, S. 120f; in Niall Ferguson: *Doom. The Politics of Catastrophe*. Penguin Books, 2022, S. 29-30

[561] Religiöser Fanatismus fordert auch heute Menschenleben. Das ist aber nicht unser Thema, auch wenn die verschiedenen identitären Gruppen oft wie Religionsgemeinschaften auftreten. Der Eifer der Klimaaktivisten der Letzten Generation erinnert beispielsweise an die Eschatologie der Zeugen Jehovas.

[562] Die Wissenschaft spricht von Prognosen, während die Klimaaktivisten eine unfehlbare, exklusive, unumstößliche Wahrheit verkünden über den Untergang der Welt. Der Weltklimarat beispielsweise beschreibt in seinem Bericht 2021-2022 fünf verschiedene Klimaszenarien. Diesen liegen verschiedene Variablen zugrunde, „die – miteinander kombiniert – einen Einfluss auf die zu erwartende Erderwärmung und die Anpassungsfähigkeit der Menschen haben." nationalgeographic.de/umwelt/2021/08/klimawandel-weltklimarat-zeigt-fuenf-moegliche-szenarien-fuer-die-zukunft-auf. Das Umweltbundesamt: „Zur Untersuchung denkbarer Entwicklungen des Klimas in der Zukunft werden detaillierte numerische Klimamodelle genutzt. Damit führen die Fachleute umfangreiche Simulationen auf der Basis unterschiedlicher Emissionsszenarien durch." 28.11.2014 und 21.06.2022. umweltbundesamt.de › themen › klima-energie › klimawandel › zu-erwartende-klimaaenderungen-bis-2100 / daten/klima/beobachtete-kuenftig-zu-erwartende-globale#aktueller-stand Aufgabe der Politik ist zu erwägen, ob die vorliegenden Erkenntnisse radikale Maßnahmen rechtfertigen (Atomausstieg, Heizungsgesetz) oder ob man eher auf Anreize setzt (*nudging*, Verhaltenslenkung); s. Ulrich Bröckling: *Gute Hirten führen sanft*, Suhrkamp 2017, S. 175 u, 182 ff

[563] Ungeklärt ist die Frage, ob eine hormonbehandelte Transperson entsprechend ihrem genetischen Geschlecht medizinisch behandelt werden soll oder nach neuen Kriterien, die den hormonellen Aspekt berücksichtigen. Zu diesem Thema gibt es einen Gender-Data-Gap. Eine neue Professur für geschlechtssensible Medizin an der Universität Bielefeld soll solche Fragen klären. (Stand: 2024) aerzteblatt.de/archiv/223590/Gendermedizin-Zeit-fuer-gute-Neuigkeiten und https://www.aerzteblatt.de/archiv/221127/Geschlechtsangleichung-Transgender-haben-im-Vergleich-zu-Cisgenderpersonen-doppelt-so-hohe-Mortalitaet

[564] Holger Richter: *Jenseits der Diagnosen. Fallstricke der Psychotherapie*, Kohlhammer-Verlag Stuttgart 2024. Und: nzz.ch/feuilleton/psychisch-krank-wokeness-und-der-anstieg-an-diagnosen-wie-adhs-ld.1869384

[565] Einziger Treffer auf Wikipedia: Brigitte Scheele

[566] s. Parerga und Paralipomena I, § 366 über die Vorzüge der weiblichen Auffassungsweise. Und bitte nicht vergessen: Schopenhauer war ein großer Meister im Schimpfen. Er bezeichnete beispielsweise Hegel verschiedentlich als *Scharlatan*. Erwähnenswert wäre an dieser Stelle aber auch, dass der *umstrittene* Philosoph „Positionen vorweg[nahm], die gegenwärtig mehrheitsfähig sind", so Michael Hierholzer, FAZ: „Die Welt ist schlecht und wird es immer bleiben". 26.8.2023

[567] Gendergaga, S. 142

[568] s. Interview mit der Mathedidaktikerin Anke Lindmeier, Die Zeit 45, S. 33; s. auch Susan Pinker: *Das Geschlechterparadox. Über begabte Mädchen, schwierige Jungs und den wahren Unterschied zwischen Männern und Frauen*

[569] Es handelt sich um Unterschiede in der Hirnaktivität. Neurobiologen an der Stanford-Universität "have discovered that a specially designed *deep neural network*— that is, an AI presumably devoid of the misogynist prejudices of ordinary mortals — can reliably sort brains into male and female categories based on the detection of *hotspot* activity patterns. Worse, it seems that the AI can also use these differences to reliably predict different cognitive performances in men and women on certain tasks, suggesting that functional brain variations have behavioural implications." Kathleen Stock: "Who's afraid of a female brain? Reality-denying feminists do women no favours"; s. auch Fußnoten Kap. 22, Evolutionsbiologie 23. Februar 2024 https://unherd.com/2024/02/whos-scared-of-a-female-brain/

[570] „84 Prozent finden, Transpersonen sollten als normal anerkannt werden", heißt es in Steffen Maus Studie „Triggerpunkte. Konsens und Konflikt in der Gegenwartsgesellschaft", erschienen am 9.10.2023. Über das Gendern: „Maus Studie bestätigt, dass die meisten Deutschen die sogenannte geschlechtersensible Sprache ablehnen." In: „Studie zur gesellschaftlichen Spaltung: Einiger als gedacht". Die Zeit, 27.9.2023. Von Anant Agarwala und Anna-Lena Scholz

[571] Jürgen Habermas beschreibt in *Moralbewusstsein und kommunikatives Handeln* den moralischen Rigorismus im Allgemeinen: „Von *moralischem Rigorismus* können wir dann sprechen, wenn die hermeneutische Sensibilität für das Anwendungsproblem fehlt und wenn abstrakte moralische Einsichten unvermittelt konkreten Situationen übergestülpt werden." S. 192-194

[572] „Aktivisten und Anhänger der Transgender-Ideologie sind frei zu glauben, das Geschlecht sei frei wählbar. Doch Journalisten sollten Selbstbezeichnungen genauso kritisch prüfen wie andere Angaben." Beatrice Achterberg: „Wenn Journalisten sich der Sprache von Transgender-Ideologen unterwerfen: Für die BBC ist ein mordender Mann eine Frau". 11.03.2024 nzz.ch/feuilleton/wenn-journalisten-sich-der-sprache-von-transgender-ideologen-unterwerfen-fuer-die-bbc-ist-ein-mordender-mann-eine-frau-ld.1820075

[573] Zana Ramadani und Peter Köpf: *Woke – Wie eine moralisierende Minderheit unsere Demokratie bedroht*, S. 47

[574] ebenda S. 47-54

[575] Darüber berichtet u.a. Douglas Murray in seinen Büchern (s. Quellen) und außerdem die Webseite WomenAreHuman.com/

[576] Ursula Münch sagte in „hart aber fair" vom 11.9.2023, (es ging um das katastrophale Abschneiden der Ampelparteien zur Regierungshalbzeit), die „Stärkung von Minderheitenrechten" erfordere für einen großen Teil der Bevölkerung „kein vorrangiges Regierungshandeln". Die Politikwissenschaftlerin wollte auch was über das Gendern anmerken, aber Moderator Louis Klamroth würgte sie ab.

[577] s. Quellen: Ungar-Sargon: *Bad News*. Chapter Nine, p. 193-212: „There's a sublimated racism in wokeness" (Zitat von Thomas Chatterton Williams, S. 212)

[578] Ich definiere die *soziale* Identität als politisch-kulturelle bzw. öffentliche Identität der Individuen, die jene Eigenschaften und Überzeugungen in sich vereint, die eine auf Konsens beruhende Gesellschaft zusammenhält und ohne die eine Gesellschaft zerfällt. Die *private* Identität beschreibt die individuellen Eigenarten, die niemanden was angehen. Jürgen Habermas spricht von „zwei Stufen der Assimilation":

(a) „Zustimmung zu den Prinzipien der Verfassung" und (b) Akkulturation, die er mit der Assimilation gleichsetzt. „Der demokratische Rechtsstaat [...] darf von Einwanderern nur die politische Sozialisation [...] verlangen." s. *Die Einbeziehung des Anderen*, S. 267. Weiteres Stichwort: Theorie der sozialen Identität.

[579] *Jenseits von Gut und Böse*, Achtes Hauptstück, 244

[580] „*Bio* suggeriert Reinheit und Höherwertigkeit. ... Ein Biodeutscher ... verkörpert folglich höhere menschliche Qualität. Übermenschliche. Bio impliziert, dass die anderen Deutschen unrein sind. Unrein und minderwertig. Genetisch kontaminiert. ... Mit artfremden Pestiziden verseucht. Man muss die Konnotationen einfach nur zu Ende deklinieren. ..."; s. V. Brenner: *Notlügner*, 2020, S. 100

[581] N. Foroutan behauptet, „niemand habe allein deshalb Anspruch auf Deutschland, weil seine Urahnen schon immer hier gelebt haben". Gefordert wird eine allgemeine „Umerziehung der deutschen Bevölkerung"; Susanne Schröter: *Der neue Kulturkampf,* S. 109,134 (s. Quellen)

[582] Dieses Modell setzt eine demokratisch nicht legitimierte Hierarchisierung der Bevölkerung voraus, indem es die Eingewanderten über die einheimische Bevölkerung stellt, mit der Konsequenz, dass die Migranten, die nun mal freiwillig zu uns kommen und das Bleiberecht unter Berufung auf die deutsche Verfassung und das deutsche Rechtssystem beantragen, nun das Privileg haben sollen, diese sozialpolitische Rechtsordnung und Alltagsnormen nach ihren Vorstellungen umgestalten zu dürfen, an die sich die Alteingesessenen gefälligst anzupassen haben. Es ist eine typische Unart der postmodern-identitären Theoretiker, neue Wahrheiten, Normen und Regeln zu erfinden und deren Gültigkeit als Dogmen durch einen Sprechakt zu verkünden. Die dekonstruktive Argumentation der Postmodernen ist weitgehend beliebig, sie erinnert oft an Slogans wie *vögeln für den Frieden*, s. Kap. 17. Epistemische Irreführung. Obskure Studien dienen dabei als Alibi.

[583] Jürgen Habermas: *Die Einbeziehung des Anderen*, S. 255, s. Quellen

[584] ebd. S. 259

[585] Suhrkamp 1983-2023. S. 249

[586] s. Fußnote Kap. 30.8 Dekadenz des Untergangs Norbert Bolz. Zana Ramadani und Peter Köpf rechnen mit dem Schlimmsten: „Wenn die schweigende Mehrheit nicht mehr bereit ist, die zunehmenden Zumutungen der woken Community hinzunehmen, droht ein Bürgerkrieg." *Woke*, S. 258, s. Quellen

[587] Die ständige Verwendung rechts konnotierter Klischees bei Beschimpfungen führt nicht nur zu einer Bedeutungsverschiebung von Wörtern wie *Nazi* oder *Rassist*, sondern zur Relativierung, möglicherweise sogar zu einer schleichenden Aufwertung, Verharmlosung oder Normalisierung grenzwertiger Bezeichnungen. Man weiß am Ende gar nicht mehr, ob der Beschimpfte wirklich ein Nazi im historisch-ideologischen Sinne ist oder bloß ein stinknormaler Konservativer oder eine x-beliebige Person, die andere Meinungen vertritt als die Linksidentitären; s. auch Quellen: Norbert Bolz

[588] Beispiel aus *Woke* von Zana Ramadani und Peter Köpf, S. 186: Angefeindet wurde die Wirtschaftsjuristin Asteriti u.a., weil sie sich mit der Frage beschäftigte, „warum die körperliche Unterscheidung von Männern und Frauen im internationalen Recht wichtig" sei. s. Quellen

[589] Susanne Schröter: „Sie wollen die totale Unterwerfung: Die gefährliche Ideologie der Linken und Woken". 6.3.2025. https://www.focus.de/politik/meinung/kolumne-von-susanne-schroeter-kulturkampf-gegen-die-union_id_260756018.html

[590] Pluckrose/Lindsay, S. 262

[591] Jürgen Habermas: *Der philosophische Diskurs der Moderne*. Suhrkamp 1985-88, S. 72. Kap. III Drei Perspektiven: Linkshegelianer, Rechtshegelianer und Nietzsche

[592] Pluckrose/Lindsay, S. 262-3

[593] In Norwegen wurden 2011 die Fördermittel für die Genderstudien am NIKK-Institut gestrichen. Nach der Umstrukturierung des NIKK bekam die Forschung neue Schwerpunkte.

https://www.bundestag.de/resource/blob/562776/63e32d56b08addf5ccd3be4b1c4b
0d05/wd-9---024-18-pdf-data.pdf

[594] Pluckrose/Lindsay: "Social Justice scholarship has become a kind of Theory of Everything, a set of unquestionable Truths … whose central tenets were taken from the original postmodernists." S. 183. Die politische Ideologie der Postmoderne bezeichnen Pluckrose und Lindsay als *Critical Social Justice Ideology*, besser bekannt als Wokeismus; s. auch Gad Saad: „gibberish".

[595] Als Altersdiskriminierung oder Abwertung aufgrund politischer oder weltanschaulicher Überzeugungen, s. Wilhelm Heitmeyer, Soziologe

[596] s. Fußnoten Kap. 30.8

[597] Mit Anton Hofreiter oder Ricarda Lang wäre ich wohl gut befreundet, wenn sie meine Nachbarn wären, obwohl ich ihre Partei nicht wähle.

[598] Jürgen Habermas: *Die Einbeziehung des Anderen*, S. 261: Die intolerante Praxis der Fundamentalisten „stützt sich auf religiöse oder geschichtsphilosophische Weltdeutungen, die für eine privilegierte Lebensform Exklusivität in Anspruch nehmen. Solchen Auffassungen fehlt das Bewusstsein der Fallibilität ihres Geltungsanspruchs und der Respekt vor den »Bürden der Vernunft«."

[599] Birgit Kelle: *Noch Normal? Das lässt sich gendern.* S. 270-272: „Als moralische Instanz haben beide christlichen Kirchen als Institutionen längst aufgehört, ihren gesellschaftlichen Anspruch lautstark anzumelden." Unter den Gläubigen dürfte die Ablehnung der Genderthemen mindestens so hoch liegen wie im Bevölkerungsdurchschnitt. „Entfernt sich die Kirche durch die Gendersprache von den Gläubigen in Deutschland?", fragt die CNA und bedauert, dass der Vorsitzende des Vereins Deutsche Sprache, Walter Krämer (72), wegen des „zunehmenden Gebrauchs der Gendersprache in der Katholischen Kirche" seinen Austritt erklärt hat. https://de.catholicnewsagency.com/news/9550/wegen-gender-sprache-prasident-des-vereins-deutscher-sprache-erklart-kirchenaustritt

[600] B. Kelle, *Gendergaga*, S. 75

[601] Harald Martenstein: „Genderforschung: Schlecht, …", s. Quellen

[602] Gender-Terror: Die Erziehungsmaßnahmen der Sprachpolizisten nerven!

[603] An der Uni Köln zum Beispiel mit der gendertheoretischen Perspektive auf den »Leib Christi«, der dekonstruiert werden müsse, s. B. Kelle, *Gendergaga*, S. 171

[604] Dabei geht es auch um kindeswohlgefährdende Erziehungsdefizite. Die Rheinische Post meldete z.B. bereits 2010: „Erziehungsdefizite nehmen zu". Eltern hätten immer häufiger Probleme mit der Erziehung ihrer Kinder. rp-online.de/nrw/staedte/willich/erziehungsdefizite-nehmen-zu_aid-12675481

[605] Die Scheidungsgründe dürften von Generation zu Generation unterschiedlich sein, laut der globalen Datenbank Statista spielen Umfragen zufolge (2019) emotionale Dissonanzen die Hauptrolle; nur wenige (8%) fühlten sich in der Beziehung benachteiligt. de.statista.com/statistik/daten/studie/1034490/umfrage/umfrage-zu-trennungsgruenden-in-deutschland-nach-geschlecht/

[606] MDR 14. Juni 2023. mdr.de/brisant/studie-gewalt-frauen-104.html

[607] Diese Frage darf man getrost als zynisch bezeichnen, sie drängt sich aber in diesem Zusammenhang geradezu auf, schon aus Gründen der Logik. Erschreckend sind in manchen Kreisen auch Studienergebnisse, die anders ausfallen als ideologisch erwünscht. Während Bewegungen wie „Men are trash" oder „Kill all men" kaum jemanden stören, lösten die Erkenntnisse einer zwischen 2014-2017 durchgeführten britischen Studie Entsetzen in der feministischen Szene aus. Es ging um die Frage, was Frauen und Schwule an Männern attraktiv finden („images of men that women found attractive"). Denken Sie jetzt vielleicht an sanftmütige, feinfühlige Frauenversteher? Weit gefehlt. Solche Männer werden meiner Erfahrung nach eher verachtet. „Men with muscles and money are more attractive", so das *Newsweek*-Fazit (20.10.2017), zusammengefasst von Douglas Murray in *The Madness of Crowds*, S. 100-105

315

[608] zeit.de/gesellschaft/2023-06/haeusliche-gewalt-kriminalitaet-bundeslaender-frauen?utm_referrer=https%3A%2F%2Fduckduckgo.com%2F

[609] Laut Bundesfach- und Koordinierungsstelle Männergewaltschutz (BFKM). s. „Immer mehr Männer suchen Schutz vor häuslicher Gewalt". 3.11.23 faz.net/aktuell/gesellschaft/kriminalitaet/wie-viele-maenner-schutz-vor-haeuslicher-gewalt-suchen-19288619.html

[610] Ingrid Thurner: „,Allmählich muss man sich gar der Frage stellen, ob die sprachfeministischen Schüsse nicht nach hinten losgegangen sind und das Gegenteil dessen erreicht wurde, was beabsichtigt war." In: „Der Gender-Krampf verhunzt die deutsche Sprache". 2.2.2013. welt.de/debatte/kommentare/article 113305194/Der-Gender-Krampf-verhunzt-die-deutsche-Sprache.html

[611] Ayaan Hirsi Ali: „Die politische Polarisierung zwischen den Geschlechtern nimmt unter jungen Menschen zu. Das hat mit Politik überraschend wenig zu tun." 12.09.2024; (Umfrage Glocalities 2014-2023) nzz.ch/feuilleton/generation-z-junge-frauen-stehen-weiter-links-als-die-jungen-maenner-ld.1847641

[612] Renate Schmidt: „Ich plädiere dafür, dass die Erziehung zu Partnerschaft und Familie auch in Schulen stattfindet, nicht nur daheim. Ein neues Schulfach 'Familienkunde' halte ich für vernünftig. Warum klären wir unsere Kinder in der Schule nur sexuell auf?" 06.11.2002 spiegel.de/lebenundlernen/uni/zitat-des-tages-vater-staat-mutter-renate-und-das-liebesgedoens-a-221579.html

[613] Helene Kilb: Enttäuscht über das Geschlecht des Kindes. „Als ich erfuhr, dass es wieder ein Junge wird, bin ich in ein richtiges Loch gefallen" 28.06.2023 RND. rnd.de/familie/gender-disappointment-lieber-ein-junge-oder-ein-maedchen-HKI7XCFZWJFJXAX5ZPHLC3XGQU.html

[614] Harald Martenstein: „Über Frauen, die keine Jungen gebären wollen". ZEITmagazin 40/2023. Der Kolumnist erwähnt auch das Buch von Helen Smith: *Men on Strike.*

[615] Philip Zimbardo: *Man Disconnected. How the Digital Age Is Changing Young Men Forever.* Rider 2015

[616] ft.com/content/29fd9b5c-2f35-41bf-9d4c-994db4e12998 und Birgit Schmid: „Der junge Mann wird zum Problem erklärt – seine «rechten» Ansichten machen ihn zum Frauenfeind. Diese Gleichung ist zu einfach". 20.02.2024 nzz.ch/meinung/generation-z-frauen-links-maenner-rechts-politischer-gendergap-ld.1807273

[617] Incel: „involuntary celibate" (unfreiwillig zölibatär bzw. sexuell enthaltsam): Bezeichnung für Männer, die unfreiwillig allein leben und u.U. noch Jungfrauen sind; gelten als Frauenhasser.

[618] s. Ulf Poschardt: „Von Umerziehungsgelüsten zu Auslöschungsfantasien". 28.03.2019 welt.de/kultur/article190982553/Ulf-Poschardt-Von-Umerziehungsgeluesten-zu-Ausloeschungsfantasien.html

[619] B. Kelle: Gender-Gaga, S. 168

[620] https://www.tabularasamagazin.de/in-deutschland-gibt-es-146-genderprofessuren-an-universitaeten-und-50-genderprofessuren-an-fachhochschulen/

[621] Zana Ramadani und Peter Köpf: *Woke*, S. 180, s. Quellen

[622] ebenda, S. 180

[623] Vera Lengsfeld: In Deutschland gibt es 146 Genderprofessuren an Universitäten und 50 Genderprofessuren an Fachhochschulen. 5.10.2023. tabularasamagazin.de/in-deutschland-gibt-es-146-genderprofessuren-an-universitaeten-und-50-genderprofessuren-an-fachhochschulen/)

[624] bundestag.de/resource/blob/536708/f920fd8afc4c784a7bd0ce05801097bd/wd-8-043-17-pdf-data S. 16

[625] Darunter beispielsweise: Förderung der Vorgriffsprofessur im Fach Diversity Studies in den Ingenieurwissenschaften im Rahmen des Professorinnenprogramms an der Universität Stuttgart, Laufzeit: 01.01.2010 bis 31.12.2014,

Förderkennzeichen: 01FP09153A oder Förderung der Regelprofessur im Fach Historische Anthropologie und Geschlechter-forschung im Rahmen des Professorinnenprogramms II an der Humboldt-Universität zu Berlin, Laufzeit: 01.04.2014 bis 31.03.2019, Förderkennzeichen: 01FP13065F.

[626] Birgit Kelle: Gender-Gaga, S. 165-180

[627] ebenda, S. 165

[628] ebenda S. 68-173

[629] ebenda, S. 182

[630] ebenda, S. 172-180

[631] Jan Fleischhauer: „Verdeckte Aktivisten-Finanzierung: Gibt es auch in Deutschland einen „tiefen Staat"? 8.3.25. focus.de/politik/deutschland/schwarzer-kanal/kolumne-von-jan-fleischhauer-warum-schuetzt-klingbeil-linke-aktivistenvereine_id_260756466.html. Institut für Demoskopie Allensbach: Die Mehrheit fühlt sich gegängelt. Eine Dokumentation des Beitrags von Dr. Thomas Petersen in der Frankfurter Allgemeinen Zeitung Nr. 136 vom 16. Juni 2021; und „Die Gender-Sprache ist eine Top-down-Veranstaltung" von Susanne Gaschke und Jacques Schuster, 26.5.2021, Die Welt; S. Schröter: Der neue Kulturkampf, S. 180; Im Bericht der Bundesregierung zur Förderung von NGOs vom 12.3.25 ist von 2,6 Millionen Euro für die „Amadeu Antonio Stiftung" 2025 die Rede. 12.3.2025. focus.de/politik/deutschland/union-stellte-551-fragen-so-pampig-antwortet-die-regierung-auf-die-fragen-nach-den-ngo-steuermillionen_id_260758673.html

[632] Alexander Teske: *Inside Tagesschau*, S. 124, s. Quellen

[633] Fatina Keilani: Die steuerlich geförderte Verniedlichung der Clankriminalität muss aufhören. 29.02.2024 NZZ https://www.nzz.ch/der-andere-blick/wie-fragwuerdige-studie-der-tu-berlin-die-clankriminalitaet-verharmlost-ld.1819843

[634] Die Union greift das Thema im Wahlprogramm 2025 auf und „will die Zahl der Beauftragten halbieren". n-tv.de/politik/Wagenknecht-will-Regierungsbeauftragte-abschaffen-article25511666.html

[635] Susanne Gaschke: „Erziehungsrepublik Deutschland". 20.09.2024 nzz.ch/der-andere-blick/scholz-und-seine-regierung-reden-zu-den-waehlern-als-ob-sie-kinder-waeren-ld.1849278

[636] Kolumne von Jan Fleischhauer 9.11.2024. focus.de/politik/meinung/focus-kolumne-von-jan-fleischhauer-aussenpolitik-wir-zahlen-solar-auf-moscheen-aber-kuschen-vor-mullahs_id_260459803.html

[637] Von der Gefahr einer drohenden weltweiten Anarchie warnt auch Christian Hacke, s. Interview mit Politikwissenschaftler Christian Hacke über die Friedensbewegung. 30.3.2024. https://www.deutschlandfunk.de/programm

[638] s. Klaus Ferdinand Gärditz: „Meinungsfreiheit für Unis?" faz.net/aktuell/wissen/forschung-politik/universitaeten-ueber-die-wissenschaftsfreiheit-auch-zur-meinungsfreiheit-19547875.html

[639] Sabine Döring, Professorin an der Eberhard Karls Universität Tübingen von 2008 bis 2023 und Staatssekretärin im Bundesministerium für Bildung und Forschung von Februar 2023 bis Juni 2024; s. ZEIT-Interview 30/2024.

[640] n-tv.de/politik/Ampel-Koalition-einigt-sich-auf-Haushalt-und-Wachstumspaket-article25064796.html und nzz.ch/international/haushaltsplaene-fuer-die-bundeswehr-regierung-scholz-wird-zum-sicherheitsrisiko-ld.1838264

[641] S. Schröter: *Der neue Kulturkampf*. Kapitel 7, S. 167-196; s. Quellen

[642] ebenda, S. 186

[643] ebenda, S. 195

[644] Interview mit Joachim Steinhöfel, Anwalt für Wettbewerbsrecht, Markenrecht, Medienrecht, Presserecht, Internet und e-commerce: „Der Anwalt Joachim Steinhöfel kämpft gegen Zensur und sagt: «Der deutsche Staat geht autoritär gegen Kritiker vor»" 19.5.2024 nzz.ch/feuilleton/meinungsfreiheit-im-netz-interview-mit-dem-anwalt-joachim-steinhoefel-ld.1828541

[645] Alexander Wendt: *Verachtung nach unten.* S. 369 s. Quellen

[646] Eschatologie: prophetische Lehre vom Endschicksal des Menschen, von der Hoffnung auf Vollendung des Einzelnen und der gesamten Schöpfung

[647] Auch hier sollte man Linke und Tribalisten nicht miteinander verwechseln. Susan Neiman: „Die Linken verstehen sich seit ihren Anfängen in der Aufklärung als universalistisch und nicht als tribalistisch, das haben sie mit den Liberalen gemeinsam. Ihre Werte sollen für jeden Menschen gelten, da kommt der Begriff der Menschenrechte her." In: „Ist das links oder woke?" Interview, Die Zeit 35/2023. zeit.de/2023/35/susan-neiman-links-ist-nicht-woke-aufklaerung-menschenrechte-philosophie/komplettansicht

[648] Karl Popper, *The Open Society and Its Enemies.* S. 83-113

[649] K. Popper, S. 165 „closed society" und 242

[650] Popper, S. 443. Oder wie der SPD-Politiker Carlo Schmidt betonte: „Demokratie ist nur dort mehr als ein Produkt einer bloßen Zweckmäßigkeitsentscheidung, wo man den Mut hat, an sie als etwas für die Würde des Menschen Notwendiges zu glauben. Wenn man aber diesen Mut hat, dann muß man auch den Mut zur Intoleranz denen gegenüber aufbringen, die die Demokratie gebrauchen wollen, um sie umzubringen."

[651] V.D. Hanson, S. 100: „American multiracialism [...] envisions one inclusive and common culture of many races"

[652] V.D. Hanson, S. 100

[653] V.D. Hanson: "… tribalism was seen as backward, a reactionary, pre-civilizational notion that made it impossible for a citizen of a multiracial nation to consider those of different appearances or religions his equal. […] Innately toxic to humankind, tribalism fully expressed as infighting and rivalry, was understood as an anathema to any pluralistic democratic society. […] Herodotus and Thucydides critiqued tribalism as precivilizational […]. S. 101)

[654] Hanson. S. 103

[655] Oswald Spengler: *Der Untergang des Abendlandes*: „So wenig wir imstande sind, unser Weltgefühl zu ändern …, so wenig haben wir Gewalt über die ethische Grundform unseres Wachseins." S. 440, dtv 1972

[656] Das Wiederauftreten anatomischer Merkmale, die bei stammesgeschichtlichen Vorfahren üblich waren (z. B. die Ausbildung eines Schwanzes); in der Verhaltensbiologie spricht man von *atavistischen* Verhaltensweisen.

[657] Oswald Spengler: Das „Erlöschen der lebendigen inneren Religiosität … ist es, was im historischen Weltbild als Wendung der Kultur zur Zivilisation erscheint...", ebenda, S. 459

[658] Hannah Arendt: *Elemente und Ursprünge totaler Herrschaft*, Piper, München 2001, S. 625

[659] s. Birgit Kelle in *Noch normal? Das lässt sich gendern*

[660] Der Deutschlandfunk bezeichnet in diesem Zusammenhang die wissenschaftliche Tatsache, dass es biologisch nur zwei Geschlechter gibt, als lediglich eine von Vollbrecht „vermittelte Lehrmeinung ihres Fachs". deutschlandfunkkultur.de/vortrag-humboldt-universitaet-berlin-trans-zwei-geschlechter-marie-luise-vollbrecht-102.html *und* faz.net/aktuell/feuilleton/humboldt-dozentin-marie-luise-vollbrecht-gilt-als-gemeingefaehrlich-18156121.html *und* welt.de/debatte/kommentare/plus239113451/Oeffentlich-rechtlicher-Rundfunk-Wie-ARD-und-ZDF-unsere-Kinder-indoktrinieren.html

[661] Ähnlich der Fall der Wirtschaftsjuristin Alessandra Asteriti, die wegen angeblicher Transphobie gecancelt wurde; ihren Job an der Leuphania-Universität Lüneburg musste sie aufgegeben; s. S. Schröter: *Der neue Kulturkampf*, S. 67

[662] R. Kaehlbrandt: *Deutsch – Eine Liebeserklärung*

[663] „Gendergerechte Sprache - Eine Frage der Endung". 20.1.2021 / Die Zeit

[664] Die Soziologin Nadia Shehadeh spricht im Gespräch mit watson.de von einem "immensen emotionalen Hass gegen das Gendern". Carla Hermel (2.3.2024)

https://www.watson.de/leben/analyse/341801181-feminismus-in-der-krise-soziologin-prangert-abstruse-rueckwaertsgewandtheit-an

[665] Francis Fukuyama: *Liberalism and Its Discontents*, S. 111

[666] Pauline Voss: *Generation Krokodilstränen*, S. 134

[667] Francis Fukuyama: *Liberalism and Its Discontents*, s. Quellen

[668] Das läge auch nicht in meiner Kompetenz.

[669] Pauline Voss: *Generation Krokodilstränen*, S. 98: „[G]efühlte Verletzungen [sind] keine wissenschaftliche Größe" ... „Es geht [...] weniger um Logik [...] als um diskursive Macht".

[670] Meine Kritik bezieht sich auf die Situation hierzulande, auf meine Wahrnehmung der sozialen Wirklichkeit in meinem Umfeld. Näheres über die Lage in den USA in *Im Zeitalter der Identität* von Yascha Mounk, S. 43-179, s. Quellen

[671] Zana Ramadani und Peter Köpf: *Woke,* S. 129, s. Quellen

[672] S. Schröter, S. 22-26 s. Quellen

[673] Zeit-Autor Ijoma Mangold: „Ich habe Deutschland nie als rassistisches Land empfunden". SWR Kultur, 20.09.2020. https://www.swr.de/swrkultur/leben-und-gesellschaft/ijoma-mangold-literaturkritiker-und-buchautor-swr2-zeitgenossen-2020-09-26-100.html

[674] Der Staat verliert das Vertrauen seiner Bürger. „Das zeigt auch eine neue Umfrage des Beamtenbunds: 70 Prozent halten den Staat für überfordert. Der Wert ist zum vierten Mal in Folge gestiegen." Beatrice Achterberg: „Der Tod von Philippos T. ist ein weiteres Alarmsignal – die Massenmigration hat Deutschland gefährlicher gemacht". 28.6.2024, nzz.ch/international/kommentare/bad-oeynhausen-massenmigration-bedroht-die-innere-sicherheit-in-deutschland-ld.1837155

[675] siehe nächste Fußnote

[676] Ayaan Hirsi Ali: "We Have Been Subverted". The Free Press, June 4, 2024. https://www.thefp.com/p/ayaan-hirsi-ali-we-have-been-subverted

[677] s. Kap 16: M. Pauen, Echokammern

[678] Francis Fukuyama: *Liberalism and Its Discontents*, S. 68: „[C]ritical theory shifted from a critique of liberal practice to a critique of liberalism's underlying essence, and sought to replace it with an alternative illiberal ideology."

[679] s. Birgit Kelle, Kap. 16

[680] Wokeismus und Islam lehnen die im abendländischen Sinne verstandene Gleichheit ab. In beiden Glaubensrichtungen „definiert die Religionszugehörigkeit auch den politischen und den bürgerlichen Status des Menschen: Man ist entweder Muslim, Schriftbesitzer (Jude oder Christ) oder Ungläubiger. Und als Angehöriger einer dieser Gruppen partizipiert man in abgestufter Weise an der politischen Mitbestimmung und an den Bürgerrechten." Martin Grichting: „Das deutsche Woke-Milieu und seine Liebe zum Islam". 13.06.2024, nzz.ch/meinung/die-woke-liebe-zum-islam-ist-gefaehrlich-ld.1834437

[681] s. Philip Manow: *Unter Beobachtung. Die Bestimmung der liberalen Demokratie und ihrer Freunde*, suhrkamp 2024, S. 147-180

[682] Begriff aus der Chaostheorie, hier metaphorisch; s. Mitchell Feigenbaum

[683] Wie Alexander Wendt die Woken nennt, z.B. S. 349, s. Quellen und Kap. 30.4

[684] „Während heute 1,3 Milliarden Menschen auf dem Kontinent [Afrika] leben, dürften es 2050 mit 2,5 Milliarden etwa doppelt so viele sein." berlin-institut.org/themen/international/bevoelkerungsentwicklung-in-afrika. Und: „Bis Ende des Jahrhunderts werden etwa dreimal so viele Menschen in Afrika leben wie heute, knapp 4,3 Milliarden – etwa 40 Prozent der Weltbevölkerung." (Forschung & Lehre - Deutscher Hochschulverband) forschung-und-lehre.de/zeitfragen/wohin-steuert-die-weltbevoelkerung-5161.
Und: Deutschland hat eine doppelt so hohe Bevölkerungsdichte wie z.B. Frankreich, Ungarn oder Spanien. Von den größeren Ländern haben nur Belgien, Großbritannien und die Niederlande mehr Einwohner pro Quadratkilometer als wir.

Die USA zählen 37 Personen pro Qkm, Deutschland 235,5. Prognose der Vereinten Nationen Juli 2024: Die derzeitige Bevölkerung Afrikas von gut 1,5 Milliarden Menschen werde bis 2050 auf knapp 2,5 Milliarden und im Jahr 2100 auf mehr als 3,8 Milliarden wachsen. 11.07.2024 faz.net/aktuell/wissen/erde-klima/weltbevoelkerung-un-prognose-korrigiert-peak-nach-unten-19846471.htmlde.statista.com/statistik/daten/studie/74693/umfrage/bevoelkerungsdichte-in-den-laendern-der-eu/; und: de.statista.com/statistik/daten/studie/165799/umfrage/bevoelkerungsdichte-in-den-usa/

[685] Peter Sloterdijk: *Kritik der zynischen Vernunft*. Suhrkamp 1983-2023. S. 245

[686] s. Nation, Nationalstaat, Unterkapitel 30.5.4 und Francis Fukuyama, *Liberalism and Its Discontents*, S. 133

[687] Jürgen Habermas: *Die Einbeziehung des Anderen*, S. 254; s. auch „Ausgleich zwischen konkurrierenden Gruppeninteressen", S. 254

[688] Es geht um jährliche Einsparungen von ca. 1 Milliarde Euro bis 2027. Stand: 15.06.2024 n-tv.de/politik/Verkehrsminister-Wissing-plant-Investitionen-in-Autobahnen-um-3-7-Milliarden-Euro-zu-kuerzen-article25017238.html

[689] Pauline Voss, *Generation Krokodilstränen*, S. 113

[690] Diese Beispiele sind fiktiv, aber typologisch üblich und anhand von Hunderten von konkreten, d.h. ähnlichen Fällen *konstruiert*.

[691] „Vertriebene deutscher Volkszugehörigkeit" sind Deutsche im Sinne des Grundgesetzes, Art. 116. Den Begriff *Migrationshintergrund* hat die Soziologin, Erziehungswissenschaftlerin und Migrationsforscherin Ursula Boos-Nünning geprägt (also keine Juristin); die Statistiker haben daraus eine eigene Kategorie gebastelt. Juristisch wohl nicht ganz wasserdicht.

[692] So z.B. die SPD-Politikerin Sawsan Chebli in der ZEIT-Ausgabe vom 12.1.2023 und Reem Alabali-Radovan, Integrationsbeauftragte der Bundesregierung, in der Tagesschau vom 18.1.23

[693] A. Teske, S. 130-131, s. Quellen

[694] d.h. Angehörige deutscher Minderheiten

[695] Beispiel: Die Abstammung des 17-jährigen Halid S. (die Eltern stammten aus der Türkei und dem Libanon), der 2019 in Augsburg am Nikolaustag einen Feuerwehrmann mit einem Faustschlag tödlich verletzt hatte, spielte in der medialen Auswertung des tragischen Zwischenfalls für manche Diskursteilnehmer keine Rolle, weil der Täter als deutscher Staatsangehöriger deutsch sozialisiert gewesen sein soll. https://www.n-tv.de/panorama/Lange-Haftstrafe-fuer-17-Jaehrigen-in-Augsburg-article22151325.html. In Nordrhein-Westfalen ermittelt die Polizei derzeit (2024) wegen 209 mutmaßlicher Fälle von Gruppenvergewaltigungen im Jahr 2023. Eine Anfrage von Politikern ergab, dass von 155 Tatverdächtigen 71 deutsche Staatsbürger sind und 84 Ausländer. (Der Ausländeranteil in der Bevölkerung liegt bei ca.15 %.) Abgefragt wurden anschließend auch die Vornamen der deutschen Tatverdächtigen. Manche Deutschen tragen Namen wie Abdullah, Ahmad, Güney, Hasan, Hussein oder Mohammad. „Mindestens 37 Namen aus der Liste lassen auf einen Migrationshintergrund schließen", so die Journalistin Beatrice Achterberg. Das wären dann unter dem Strich ca. 34 einheimische Deutsche und *mindestens* 121 Migranten (mit / ohne deutschen Pass). nzz.ch/der-andere-blick/gruppenvergewaltigung-und-herkunft-nationalitaet-der-taeter-spielt-eine-rolle-ld.1847031

[696] "The "white" category will continue to exclude blond, blue-eyed Paraguayans of exclusively German descent—they are "Hispanic or Latino," you see—but will continue to include ethnicities as diverse as Portuguese and Danes." Gemeint sind Portugiesen und Dänen, die aus Europa in die USA ausgewandert sind; OMB: Office of Management and Budget; ab dem 2030-Zensus werden sieben Rassen berücksichtigt. Michael Lind: "It's Time for the Government to Abolish 'Race'".12.03.24 The Free Press https://www.thefp.com/p/should-census-abolish-race-michael-lind

[697] Zana Ramadani und Peter Köpf: *Woke* 1.6, s. Quellen

320

[698] Eine von der Bundesregierung eingesetzte Fachkommission empfiehlt (seit) Ende September 2024, den Begriff *Migrationshintergrund* nicht mehr zu nutzen. Alle amtlichen Statistiken, die Menschen nach dem Migrationsstatus bzw. Abstammung (*Ius sanguinis*) sortiert, müssten folglich neu aufgestellt werden. deutschlandfunkkultur.de/debatte-ueber-begriff-fuenf-gruende-gegen-das-wort-100.html

[699] Alles Wissenswerte zum Thema, s. Jürgen Habermas: „Hat der Nationalstaat eine Zukunft?" in *Die Einbeziehung des Anderen*, S. 128 - 191

[700] 1994, S. 405, eine verkürzte Zusammenfassung

[701] GG **Art 116.** (1) Deutscher im Sinne dieses Grundgesetzes ist vorbehaltlich anderweitiger gesetzlicher Regelung, wer die deutsche Staatsangehörigkeit besitzt oder als Flüchtling oder Vertriebener deutscher Volkszugehörigkeit oder als dessen Ehegatte oder Abkömmling in dem Gebiete des Deutschen Reiches nach dem Stande vom 31. Dezember 1937 Aufnahme gefunden hat.

[702] Dietrich Schwanitz, S. 446, s. Quellen

[703] Die Postmoderne strebt eine Überwindung des Nationalstaates an; s. Jürgen Habermas: *Die Einbeziehung des Anderen*, S. 128 – 191; S. 131: Die Nation hat die Bedeutung „einer durch gemeinsame Abstammung, mindestens durch gemeinsame Sprache, Kultur und Geschichte geprägten politischen Gemeinschaft."

[704] Francis Fukuyama: *Liberalism and Its Discontents*, S. 137

[705] Fukuyama, ebenda, S. 137

[706] Fukuyama, ebenda, S. 129

[707] Die Zeit 33 / 2024

[708] Pauline Voss, *Generation Krokodilstränen*, S. 130-2: „Gerade Politiker aus dem linken Spektrum haben verinnerlicht, Konflikte zu dekonstruieren, statt sie zu lösen." Oder anders gesagt: Hannah Arendts *geteilte Wirklichkeit* löst sich in Teilbereiche auf, in *immaterielle* und vor allem gefühlte Realitäten.

[709] Jürgen Habermas: „Die Praxis unseres tägliches Zusammenlebens [ruht] auf einem soliden Sockel gemeinsamer Hintergrundüberzeugungen, kultureller Selbstverständlichkeiten und reziproker Erwartungen." Jürgen Habermas und Jacques Derrida: *Philosophie in Zeiten des Terrors*. Gespräche geführt und kommentiert von Giovanna Borradori. Europäische Verlagsanstalt 2006, S. 60, 92

[710] Der Begriff wurde hierzulande 1970 von Dolf Sternberger eingeführt und später u.a. von Jürgen Habermas aufgegriffen (*Staatsbürgerschaft und nationale Identität* oder *Philosophie in Zeiten des Terrors*, s.o., S. 30, 226); s. Wikipedia.

[711] F. Fukuyama, ebenda, S. 136.

[712] Fukuyama, ebenda S. 105

[713] Francis Fukuyama, *Liberalism and Its Discontents*, S. 79: „But there are types of cultural autonomy that are not consistent with liberal principles." Ebenso wenig hat die Politik nicht den Mut, Dinge beim Namen zu nennen, nämlich, dass die Identitätspolitik große Gemeinsamkeiten hat mit der politischen Rechten, mit der sie thematisch oft übereinstimmt. [S. 92]

[714] s. Quellen: Karl Popper und Francis Fukuyama

[715] *Generation Krokodilstränen*, S. 80.

[716] P. Voss, ebenda, S. 86

[717] s. Fußnote Kap. 11. Psychologie: Die Magie des Unsichtbaren, Professor Harald Clahsen

[718] ZEIT-Redakteur Ijoma Mangold spricht in der Sendung *Lesenswert* von einer „Rückabwicklung der Aufklärung", SWR 2022

[719] Kant: „Aufklärung ist der Ausgang des Menschen aus seiner selbstverschuldeten Unmündigkeit. Unmündigkeit ist die Unfähigkeit, sich seines eigenen Verstandes ohne die Anleitung eines anderen zu bedienen." Immanuel Kant: Beantwortung der Frage: Was ist Aufklärung? Werke in zehn Bänden, herausgegeben von W. Weischedel, Bd. 9, A 481

[720] Ijoma Mangold: „Die liberale Gesellschaft und die irre Suche nach ihren Feinden". Die Zeit 50/2016 1.12.2016

[721] s. Peter Sloterdijk: *Kritik der zynischen Vernunft*, S. 537-8

[722] Birgit Kelle, *Gendergaga*, S. 203

[723] Zana Ramadani und Peter Köpf: *Woke – Wie eine moralisierende Minderheit unsere Demokratie bedroht*, S. 57-58: „Diese Zitate hat [die feministische Bloggerin] Rona Duwe gesammelt; es handele sich nur »um einen Ausschnitt der Beschimpfungen, die Frauen sich tagtäglich in sozialen Medien von Parteimitgliedern der Grünen anhören müssen«.

[724] Amos Oz: *Wie man Fanatiker kuriert*, Edition Suhrkamp, S. 28

[725] Ayaan Hirsi Ali: „Wir müssen auch verstehen, was gegen Wokeismus nicht funktioniert: Appeasement. Woke Fanatiker lassen sich, wie alle Fanatiker, nicht zur Vernunft bringen." („In Amerika greift die Ideologie des Wokeismus um sich. Wir Europäer erhalten eine Anschauung davon, was uns erst noch bevorsteht", (s. Quellen, s.o.)

[726] Thomas Bauer: *Die Vereindeutigung der Welt*. Über den Verlust von Mehrdeutigkeit und Vielfalt. Reclam 2020, S. 39. Und: „... daran, dass eine zutiefst ausgeprägte Ambiguitätsintoleranz jedem Fundamentalismus zugrunde liegt, kann schwerlich gezweifelt werden." S. 27.

[727] Thomas Bauer, S. 29 (s.o. / Quellen)

[728] Susan Neiman: „... wir können in der Sorge für die Opfer eine Tugend sehen, ohne deshalb gleich das Opfersein für eine Tugend zu halten." In: „Ist das links oder woke?" Interview, Die Zeit 35/2023.

[729] Alexander Kissler: „Wer hier etwas ändert, muss das Gemeinwohl im Blick haben und darf nicht ideologisch geprägte Sonderinteressen adeln – auch wenn deren Vertreter vorgeben, im Namen von Toleranz und Vielfalt zu agieren." Er meint, ein solcher Zusatz sei unnötig. Denn das Entscheidende sei zu Beginn von Artikel 3 bereits gesagt: «Alle Menschen sind vor dem Gesetz gleich», und wendet ein, die identitätspolitischen Kulturkämpfer wollten „ein biologisches Faktum – die Zugehörigkeit zum männlichen oder weiblichen Geschlecht – ergänzt wissen durch eine ebenso flexible wie subjektive Selbsteinschätzung." s.: «Sexuelle Identität» hat im deutschen Grundgesetz nichts verloren, 23.7.2024 nzz.ch/der-andere-blick/sexuelle-identitaet-hat-im-deutschen-grundgesetz-nichts-verloren-ld.1840597

[730] Bundesbauministerin Klara Geywitz: „Wir haben keinen Baby-Sitter-Nanny-Staat", ein häufiges TV-Zitat

[731] Jürgen Habermas: *Moralbewusstsein und kommunikatives Handeln*. S. 81: „... nur wenn der Beschluss aus Argumentationen hervorgeht, d.h. nach den pragmatischen Regeln eines Diskurses zustande kommt, kann die beschlossene Norm als gerechtfertigt gelten. Es muss nämlich sichergestellt sein, dass jeder Betroffene die Chance hatte, seine Zustimmung aus freien Stücken zu geben."

[732] Peter Littger: "Geschlechtergerechte Sprache" – "German Gendering" mit "Happy Ending"? 21.11.2023 n-tv.de/panorama/German-Gendering-mit-Happy-Ending--article24545510.html

[733] ebd., S. 131. Universalismus: Gemeint ist der Begriff in seiner soziologisch-politischer Bedeutung. Brockhaus: ... „Universalismus [bezeichnet] eine Position, die das Vorhandensein bestimmter Formen des sozialen Handelns, die Ausbildung bestimmter sozialer Institutionen und die Existenz allgemeingültiger Werte und Normen für alle menschlichen Gesellschaften postuliert." (1993) Vereinfacht gesagt: Ethische Werte und Menschenrechte (Gleichberechtigung) gelten für die gesamte Menschheit (und nicht nur für Gruppen).

[734] Jürgen Habermas: *Moralbewusstsein und kommunikatives Handeln*. S. 131

[735] ebenda, S. 132

[736] Der Medienwissenschaftler und Publizist Norbert Bolz spricht von einer „Unfähigkeit zur Debatte" und einer „unheilvollen Entwicklung", genauer: „kulturellem Bürgerkrieg". Norbert Bolz: *Der alte weiße Mann. Sündenbock der*

Nation. Langen-Müller-Verlag, München 2023; und «Gejammer des alten weissen Mannes ist unmännlich», nzz.ch › feuilleton › medienwissenschafter-norbert-bolzcancel-culture-alter-weisser-mann-ld.1725899. Die Herrschaft einer elitären Minderheit kann zu folgenden Szenarien führen: Bürgerkrieg, Anarchie oder Despotismus, so der politische Philosoph Patrick J. Deneen. Der Klassenkonflikt in liberalen westlichen Demokratien werde unausweichlich, „falls die Eliten von heute nicht entscheiden oder gezwungen werden, ihr Verhalten zu ändern". https://www.nzz.ch/feuilleton/deneen-us-professor-warnt-vor-despotie-der-elitenld.1766626. Vor einem Bürgerkrieg warnen auch Zana Ramadani und Peter Köpf in ihrem Buch *„Woke – Wie eine moralisierende Minderheit unsere Demokratie bedroht".*

[737] Bernd Fischer: Wie der ÖRR und die Universitäten sich als Opfer im „Kulturkampf" darstellen. 14.06.2024 welt.de/kultur/plus251645546/Hessen-Wieder-OERR-und-die-Universitaeten-sich-als-Opfer-im-Kulturkampf-darstellen.html und VDS 16. Juni 2024

[738] Ich spreche hier vom *Ausschluss* der Bevölkerungsmehrheit aus der identitären Gesellschaft und nicht umgekehrt. Die Religionsfreiheit ist auch für Genderidentitäre verfassungsmäßig garantiert.

[739] Beatrice Achterberg: „Im Umgang mit dem «Correctiv»-Artikel zum Potsdamer Treffen scheuen viele deutsche Medien bis heute die Aufarbeitung", 12.8.2024, nzz.ch/feuilleton/im-umgang-mit-dem-correctiv-artikel-zum-potsdamer-treffenscheuen-viele-deutsche-medien-bis-heute-die-aufarbeitung-ld.1842933

[740] Wie z.B. die Inanspruchnahme von Normen, an die man sich selber nicht hält und nicht einzuhalten bereit ist, weil man sie ablehnt. S. 131 (b) und 140-1, z.B.: „Jeder, der an einer Argumentationspraxis teilnimmt, muss sich auf diese normativ gehaltvollen Bedingungen bereits eingelassen haben – für sie gibt es keine Alternative."

[741] Die Teilnahme an der Weltpolitik ist für machtbesessene Moralnihilisten oft bloß zynische Simulation diplomatischer Gepflogenheiten. Wie Ivan Krastev und Stephen Holmes in ihrem Buch „Das Licht, das erlosch" am Beispiel Putins zeigen, gehört die Nachahmung westlicher Politik und demokratischer Institutionen zum subversiven Arsenal von Autokraten, die westliche Standards schamlos parodieren. (Ullstein, 2019. S. 135, 161, 177, 184, 193, 195, 197, 202, 258, 193)

[742] Jürgen Habermas: *Erläuterungen zur Diskursethik.* 1991/2015, S. 13-14

[743] Als Reaktion auf seine Haltung zum Ukraine-Krieg warf die deutsche Öffentlichkeit Habermas „naiven Pazifismus", „Weltfremdheit" und „Realitätsverweigerung" vor. Thomas Ribi 13.09.2024: „Jürgen Habermas diagnostiziert dem Westen eine Kriegsbegeisterung wie vor dem Ersten Weltkrieg. Und fragt sich, ob China zum Hüter der Menschenrechte werden könnte." nzz.ch/feuilleton/juergenhabermas-westliche-kriegsbegeisterung-und-chinas-rolle-ld.1848052

[744] ebenda, S. 31

[745] Jürgen Habermas: *Die Einbeziehung des Anderen*, Suhrkamp 1999-2022, „Moral der gleichen Achtung für jeden". S. 7; und S. 42: Man müsste „vor jeder moralischen Überlegung bereits wissen, was denn das für alle gleichermaßen Gute ist [...] Aber niemand kann aus der Beobachterperspektive schlicht feststellen, was eine beliebige Person für gut halten soll."

[746] ebenda, S. 202

[747] ebenda, S. 202

[748] ebenda, S. 209: A. MacIntyre, *Whose Justice? Which Rationality?*

[749] ebenda, S. 210

[750] ebenda, S. 176-7

[751] ebenda, S. 184-5; aus *Diskurs und Verantwortung.* Frankfurt/Main 1988

[752] Peter Sloterdijk: *Kritik der zynischen Vernunft.* S. 422-452

[753] Susanne Schröter: „[D]ie liberale Demokratie wird nicht nur vom rechten, sondern ebenso vom links-woken Rand der Gesellschaft bedroht." *Sie wollen die totale*

Unterwerfung: Die gefährliche Ideologie der Linken und Woken. 6.3.2025
https://www.focus.de/politik/meinung/kolumne-von-susanne-schroeter-
kulturkampf-gegen-die-union_id_260756018.html

[754] *Hunderte protestieren in Vermont gegen "Idioten" Vance.* 02.03.2025 n-
tv.de/mediathek/videos/politik/Hunderte-protestieren-in-Vermont-gegen-Idioten-
Vance-article25599358.html. Eine Demonstrantin in Vermont: „Ich glaube, um
Faschismus zu bekämpfen - und das ist, was es ist, - müssen wir zusammenhalten."
Und: „Viele Beobachter in Frankreich sehen unter der Präsidentschaft Donald
Trumps einen »amerikanischen Faschismus« aufkommen." Marc Zitzmann: Trump
ist selbst Frankreichs Rechten zu extrem. 5.3.2025
faz.net/aktuell/feuilleton/reaktionen-in-frankreich-auf-selenskyj-eklat-und-trump-
110336841.html

[755] Politikwissenschaftler Kenneth Lowande im n-tv-Interview: "Anscheinend bricht
unser System zusammen" 01.3.2025, n-tv.de/politik/US-Politologe-Lowande-sieht-
Szenarien-bis-zur-Diktatur-Anscheinend-bricht-unser-System-zusammen-
article25592800.html

[756] Jürgen Habermas: *Auch eine Geschichte der Philosophie* Bd. II, S. 784.

[757] ebenda S. 796

[758] Piaget und Kohlberg, in: *Moralbewusstsein und kommunikatives Handeln,* J.
Habermas, s.o., S. 131

[759] Reckwitz, Andreas: *Das Ende der Illusionen.* S. 266, s. Quellen

[760] ebenda, S. 268-270-277

[761] ebenda, 301 und: „Das Soziale als ein Raum der Reziprozität, das heißt der
sozialen Gegenseitigkeit, der Rechte und Pflichten, der Abwägung eigener und
anderer Interessen, scheint in diesem Modell keinen Platz mehr zu haben."

[762] ebenda, S. 273

[763] ebenda, S. 274-275

[764] Wie die Linguistik die Gendersprache als Unding entlarvt hat, so fällt allmählich
auch die identitären Postmoderne in sich zusammen. So zum Beispiel eine wichtige
Säule der Rassismustheorien, die These der intersektionalen Unterdrückung, die
anhand von statistischen Erhebungen kollabiert ist, s. Ungar-Sargon, Batya: *Bad
News. How Woke Media is Undermining Democracy.* S. 154-163; und die *antiwoke
counterculture* nichtweißer US-Intellektueller S. 201-204

[765] Der Historiker Niall Ferguson im Interview mit der ZEIT, 19.03.2025: „Wokeness
hat Techunternehmer wie Elon Musk und Marc Andreessen, die immer die Demokraten unterstützt haben, in die Arme von Donald Trump getrieben. Die Exzesse der
progressiven Bewegung haben sie zu Republikanern gemacht, als sie in ihren eigenen Firmen nicht mehr die besten Leute für einen Job einstellen konnten, sondern
stattdessen Minderheiten- und Opferkategorien beachten mussten. An diesem Punkt
haben diese liberalen Unternehmer gesagt, die DEI-Programme (diversity, equity,
inclusion, Anm. d. Red.) sind Bullshit. Wir müssen sie loswerden, sonst gehen unsere
Unternehmen unter. ... Wokeness zerstört jede intellektuelle Exzellenz. Alles,
worum es mir als Wissenschaftler geht, ist: Schaffen wir ein Umfeld, in dem die
klügsten Köpfe die klügsten Gedanken entwickeln können. Wenn es nicht darum
geht, sollten wir die Universitäten zumachen."

Stand 2. Auflage: 1. April 2025. Am letzten Märzsamstag dieses Jahres meldete der
Deutschlandfunk um 8:30 Uhr, in der Nacht zum Sonntag müssen „Bürgerinnen und
Bürger" die Uhren auf Sommerzeit umstellen. „Gut zu wissen, dass auch die Frauen
an der Uhr drehen dürfen", sagt meine bessere Hälfte. „Sonst hätte ich gedacht, die
Zeitumstellung gilt nur für Männer. Hören sich diese notorischen Genderer
überhaupt zu? Das ist Denkverweigerung!"